吴志强 张烨 著

不完美的合伙

合伙纠纷27例全景解析

法律出版社
LAW PRESS·CHINA

——北京——

图书在版编目（CIP）数据

不完美的合伙：合伙纠纷 27 例全景解析／吴志强，张烨著. -- 北京：法律出版社，2025. -- ISBN 978-7-5244-0436-1

Ⅰ. D922.291.914

中国国家版本馆 CIP 数据核字第 2025FX7247 号

不完美的合伙
——合伙纠纷 27 例全景解析
BUWANMEI DE HEHUO
—HEHUO JIUFEN 27 LI QUANJING JIEXI

吴志强　张烨　著

策划编辑　孙　慧　余群化
责任编辑　孙　慧　余群化
装帧设计　李　瞻

出版发行　法律出版社	开本　710 毫米×1000 毫米　1/16
编辑统筹　司法实务出版分社	印张　27.25　字数　416 千
责任校对　王语童	版本　2025 年 8 月第 1 版
责任印制　胡晓雅	印次　2025 年 8 月第 1 次印刷
经　　销　新华书店	印刷　河北尚唐印刷包装有限公司

地址：北京市丰台区莲花池西里 7 号（100073）
网址：www.lawpress.com.cn　　　　　　销售电话：010-83938349
投稿邮箱：info@lawpress.com.cn　　　　客服电话：010-83938350
举报盗版邮箱：jbwq@lawpress.com.cn　　咨询电话：010-63939796
版权所有·侵权必究

书号：ISBN 978-7-5244-0436-1　　　　　定价：108.00 元

凡购买本社图书，如有印装错误，我社负责退换。电话：010-83938349

前　言

合伙作为传统的商业组织形态，在民商事活动中被广泛适用。自2021年1月1日开始正式施行的《民法典》，首次将合伙合同作为有名合同以独立章节的形式呈现，使合伙有了更明确的法律指引。《民法典》合同编第二十七章规定的"合伙合同"，一定程度上吸收合并了《民法通则》有关个人合伙及联营的相关内容，又结合现行经济发展特点增加新的规定，完善了合伙人不以合伙企业形式开展合伙事务的相关法律指引，以促进和保障民营经济的有利发展。

合伙人达成合伙合意后成立合伙企业的，本书称为"企业型合伙"。企业型合伙须遵守《合伙企业法》的相关规定，在《合伙企业法》没有规定的情况下，还可以适用《民法典》有关合伙的一般性规定。合伙人达成合伙合意后并未成立合伙企业或公司等民事主体的，合伙人之间依然成立合伙关系，本书称为"合同型合伙"。合同型合伙须遵守《民法典》合同编第二十七章合伙合同的相关规定及有关合同的其他规定。

合伙具有方式灵活、适用范围广泛以及呈现的商业形态多种多样等特点，也因如此，合伙纠纷特别是合伙人内部纠纷呈现多发、频发且千奇百态等现象。堡垒最容易从内部瓦解，如何能守住合伙人来之不易的经营所得、避免合伙人内部矛盾，是本书作者行文的思考主线。因此，本书以不完美入题，通过对合伙纠纷真实案例进行剖析，从纠纷产生及由小变大的演变过程，到起诉后原被告双方的不同主张，再到法院裁判观点的总结，最后结合实务经验给出律师建议。本书就合伙关系的认定问题、入伙退伙纠纷问题、合伙财产份额转让纠纷问题、合伙财务纠纷问题、散伙清算纠纷问题等内容，形成有关合伙纠纷实务要点的全面梳理和总结。同时，本书以合伙为主题又不止于合伙，除上述合伙纠纷常见实体争议外，本书还涉及起诉立案、管辖争议、举证质证、法庭辩论、再审申请、保全执行等程序性问题，包含了对合伙纠纷从诉讼到执行全流程的深度解析，意在改变以往以法律问题为主题拆解案例的文章体例，而是对案例进行全景展示，加以实务经验总结和诉讼执行一体化办案思维的引导，真正实现对典型案例的"全面解析"，使读者在了解合伙纠纷实务问题的同时，对合伙纠纷诉讼的全过程有更直观深入的认识，提高实务办案的可操作性。

本书承接《保全与执行实务精要》《诉讼执行一体化：以执行视角优化诉讼策略》《不完美的合同：合同效力瑕疵实务研究》三部作品，继续进行创作。合伙容易散伙难，想不伤感情不伤钱财地退伙又是难上加难。本书通过对多发频发的合伙内部纠纷的展示和诉讼结果的分析，揭示合伙关系中可能隐藏的纠纷和风险，并希望以此帮助读者在签署合伙协议时能够重视合同重要条款的审查和风险防范、在合伙经营中能够理性面对纠纷和化解矛盾、在因合伙纠纷涉诉时能够提前取得有利证据、在诉讼中不给执行程序埋下隐患。

本书虽以"不完美"为题，以合伙纠纷真实案例为分析对象，但意在以终为始，通过逆向思维多角度对合伙纠纷进行分析和反思，通过律师实务建议帮助读者避免陷入纠纷泥潭。以"天下无讼，有讼皆有善终"的愿景，帮助合伙人实现合作共赢共享收益的经营目标。

本书是作者在办案之余完成的创作，难免遗漏，欢迎各界读者朋友批评指正。若遇到合伙纠纷问题的讨论等与本书相关事项，也欢迎与我们沟通交流。

吴志强
2025年2月10日

凡 例

1. 本书中法律、行政法规名称中的"中华人民共和国"省略，其余一般不省略，例如《中华人民共和国民法典》简称为《民法典》。

2. 如无特别说明，本书中引用的法律规定均为本书出版时最新修正的法律法规，例如，《民事诉讼法》为2023年9月1日最新修正的《民事诉讼法》，《民事诉讼法司法解释》为2022年4月1日最新修正的《民事诉讼法司法解释》。

3. 本书中若使用修改前的法律、法规或司法解释，将会以括号形式注明相应文号及适用期间。

4. 本书每篇案例均来源于公开渠道案例检索网站并标明案号，为增强文章的可读性，作者在最大限度保证案例完整性的基础上，对其中"原告与被告的不同主张"及"法院观点"部分适当精简、提炼。读者如有需要，可自行检索案例原文。

5. 下列司法解释及司法文件使用简称（详见下表）。

全称简称表

文件全称	简称	相关信息
《中华人民共和国民法典》	《民法典》	公布日期：2020年5月28日 施行日期：2021年1月1日
《最高人民法院关于适用〈中华人民共和国民法典〉时间效力的若干规定》	《民法典时间效力规定》	发文字号：法释〔2020〕15号 公布日期：2020年12月29日 施行日期：2021年1月1日
《中华人民共和国合伙企业法》	《合伙企业法》	公布日期：2006年8月27日 施行日期：2007年6月1日

续表

文件全称	简称	相关信息
《中华人民共和国民事诉讼法》	《民事诉讼法》	公布日期：2023年9月1日 施行日期：2024年1月1日
《最高人民法院关于适用〈中华人民共和国民事诉讼法〉的解释》	《民事诉讼法司法解释》	发文字号：法释〔2022〕11号 公布日期：2022年4月1日 施行日期：2022年4月10日
《最高人民法院关于适用〈中华人民共和国民法典〉合同编通则若干问题的解释》	《民法典合同编通则司法解释》	发文字号：法释〔2023〕13号 公布日期：2023年12月4日 施行日期：2023年12月5日
《最高人民法院关于适用〈中华人民共和国民法典〉总则编若干问题的解释》	《民法典总则编司法解释》	发文字号：法释〔2022〕6号 公布日期：2022年2月24日 施行日期：2022年3月1日
《中华人民共和国公司法》	《公司法》	公布日期：2023年12月29日 施行日期：2024年7月1日
《最高人民法院关于适用〈中华人民共和国公司法〉若干问题的规定（三）》	《公司法解释（三）》	公布日期：2020年12月29日 施行日期：2021年1月1日
《中华人民共和国企业破产法》	《破产法》	公布日期：2006年8月27日 施行日期：2007年6月1日
《最高人民法院关于审理民间借贷案件适用法律若干问题的规定》（2020年第二次修正）	《民间借贷司法解释》	发文字号：法释〔2020〕17号 公布日期：2015年8月6日 施行日期：2015年9月1日 第二次修正施行日期：2021年1月1日
《全国法院民商事审判工作会议纪要》	《九民会议纪要》	发文字号：法〔2019〕254号 公布日期：2019年11月8日 施行日期：2019年11月8日
《最高人民法院关于民事诉讼证据的若干规定》	《民事证据规定》	发文字号：法释〔2019〕19号 公布日期：2019年12月25日 施行日期：2020年5月1日

续表

文件全称	简称	相关信息
《最高人民法院关于公证债权文书执行若干问题的规定》	《公证债权文书执行规定》	公布日期：2018年9月30日 施行日期：2018年10月1日
《最高人民法院关于审理涉及公证活动相关民事案件的若干规定》	《涉公证活动民事案件规定》	公布日期：2020年12月29日 施行日期：2021年1月1日
《最高人民法院关于民事执行中变更、追加当事人若干问题的规定》	《变更、追加规定》	公布日期：2020年12月29日 施行日期：2021年1月1日
《最高人民法院关于适用〈中华人民共和国民法典〉有关担保制度的解释》	《民法典担保制度解释》	发文字号：法释〔2020〕28号 公布日期：2020年12月31日 施行日期：2021年1月1日
《最高人民法院关于审理建设工程施工合同纠纷案件适用法律问题的解释（一）》	《建设工程司法解释（一）》	发文字号：法释〔2020〕25号 公布日期：2020年12月29日 施行日期：2021年1月1日
《最高人民法院关于审理民事案件适用诉讼时效制度若干问题的规定》	《民事诉讼时效规定》	发文字号：法释〔2020〕17号 公布日期：2020年12月29日 施行日期：2021年1月1日
《最高人民法院关于人民法院办理执行异议和复议案件若干问题的规定》	《执行异议和复议规定》	发文字号：法释〔2020〕21号 公布日期：2020年12月29日 施行日期：2021年1月1日
《最高人民法院关于人民法院办理财产保全案件若干问题的规定》	《财产保全规定》	公布日期：2020年12月29日 施行日期：2021年1月1日
《最高人民法院关于在执行工作中进一步强化善意文明执行理念的意见》	《善意执行意见》	发文字号：法发〔2019〕35号 公布日期：2019年12月16日 施行日期：2019年12月16日

目 录

案例一 投资7100万元却仅有口头约定，引发合伙人身份争议　　1

　　一、被告在答辩期过后、开庭前提出管辖异议，能否成功 / 2

　　二、没有书面合伙协议，能否确认合伙关系 / 5

　　三、没有书面合伙协议，合伙范围及合伙份额如何确定 / 8

　　四、合伙项目实际控制人拒不提供财务账册，合伙利润如何分配 / 10

　　五、合伙期间合伙财产均由一人实际占用，其他合伙人能否要求其支付资金占用费 / 13

案例二 中介还是合伙，微信聊天记录成定案证据　　16

　　一、在无正式合同的情况下，如何判断合作双方是合伙关系而非中介关系 / 18

　　二、郑某、陈某是否就汇率损失的金额及负担达成一致 / 22

　　三、退税款是否为合伙收入，应如何分配 / 25

　　四、个人合伙纠纷应否追加工具公司为诉讼第三人 / 28

案例三 两同乡合伙承建工程，获利后为否定合伙关系打响证据拉锯战　　31

　　一、双方当事人均否定合伙而主张雇佣关系，但均不能提供直接证据，法律关系如何认定 / 32

　　二、合伙投资数额及利润分配比例均无法认定，双方当事人又拒绝清算，合伙利润还能否分配 / 35

不完美的合伙
——合伙纠纷27例全景解析

　　三、借用建筑资质合伙承建工程，施工合同是否有效 / 38

　　四、资质出借方明知合伙人之间因合伙纠纷涉诉，仍向其中一人支付
　　　　工程款，是否应承担清偿责任 / 41

案例四　自然人与公司合伙投资建船形成的新型合伙关系　　46

　　一、自然人与企业之间能否成立合伙关系 / 47

　　二、投资人仅出资但未实际参与合伙事务经营，双方是合伙关系还是
　　　　借贷关系 / 50

　　三、合伙人起诉要求退还出资款，是否等于诉讼请求解除合伙关系 / 53

　　四、合伙人诉讼请求退还合伙投资款、分配利润，能否一并主张违约
　　　　责任及利息损失 / 56

　　五、合伙合同纠纷中，部分合伙人未参与诉讼，是否属于遗漏诉讼
　　　　当事人 / 59

案例五　创始人散伙，估值340万元的微信公众号如何分家　　62

　　一、四人共同运营一个微信公众号是否构成合伙关系 / 64

　　二、微信公众号是否具有商业属性和财产价值 / 69

　　三、微信公众号的财产价值应如何确认 / 72

　　四、运营微信公众号形成的财产，在合伙终止后应如何分配 / 75

**案例六　主播与投资人合伙设立MCN公司，散伙后200万粉丝账号
　　　　花落谁家　　79**

　　一、主播提供账号与投资人合作设立公司，主播身份为合伙人还是公司
　　　　艺人 / 80

　　二、主播以账号投资与他人合作成立公司，散伙后账号归谁所有 / 84

　　三、合伙合同解除前各合伙人已经停止合作，合伙收益分成的计算截止
　　　　日期如何确定 / 87

四、合伙因内部矛盾提前终止，合伙人的投资损失如何认定，
谁来承担 / 90

**案例七　合伙转型升级为有限公司，未登记为股东的合伙人要
分红困难重重　　　　　　　　　　　　　　　　　94**

一、合伙转型升级为公司后，合伙人之间的法律关系如何认定 / 95

二、合伙转型升级为公司后，未参与公司经营也非公司股东的合伙人能否
要求返还投资款 / 99

三、合伙转型升级为公司，未被登记为公司股东的合伙人能否诉讼请求公司
支付合伙利润 / 101

四、原告诉讼请求金额2000余万元并申请财产保全冻结被告1500万元财产，
最终法院判决仅支持300余万元，能否认定超标的错误保全 / 104

案例八　合伙利润说不明理不清，手机录音成再审翻案关键证据　　108

一、合伙项目通过其他公司走账，合伙利润如何认定 / 109

二、执行事务合伙人擅自处分行为，如何认定其他合伙人是否已追认 / 114

三、合伙人之间说"钱要不回来我承担"，若要不回时责任该如何承担 / 117

四、出现真假合伙人争议时，应如何判断合伙人身份 / 120

五、合伙合同纠纷案件的诉讼时效应从何时起算 / 122

案例九　为合伙项目成立公司，1000万元投资款如何分红　　　　125

一、合伙投资房产项目未全部竣工已部分销售，合伙人能否要求分配
利润 / 126

二、为实施合伙项目而成立项目公司，合伙人的利润分配是否受项目
公司利润分配流程的限制 / 128

三、为实施合伙项目而成立项目公司，一方合伙人诉讼请求合伙分成，
能否将目标公司列为共同被告 / 131

四、基于合伙协议产生的债务是否属于夫妻共同债务 / 133

五、被保全人能否以对其生产经营活动影响较大为由要求解除对银行账户的查封 / 135

案例十　双层合伙模式下，一级合伙尚未清算，二级合伙人先签订分配协议引争议　139

一、自然人之间因合作开发房地产引起的合伙合同纠纷是否适用不动产专属管辖 / 141

二、合伙人之间因合伙利润分配产生纠纷，能否诉讼请求解除合伙关系 / 144

三、两级合伙关系中，一级合伙关系尚未清算，二级合伙人能否要求利润分配 / 146

四、合伙终止前，合伙人之间签订分配协议分配项目利润是否等同于清算？协议效力如何 / 150

五、签订了合伙利润分配协议但却无法履行，合伙人如何挽回损失 / 153

案例十一　名为独资实为合伙：共同经营个人独资企业的财务纠纷　157

一、实际控制合伙人与合伙项目之间的金钱往来能否认定为借款 / 159

二、未经清算确定外债前，合伙人能否直接分配合伙财产 / 165

三、合伙人能否按分配比例直接向有关部门申领煤矿补偿款和保证金 / 170

四、合伙人在二审时才书面提出对合伙财产进行审计能否获得法院支持 / 172

五、签合伙协议而未做合伙企业登记的，是否受《合伙企业法》的影响 / 175

六、合伙人死亡后的继承问题 / 177

案例十二　隐名投资人显名化：法院认定合伙人身份却不支持分配利润　179

一、名义合伙人书面确认隐名投资人的实际出资人身份，其他合伙人签字确认，是否完成了隐名投资人显名化 / 180

二、各方合伙人均要求清算审计，法院为何不予支持 / 183

三、合伙项目尚未清算，合伙人能否要求分配合伙利润 / 187

案例十三　执行事务合伙人霸占合伙经营权，普通合伙人不能参与合伙事务，无奈诉讼请求解除合伙协议　190

一、两自然人借用公司名义共同投资开发房地产项目，合伙关系如何认定 / 192

二、合伙开发房地产项目，合伙人能否依据合伙份额40%主张对土地使用权享有同等份额 / 196

三、因合伙人矛盾不能参与经营决策，合伙人能否要求解除合伙协议 / 200

四、合伙项目尚未完成，合伙协议提前解除，合伙人能否要求退还投资款及分配利润 / 205

案例十四　退伙协议未经全体合伙人签字确认，退伙金返还困难重重　209

一、隐名合伙人未参加合伙纠纷的诉讼程序，法院程序是否错误 / 210

二、在二审时退伙协议被追认有效的情形下，法院可否直接判令双方履行退伙协议 / 214

案例十五　自然人挂靠房地产公司合伙经营房地产项目，退伙后却要求分得公司股权　219

一、原告在起诉时提出两个相矛盾的诉讼请求是否合法 / 220

二、为开发项目专门成立公司，项目合伙人能否主张具有公司股东身份 / 223

三、转让合伙份额未经过全体合伙人同意，但合同已经实际履行，合同效力如何认定 / 226

四、法院依据被保全人申请裁定变更保全标的物，是否需要经申请保全人同意 / 228

| 案例十六 | 以"债转股"入伙，以"股转债"退伙，一进一出获得 4500万元债权引争议 | 234 |

  一、投资款"债转股"之后又"股转债"，"股转债"协议的性质、效力应如何认定 / 236

  二、合伙人转让合伙份额退伙，转让款金额应如何认定 / 241

  三、一人有限公司与股东财产混同，公司债务人能否要求股东配偶承担连带责任 / 245

  四、因转让合伙份额发生纠纷，其他合伙人是否必须参加诉讼 / 248

  五、诉讼中律师费、保全费、保全保险费应否由被告承担 / 252

| 案例十七 | 借名合伙：落马公职人员的退伙款讨要之路 | 255 |

  一、隐名合伙人能否直接主张合伙人身份及合伙权益 / 256

  二、退伙清算后，一方合伙人因不能支付全部退伙款而出具借条，原合伙关系是否转为借贷关系 / 259

  三、醉酒状态下签订的借条效力如何 / 263

  四、合伙清算后，合伙人配偶通过自己账户向其他合伙人支付部分退伙款，剩余退伙款能否认定为夫妻共同债务 / 265

  五、当事人申请再审期限能否因故延长 / 268

| 案例十八 | 合伙项目未实际开展，合伙人要求直接退还投资款 | 271 |

  一、合伙关系虽已成立但合伙事务未实际开展，投资款能否要求退还 / 272

  二、一方以对方欺诈、隐瞒合伙事务为由要求返还投资款，如何避坑 / 275

  三、原审时已经存在但未提交的证据，再审时能否提交 / 280

| 案例十九 | 合伙人向本合伙企业"出借"1.4亿元用于认购股票，系列协议被判全部无效 | 284 |

  一、名为有限合伙人但却实际控制合伙企业，合伙人身份如何认定 / 285

二、合伙人与合伙企业为共同炒股签订金融借款合同，法律关系如何
认定 / 288

三、合伙人与合伙企业进行交易，交易是否有效 / 292

四、何种情况下可不经执行程序，直接以公证债权文书向法院提起
诉讼 / 294

案例二十 **合伙企业将 12 亿元合伙财产交由有限合伙人管理，是
LP 还是 GP 其身份引争议　　　　　　　　　　　298**

一、有限合伙人能否管理合伙企业财产 / 299

二、合伙人会议决议由有限合伙人管理合伙财产，是否意味着该有限合伙人
转为普通合伙人 / 302

三、如何认定合伙人是否抽逃出资 / 304

四、执行程序中，有限合伙人能否被追加为被执行人 / 307

案例二十一 **一人一票还是资本多数决？合伙人会议表决机制约定
不明，导致 5.7 亿元诉讼请求被裁定驳回　　　310**

一、合伙企业内部决议什么情况下适用一人一票的表决制 / 311

二、执行事务合伙人是否有权以合伙企业的名义提起诉讼 / 315

案例二十二 **有限合伙人起诉要求查阅合伙企业全部财务资料，
经法院审理大获全胜　　　　　　　　　　　　318**

一、有限合伙人是否有权查阅合伙企业全部财务资料 / 319

二、合伙企业能否以存在同业竞争为由，拒绝合伙人查阅财务资料 / 323

三、合伙人能否要求查阅其入伙前的财务资料 / 326

四、合伙人能否要求委托律师及会计师共同查阅合伙企业账簿 / 329

案例二十三 合伙协议特别约定：未经全体合伙人一致同意的合伙人之间《转让协议》效力之争　　**333**

一、现有法律法规对合伙人之间转让合伙份额有无限制性规定 / 334

二、合伙协议严于法律规定的特别约定是否有效 / 336

三、《转让协议书》符合法律规定，但未达到《合伙协议》约定条件，协议效力如何 / 340

四、合伙企业财产份额转让纠纷案如何确定管辖法院 / 343

案例二十四 合伙型私募基金：劣后级合伙人退出保底承诺的效力认定　　**347**

一、委托他人借名签订合伙协议，实际出资人是否具有诉讼主体资格 / 349

二、劣后级合伙人向优先级承诺退出保底的，该承诺是否有效 / 352

三、劣后级合伙人承诺差额补足，金额如何认定 / 357

四、能否将劣后级合伙人的实际控制人作为投资保底承诺的责任人 / 360

五、保证人承担责任后，能否向破产重整后的债务人追偿 / 364

案例二十五 合伙经营持股平台，退伙协议约定先变现后退款，导致退伙一波三折　　**368**

一、合伙企业向合伙人发送退伙金额确认通知并签订退伙协议，合伙人诉讼请求支付退伙款为何未被支持 / 369

二、合伙型私募基金的退伙纠纷应否优先适用《证券投资基金法》/ 373

三、当事人签署多份协议出现不同管辖约定，应如何确定纠纷管辖法院 / 377

四、普通合伙人应否承担向有限合伙人退还投资款的责任 / 379

五、退伙协议约定了退伙款的连带保证人，法院认定合伙企业无退款责任，合伙人能否要求保证人支付退伙款 / 382

| 目 录 |

案例二十六 执行事务合伙人挪用合伙出资被认定合同诈骗罪，出资人
诉讼请求撤销合伙协议不成，4.9亿余元投资款打了水漂　　384

一、合伙协议签订后，执行事务合伙人因挪用合伙资金被认定合同诈骗罪，合伙协议是否存在欺诈，能否撤销 / 385

二、合伙人能否要求其他合伙人返还出资款 / 391

三、合伙人能否要求合伙企业债务人向合伙人履行债务 / 397

四、合伙企业未经清算，合伙人能否要求合伙企业返还出资 / 399

案例二十七 真假签名引发会计师事务所退伙纠纷，历经多次审理
法院判决退伙不退款　　403

一、非本人签字的入伙协议、合伙协议，效力如何认定 / 404

二、合伙企业中对合伙人的除名如何操作 / 407

三、合伙人要求查阅财务账册，合伙企业能否以未实际出资为由拒绝 / 410

四、执行事务合伙人存在严重履职疏漏，其他合伙人能否要求退伙 / 412

五、法院判决解除合伙关系，为何不支持退还投资款 / 417

案例一　投资 7100 万元却仅有口头约定，引发合伙人身份争议

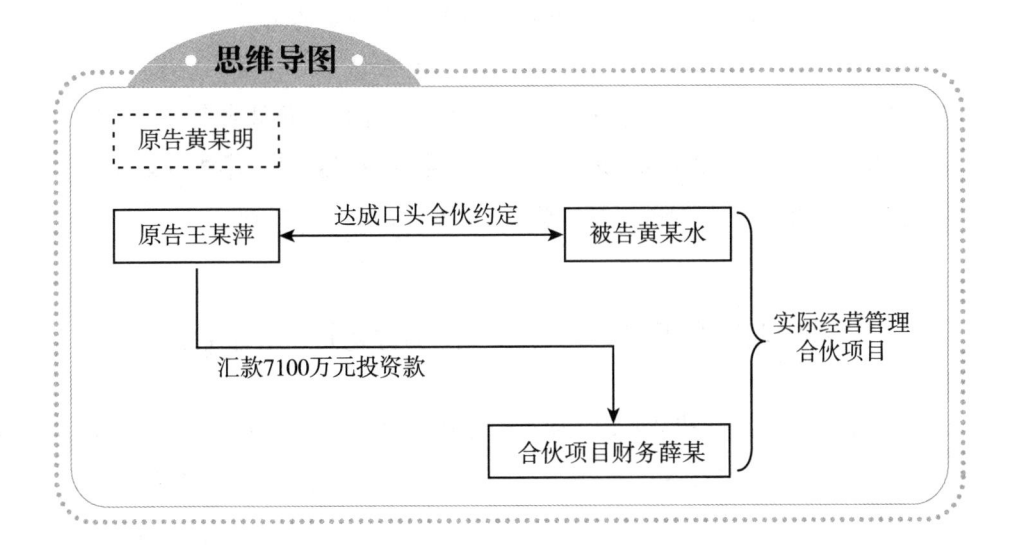

思维导图

原告黄某明

原告王某萍 ←达成口头合伙约定→ 被告黄某水

原告王某萍 —汇款7100万元投资款→ 合伙项目财务薛某

被告黄某水、合伙项目财务薛某：实际经营管理合伙项目

案例来源

（2022）闽民终 2035 号、（2019）闽 05 民初 1685 号之一

案情简介

黄某水通过电子邮件发送一份《合作协议书》给王某萍，该协议书中甲乙双方主体名称及出资额度、时间、占股比例等内容均为空白，协议书载明：甲方引进的福建某某集团有限公司成功获得南新区一期项目中标资格，甲方作为公司唯一被授权代表实施该工程。乙方愿意在以甲方和福建某某集团有限公司为主的前提下合作本项目投资、融资和施工建设。本合作项目投资额

为25000万元。

王某萍收到电子邮件后未做书面回复，双方也未签订正式书面合同。

案涉南新区一期项目实施过程中，王某萍、黄某水共同委派薛某进行财务监督及对外合同管理，且黄某明与王某萍一同参与了该合伙项目。王某萍实际支付投资款共计7100万元，黄某水实际出资为7080万元。项目进行过程中，黄某水曾通过电子邮件向王某萍发送"各项目汇总表"，载明项目支出等财务数据。

合作项目完成后，王某萍、黄某明以黄某水为被告向法院提起本案诉讼，要求：（1）确认王某萍、黄某明与黄某水合伙承包南新区一期项目并判决解除双方之间的合伙关系；（2）黄某水向王某萍、黄某明支付合伙财产11350.4056万元及其逾期付款利息；（3）黄某水向王某萍、黄某明支付因其擅自占用合伙财产期间的占用费（暂计）8168万元。

一、被告在答辩期过后、开庭前提出管辖异议，能否成功

本案原告王某萍、黄某明首先向被告黄某水的住所地泉州市中级人民法院提起诉讼，法院立案后，被告黄某水在答辩期内并未对法院管辖权提出异议，但在答辩期过后、开庭前提出了管辖异议，主张泉州市中级人民法院无管辖权。

（一）原告与被告的不同主张

原告王某萍、黄某明主张，被告住所地在泉州市，故本案地域管辖应由泉州市法院管辖。

被告黄某水主张，其住所地与经常居住地不一致，为此向法院提供由三明市公安局某派出所、三明市某街道办事处某社区居委会出具的证明，载明黄某水自2008年购买梅列区×村×幢×室后就居住于此，该地方为黄某水的经常居住地。黄某水据此向法院提出管辖异议，主张泉州市中级人民法院对本案无管辖权，本案应由三明市中级人民法院管辖。

（二）法院观点

泉州市中级人民法院认为，对公民提起的民事诉讼，由被告住所地人民

法院管辖；被告住所地与经常居住地不一致的，由经常居住地人民法院管辖。本案中虽然被告黄某水在提交答辩状期间未对管辖权提出异议仅在开庭前提出本院对本案无管辖权的意见，但依照《民事诉讼法司法解释》第35条关于"当事人在答辩期间届满后未应诉答辩，人民法院在一审开庭前，发现案件不属于本院管辖的，应当裁定移送有管辖权的人民法院"规定，本案应移送三明市中级人民法院处理。

（三）律师分析及建议

1. 起诉时优先考虑确定管辖法院

确定管辖法院是原告在提起民事诉讼时首先要考虑的问题。原告如何确定管辖法院，可分为五个步骤。

（1）判断是否属于专属管辖

例如，因不动产纠纷提起诉讼，由不动产所在地人民法院管辖；因继承遗产纠纷提起的诉讼，由被继承人死亡时住所地或者主要遗产所在地人民法院管辖。

（2）判断是否属于特殊地域管辖

例如，根据法律规定有两个以上的法院都有管辖权的，可以任选其一提起诉讼；有特殊规定某类案件需要集中管辖的，则应依规定向集中管辖法院起诉。

（3）判断有无管辖约定

对于合同纠纷或者其他财产权益纠纷案件，还要判断是否存在协议管辖。

（4）以上都没有的情况下，可以适用一般地域管辖原则

即"原告就被告"原则，由被告住所地法院管辖，所谓住所地，即公民户籍所在地、法人登记的住所地。根据《民事诉讼法》第22条第1款的规定，对公民提起的民事诉讼，由被告住所地人民法院管辖；被告住所地与经常居住地不一致的，由经常居住地人民法院管辖。

（5）在确定地域管辖后再确认级别管辖

《最高人民法院关于调整中级人民法院管辖第一审民事案件标准的通知》于2021年发布，明确自2021年10月1日起，中级人民法院管辖一审民事案

件标准提高至最低1亿元（当事人住所地均在或者均不在受理法院所处省级行政辖区的）、最高5亿元（当事人一方住所地不在受理法院所处省级行政辖区的），因此，现在大多数民事案件均由基层人民法院管辖，中级人民法院、高级人民法院、最高人民法院则负责受理如重大涉外案件、在本辖区有重大影响的案件等特定类型案件。例如，本文案例中原告与被告住所地均在福建省，诉讼标的不到2亿元，但因原告提起诉讼是在2019年，上述通知还未施行，因此原告是向中级人民法院申请立案。

2. 原告在提起诉讼时要确定管辖法院，对公民提起的民事诉讼，要查明被告的经常居住地，否则将给对方拖延诉讼提供可乘之机

如本文案例中，原告提起诉讼时想当然地向被告户籍所在地泉州市中级人民法院提交立案材料，但被告在开庭前提出管辖异议，并出具当地派出所、居委会的证明，证明被告的住所地为三明市，法院根据《民事诉讼法》第22条第1款的规定，裁定将案件移送三明市中级人民法院。

鉴于此，我们提醒读者若遇到以公民为被告提起诉讼的情况时，应注意查明被告实际居住情况，实际居住地与住所地不一致的，应向实际居住地法院提起诉讼。若确定管辖法院错误，被告提出管辖异议或法院审查发现受理法院无管辖权的，立案法院将通过移送程序将案件移送至有管辖权法院，其间还可能经历对管辖异议的诉讼及上诉程序，必将拖延诉讼时间、降低诉讼效率。

3. 当事人对管辖权有异议的，应什么时间内提出

《民事诉讼法》第130条规定："人民法院受理案件后，当事人对管辖权有异议的，应当在提交答辩状期间提出……当事人未提出管辖异议，并应诉答辩或者提出反诉的，视为受诉人民法院有管辖权，但违反级别管辖和专属管辖规定的除外。"第128条规定："人民法院应当在立案之日起五日内将起诉状副本发送被告，被告应当在收到之日起十五日内提出答辩状。"据此，当事人提出管辖异议有期限限制，应在答辩期间内提出，答辩期为收到起诉状后15天内。

例如本文案例中，被告在答辩期内未提出管辖异议，但在开庭之前提出管辖异议，虽然超过了法定的管辖权异议提出期间，但人民法院也有对管辖

进行审查的义务，依照《民事诉讼法司法解释》第 35 条的规定，"当事人在答辩期间届满后未应诉答辩，人民法院在一审开庭前，发现案件不属于本院管辖的，应当裁定移送有管辖权的人民法院"，泉州市中级人民法院经审查认为自己无管辖权，故最终裁定将案件移送三明市中级人民法院处理。

二、没有书面合伙协议，能否确认合伙关系

本案原告与被告合作案涉工程项目并未签订书面合伙协议，项目工程完成后，双方因是否存在合伙关系、合伙分割如何确定、利润如何分配等问题产生争议。一审法院认定王某萍与黄某水就项目合作达成口头合伙协议、存在合伙关系，但在案证据未体现黄某明有直接向合伙体出资的行为，黄某明主张其与黄某水之间存在合伙关系，因依据不足，不予采纳。原告与被告均不服，上诉至福建省高级人民法院。

（一）原告与被告的不同主张

原告王某萍、黄某明主张，其提交谈话录音及证人薛某、证人黄某枝的证言作为证据，能证明黄某水在合伙项目开展过程中对于黄某明的合伙人身份并未否认，且庭审过程中王某萍的陈述以及证人薛某的证言均能印证黄某明系与王某萍共同投资案涉合伙项目，因此王某萍、黄某明均为案涉项目合伙人。

被告黄某水主张，其与王某萍、黄某明不存在合伙关系，其系与薛某存在合伙关系。被告认为本案不具备以口头方式成立合伙的基本要件。本案争议所涉项目具有资金需求巨大、投资周期较长、管理极为复杂、成本费用庞杂等特点，而非小金额、短周期的项目，因此各方之间如成立合伙合同，至少应就合伙人、合伙项目、资金来源、出资数额、出资时限等涉及项目能否实际运行的主要条件达成一致，而口头约定显然不具备这个条件。至于黄某明与王某萍之间的关系，属于其二人之间的内部关系，无论王某萍与黄某水之间属于何种关系，均不会在黄某水与黄某明之间产生直接的法律关系。

（二）法院观点

1. 基于原告王某萍的汇款行为、被告向王某萍发送《合作协议书》和"项目汇总表"以及证人证言内容，能证明原告王某萍与被告之间达成了口头合伙协议

福建省高级人民法院二审认为，本案中双方虽未就合伙事项签订书面合伙协议，但双方实际具有共同出资、共担风险、共负盈亏的意思表示，且双方已提供资金进行实际经营，黄某水与王某萍之间成立合法有效的合伙关系。根据黄某水通过电子邮箱向王某萍发送的《合作协议书》、王某萍通过薛某账户共计汇款7100万元、薛某在现金日记账中记载收王某萍投资款、黄某水通过电子邮箱向王某萍发送的"项目汇总表"及证人薛某的证言、谈话录音等在案证据材料，可以确认黄某水与王某萍就某项目达成了口头合伙协议。

2. 原告黄某明无出资行为，在无其他证据的情况下，不能认定黄某明与被告之间存在合伙关系

黄某明主张其与黄某水存在合伙关系，但在案证据仅体现王某萍向某项目出资7100万元，未体现黄某明有实际出资的事实，故黄某明关于其与黄某水之间存在合伙关系的上诉主张，缺乏事实依据，不能成立，法院未予支持。

（三）律师分析及建议

1. 实践中，仅凭借口头约定认定合伙关系存在较大风险

《民法典》第967条规定："合伙合同是两个以上合伙人为了共同的事业目的，订立的共享利益、共担风险的协议。"据此，合伙关系是民事主体之间依据合同而形成的共同出资、共同经营、共享收益、共担风险的民事法律关系。

形成合伙关系应当签订正式的书面合伙协议，以明确合伙主体信息、合伙期限、合伙项目、合伙利润分配等重要事宜。但实践中，合伙关系往往形成于熟人、朋友、亲戚之间。

因此不签书面合同、仅靠口头约定就开始合伙经营的情形经常发生，一旦发生争议，确定双方之间是否成立合伙关系就成了诉讼难题。

2. 合伙人仅有口头约定主张成立合伙关系的，至少应提供证据证明共同出资、共同经营、共担风险、共享收益且存在合伙意向

（2018）最高法民申2122号案的裁判观点认为："在双方没有书面合伙协议的情况下，只有双方既具备合伙的其他条件（共同出资、共同经营）又有口头合伙协议才能认定合伙关系成立。"（2018）最高法民再216号案的裁判观点认为："口头合伙情形下，必须具备《最高人民法院关于贯彻执行〈中华人民共和国民法通则〉若干问题的意见（试行）》第五十条规定的构成要件，否则，不能认定当事人之间形成合伙关系。"

上述两份裁判文书中最高人民法院的裁判依据均为《最高人民法院关于贯彻执行〈中华人民共和国民法通则〉若干问题的意见（试行）》（已废止）第50条的规定，即："当事人之间没有书面合伙协议，又未经工商行政管理部门核准登记，但具备合伙的其他条件，又有两个以上无利害关系人证明有口头合伙协议的，人民法院可以认定为合伙关系。"尽管该意见已经于2021年1月1日废止，但司法实践中对于仅有口头约定的合伙关系的认定依然比较谨慎，至少要求当事人提供证据证明共同出资、共同经营、共担风险、共享收益且存在合伙意向。

3. 原告为证明自己与被告之间存在合伙关系提供的证据

本文案例中原告王某萍主张其与黄某水之间存在合伙关系，为此提供的证据包括以下几个方面。

（1）黄某水通过邮件向其发送的《合作协议书》、项目汇总表，证明双方存在合伙意向及口头协议。

（2）提供原告向项目财务负责人的转账及投资款入账记录，证明其实际出资7100万元。

（3）提供项目财务负责人薛某的证人证言，证明其实际参与经营。

（4）项目过程中的谈话录音，案外人黄某枝的证人证言佐证。

因此，法院也是基于上述证据能还原王某萍与黄某水就项目合作进行的合伙约定，并最终认定王某萍与黄某水之间存在合伙关系。

4. 民事主体之间想要合伙经营，应签订正式的书面合伙协议

我们在此提醒读者，无论是存在亲朋好友关系还是熟人介绍，合伙经营一定要签订正式的书面合伙协议，在协议中明确合伙主体信息、合伙份额、合伙期限、合伙项目、合伙利润分配等事宜。仅凭口头约定就盲目开始合作，一旦产生纠纷，需要同时证明共同出资、共同经营、共担风险、共享收益且存在合伙意向才能初步认定合伙关系，在诉讼中很容易吃大亏，最后赔了夫人又折兵，既破坏了交情又损失了利益。

三、没有书面合伙协议，合伙范围及合伙份额如何确定

本案诉讼过程中，因双方并未签订书面合伙协议，原告王某萍与被告黄某水就合伙项目范围及合伙份额的确定产生争议。

（一）原告与被告的不同主张

1. 关于合伙范围原被告双方的不同主张

原告王某萍主张，双方的合伙范围为南新区一期项目，证据为被告黄某水发送给王某萍的《合作协议书》载明的合伙项目为南新区一期，"项目汇总表"中仅在南新区一期项目收入支出表中体现王某萍出资7100万元，在"F地块资金支出汇算明细表"中并未体现王某萍有对该房地产项目进行出资。

被告黄某水则主张，合伙范围除了南新区一期项目，还包括F地块房地产项目，两个项目是相互关联、不可分割的。

2. 关于合伙份额原被告双方的不同主张

原告王某萍在一审立案时主张，其与被告黄某水各占项目50%的合伙份额，为此提供谈话录音、证人黄某枝的证言作为证据。二审时王某萍又主张黄某水实际出资金额为5000万元、王某萍实际出资7100万元，王某萍出资比例为58.67%［7100万元÷（5000万元＋7100万元）］，故王某萍合伙份额应为58.67%。

被告黄某水则主张，合伙项目需垫资4.5亿元，实际总支出近4.3亿元，

若法院认定王某萍的投资款为7100万元，则相应地应认定项目所需剩余投资款3.79亿元都是由黄某水筹措投入，王某萍在某项目中的比例为15.778%（7100万元÷45000万元）。

（二）法院观点

1. 合伙事项范围不应包括F地块房地产项目

法院认为，被告黄某水发送给王某萍的《合作协议书》明确载明"甲方引进的福建某某集团有限公司成功获得将南新区一期工程某项目中标资格"，且黄某水发送给王某萍的"项目汇总表"中仅在"某收入支出表"中体现王某萍出资7100万元，在"F地块资金支出汇算明细表"中并未体现王某萍有对房地产项目进行出资。因此，本案王某萍与黄某水的合伙事项范围为南新区一期工程建设项目。

2. 原告王某萍与被告黄某水各按50%的比例享有合伙份额

法院认为，原告王某萍一审起诉时主张合伙份额双方各占50%，经二审询问，王某萍同意按照口头合伙协议约定双方各占50%合伙份额，被告黄某水主张按照双方出资比例确定合伙份额。经法院查明最终确认黄某水出资7080万元、王某萍出资7100万元，基于双方出资数额相当，且王某萍同意双方各占50%合伙份额，因此法院最终依法对黄某水、王某萍各按50%的合伙份额分配利润、分担亏损予以确认。

（三）律师分析及建议

1. 实践中，合伙份额一般按照合伙合同的约定确定，若当事人对份额约定不明又协商不成的，则将会按照实际出资比例确定

《民法典》第972条规定了合伙利润分配和亏损分担规则，即"合伙的利润分配和亏损分担，按照合伙合同的约定办理；合伙合同没有约定或者约定不明确的，由合伙人协商决定；协商不成的，由合伙人按照实缴出资比例分配、分担；无法确定出资比例的，由合伙人平均分配、分担"。对于合伙份额的确认，法院也参照上述规定处理。例如本文案例中，双方未签订书面合伙协议，对于合伙份额的分配又不能达成一致意见，法院最终结合双方出资比例相当这一基本事实以及双方口头约定内容，确定双方各占50%合伙份额。

2. 民事主体之间想要合伙经营，应签订正式的书面合伙协议，明确合伙主体信息、合伙份额、合伙期限、合伙项目、合伙利润分配等事宜

前文提到，没有书面合伙协议，确认合伙关系需要一系列证据证明，缺少任何一项证据，都有不被法院认定为合伙关系的风险。

实践中，确认合伙关系仅是第一关，之后的合伙份额确认、合伙利润分配都是难题。例如本文案例，法院确认原告王某萍与被告黄某水之间存在合伙关系后，双方就合伙项目的范围、合伙份额的确认仍不能达成一致意见，依然需要当事人分别举证证明各自的主张。

因此，我们再次提醒读者，在合伙经营之前要先签订书面合伙协议，明确约定合伙主体信息、合伙份额、合伙项目、合伙利润分配、亏损负担、合伙解散事由及方式等重要信息。

3. 合伙人在进行投资款的支付时应注意留痕，建议在汇款单中明确款项性质

实践中，经查出现各合伙人对合伙份额、利润分配等事项约定不清的情况，法院往往会参考各合伙人的出资比例作出裁判，这就要求合伙人能够提供证据证明自己的实际出资总额。

例如，本文案例中的原告王某萍与被告黄某水共同聘请薛某担任合伙项目出纳，王某萍通过向薛某账户转账的方式支付投资款7100万元，薛某记账为收王某萍投资款，法院以此直接确认王某萍支付投资款总额为7100万元。

因此，我们提醒读者就合伙经营进行出资时，应当注意留痕，可通过银行转账的方式支付投资款，且要备注好款项用途，例如备注"×××项目××（姓名）合伙投资款"，建议还应取得入账凭证。如确须以现金方式支付，应要求收款方提供收条，并做好合伙财产的入账登记，切忌以现金支付又不留任何支付凭证。

四、合伙项目实际控制人拒不提供财务账册，合伙利润如何分配

本案原告王某萍、黄某明诉讼请求分配合伙利润，需要通过清算确认合

伙体经营期间的盈亏情况。原告向法院申请责令被告黄某水提供南新区一期工程项目相关财务账册、会计凭证等财务资料。法院责令黄某水限期向法院提交财务资料。被告黄某水未在法院指定的期限内提交相关材料，书面提交一份《关于法院裁定要求提交书证的反馈说明》，称"确无自己保管的资料可以提供"。

（一）原告与被告的不同主张

原告王某萍、黄某明主张，应以其提供的薛某所记载的现金日记账、银行存款日记账、银行流水，作为认定事实的有效证据。

被告黄某水主张，应以其提交的银行凭证及单方面制作的项目支出，作为认定事实的有效证据。

（二）法院观点

二审法院认为。

1. 被告黄某水作为合伙事务执行人有义务向法院提交财务资料，其未提交应承担举证不能的不利后果，本案以原告提交的材料认定合伙资产

合伙协议终止后，应经过清算确定合伙体的债权债务及盈亏情况，而合伙账目进行清算的前提是由合伙体经营期间负责日常事务管理的合伙人提供合伙账册或相关资料。本案客观上有必要进行审计更有利于查清案涉合伙体的具体经营情况，黄某水作为合伙事务执行人，其有义务向人民法院提交某项目相关财务账册、会计凭证等完整的财务资料，但其无正当理由拒不向法院提供，导致不能进行合伙体清算，依法应承担不利的法律后果。

根据《最高人民法院关于知识产权民事诉讼证据的若干规定》第25条的规定："人民法院依法要求当事人提交有关证据，其无正当理由拒不提交、提交虚假证据、毁灭证据或者实施其他致使证据不能使用行为的，人民法院可以推定对方当事人就该证据所涉证明事项的主张成立。"以王某萍提供的现金日记账、银行存款日记账、银行流水为依据。

2. 被告黄某水应向原告王某萍返还投资款、支付合伙收益并应支付同期LPR利率的利息

结合案涉项目回购人某建设发展集团有限公司出具的《南新区一期项目

付款明细表》进行计算，案涉合伙体某项目收入工程款及投资回报款合计55198.74万元，薛某有记账的某项目支出成本为371714473.1元，加上王某萍认可的应付管理费4462400元，共计376176873.1元，除双方出资款之外的案涉合伙体可分配财产为175810526.9元。按照王某萍、黄某水各占50%的合伙份额计算，王某萍可分得财产为87905263.45元，加上未退还其的投资款1060万元，黄某水应向王某萍支付98505263.45元及自合伙协议解除之日起至实际付款之日止按同期全国银行间同业拆借中心公布的贷款市场报价利率计算的利息。

（三）律师分析及建议

1. 合伙事项履行完毕的，合伙人可以请求分割合伙财产

《民法典》并未明确规定退伙的财产分割规则，仅有一项限制性规定，即第969条第2款"合伙合同终止前，合伙人不得请求分割合伙财产"。该条款中的"合伙人"应理解为部分合伙人，该条款限制部分合伙人在合伙事项未完成之前任意退伙，意在维护合伙体的稳定性；若全体合伙人一致同意分割合伙财产，则当然不受该条款限制。

此外，根据《民法典》第969条第2款的规定可以反推得出结论：合伙合同终止后，合伙人可以请求分割合伙财产。所谓合伙合同终止，包含合伙事项完成、合伙协议约定期限届满、合伙协议目的实现。例如本文案例中案涉合伙项目已竣工验收合格并交付业主使用，双方合伙目的已经实现。因此，法院确认双方的合伙协议于起诉状副本送达被告黄某水时解除，并支持王某萍请求分配合伙利润的主张。

2. 分割合伙财产，应以合伙体的相关财务账册、会计凭证等财务资料为依据，经过清算确定合伙体的债权债务及盈亏情况。合伙体经营期间负责日常事务管理的合伙人有义务配合提供合伙账册或相关资料，拒不提供的应承担不利后果

合伙协议终止后，合伙人之间对合伙体债权债务及盈亏情况有分歧的，应通过清算确定，而合伙账册、会计凭证等相关财务资料是清算的前提，此时，作为管理人的合伙事务执行人就有义务配合其他合伙人提供相关资料。

根据《民事证据规定》第95条的规定，"一方当事人控制证据无正当理由拒不提交，对待证事实负有举证责任的当事人主张该证据的内容不利于控制人的，人民法院可以认定该主张成立"。分割合伙财产需要清算时，如合伙事务管理人无正当理由拒不配合提交合伙体财务资料，法院将按照其他合伙人出具的证据材料认定合伙体利润，管理人反而可能会陷入不利境地。

例如本文案例中，被告黄某水是合伙事务的执行人和实际控制人，法院向黄某水发送裁定，责令其限期提供财务资料，黄某水回复称"确无自己保管的资料可以提供"，黄某水的行为构成无正当理由拒不提供证据，应承担不利的法律后果。因此，法院依据原告王某萍提供的证据、项目回购人某建设发展集团有限公司提供的付款明细表等材料，确定了案涉合伙体的可分配财产，并在此基础上进行分配。

综上所述，各合伙人均应关注合伙体的基本财务、财产情况，以免在涉诉时出现举证困难或举证不能的情形。特别是合伙事务执行人更应当妥善保管合伙体的财务账簿等重要文件，如果法院要求其提供，应当予以配合，否则可能承担更为不利的法律后果。

五、合伙期间合伙财产均由一人实际占用，其他合伙人能否要求其支付资金占用费

本案被告黄某水作为合伙项目的执行人实际控制合伙财产，原告王某萍、黄某明起诉要求被告黄某水支付因其擅自占用合伙财产期间的占用费，原告、被告双方就被告应否承担资金占用费形成争议。

（一）原告与被告的不同主张

原告王某萍、黄某明主张：第一，被告黄某水并非基于案涉合伙项目的执行合伙事务人的身份占有、使用合伙财产。案涉合伙项目所涉政府回购款均在支付当日或次日转入黄某水或其控制的银行账户，根据黄某水提交的证据可知，其自认至少9000万元的合伙财产（其表述为某项目回购款）系用

于支付案涉合伙项目之外的项目（黄某水个人投资的房地产项目）的土地转让款，黄某水无权占有使用合伙财产。第二，根据《民法典》第6条的规定"民事主体从事民事活动，应当遵循公平原则，合理确定各方的权利和义务"以及双方约定，被告黄某水基于私人投资的需要擅自占有、使用合伙财产应向合伙体支付资金占用费及利息。

被告黄某水主张，其是合伙事务的执行人，在合伙经营期间其有权管理和占有合伙财产。

（二）法院观点

福建省高级人民法院二审认为，黄某水作为合伙项目对外执行合伙事务的合伙人，合伙经营期间其有权管理、占有合伙体财产，故王某萍关于黄某水应支付占有合伙财产期间资金占用费的主张，于法无据，法院不予支持。

（三）律师分析及建议

1. 实践中，合伙人基于合伙协议产生纠纷主张资金占用费，如合伙财产由非合伙人的第三方占用且合伙事务未实际开展，法院将予以支持

根据《民间借贷司法解释》第28条第2款的规定，借贷双方约定了借期内利率但是未约定逾期利率，出借人主张借款人自逾期还款之日起按照借期内利率支付资金占用期间利息的，人民法院应予支持。这是关于"资金占用费"的明确法律规定。

实践中，不仅民间借贷纠纷的当事人会主张资金占用费，其他合同纠纷案件中也经常涉及资金占用费争议。（2017）最高法民终141号案的裁判观点明确"并非只有在借贷合同关系中才存在资金占用问题"。

因此，基于合伙协议产生的纠纷也有主张资金占用费的可能。至于该主张能否被法院支持，从既往司法案例来看，如合伙财产由非合伙人的第三方占用且合伙事务未实际开展，法院大概率会判决支持合伙人要求支付资金占用费的诉讼请求，例如，前面提到的（2017）最高法民终141号民事判决书中，合伙人按约向项目公司投入资金供项目公司占有使用，但最终合伙事务并未开展，法院最终判决项目公司按照中国人民银行同期同类贷款利率为标准向各合伙人支付资金占用费。

2. 实践中哪种情形，合伙人不能主张资金占用费

如果因为合伙业务经营失败，合伙目的无法实现而解除合伙协议，合伙人不能够主张资金占用费，合伙人应当在合伙项目进行清算后依据约定或协商按份额取回出资，其中并不包括资金占用费。

3. 执行合伙事务的合伙人基于合伙事务经营的需要，管理、占有合伙财产，无须支付资金占用费

例如本文案例，合伙项目已经实际开展，且占用合伙财产的黄某水为约定的对外执行合伙事务的合伙人，原告又未能提供有效证据证明被告黄某水擅自挪用合伙财产，因此法院认定被告黄某水是基于合伙事务经营的需要管理、占有合伙财产，最终未支持原告关于资金占用费的诉讼请求。

因此，我们提醒读者在参与合伙事务的过程中应制定合伙财产的使用管理规范，严格监督合伙事务执行人、合伙财产占用人对合伙财务的使用情况，以避免个别合伙人擅自对合伙财产进行强占和使用。

案例二 中介还是合伙，微信聊天记录成定案证据

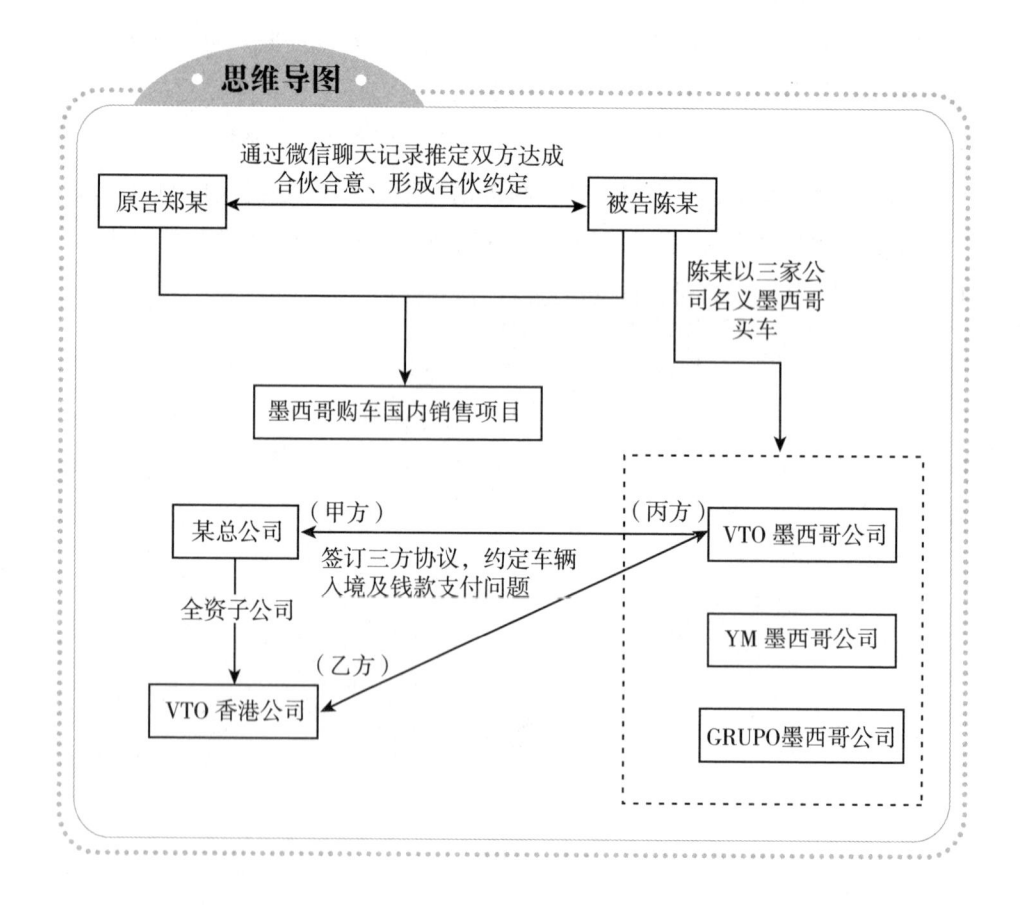

思维导图

```
原告郑某 ←—通过微信聊天记录推定双方达成合伙合意、形成合伙约定—→ 被告陈某
    │                                                              │
    │                                                              │ 陈某以三家公
    │                                                              │ 司名义墨西哥
    │                                                              │ 买车
    ↓                                                              ↓
墨西哥购车国内销售项目                                    ┌──────────────────┐
    │                                                   │ VTO 墨西哥公司    │
某总公司（甲方）                                          │                  │
    │         签订三方协议，约定车辆                       │ YM 墨西哥公司     │
    │ 全资子公司  入境及钱款支付问题                        │                  │
    ↓         （乙方）                                    │ GRUPO 墨西哥公司  │
VTO 香港公司 ←——————————（丙方）——————————————→ └──────────────────┘
```

案例来源

（2023）沪民终 804 号

· 16 ·

案例二
中介还是合伙，微信聊天记录成定案证据

案情简介

2016年，原告郑某与被告陈某合作开展平行进口车采购业务，由陈某负责协调墨西哥购车事宜，郑某负责提供购车款并在国内进行销售。关于定金支付、车辆交付、购车折扣、运输成本、退税收益、佣金结算等具体事宜，双方通过微信进行沟通确认。交易过程中，根据墨西哥当地政策，汽车出口业务可享受16%的退税，故双方又通过微信商讨采购车辆的退税事宜并开展退税工作。其间，双方提出由陈某负责在墨西哥设立三家墨西哥公司用以办理采购及退税事宜。

2016年11月28日，陈某通过电子邮件向郑某发送《三方协议》一份，协议甲方为某总公司，乙方为VTO香港，丙方为VTO墨西哥，协议约定："……乙为甲的海外分公司，全资属于甲，其中甲为销售公司，乙为收款公司及付款公司，丙为墨西哥具备车辆出口资质的公司，甲、乙委托丙在墨西哥境内采购指定车辆……购车款由乙方汇至丙方，丙方收到款项后必须在墨西哥境内正规渠道采购指定车辆……"该协议落款处有某总公司、VTO香港、VTO墨西哥三家公司分别加盖的公章。某总公司自2016年6月开始向陈某账户多次汇款，汇款附言分别为："宝马X5订车咨询费""服务费""工资""报销"等内容。

2017年4月，郑某、陈某双方发现在车辆采购交易中产生了高额的汇率损失，郑某就汇率损失问题与陈某进行微信沟通。同年9月12日，郑某、陈某与国内购车方袁某就车辆平行进口合作事宜进行商讨并形成会议纪要，并在此后，陈某在与郑某的微信聊天中多次沟通会议纪要内容，郑某通过电子邮件向袁某发送修改后的会议纪要，并抄送给陈某。关于交易中汇率损失事项，陈某与郑某通过微信聊天进行多次沟通，并就2017年度采购业务汇率损失进行对账，以及双方就2017年度购车业务通过电子邮件进行对账。关于退税款项，双方也进行过多次对账及沟通。

陈某以三家墨西哥公司（VTO墨西哥、YM墨西哥、GRUPO墨西哥）名义在墨西哥采购车辆，并出口给VTO香港，VTO香港向三家墨西哥公司支付车辆采购款项，并将采购的车辆销售给内地公司，收取内地公司车款，陈某在墨西哥以三家墨西哥公司名义申请退税。后因 2017 年度 VTO 香港向内地公司的收款结算与 VTO 香港向三家墨西哥公司的付款结算存在汇率差，故在 2017 年度的采购合作中产生了汇率损失。为此，郑某起诉陈某，要求陈某支付退税款和共同承担汇率损失。

一、在无正式合同的情况下，如何判断合作双方是合伙关系而非中介关系

（一）原告与被告的不同主张

原告郑某主张，其与陈某之间系合伙关系，故应对半分享退税款收益和共担汇率损失的风险。

被告陈某则主张，两者之间仅存在居间服务关系而非合伙关系。陈某为郑某提供汽车平行进出口业务的居间服务，郑某支付相应的居间服务佣金，故其不应支付退税款和承担汇率损失。

（二）法院观点

1. 从双方自 2016 年 6 月以来的大量微信聊天记录、邮件，均可证明郑某与陈某在 2016 年开始共同经营汽车平行进口业务时，已确定双方共同出资、共享利润、风险共担的合伙模式

自陈某、郑某于 2016 年 6 月合作以来，郑某负责购买车辆的国内销售渠道以及在墨西哥的购车资金，陈某负责墨西哥的车辆采购和人力资源，墨西哥的人员费用由陈某负责，收益由双方共享。2017 年 9 月 12 日形成的会议纪要以及同年 9 月 27 日郑某向陈某抄送的会议纪要就合作中有关股权比例、出资、公司收购、费用承担、盈余或亏损承担等条款的约定，均符合合伙法律关系关于合伙人应共同出资、合伙经营、共享收益、共担风险的法律特征。

2. 陈某收取的所谓佣金并非郑某向陈某支付的居间报酬，实际上是双方分配的国内购车客户支付的购车代理费

从双方的往来微信聊天记录和电子邮件内容可知，双方分享的代理费实

际上是双方用于各自在国内和墨西哥的费用支出,也是陈某在墨西哥开拓业务的活动经费,并非居间报酬,陈某对此明知并认可。而且代理费收入只是陈某收入的很小部分,陈某还实际享有合伙收益分配。因此,陈某收取的所谓佣金并非"居间服务费",汇款备注的"服务费""咨询费""工资"等,以及邮件附件《佣金协议书》等均不能证明居间关系的成立。

3. 陈某关于"本案事实上为某总公司、VTO 香港与 VTO 墨西哥直接存在合作关系"的主张与事实不符

汽车平行进口业务是属于双方明知的不可能以个人名义进行的业务,必须通过公司进行。本案中,郑某使用某总公司或 VTO 香港收取内地买方购车款,陈某使用三家墨西哥公司收取款项实现在墨西哥采购车的目的,陈某与郑某通过这些公司完成具体合作,包括以下几个方面。

(1) VTO 香港、某总公司以及三家墨西哥公司均为郑某、陈某双方合伙共同经营车辆平行进口业务的辅助手段,VTO 香港、某总公司由郑某实际控制,三家墨西哥公司由陈某实际控制,VTO 香港与三家墨西哥公司之间签订具体的业务合同系因汽车平行进口业务操作上的客观需要,单纯个人并不能实施该项业务,故具体的业务合同并不能否定郑某与陈某之间的合伙关系。

(2) 郑某和陈某在 VTO 香港、GRUPO 墨西哥、YM 墨西哥三家公司设立前就已开始合作业务,故合伙关系不可能发生在墨西哥公司与 VTO 香港之间。

综上所述,本案陈某与郑某之间系合伙关系,并非居间关系。

(三)律师分析及建议

1. 实践中,如何有效提取微信聊天记录作为法庭证据

结合现代人的生活习惯,大家已开始习惯在微信中对某些合作事项进行交流沟通,根据《民法典》第469条的规定,微信聊天记录、电子邮件等能够有形地表现所载内容,并可以随时调取查用的数据电文,在符合合同成立条件的情形下,可视为书面合同。

日常中的微信聊天记录、微信转账支付凭证等,根据《民事诉讼法》及《民事证据规定》的规定,前述微信证据均属于"电子数据"的范畴。因此,

在保存和固定微信证据时需要注意以下两点。

（1）妥善保管手机原始载体，向法院进行证据原件展示时需要提供手机。同时，要慎用微信清理功能，微信功能中的"一键瘦身""垃圾清理"等自动清理功能要慎用，存有关键信息的聊天内容最好不进行清理。

（2）对于关键的微信证据内容，可事前进行证据保全公证，以维护自身权益。若手机换新、手机内存不够或客观上无法保留原手机，建议对于关键性内容予以证据保全公证，即当事人可到公证处进行公证或者采取其他可靠方式进行微信内容的保全。

2. 实践中，原告、被告向法院提交微信证据时的注意事项

实践中，收集微信证据的程序、内容、方式等直接决定了证据自身的真实性、合法性、证明力及与待证事实的关联性。因此，原被告在向法院提交微信证据时要注意以下几点。

（1）提交双方个人信息界面

个人信息界面包括微信头像、昵称、微信号、地区等信息，用以证明当事人身份的真实性。

（2）微信聊天记录确保完整

提交微信聊天记录时必须完整不间断，不能只截取对自己有利的部分，不可向法庭提交经过删除或者编辑过的聊天记录。

（3）向法院提交微信聊天记录截图时，要特别注意显示日期

如果是对话当天截图，则只能显示具体时间（××分××秒），无法显示××××年××月××日，如日后作为证据提交，最好再重新截一次有日期显示的版本。

（4）语音对话应转换为文字保存

对含有微信语音的页面截图时，注意将语音转文字后再截图，否则截图无法展示聊天内容。

（5）音频、视频内容应注意有效保存

若微信聊天记录中存在音频、视频等内容，建议提前用光盘等存储设备保存后提交法院，庭前由法院发送给其他当事人核实，提高庭审效率。

（6）微信中的转账记录应注意标明转账内容

对于转账明细需要作为证据提交的，应注意提前将双方涉案往来的转账

明细进行梳理和标注，方便法庭上阐释证明内容。

3. 居间关系（中介关系）与合伙关系在法律效果上的区别

居间关系（中介关系）与合伙关系在法律效果上的区别，主要体现为合作方能否共享收益和共担风险，具体如下：

（1）中介合同，是指中介人向委托人报告订立合同的机会或者提供订立合同的媒介服务，委托人支付报酬的合同

原《合同法》第424条对居间合同进行了定义，后《民法典》对于居间合同的称呼改为中介合同，并在第961条规定了中介合同的定义，两者的定义内容一致，即中介人向委托人报告订立合同的机会或者提供订立合同的媒介服务，委托人支付报酬的合同。基于中介合同关系，中介人促成合同成立的，委托人应当按照约定支付报酬，即便委托人"跳单"也应支付中介报酬，而中介活动的费用，由中介人负担。中介人未促成合同成立的，不得请求支付报酬；但是，可以按照约定请求委托人支付从事中介活动支出的必要费用。

（2）合伙合同，是指两个以上合伙人为了完成共同的事业，订立的共享利益、共担风险的协议

合伙关系包括合伙企业中形成的合伙关系以及通过合伙合同形成的合伙关系，本文案例中与中介合同关系相区分的合伙关系主要侧重于合伙合同关系。根据《民法典》第967条的规定，合伙合同是两个以上合伙人为了共同的事业目的，订立的共享利益、共担风险的协议。基于合伙合同约定，合伙人按照约定的出资方式、数额和缴付期限，履行出资义务。合伙人的出资、因合伙事务依法取得的收益和其他财产，均属于合伙财产，且在合伙合同终止前，合伙人不得请求分割合伙财产。

综上所述，合伙关系主要特点即是各合伙人之间共享利益、共担风险。本文案例中之所以被告陈某主张双方合作系居间法律关系而非合伙关系，其实质目的是将案涉款项认定为佣金而非利润进行分配，且不承担任何经营风险。

4. 实践中，就银行转款时的备注信息，如本文案例中汇款时备注的"服务费""咨询费""工资"等，在发生纠纷后会起到何种法律效果

在本文案例中，因有较完整的微信聊天记录内容能反映出陈某收取的所

谓佣金并非郑某向陈某支付居间报酬，实际上是双方分配的国内购车客户支付的购车代理费。因此，本文案例中汇款时备注的相应信息不能证明郑某与陈某之间系居间法律关系。

但若无相对完备的其他证据能证明双方之间的法律关系及双方所转款项的法律性质，则银行转账汇款时的备注信息将会对钱款性质的认定起着举足轻重的作用，故需要在转款时格外注意，比如，转账时"往来款"则无任何实际含义，不利于款项性质的认定，其他具体需要注意事项如下：

（1）出借人在转出借款时，可备注"借款"。

（2）还款时应备注"还款""还本金""还利息"。

（3）股东实缴出资，即备注"股东出资款""投资款"等；股东对公司借款，即备注"借款"。

（4）向员工发放工资或报销款，即备注清楚"工资""报销款"。

二、郑某、陈某是否就汇率损失的金额及负担达成一致

因 2017 年度 VTO 香港向内地公司的收款结算与 VTO 香港向三家墨西哥公司的付款结算存在汇率差，故在 2017 年度的采购合作中产生了汇率损失。双方就汇率损失的承担问题产生争议。

（一）原告与被告的不同主张

原告郑某主张，因 2017 年度 VTO 香港向内地公司的收款结算与 VTO 香港向案涉三家墨西哥公司的付款结算存在汇率差，故在 2017 年度的采购合作中产生了汇率损失。2017 年度 527 台车的采购与销售，累计产生汇率损失共计 5600 万墨西哥比索，换算成欧元为 2590196 欧元，被告应以欧元向原告支付前述汇率损失。

被告陈某主张，郑某主张的其自行计算得出的汇率损失多次发生变更，由所谓的 5600 万墨西哥比索变更为退税金额的 62.5%，再变更为 200 万美元，陈某始终处于被动接受告知的状态，陈某实际无法确认汇率损失的金额。

（二）法院观点

在陈某与郑某多次的往来邮件中均明确载明汇率损失金额 5600 万墨西哥比索，陈某均未对该汇率损失金额提出异议，据此，可以认定陈某已确认 2017 年度汇率损失为 5600 万墨西哥比索，具体论理如下：

首先，由 2017 年 9 月的会议纪要反映，案涉合作 2017 年确实存在汇率损失，且双方已就汇率损失的处理达成一致，即以退税款弥补汇率损失。

其次，2017 年 10 月 23 日，在郑某、陈某以及袁某的微信聊天记录中，袁某已提出"今天根据到账比索和欧元金额，汇率问题导致损失 235 万欧元"。

再次，在 2018 年 2 月，郑某、陈某通过电子邮件就 2017 年度购车业务进行了对账，其中一份附件即为汇率损失的核对，该表格载明与案涉三家墨西哥公司相关的购车汇率损失为 5600 万墨西哥比索。同年 3 月 7 日，郑某的财务人员根据陈某的反馈意见，将更新统计后的表格发送给了郑某、陈某，其中有关汇率损失的金额没有变化，未见陈某对此表示异议。

最后，2019 年 2 月 2 日，陈某再次提出损失如何定义，数字怎么来的。郑某于次日又发送了三张表格，详细列明了汇率损失的构成，金额仍为 5600 万墨西哥比索。对此，陈某仍未明确提出异议。

综上所述，法院认为在郑某已多次向陈某提供了有关汇率损失对账单的情况下，陈某未明确表示异议，且未能于法院审理中提供有效证据否定郑某的主张，故对郑某主张 5600 万墨西哥比索的汇率损失法院予以认定。因郑某系以欧元付款，故其主张上述汇率损失以欧元支付，具有事实依据，法院予以支持。

（三）律师分析及建议

1. 汇率损失主要是由市场汇率的不规律波动以及其他外部因素的变化而导致的财务损失

外汇汇率波动是汇率损失最直接的原因，当企业或个人持有外币资产或负债，并且汇率发生不利变动时，就会导致汇兑损失。例如，如果一个企业进口原材料需要支付外币，而支付时的汇率高于签约时的汇率，那么企业就需要支付更多的本国货币来兑换相同的外币金额，从而形成汇兑损失。因此，企业和个人在进行跨国交易和投资时，应充分考虑汇率变动的风险，采取适当的风险管理策略，如使用外汇衍生品等工具来对冲潜在的汇率风险。

2. 实践中，就合伙关系中就经营亏损的分配、分担问题，应如确认

在合伙关系中，有关经营亏损的确认和分担，根据《民法典》第972条的规定，合伙期间的经营亏损按如下情形进行分配、分担。

（1）若有合伙合同的约定，则应根据合伙合同的明确约定进行分配和分担，按照合同条款执行即可。

（2）在合伙合同没有约定或约定不明确的情况下，合伙人应通过协商来决定损失的分配和分担方式，且协商结果需要所有合伙人同意方能生效。

（3）如果协商不成，损失的分配和分担应按照合伙人实际缴纳的出资比例分配、分担。

（4）如果无法确定合伙人的具体出资比例，那么经营亏损应平均分配给所有合伙人。

3. 实践中，关于合伙人对经营亏损金额及分摊是否有明确确认的问题，能否以一方未提异议的默认方式确认双方就合伙亏损的金额及分摊达成一致意见

根据《民法典》第140条的规定，意思表示的方式可以分为明示和默示。默示的意思表示需要符合法律规定、当事人之间的交易习惯或者当事人明确约定的条件。因此，在实践中，若只因为一方未提异议并不意味着默认达成一致，需要一定情形下适用默认推定。

例如在本文案例中，因原被告双方就合作事宜存在大量微信、电子邮件等聊天记录内容，在陈某与郑某多次的往来邮件中均明确载明汇率损失金额5600万墨西哥比索，被告陈某均未对该汇率损失金额提出异议，且双方仍继续沟通其他合作事宜，说明双方已形成一定交易习惯，从原告郑某角度认为其发送的损失金额及分摊份额事项陈某未提出异议即是认可损失金额和分配份额的确认，双方此后的多次交流金额也未变动，故人民法院认定双方就合伙亏损的金额及分摊达成一致意见。

三、退税款是否为合伙收入，应如何分配

（一）原告与被告的不同主张

原告郑某主张：第一，截至 2020 年 5 月，通过陈某告知的两家墨西哥公司的纳税人注册码，查询到两公司已收到退税款 52559599 墨西哥比索；因陈某修改密码，致使郑某无法查询到 YM 墨西哥的退税情况；陈某自行提供的证据表明 2020 年 5 月后还有收到退税；双方合作的汽车采购交易于 2018 年结束至今已多年，退税必然已完成，对于未收到全部退税款陈某负有举证责任，因陈某未合理举证，故应按案涉三家墨西哥公司 2017 年、2018 年的购车总数，以居间商发票金额的 16% 计算退税款。第二，原被告双方系合伙关系，被告陈某在墨西哥以案涉三家墨西哥公司名义申请退税，根据双方 2017 年 9 月 12 日的会议纪要，前述退税金额在扣除汇率损失后，剩余的部分应由郑某、陈某各半分配，故原告向法院起诉请求：陈某向郑某支付扣除汇率损失后的剩余退税收益 909034.53 欧元。

被告陈某则主张：第一，退税未完成，已提供证据证明墨西哥相关部门对案涉三家墨西哥公司开展税务及反洗黑钱调查，公司账户被冻结，退税申请被驳回，致使退税金额无法确定。第二，针对 2017 年度扣除汇率损失后将剩余的退税收益进行分配的约定发生在 VTO 香港与 VTO 墨西哥之间，即结算的义务主体应为 VTO 墨西哥而非被告陈某，且该退税收益还应扣减 VTO 墨西哥为实现退税所产生的退税成本。

（二）法院观点

关于陈某是否应就退税款向郑某承担付款责任问题，以及退税款应如何分配问题，人民法院论理观点如下。

1. 本案系陈某和郑某之间的个人合伙法律关系，退税款系合伙业务所产生的收益

陈某与郑某系合伙关系，且在案证据证明陈某通过由其实际控制和支配

的三家墨西哥公司获得退税款,而退税款属于合伙收益,应在合伙人陈某和郑某之间分配,故陈某有责任根据2017年9月12日会议纪要的约定,向郑某支付应付的款项部分。

2. 陈某与郑某等就退税款相关事项讨论形成的会议纪要可以作为双方分配退税款的依据,被告陈某负有履行义务

2017年9月12日的会议纪要,关于退税收益有明确约定,即退税款先扣除汇率损失,弥补年单采购数量不足部分,剩余部分陈某、郑某各半分配。陈某主张退税收入要根据墨西哥所得税法扣除30%所得税未提供证据予以证明。陈某主张的会计师事务所服务费、被处罚罚款、诉讼成本等,不属于双方约定的扣除范围,且未提供证据证明系因合伙业务发生以及已实际发生,陈某主张扣除没有依据。一审依据2017年9月12日的会议纪要以及郑某于2018年4月2日发给陈某的《2017年度退税备忘录》第4条,认定退税款总额先扣除8%财务费用后,再进行相应的汇率损失弥补和余款陈某和郑某按各50%比例分配,人民法院予以确认。

综上所述,陈某应就退税款向郑某承担付款责任。退税款的分配应先扣除汇率损失,剩余部分由陈某和郑某各半分配。

(三) 律师分析及建议

1. 实践中,退税款一般如何产生

退税款的产生主要是由于预缴税款与实际应缴税款之间的差异,以及各种扣除项的申报和认可。这些因素共同作用,导致纳税人在年度汇算时可能会发现多缴的税款,进而产生退税。在本文案例中,退税款属于合伙项目的财产,应按照合伙财产的相关约定或规定向合伙人进行分配。

2. 在民商事诉讼中,如何认定各方应承担的举证责任

根据《民事诉讼法》及司法解释、《民事诉讼证据的若干规定》的规定内容,举证责任的分配主要遵循"谁主张,谁举证"的原则。这意味着当事人对自己提出的主张有责任提供证据支持,若未能提供足够证据或者证据不足以证明其主张,将承担举证不能的不利后果。根据《民事诉讼法司法解释》第91条的规定,人民法院一般按照下列原则确定举证证明责任的承担:

（1）主张法律关系存在的当事人，应当对产生该法律关系的基本事实承担举证证明责任。

（2）主张法律关系变更、消灭或者权利受到妨害的当事人，应当对该法律关系变更、消灭或者权利受到妨害的基本事实承担举证证明责任。

3. 在特殊情况下，举证责任的分配可能会有所不同，实践中应予以足够重视

实践中，关于举证责任的分配要注意以下几点。

（1）过错原则，如在合同诉讼或侵权诉讼中，双方都需要提供证据来证明或反驳对方的过错。

（2）无过错责任原则，如在某些特定的侵权诉讼中，如高度危险作业等引起的纠纷中，原告只须证明发生侵权结果，而被告负有举证证明原告有故意或重大过失的证明责任。

（3）推定过错责任原则，如在公共道路上堆放、倾倒、遗撒物品造成损害的情况，公共道路管理人如果不能证明其已经尽到清理、防护、警示等责任，也需承担相应的责任。

（4）公平原则，如《民法典》第1186条关于公平分担损失的规定，考虑双方都没有过错的情况，依照法律规定分担损失。

此外，若现有法律没有明确规定，人民法院还可以基于公平原则和诚信原则，综合考虑当事人的举证能力等因素，来决定举证责任的承担。因此，在司法实践中，法官对于举证责任的分配具有一定程度的裁量权，在举证责任不明确的情况下，可以由法官确定举证责任的分配。

4. 实践中，在国外产生的文书如何在国内诉讼程序中作为证据使用

在国外产生的文书在国内诉讼程序中作为证据使用时，需要经过一定的法律程序以确保证据有效性及被采纳的可能性，故须注意事项包括以下几点。

（1）国外证据的认定和公证认证等程序，直接影响该证据在国内诉讼中的被采纳可能性

根据《民事证据规定》，国外产生的文书（域外证据）是否需要公证认证取决于证据的类型。一般而言，如果是公文书证或涉及身份关系的证据，需要经过所在国的公证机关证明，并通过我国驻该国使领馆认证。对于其他

类型的域外证据，我国法律并未强制要求公证或认证手续，但在实践中，最好办理相应的公证、认证手续，否则可能会影响证据被采纳的可能性。

（2）国外文书证据需要提供中文译本

根据《民事诉讼法》第73条的规定，证据文书是外文形式的，还需要提供相应的中文译本。

（3）中国加入的公约有助于国外证据的使用

我国于2023年加入了《取消外国公文书认证要求的公约》，这意味着从2023年11月7日起，我国送往其他缔约国使用的公文书仅需办理附加证明书（Apostille）①，无须办理我国和缔约国驻华使领馆的认证。同样，其他缔约国公文书送我国使用，只须办理该国附加证明书。

（4）人民法院对于国外证据的审查和采纳程序相对国内证据会更审慎

在涉外民事诉讼中，法院需要对域外证据进行特别的审查，包括证据的形成过程、是否经过公证认证、是否包含中文译本等。人民法院会根据这些证据的真实性、相关性和合法性进行判断，以决定是否采纳作为认定案件事实的依据。

综上所述，国外产生的文书在国内诉讼中作为证据使用时，需要满足特定的法律要求，包括可能的公证认证手续和提供中文译本。同时，我国加入的相关国际公约可能简化某些程序，实践中，建议当事人咨询专业律师，以确保证据的合法性和有效性。

四、个人合伙纠纷应否追加工具公司为诉讼第三人

（一）原告与被告的不同主张

原告郑某主张，陈某作为VTO墨西哥公司的实际控制人对相应事实陈述及

---

① "Apostille"源于法语，即"海牙认证"。2023年3月8日，中国驻荷兰大使谈践代表中方正式向《取消外国公文书认证要求的公约》保管机关荷兰外交部递交加入书，标志着中国正式加入该公约。2023年11月7日起，《取消外国公文书认证要求的公约》在中国正式实施，中国正式成为海牙公约成员国家。

举证均无障碍，故本案无须追加 VTO 墨西哥等三家墨西哥公司作为第三人。

被告陈某在二审上诉时主张，因案涉汇率损失的承担、退税收益的支付主体均为 VTO 墨西哥公司，为查明案件事实、厘清责任，一审中陈某向一审法院申请追加 VTO 墨西哥等三家墨西哥公司作为第三人参加诉讼，但一审法院未予追加，故而导致未能查明案情，作出错误判决。

（二）法院观点

关于本案是否需要追加 VTO 墨西哥等三家墨西哥公司为第三人的问题，需要论证以下两个问题：第一，三家墨西哥公司是否由陈某实际控制和经营；第二，不追加三家墨西哥公司是否影响案件事实的查明。具体如下。

1. 在案证据足以证明案涉三家墨西哥公司由陈某实际控制和经营

案涉三家墨西哥公司于 2017 年 7 月出具的《声明 & 保证函》，文件落款处有案涉三家墨西哥公司的盖章，陈某同时在三家公司盖章处分别签名。根据双方的微信聊天记录，VTO 香港、某总公司以及三家墨西哥公司均为郑某、陈某双方合伙共同经营车辆平行进口业务的辅助手段，VTO 香港、某总公司由郑某实际控制，三家墨西哥公司由陈某实际控制。

2. 不追加三家墨西哥公司不影响案件事实的查明

本案在案证据足以证明案涉三家墨西哥公司由陈某实际控制和经营。对于涉及三家墨西哥公司的事项，陈某有充分举证能力，不存在举证障碍。且本案未追加墨西哥三家公司参与本案诉讼并不影响本案事实的查明。因此，一审程序未追加三家墨西哥公司作为本案第三人并无不当。

（三）律师分析及建议

1. 何为诉讼第三人

第三人是指认为对原告、被告争议的诉讼标的有独立请求权，或者虽然没有独立请求权，但案件的处理结果与其有法律上的利害关系，从而参加到正在进行的诉讼中的人，分为有独立请求权的第三人和无独立请求权的第三人。第三人参加诉讼的时间是在案件受理后、法庭辩论结束前。

（1）有独立请求权的第三人

这类第三人对争议标的有独立的请求权，或者认为案件的处理可能给自己的利益带来损害，因此向法院提出独立的诉讼请求，加入已经开始的诉讼中。该类第三人的诉讼地位相当于原告，可以自主提出诉讼请求和事实理由。

(2) 无独立请求权的第三人

这类第三人虽然对争议标的没有独立的请求权，但案件的处理结果与其有法律上的利害关系。该类第三人可以申请参加诉讼或由法院通知参加诉讼，但通常不能对管辖权提出异议，也无权放弃、变更诉讼请求或申请撤诉。

2. 在认定第三人合法身份后，该第三人有权参加诉讼程序

根据《民事诉讼法》第59条以及《民事诉讼法司法解释》第81条的规定，如果第三人对原被告之间的诉讼标的拥有独立的请求权或案件结果影响该第三人合法权益的，该第三人可以申请参加诉讼或由人民法院依职权追加为诉讼当事人。

3. 实践中，有限责任公司实际控制人应如何认定

工商登记信息的实时性和公开性在逐步完善，公司控股股东根据工商登记显示的股权结构很容易进行举证和判断，然而，相对而言公司实际控制人的身份较隐蔽，不容易为外人知悉。根据《公司法》第265条的规定，实际控制人是指通过投资关系、协议或者其他安排，能够实际支配公司行为的人。实践中，就有限责任公司实际控制人身份的外在表现，一般有以下特点。

(1) 通过股权投资关系实际控制和经营公司，如通过间接持股的方式，达到控制公司的目的。

(2) 通过协议实际控制和经营公司，包括股权代持、股东协议（单一股东尚不具有控制权时，与其他股东签署一致行动人协议等扩大持股比例，以取得公司的控制权）、特许经营协议、公司承包经营协议。

(3) 利用亲属关系实际控制和经营公司，如控制夫妻关系另一方持股的公司。

(4) 利用特殊身份实际控制和经营公司，如公司创始人借助其长期积累的话语权和权威性，也能够实现其对公司的实际控制。

(5) 通过控制公司人、财、物实现控制和经营公司，包括控制董事会重大事项决策权、重要人事安排、财务管理与资金调拨、日常经营管理、印章证照管理，以及掌握公司所需的核心资源、关键原材料的供应渠道、重要的销售渠道，都可以增强对公司的控制力，进而成为实际控制人。

案例三　两同乡合伙承建工程，获利后为否定合伙关系打响证据拉锯战

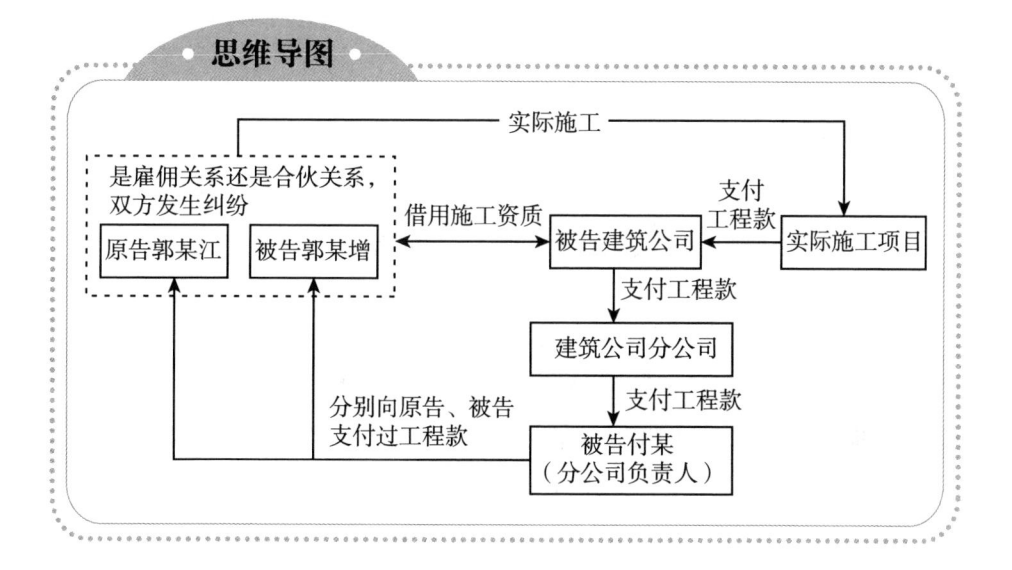

思维导图

```
                            实际施工
    ┌─────────────────────────────────────────────────┐
    │                                                 │
是雇佣关系还是合伙关系，        借用施工资质    支付工程款
双方发生纠纷          ←──────→  被告建筑公司  ←──────  实际施工项目
┌──────────┬──────────┐                  
│原告郭某江│被告郭某增│          支付工程款
└──────────┴──────────┘                ↓
     ↑          ↑              建筑公司分公司
     │          │                     │
     │          │              支付工程款
     分别向原告、被告                 ↓
     支付过工程款          ────→  被告付某
                                  （分公司负责人）
```

案例来源

（2022）豫民再43号、（2020）豫民再306号

案情简介

本案双方当事人在既无书面协议也无口头约定的情况下共同承建工程，获利后却因利润分配反目成仇，均否认合伙关系、主张对方为自己的雇员，由此引发长达十年的诉讼纠纷。

原告郭某江与被告郭某增系同村村民，被告付某系被告建筑公司分公司的负责人。郭某江通过付某借用建筑公司资质承建案涉回迁土方及强夯工程，

郭某江与郭某增共同参与工程招投标和实际施工工作，但未签订书面合伙协议。

该项目工程最初估价为192万元，后因增加工程量，最终结算金额为8796577.02元，工程款直接支付至建筑公司账户，再由付某安排向郭某江或郭某增支付。

后郭某江与郭某增、建筑公司之间就工程投资及利润分配事项产生纠纷，以建筑公司为被告向法院提起诉讼，要求建筑公司支付郭某江工程款195万元及利息，后又追加郭某增、付某为共同被告，要求郭某增、付某对建筑公司的上述债务承担连带清偿责任。

一、双方当事人均否定合伙而主张雇佣关系，但均不能提供直接证据，法律关系如何认定

本案双方当事人最大争议点在于原告郭某江与被告郭某增之间存在何种法律关系。由于郭某江与郭某增并没有就承建案涉工程达成书面协议，也没有明确的口头约定，因此双方就谁是案涉工程的实际施工人产生巨大分歧，双方均否认二人之间存在合伙关系，且均认为自己是唯一的实际施工人而对方是自己雇用的管理人，即主张存在雇佣关系而非合伙关系。但是，双方又均不能提供任何直接证据证明自己的主张。因此，本案审理过程一波三折，历经两次再审、三次改判，最终通过高度盖然性原则认定合伙关系的存在。

（一）原告与被告的不同主张

原告郭某江主张，本案建设工程从磋商到实际施工管理，至竣工结算、申领工程款等，均由郭某江组织完成，建筑公司未参与，郭某江是借用建筑公司资质的实际施工人，郭某增不是实际施工人，双方不存在合伙关系。为此郭某江提交了工程招投标过程的相关手续、代表建筑公司领取工程款并签字的材料、支付工程各项费用的票据、机械租赁协议、工程结算金额报告及草稿、建筑公司支付郭某江工程款并由付某进行记录的证据材料。

被告郭某增辩称，原告郭某江不是工程的承包人和实际施工人，郭某江

和郭某增也不是合伙关系，郭某增为涉案工程实际施工人，郭某江只是郭某增的职工，涉案工程是郭某增自己承建，招投标系郭某增提前介入，和建筑公司签订合同也是郭某增签订，技术人员和管理人员也是郭某增找来的，郭某江只是管理人员之一。为证明上述主张，被告郭某增提交了现场施工人证言、租赁协议、原图纸、支付施工材料费以及人工工资等的台账、回沟村委会对郭某增投标的证明文件等证据。

（二）法院观点

本案法院判决结果一波三折，二审法院判决认定双方系合伙关系，后郭某江不服，向检察院申诉，经检察院抗诉后，河南省高级人民法院第一次再审认为原生效判决认定合伙关系证据不足，最后以"从证据优势规则角度来看，郭某江提交的证据也明显优于郭某增提交的证据"为由，认定涉案工程的实际施工人应为郭某江，从而彻底否定了二人之间的合伙关系。第一次再审判决作出两年后，因郭某增继续申诉，河南省高级人民法院院长提交审判委员会讨论决定第二次再审本案，而第二次再审结果又来了180度大反转。具体观点如下。

河南省高级人民法院第二次再审认为，从郭某增、郭某江提交的证据看，双方均参与了施工，并支付了一定的费用，虽然郭某江提供的证据证明力稍强，但尚未达到排除郭某增而仅认定郭某江一人为实际施工人的程度，由于缺乏直接证据，仅凭上述材料尚不能排除其中某个人的实际施工人身份，争议事实仍处于真伪不明的状态。但是，本案还存在其他事实可以辅助判断此争议焦点。

1. 建筑公司、付某分别向郭某江、郭某增支付工程款。

2. 付某作为建筑公司的工地负责人于"2013年3月8日调解案涉工程投资及利润分配一事"，此时虽未确定投资及利润分配数额，但郭某江、郭某增签字可证明双方认可投资及利润分配的事实。

3. 付某向郭某江、郭某增各自收取10万元材料费，说明该2人均不是一般的工地管理人员，而更接近于投资人。

基于上述证据和事实，至少从证据高度盖然性的角度，可以认定郭某江、郭某增均参与涉案工程的投资和施工，虽未约定投资数额及分配比例，但均为实际施工人，构成合伙施工关系。

（三）律师分析及建议

1. 实践中，若双方当事人主张在均无直接证据时，法院将会依据高度盖然性证明规则认定案件事实

（1）原被告双方就其主张在均没有直接证据时，将会给案件事实的查明造成阻碍。

《民事诉讼法》明确规定，"人民法院审理民事案件，必须以事实为依据，以法律为准绳"，法院庭审的过程主要围绕查清事实和法律适用展开，举证质证环节是法院查清案件事实的关键。因此，如果原被告双方就其主张均没有直接证据支持，就会给法院认定案件事实带来阻碍。

正如本文案例中，原告郭某江和被告郭某增均主张自己是案涉工程的唯一实际施工人、对方为自己的雇员，为此各自提供了十几项证据材料，但均没有能够证明主张事实的直接证据，因此法院审理陷入两难——既不能认定二人中的某一个是实际施工人，也不能排除其中任何一个人实际施工人的身份，这就导致本案历经多次审理、一再改判。最终河南省高级人民法院第二次再审中只能从"证据高度盖然性"角度认定双方均为实际施工人、构成合伙关系。

（2）"高度盖然性"证据规则实质上是法院基于原被告双方举证情况对案件事实的一种推测，经证据比较认为待证事实发生的可能性大于不存在的可能性，故认定事实发生。

"高度盖然性"证据规则也称优势证据规则，即证明某一事实的证据的分量和证明力比反对该事实存在的证据更有说服力，或者比反对证明其正式性的证据可靠性更高。根据《民事诉讼法解释》第108条第1款有明确规定："对负有举证证明责任的当事人提供的证据，人民法院经审查并结合相关事实，确信待证事实的存在具有高度可能性的，应当认定该事实存在。"司法实践中，如果当事人虽不能提供直接证据，但其证据显示的待证事实存在的可能性明显大于不存在的可能性，法官可据此行使自由裁量权进行合理判断。

2. 个人之间的合伙也应当签订书面协议，即便是熟人之间的合伙，也至少应有明确的口头约定并保留能够证明约定内容的证据材料

在本文案例中，郭某江与郭某增是同乡关系，这类亲朋好友之间"合伙做生意"在日常经济生活中十分常见，因合伙人之间存在特别关系也有一定信任基础，各方碍于情面往往不会签订任何书面协议，甚至也没有明确的口头约定。在经营状态平稳时不会产生问题，但如果出现亏损或经营规模扩大、利润激增，各合伙人之间极容易产生纠纷，一旦涉诉却又拿不出任何证据，给审判工作带来不小的麻烦。

因此，为避免陷入合伙纠纷，在合伙经营中，应当订立书面合伙协议，明确各方出资金额、出资比例、利润分配、经营期限等重要条款。尤其是在熟人之间的合伙经营，为延续双方长期形成的良好关系和信任基础，更应签订详细的合伙协议，或至少有明确的口头约定，并保留录音、微信记录等证据，以免日后反目成仇，既伤了感情又损失了钱财，赔了夫人又折兵。

二、合伙投资数额及利润分配比例均无法认定，双方当事人又拒绝清算，合伙利润还能否分配

本案郭某江起诉要求分配工程款，法院认定双方系合伙关系，但郭某江与郭某增对投资款数额及利润分配均无明确约定，此种情况下双方因工程投资和利润分配产生矛盾，法院依法向郭某江和郭某增释明需先进行合伙清算，确定利润分配的份额，但是郭某江和郭某增均否认对方的实际施工人身份，拒绝清算。因此，本案实际上无法通过常规法律途径计算郭某江、郭某增分别应得的利润数额。

（一）原告与被告的不同主张

原告郭某江主张，其现金投资 100 万元左右，加上其他对外付款，总投资 212 万元。涉案工程总价款为 8796577.02 元，现工程已全部竣工，被告建筑公司实际收到工程款 632 万元，但被告建筑公司未向实际施工人即本案原告郭某江支付工程款，扣除原告和被告郭某增约定的支付给郭某增的 10 万元

外，被告金茂公司应支付原告郭某江工程款 1836400 元。被告付某作为建筑公司分公司负责人与被告郭某增串通，把工程款付给了与工程款不相干的人，应与建筑公司一起承担责任。因郭某江与郭某增之间不存在合伙关系，故拒绝进行合伙清算。

被告郭某增主张，郭某增投资材料费、工人工资等约 430 万元。涉案工程的工程款系被告郭某增提前计算好，由建筑公司打给原告郭某江，郭某江支出的费用郭某增已经让建筑公司分批给付郭某江，现在已经将原告郭某江经手办理的各种费用全部还清。因此，原告郭某江起诉要求支付工程款没有道理，请法院依法维护被告合法权益。因郭某增与郭某江之间不存在合伙关系，故拒绝进行合伙清算。

被告建筑公司主张，涉案工程款共计 632 万元已经全部支付给被告郭某增，建筑公司已经履行了付款义务。

（二）法院观点

1. 因原被告双方均不同意清算，正常情况下无法确认原告主张的赔付金额

河南省高级人民法院第二次再审认为，本案虽认定郭某江、郭某增在涉案工程中构成合伙施工关系，但由于双方均主张自己为唯一的实际施工人，双方未签订书面协议，未明确利润分配比例，对投资数额亦存在很大争议，难以认定投资数额及利润分配比例，双方也拒绝清算，因此无法确定郭某江所诉请赔付的具体数额。但是，如果仅凭此便驳回郭某江的诉讼请求，由于双方一直拒绝且无法清算投资及利润，此争议将永久搁置，这与司法定分止争的职能是相悖的。

2. 为了解决双方纠纷，法院参照工程利润分配的计算方法对涉案工程款进行分配和确认被告的给付金额

为了解决本案争议，法院参照《合伙企业法》第 33 条关于"无法确定出资比例的，由合伙人平均分配、分担"的规定，并根据双方收到工程款、各自支付材料费 10 万元等实际情况，确定本案争议双方对涉案的工程利润平均分配。目前郭某江已收回投资款 212 万元，其在本案中向郭某增等人的主张实为应当分配的利润。根据 2011 年施工地区土方工程的行业利润、土方工程的一般行业利润率、双方投入与总工程款的差额等情况，法院酌定涉案工程的利润率为 25%，即涉案工程总利润为 2199144.3（8796577.02×25%）元，郭某江应分得 1099572.1 元，但本案中郭某江、郭某增仅收到 632.3 万元，其只能在已收到款项中分配利润，故郭某江应得 79.0375（632.3×25%÷2）万元。

（三）律师分析及建议

1. 实践中，就个人之间形成的合伙关系中，如果合伙人就投资数额和利润分配不能达成一致意见，在分配合伙利润前，应先进行合伙债权债务的清算

关于合伙关系未经清算能否要求分配合伙利润的问题，实践中法院一般倾向于持否定观点：

（1）例如，在（2020）最高法民申 5505 号案件中，最高人民法院认为："本案双方无退伙协议，也没有退伙的结算或清算事实，故原告要求返还投资款没有事实及法律依据，二审法院不予支持，并无不当。"

（2）例如，在（2019）川民申 6310 号案件中，四川省高级人民法院认为："原告主张被告应支付退出合伙的资金 36000 元，因双方没有清算，原告未提供充分的证据予以证明双方就原告退伙事宜协商达成一致，原告的主张无事实依据，原审法院不予支持，并无不当。"

因此，在诉讼阶段，个人之间形成的合伙又未注册合伙企业的（合同型合伙关系），合伙关系解散时不能直接要求返还投资款，而是应当先对投资数额、比例、合伙财产、债权债务等进行清算，清算后确定有剩余利润才可以进行分配。

2. 双方当事人拒绝清算的如何处理

在本文案例中，因双方当事人均拒绝清算，实际上并不符合通过诉讼确定合伙利润分配的前提条件，但考虑到案件争议久拖不决，法官从司法定分止争的职能出发，参照《合伙企业法》的相关规定作出分配利润的判决结果。

（1）清算是诉讼中合伙利润分配的前提条件，但进入诉讼后，无论是人

为因素或其他外来因素，均会导致合伙项目清算受阻。

实践中，并不是所有案件均能够顺利完成清算，最常见的情况是掌握合伙组织的财务账簿等必要资料的合伙人拒不提供清算材料导致不能清算，或者是因财务管理制度缺乏导致账目不清、存在争议较大导致无法清算。

其一，对于执行事务合伙人拒不配合提交材料的情况，因不能清算是由一方合伙人有意阻碍导致，如原告方能够提供初步证据证明投资数额及合伙利润的存在，法院将按照原告方的诉讼请求及证据认定利润分配比例。

其二，对于合伙事务无财务记录的情况，由于双方原因导致不能查清合伙利润及基本财务情况，法院将直接判决驳回原告要求分配利润的诉讼请求。

（2）诉讼中，若原被告双方均阻碍清算，双方均应承担不能清算的不利后果，一般情况下，法院会对原告要求分配利润的诉讼请求不予支持。

例如在本文案例中，原告与被告均拒绝清算，双方均应承担不能清算的不利后果，原则上法院对郭某江要求分配利润的诉讼请求不应予以支持。但是，本文案例特殊点在于案件经过一再改判，且自原告郭某江第一次提起诉讼到河南省高级人民法院第二次再审时间相隔十年之久，十年期间本案争议一直久拖不决，难免有损司法公信力。因此，虽然案件当事人拒绝清算，实际上不符合通过诉讼分配合伙利润的前提条件，法院还是从履行司法定分止争的职能角度出发，参照《合伙企业法》第33条的相关规定，确定郭某江、郭某增对涉案工程利润进行平均分配。

三、借用建筑资质合伙承建工程，施工合同是否有效

本案涉案项目工程虽然名义上由建筑公司承包，但建筑公司并未实际施工，而是将施工资质出借给没有资质的郭某江、郭某增，郭某江依据该合同关系起诉要求建筑公司支付工程款，庭审中，各方就郭某江、郭某增与建筑公司之间的合同关系效力产生争议。

（一）原告与被告的不同主张

原告郭某江主张，自己是建筑公司资质的借用人，与建筑公司存在口头

上的资质借用关系，且是涉案工程的实际施工人，建筑公司应当向郭某江支付工程款。

被告郭某增主张，其提交的与建筑公司签订的《内部承包协议》1份及建筑公司为其出具的金额合计为632万元的收款收据5张，已证明自己与建筑公司存在合同关系、自己是涉案工程的唯一实际施工人（对于郭某增提交的证据，原告郭某江认为上述协议及收款收据真实性存疑，向法庭申请鉴定，后建筑公司、郭某增认可协议及收款收据系后补形成，郭某江遂撤回鉴定申请。法院最终对该证据的真实性不予认定）。

被告建筑公司主张，其与原告郭某江、被告郭某增系出借建筑资质关系，建筑公司已经将收到的工程款支付给郭某增，至于郭某增与郭某江之间是什么关系与建筑公司无关。

（二）法院观点

关于郭某江、郭某增借用建筑公司资质承建工程所形成的涉案法律关系的效力问题，审理本案的各级法院观点一致，均认为郭某江、郭某增虽均未与建筑公司正式签订合同，但就本案事实而言，其二人与建筑公司之间存在合同关系。但根据《最高人民法院关于审理建设工程施工合同纠纷案件适用法律问题的解释》第1条第2项的相关规定，建筑公司与没有资质的实际施工人之间的建设工程施工合同无效，此处的无效不是特指某份合同无效，而是建筑公司与本案实际施工人之间的合同关系无效。

至于原告郭某江要求建筑公司支付工程款的诉讼请求，根据上述司法解释第2条的相关规定（现为《民法典》第793条第1款），因涉案建设工程已经竣工验收合格，故承包人请求参照合同约定支付工程价款的，应予支持。

（三）律师分析及建议

1. 出借资质、借用建筑资质均属于违法行为，由此形成的合同关系因违反法律法规的强制性规定而无效，但工程验收合格的，实际施工人依然可以要求支付工程款

《建设工程司法解释（一）》第1条第1款规定："建设工程施工合同具

有下列情形之一的，应当依据民法典第一百五十三条第一款的规定，认定无效：……（二）没有资质的实际施工人借用有资质的建筑施工企业名义的……"据此，法律明确规定借用资质签订的建设工程施工合同无效。

但是，合同关系无效并不意味着出借资质过程中一切民事行为都是违法的，例如在本文案例中，原告郭某江所主张的工程款支付，该主张虽然是依托于无效的合同关系，但根据《民法典》第793条第1款的规定，建设工程施工合同无效，但是建设工程经验收合格的，可以参照合同关于工程价款的约定折价补偿承包人。因此，即便施工合同因违反法律强制性规定而被认定无效，但只要工程验收合格，实际施工人依然可以请求支付工程价款。

2. 实践中，违法借用资质的实际施工人对外与发包人签订的施工合同不一定无效，若发包人明知或者应当知道实际施工人没有资质而借用他人资质签约的，所签合同无效，反之则有效

前文提到的借用、出借建筑资质签订施工合同因违反法律强制性规定而无效，该无效合同指的是资质出借方（被挂靠方）与借用方（挂靠方）签订的内容为借用资质的合同无效，而挂靠方与发包方签订的施工合同的效力，则应依照发包人是否知道挂靠事实来区分。

对此，（2021）最高法民终1287号判决书中有较为详细的论述："借用资质所签合同无效系针对'没有资质的实际施工人'借用资质行为的一种法律评价，并未涉及合同相对人的签约行为是否有效的问题。依据原《中华人民共和国民法总则》（2017年施行）第一百四十六条关于'行为人与相对人以虚假的意思表示实施的民事法律行为无效。以虚假的意思表示隐藏的民事法律行为的效力，依照有关法律规定处理'的规定，'没有资质的实际施工人'作为行为人借用他人资质与相对人的签约行为，只有双方具有共同的虚假意思表示，所签协议才属无效，即相对人须明知或者应当知道实际施工人没有资质而借用他人资质与己签约。就此而言，实际施工人与被借用资质的建筑施工企业之间就借用资质施工事宜签订的挂靠或类似性质的协议，即所谓的对内法律关系，依法应属无效；而实际施工人借用被挂靠人资质与发包人就建设工程施工事宜签订的协议，即对外法律关系是否无效，则需要根据发包人对于实际施工人借用资质承包工程事宜是否知道或者应当知道

进行审查判断；若发包人知道或者应当知道，则所签协议无效，反之则协议有效。"

综上所述，借用或出借资质这一行为本身是法律明确规定禁止的，因此，挂靠方和被挂靠方的内部为借用资质形成的合同关系无效。但对于挂靠方和发包方签订的施工合同，则应区分发包方是否明知借用资质的事实，如果发包方对该事实确不知情，施工合同有效，反之则无效。

四、资质出借方明知合伙人之间因合伙纠纷涉诉，仍向其中一人支付工程款，是否应承担清偿责任

本案另一争议焦点为建筑公司作为资质出借方、付某作为公司负责人是否应对原告郭某江主张的工程款承担连带清偿责任。本案工程款由发包方直接支付至建筑公司账户，在本案诉讼过程中，建筑公司在负责人付某的安排下，将工程款大部分支付给了郭某增，因此，原告郭某江最终以建筑公司、付某、郭某增为共同被告，要求建筑公司支付郭某江工程款195万元及利息，付某、郭某增承担连带清偿责任。二审法院作出终审判决：郭某增给付郭某江工程款91万元，付某、建筑公司对上述债务承担连带清偿责任。郭某江不服该判决，向检察院申诉。河南省人民检察院认为原审法院关于付某、建筑公司应对案涉工程款的支付承担连带责任的认定不当，向河南省高级人民法院提出抗诉，河南省高级人民法院裁定提审本案进行再审，并改判郭某增、付某给付郭某江工程款183万元，建筑公司对上述债务承担清偿责任。该次再审后，付某、郭某增、建筑公司均提出申诉，河南省高级人民法院经院长提交审委会讨论决定，裁定第二次再审本案。

（一）原告与被告的不同主张

原告郭某江主张，建筑公司、付某恶意串通，付某明知代理事项（出借资质）违法依然代理，且建筑公司的收款账户由付某掌控，可以证明付某的行为不是职务行为，付某、建筑公司应当承担连带支付工程款责任。

被告付某辩称：（1）建筑公司已经向实际施工人郭某增支付全部工程

款，不应承担再次支付工程款责任。（2）付某的行为系建筑公司的职务行为，即使建筑公司承担责任，付某也不应承担责任。

被告建筑公司辩称，付某是建筑公司的员工，建筑公司将晋城分公司承包给了付某，但不向其发放工资，付某的工资收入来自其自主经营，自负盈亏，经营中付某须上缴管理费，上缴管理费后获得盈利归付某个人所有，付某行为不属于职务行为，建筑公司与付某是委托代理关系，与郭某江、郭某增系出借建筑资质关系，建筑公司不应承担责任。

河南省人民检察院抗诉认为：第一，关于付某是否应当承担责任问题。原审查明，付某系建筑公司分公司的负责人，以建筑公司名义管理涉案工程的相关事宜。因此，付某支付工程款系履行职务行为，产生的法律后果应由建筑公司承担。退一步讲即使建筑公司与付某是委托代理关系，根据《民法通则》第63条第2款代理人在代理权限内，以被代理人的名义实施民事法律行为，被代理人对代理人的代理行为，承担民事责任的规定，该法律后果亦应由建筑公司承担，而不是付某个人。第二，关于郭某江、郭某增收取工程款问题。原审查明，郭某江与郭某增之间是个人合伙关系。《民法通则》第34条第2款规定，合伙负责人和其他人员的经营活动，由全体合伙人承担民事责任。郭某江与郭某增收取工程款的行为，均应是代表合伙进行的行为，而非合伙之外的个人行为，郭某江、郭某增收取工程款的效力应及于全体合伙人，郭某江与郭某增如何分配工程款及利润则应根据合伙的约定及相关规定进行。因此，原审判决关于"付某作为建筑公司的委托人，对涉案工程的工程款负有监管义务，且其在明知郭某江和郭某增因工程款发生纠纷的情况下，仍向郭某增和案外人付款，付某对本案纠纷的发生应当承担相应责任"的认定显属不当。

（二）法院观点

关于建筑公司与付某构成何种法律关系，两者应对郭某江承担何种责任，河南省高级人民法院第二次再审认为。

1. 建筑公司与付某构成委托代理关系

由于建筑公司、付某不能提供两者构成劳动关系的证据，且本案当事人对付某代表建筑公司处理涉案工程相关事宜并无异议,故法院认定两者构成委托代理关系,代理权限为案涉工程建设的相关工作,包括本案中对工程款的善良管理人工作,也即按照实际施工人的指示或约定拨付工程款。

2. 付某、建筑公司应承担补充赔偿责任

本案中,在工程款到达建筑公司账户后,由于并未约定具体的收款人,建筑公司应妥善将该款项支付给实际施工人,其负有对该款项的善良管理人义务。

从2012年1月至8月付某支付182万元工程款的情况看,郭某江陆续分四次领取112万元,其他款项由郭某增领取,此时两人并无争议,这说明郭某增无论是作为合伙人还是工程管理人领取款项,都已经形成了支付或转付习惯;从2013年2月6日建筑公司收到450万元工程款后,付某在同年3月8日之前,分别向郭某江或郭某增及其指定的收款人支付240万元,此时付某支付工程款并不违背之前的支付或转付习惯,也无明显的过错。

但是,从2013年3月8日之后,付某明知郭某江、郭某增之间存在合伙投资的巨大争议,其仍然向郭某增付款84万元,更为明显的是,其在本案诉讼期间,仍将涉案项目发包方另外支付的120万元再次付给郭某增,付某擅自处分工程款,违背善良管理人的基本义务,具有明显的恶意,其行为已经超出正常的代理权限,增加了郭某江追索债务的风险,侵犯了郭某江的债权,应依据《侵权责任法》第6条(现《民法典》第1165条)的规定,追究其侵权责任。

与此同时,由于这种侵权的后果是"向郭某增追索债务的风险",而不是"未向郭某江、郭某增"支付,不是对郭某江已有财产权的侵犯,故这种侵权的法律后果应为郭某增不能归还欠款情况下的补充赔偿责任。至于建筑公司,其对指定收款账户没有采取妥善的管理措施,放任工程款先转到付某个人账户,为付某擅自处置工程款的侵权行为提供了便利,其管理过错与损害后果之间具有因果关系,也应承担补充赔偿的侵权责任。

(三)律师分析及建议

1. 实践中,在挂靠关系中,被挂靠方出借施工资质会有哪些风险

借用资质形成的合同关系无效,但合同无效不意味着借用资质施工过程

中的所有行为均不承担法律责任，相反，出借资质对出借方来说存在极大的潜在风险，最常见的有以下几点：

（1）借用资质签订的施工合同无效，如果挂靠方在施工过程中给发包方造成损失，不利后果由被挂靠方承担。

（2）被挂靠方需要对施工质量及工期承担连带责任。

（3）被挂靠方需要对挂靠方实际施工过程中签订的合同、产生的债务承担法律责任，如果挂靠方出现拖欠工资、材料费、施工事故等情况，被挂靠方也要对外承担法律责任。

（4）出借资质属于违法经营，还可能受到没收违法所得、罚款、责令停业整顿、降低资质等级甚至吊销资质证书等行政处罚。

2. 本文案例所涉纠纷原本系因郭某江与郭某增之间合伙协议约定不明导致的合伙纠纷，与建筑公司并无关联，因挂靠关系处理不明导致建筑公司承担了补充赔偿责任

在本文案例中，因建筑公司作为资质出借方收取了工程款，又在约定不明的情况下将工程款分别支付给郭某江和郭某增，因此建筑公司与郭某增一起成为本案共同被告，且在审理过程中法院一度判定建筑公司未尽到善良管理人义务，应与郭某增承担支付工程款的连带责任，虽然河南省高级人民法院第二次再审时将该连带责任改判为补充赔偿责任，但对于建筑公司来说也属于无须之祸。

3. 实践中，就建筑单位出借资质的潜在风险，须注意哪些风险防范

如前文所述，建筑单位将资质出借他人有巨大的潜在风险，应尽量避免出借资质、转包、违法分包等违法行为，如果确实有需要他人挂靠施工的，应当从以下几个方面着手做好风险防范：

（1）严格审核挂靠方的资信，从经营状态、设立时间、基本人员、业绩、信誉等角度全面了解挂靠方的真实情况。

（2）要求挂靠方提供保证金或人的担保、物的担保。

（3）加强对挂靠方的监管，包括对施工质量、工期、施工安全的监督，对施工材料、设备、人员薪资等款项支付情况也应有所了解。

（4）严格规范本单位的印章使用及授权委托的管理，避免挂靠方随意以

挂靠方名义对外签订合同。

4. 实践中如何判断"分公司负责人"与公司之间是委托关系还是劳动关系

实践中，关于如何判断"分公司负责人"与公司之间是委托关系还是劳动关系问题，需要审查双方是否存在建立劳动关系的合意、是否存在管理关系。如果认定双方为委托代理关系，分公司负责人以公司名义出借资质产生的法律后果，负责人个人应与公司一同承担责任。

关于"分公司负责人"与公司之间存在何种法律关系，法院一般从双方是否签订劳动合同、是否具有建立劳动关系的合意、是否存在管理与被管理的隶属关系、工作收益归属自身还是公司等方面综合考量。

例如在本文案例中，付某和建筑公司均表示付某为建筑公司任命的分公司负责人，但对于两者之间存在何种法律关系各执一词，建筑公司主张两者系委托代理关系，付某违法对外借用资质与建筑公司无关；付某则主张与建筑公司存在劳动关系，对外出借资质系职务行为，付某不应承担责任。最终法院结合付某自主经营、自负盈亏、上交管理费等事实，认定双方构成委托代理关系，因付某超越代理权限擅自处置工程款侵害了郭某江的债权，因此判决付某个人承担补充赔偿责任。

案例四 自然人与公司合伙投资建船形成的新型合伙关系

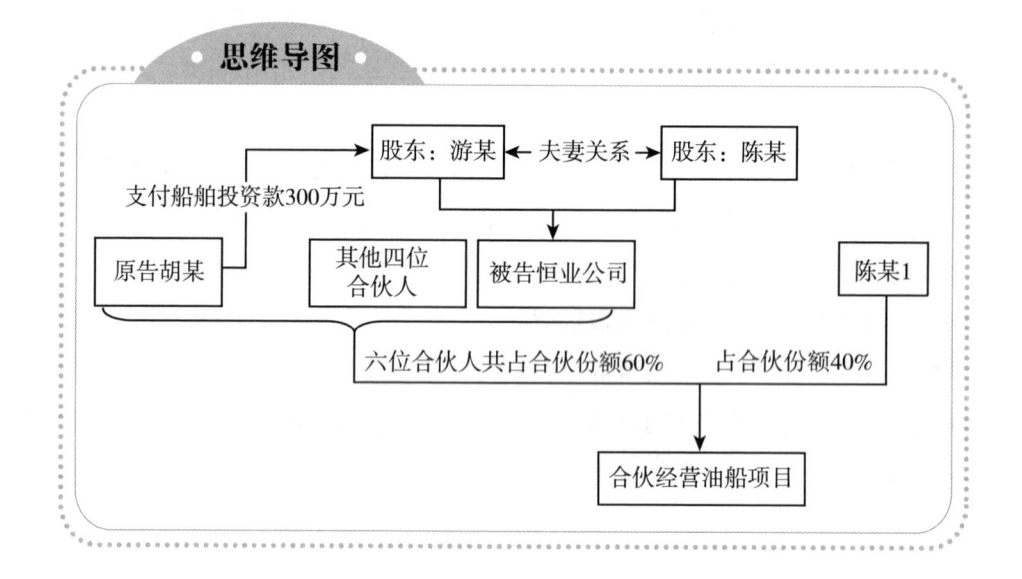

思维导图

```
                    支付船舶投资款300万元
                    ──────────────────→  股东：游某 ←夫妻关系→ 股东：陈某
                                              │                │
         ┌──────────┬─────────────┐           │                │
    原告胡某    其他四位合伙人    被告恒业公司 ←─┘                │
         └──────────┴─────────────┘                              │
                    │                                            │
              六位合伙人共占合伙份额60%              占合伙份额40%  陈某1
                    │                                            │
                    └──────────→ 合伙经营油船项目 ←───────────────┘
```

案例来源

（2021）鄂民终 862 号

案情简介

被告恒业公司与案外人船舶修造公司签订油船建造合同，约定恒业公司提供图纸，由船舶修造公司建造船舶，船舶造价 3380 万元。原告胡某欲以自然人身份与恒业公司合伙投资建船，为此胡某先后向恒业公司和游某（恒业公司法定代表人陈某之夫）个人账户支付了船舶建造股权投资款共计 300 万元。关于合伙份额，恒业公司曾出具《6500 吨建造股权》说明，主要内容为：该轮总价按 3600 万元计算，陈某 1 占全船的 40% 股权，恒业公司占全船的 60% 股权（其中包括胡某投资 300 万元、李某投资 200 万元、陈某 2 投资 200 万元、洪某投资 100 万元等在全船股权 60% 内）。

"恒业"轮建成后登记在恒业公司名下，由恒业公司和陈某 1 共同经营和管理，胡某未参与经营管理。营运半年后，陈某 1 向胡某出具《"恒业"轮股份比例及第一季度分红》，载明"恒业"轮总造价 34808304 元，第一季度运费收入 1908635.86 元；胡某总投资 300 万元应占 8.62% 股份，应分红 164524 元。

经查，"恒业"轮于 2012 年 11 月开始投入营运，2013 年 4 月 22 日至 2016 年 9 月 19 日，恒业公司财务主管游某 1（恒业公司法定代表人陈某之女）先后向胡某及其指定账户汇款共计 2064524 元，2016 年 9 月 19 日之后，恒业公司未再向胡某支付任何款项。

胡某于 2018 年 8 月向法院提起本案诉讼，诉讼请求如下：（1）判令恒业公司退还胡某投资"恒业"成品油船建造项目中 9.1% 的股权份额本金款 3280641 元，如不及时返还，胡某要求恒业公司依法承担逾期返还的违约责任；（2）判令恒业公司给付胡某应得的利润分配共计 10828610.25 元（暂从 2012 年 10 月起计算至 2021 年 3 月止）；（3）判令恒业公司支付恒业成品油船拖欠胡某 2014 年至 2021 年 3 月分红款的利息合计 916900 元。

一、自然人与企业之间能否成立合伙关系

本案诉讼过程中，胡某与恒业公司也就双方之间存在何种法律关系这一问题产生较大争议，一审法院认为《6500 吨股权建造》是胡某事先与恒业公司口头约定后进行的书面确认，最终认定双方之间存在船舶合伙关系，被告恒业公司不服，上诉至湖北省高级人民法院。双方就是否存在合伙关系产生争议。

（一）原告与被告的不同主张

原告胡某主张，胡某与恒业公司之间存在合伙经营关系，合伙协议不限

于书面协议，恒业公司认为没有书面协议则不能视为合伙人，是对法律的片面理解与误读。恒业公司出具的《6500吨股权建造》反映了恒业公司认可几方投资人共同建造"恒业"轮的事实，足以认定几方合伙投资"恒业"轮，并按比例享有权利承担义务。且恒业公司大股东陈某1向胡某发送分红说明、财务人员游某1向胡某支付油轮运营收益，恒业公司也未提出对陈某1及游某1的行为提出异议，恒业公司以行为认可了胡某的合伙人地位。

被告恒业公司主张，胡某支付的款项系恒业公司和游某的借款。《6500吨股权建造》既不具备合同的形式要件，更不具备合伙协议的基本要素，其内容仅说明恒业公司用于建造涉案船舶的款项来源，并非对各方已付金额的确认。

（二）法院观点

1. 关于本案合伙关系的认定，应适用《民法典》的相关规定

《民法典》于2021年1月1日起实施，本案船舶合伙经营行为发生于2011年，根据《民法典时间效力规定》第1条第2款的规定，本应当适用当时的《民法通则》（已废止）、《合同法》（已废止）的相关规定。但由于《民法通则》对公民与企业之间形成的合伙关系未作规定，而现已经生效的《民法典》对合伙关系有明确的规定，因此根据《民法典时间效力规定》第3条的规定，审理本案应当适用《民法典》的相关规定。

2. 根据恒业公司出具的股权说明及分红行为，法院认为恒业公司关于胡某支付300万元系其与游某之间借款的主张不能成立

恒业公司出具《6500吨建造股权》说明载明，案外人陈某1和恒业公司合伙投资建造"恒业"轮，恒业公司占全船60%的"股权"，恒业公司60%的"股权"中包括胡某的300万元投资及其他案外人的投资。胡某先后向恒业公司及其股东游某个人账户支付了船舶建造"股权"投资款共计300万元。上述事实表明恒业公司与胡某就胡某参与恒业公司投资建造案涉船舶的事宜已达成合意。《6500吨建造股权》载明胡某支付的是投资款300万元，并非借款，并且双方也未约定利息，恒业公司关于胡某支付的款项系恒业公司和游某的借款的主张不能成立。

3. 合伙项目另一合伙人向原告胡某出具的分红文件以及恒业公司财务主管向胡某汇款的行为,均能证明合伙项目认可胡某为合伙人

"恒业"轮的另一"股东"陈某1向胡某出具的《"恒业"轮股份比例及第一季度分红》说明内容可以证明,恒业公司和陈某1事实上认可胡某作为"恒业"轮的合伙人,具有参与"恒业"轮运营所获利润分配的资格。胡某也收到恒业公司财务主管游某1多笔汇款合计2064524元,恒业公司对上述汇款行为也无法作出合理解释。

综上所述,胡某基于对案涉船舶的投资与恒业公司及案外人对涉案船舶形成按份共有关系,胡某基于该共有关系与恒业公司形成船舶合伙经营合同关系。

(三) 律师分析及建议

1. 在《民法典》施行前自然人与企业之间能否形成合伙关系存在争议,在《民法典》施行之后,认定合伙关系的成立与否,不再限制主体形态

根据《民法通则》第30条和第52条分别规定了公民与公民之间的合伙关系(个人合伙)和企业与企业之间的合伙关系(合伙型联营),但对公民与企业之间的合伙关系未做约定。因此,在《民法典》实施之前,公民与企业之间能否成立合伙关系还存在一定争议。例如,最高人民法院(2016)最高法民申775号民事裁定、最高人民法院(2013)民申字第1494号民事裁定中,双方当事人均对公民与公司能否形成合伙关系产生争议,最高人民法院最终均认可了合伙关系的存在。

自2021年1月1日《民法典》正式开始施行之后,其中第967条规定:"合伙合同是两个以上合伙人为了共同的事业目的,订立的共享利益、共担风险的协议。"由此,《民法典》并未对合伙人的主体类型作特别限制,在法律上明确了自然人与企业之间只要符合"共担风险、共享利益"的基本特征就可以形成合伙关系。

2. 《民法典》的适用原则上以法律事实发生的时间节点为判定标准,遵循"法不溯及既往"的准则,但《民法典》的新增规定可以例外的溯及既往

关于《民法典》的适用规则,《民法典时间效力规定》明确,《民法典》

以适用于其实施后发生的法律行为为原则，另有如下例外情形：

（1）法律、司法解释有特别规定的从其规定。

（2）《民法典》施行前的法律事实持续至《民法典》施行后，该法律事实引起的民事纠纷案件，适用民法典的规定。

（3）法律事实虽发行在《民法典》实施前，但适用《民法典》的规定更有利于保护民事主体合法权益，更有利于维护社会和经济秩序，更有利于弘扬社会主义核心价值观的，适用《民法典》。

（4）《民法典》施行前的法律事实引起的民事纠纷案件，当时的法律、司法解释没有规定而《民法典》有规定的，可以适用《民法典》的规定，但是明显减损当事人合法权益、增加当事人法定义务或者背离当事人合理预期的除外。

本文案例就属于上述第4种情形，双方合伙经营行为虽发生于2011年，但由于当时的《民法通则》并未对公民与企业之间的合伙关系作任何规定，而《民法典》第967条对合伙关系有明确规定，因此，本文案例中法院最终适用《民法典》相关规定进行审理。

二、投资人仅出资但未实际参与合伙事务经营，双方是合伙关系还是借贷关系

原告胡某提起本案诉讼前曾向恒业公司发律师函，要求恒业公司支付投资回报红利并提供完整的财务凭证。恒业公司收函后回复称，不认可双方之间存在合伙造船关系，认为胡某与游某个人之间存在业务往来关系，要求胡某与游某联系解决相关事宜。本案一审法院认定胡某与恒业公司存在合伙关系，恒业公司不服，提出上诉。双方就是否存在合伙关系产生争议。

（一）原告与被告的不同主张

原告胡某主张，《6500吨股权建造》反映了恒业公司认可几方投资人共同建造"恒业"轮的事实，足以认定几方合伙投资"恒业"轮，并按比例享有权利承担义务。此外，陈某1是大股东及管理者，其行为代表了恒业公司，

游某1是恒业公司财务人员，其支付投资收益也代表了恒业公司的意思表示，恒业公司此前一直未对陈某1及游某1的行为提出异议。因此，尽管胡某不参与经营管理，但其作为合伙人的权利恒业公司是以行为认可的。

被告恒业公司主张，合伙关系的核心是共同出资、共同经营、共享收益、共担风险。"恒业"轮由恒业公司和案外人陈某1共同经营管理，胡某没有参与船舶经营管理，胡某也未能提供其与恒业公司关于其不参与"恒业"轮经营管理而参与合伙盈余分配的证据，故胡某不能被认定为"恒业"轮的合伙人。

（二）法院观点

湖北省高级人民法院二审认为，《民法典》第967条规定："合伙合同是两个以上合伙人为了共同的事业目的，订立的共享利益、共担风险的协议。"《民法典》第972条规定："合伙的利润分配和亏损分担，按照合伙合同的约定办理；合伙合同没有约定或者约定不明确的，由合伙人协商决定；协商不成的，由合伙人按照实缴出资比例分配、分担；无法确定出资比例的，由合伙人平均分配、分担。"根据上述规定，即使胡某未参与合伙经营，但可以参与盈余分配并应与其他共有人共同承担亏损，胡某亦应被视为合伙人。

（三）律师分析及建议

1. 实践中，没有书面合伙合同时，法院如何认定合伙关系

实践中，在没有明确书面合伙合同时，法院一般会从共同出资、共同经营、共享利润、共担风险四个角度对合伙关系进行认定，但以上四个条件并非缺一不可。

根据《民法通则》及其司法解释，合伙关系的基本特点为"共同出资、共同经营、共享利润、共担风险"，这也是长期以来法院在认定合伙关系时的主要衡量标准。而《民法典》新增了合伙合同作为典型合同的一种，根据《民法典》第967条的规定："合伙合同是两个以上合伙人为了共同的事业目的，订立的共享利益、共担风险的协议。"由此，确认合伙关系必需的要素为"共享利益、共担风险"，而对于"共同出资"和"共同经营"，《民法典》并未作特别要求。

2. 实践中，不能仅依据没有共同出资而否定合伙关系的成立

《民法通则》及其司法解释在描述合伙关系时大都有合伙人"提供资金"或"出资"等表述，强调"共同出资"。但《民法通则》颁布于1986年，在其颁布后的三十多年间，随着经济的迅速发展，经济主体多样性增加，合伙关系也不再限于个人合伙和企业联营，通过提供管理、信息、技术等生产要素也可以形成合伙关系，因此《民法典》在定义合伙合同时并未强调共同出资，至此，合伙关系区别于公司，核心在于"人合"，而非"资合"，当事人不能仅依据没有共同出资而主张不存在合伙关系。

3. 实践中，"共同经营"也并不是成立合伙关系的必需条件

同样"共同经营"也并非《民法典》规定的合伙关系的必须要素，实践中仅出资而不实际参与经营的合伙人十分常见，如本文案例中，原告胡某就仅支付投资款而未参与船舶的经营，同时胡某可以参与船舶盈余分配并应与其他共有人共同承担亏损，最终法院认定即使胡某未参与合伙经营也应被视为合伙人。

因此，在《民法典》实施后，"共享利润、共担风险"是认定合伙关系的必备要素，也是合伙关系区别于借贷关系的核心要素。实践中仅出资、获利而不承担风险的，往往被认定为借贷关系。而至于"共同出资""共同经营"并不是成立合伙关系的必需条件，需要结合案件事实判断合伙人之间是否具备共享收益、共担风险的意思表示。

4. 投资人不实际参与合伙事务的实际经营，会有哪些风险，应如何防范

投资人不实际参与合伙事务的实际经营，往往也不掌握经营信息、财务信息和合伙体财产情况，由此导致在投资人要求分配利润、解除合伙协议或退伙时，则难以有效举证，最终导致自身利益受损。因此，对于不参与经营的合伙人，要想做好风险防控，至少应做到以下几点：

（1）签订书面合伙协议，明确合伙人主体信息、出资额及出资比例、利润分配条件及比例、退伙条件、合伙合同解除条件、合伙事务知情权等重要事项。

（2）聘请财务人员参与合伙财产、财务的管理，定期核对账簿并留存

副本。

（3）妥善保存关于合伙事务的聊天记录、合伙体利润分配方案、转账记录等材料。

（4）虽本人不参与合伙事务的经营，但也应密切关注合伙事务，定期监督，掌握合伙经营情况，发现异常及时向执行合伙事务的合伙人提出书面异议并留存证据。

三、合伙人起诉要求退还出资款，是否等于诉讼请求解除合伙关系

本案原告胡某起诉主张恒业公司退还投资款并分配利润，一审法院认为，胡某的诉讼请求表明其已经不愿意再与恒业公司合伙经营船舶，相当于表达了解除合伙关系的意思，因此，判决合伙关系自一审法院向恒业公司送达应诉通知书及起诉状副本之日起解除。胡某对此不服，上诉至湖北省高级人民法院。双方就是否解除合伙关系产生纠纷。

（一）原告与被告的不同主张

原告胡某上诉主张：（1）胡某起诉要求收回投资、分配利润并不等同于解除合伙关系。在油轮运力资源稀缺的背景下，油运许可证的价值不断提升，除了每年的可分配利润之外，胡某还可能享受资产增值收益。胡某诉讼请求收回投资款300万元及分配利润，并不一定代表其在涉案船舶上再无权益，投资本金收回，增值资产可以仍然留在合伙经营的船舶之中。（2）如果一审判决以胡某起诉时间为解除合伙关系的时间节点，那么自起诉之日起胡某就不能分得合伙经营期间的利润，明显减损了胡某的合法权益。胡某起诉之日起至判决生效前的期间"恒业"轮的经营收益属于胡某可以分配的利润。

被告恒业公司主张，对于一审法院判决解除合伙关系及判定的解除时间均并无异议，其认为胡某以起诉的方式请求解除合伙关系，自解除合伙的意思表示到达恒业公司之日起解除。因此，即使存在合伙关系，胡某也无权主张合伙关系解除后的船舶经营利润。

（二）法院观点

1. 原告胡某明确要求恒业公司退还其合伙建造船舶的出资款，表明其不愿意再与恒业公司合伙经营船舶，原告胡某要求退伙意思表示明确

关于胡某的诉讼请求是否包含解除合伙关系的意思表示，湖北省高级人民法院二审认为，胡某向一审法院提起诉讼，其诉讼请求第一项是请求法院判令恒业公司退还胡某"恒业6500吨一级油轮"出资款300万元，并承担资金占用期间的利息。该项诉讼请求虽然没有明确写明要求解除与恒业公司的合伙关系，但是合伙关系存续的特点是共同出资、共享利益、共担风险，胡某明确要求恒业公司退还其合伙建造船舶的出资款，表明其不愿意再与恒业公司合伙经营船舶，已表达了要求退伙即解除合伙关系的意思，该意思表示明确。

2. 胡某与恒业公司的合伙合同没有约定合伙期限，属不定期合伙，胡某享有随时提出退伙的权利，其要求解除合伙关系的意思表示自到达恒业公司时即发生效力

关于合伙关系的解除时间，湖北省高级人民法院认为：《民法典》第976条第1款规定："合伙人对合伙期限没有约定或者约定不明确，依照本法第五百一十条的规定仍不能确定的，视为不定期合伙。"该条第3款规定："合伙人可以随时解除不定期合伙合同，但应当在合理期限之前通知其他合伙人。"胡某与恒业公司的合伙合同没有约定合伙期限，属不定期合伙，根据上述法律规定，胡某享有随时提出退伙的权利，其要求解除合伙关系的意思表示自到达恒业公司时即发生效力。《民法典时间效力规定》第10条规定："民法典实施前，当事人一方未通知对方而直接以提起诉讼方式依法主张解除合同的，适用民法典第五百六十五条第二款的规定。"《民法典》第565条第2款规定："当事人一方未通知对方，直接以提起诉讼或者申请仲裁的方式依法主张解除合同，人民法院或者仲裁机构确认该主张的，合同自起诉状副本或者仲裁申请书副本送达对方时解除。"根据上述规定，一审法院于2018年9月7日向恒业公司送达了应诉通知书及起诉状副本。因此，胡某与恒业公司的船舶合伙经营关系自2018年9月7日起解除。

（三）律师分析及建议

1. 实践中，合伙人诉讼请求退还投资款性质上等同于要求解除合伙关系，因此原告在提起诉讼时要谨慎确定诉讼请求

通常情况下，合伙人诉讼请求退还投资款的同时会一并要求解除合伙关系，但本文案例比较特殊，原告胡某仅诉讼请求退还投资款，并没有明确要求解除合伙关系，且认为即便投资本金收回，相应的增值资产仍然留在合伙经营的船舶之中，原告胡某仅要求退还投资款而不同意解除合伙关系。法院认为：原告要求退还出资款即表明不愿意继续合伙经营，原告已经明确表达了要求解除合伙关系的意思表示。据此，诉讼请求退还投资款从性质上来说等同于诉讼请求解除合伙关系，这是很明确的。

2. 合伙关系解除，意味着合伙人不再享有解除之后合伙利润的分配请求权

例如本文案例中，原告胡某于2018年提起一审诉讼，法院判决合伙关系自一审应诉通知书送达被告之日即2018年9月7日起解除，而合伙关系解除就意味着合伙人不再享有解除之后合伙利润的分配请求权，本案终审判决作出于2021年11月9日。诉讼历时共三年，也就是说，在本案诉讼的三年中，胡某的投资款仍被用于合伙事务，但胡某不能享有任何收益。综合胡某在诉讼中的主张内容，其诉讼目的实际上是想分配利润并且继续合伙经营，只因其在诉讼请求中加上了退还投资款这一项内容，就白白损失了三年的合伙利润，且永远失去了合伙经营资格。

鉴于此，我们再次提醒读者，起诉前充分考虑各种风险，合理制定诉讼请求内容。对于合伙合同纠纷的原告，如果诉讼目的并非要终止合伙关系而仅是想要分配利润，那么在诉讼请求中就不能出现"退还投资款"的相关内容，否则等同于要求解除合伙关系，无论案件胜诉与否，都将无法实现诉讼目的。

3. 实践中，合伙协议有无合伙期限的约定，会直接影响合伙人起诉要求退还投资款的法律后果，即能否最终达到解除合伙关系的目的

（1）合伙协议未约定合伙期限的为不定期合伙

如本文案例中，原告胡某与被告恒业公司等合伙经营船舶并未签订正式书面合伙协议，根据《民法典》第976条的规定，合伙人对合伙期限没有约定或者约定不明确，也不能达成补充协议的，视为不定期合伙，合伙人经提前通知可以随时解除不定期合伙合同。胡某与恒业公司的合伙关系属不定期合伙，根据上述法律规定，胡某享有随时提出退伙的权利，其要求解除合伙关系的意思表示自到达恒业公司时即发生效力。

（2）合伙协议约定合伙期限的为定期合伙

如果合伙协议中明确约定了合伙期限，则根据《民法典》第969条的规定："合伙人的出资、因合伙事务依法取得的收益和其他财产，属于合伙财产。合伙合同终止前，合伙人不得请求分割合伙财产。"在合伙期限届满前，合伙人诉讼请求退还投资款有违合同约定，法院将不予支持。此外，有些合伙协议并未明确具体合伙期限，只约定合伙持续至合伙项目完成之日，这也属于定期合伙的一种，在项目完成之前，各合伙人也不得要求提前退伙。

4. 实践中，合伙财产是否已进行过清算，也会直接影响合伙人起诉要求退还投资款的法律后果，即能否最终达到解除合伙关系的目的

根据《民法典》第969条的规定，投资款在进入合伙体后就成了合伙财产，因此，除了合伙人就退伙达成了约定（包括前文提到的合伙期限届满）以外，要想拿回投资款，需要对合伙财产进行清算。在（2020）最高法民申5505号、（2020）最高法民申1150号、（2017）最高法民申2112号案件中，最高人民法院均认为，在没有清算前，合伙人不得要求分割合伙财产。

此外，如果在合伙经营过程中，如果一方合伙人出现严重违约行为导致合伙目的不能实现，或者以自己的行为明确表示不履行合伙合同约定等符合合同的法定解除条件的情况，即使合同未到期、也未进行清算，守约方可以诉讼请求解除合伙关系、返还投资款。

四、合伙人诉讼请求退还合伙投资款、分配利润，能否一并主张违约责任及利息损失

原告胡某起诉要求被告恒业公司承担逾期返还投资款本金的违约责任并

支付分红款的利息损失。对于分红款利息损失,一审法院予以支持;但对于违约责任,法院以没有合同约定为由驳回。原告胡某与被告恒业公司均提起上诉。双方就被告恒业公司应否向原告支付违约金产生争议。

(一)原告与被告的不同主张

原告胡某上诉主张,其自起诉之日起至判决生效前的期间,"恒业"轮的经营收益属于胡某可以分配的利润,恒业公司违反约定导致胡某丧失该部分预期利润,恒业公司应承担违约责任,支付退还实际合伙份额之前的预期可得利益。

被告恒业公司主张,首先,原告无合同依据要求被告支付违约金。其次,被告也不应支付利息损失。即使本案系合伙经营纠纷,在无法律规定或合同约定并经过相应程序,合伙人不得要求合伙体直接返还投资款。因双方并未对"恒业"轮进行过清算,对利润分配的付款时间也未作出约定,恒业公司不应承担利息损失的支付责任。

(二)法院观点

1. 原告胡某与被告恒业公司之间合伙关系已经解除,自解除之日起被告恒业公司应对合伙项目进行结算退还胡某投资款并按比例分配利润,但恒业公司未履行前述行为及支付责任,故应承担原告胡某的利息损失

胡某与恒业公司存在不定期船舶合伙经营关系,胡某直接以提起诉讼方式主张解除合同,一审法院依法确认双方的合伙关系自2018年9月7日起诉状副本送达恒业公司时解除,恒业公司在抗辩中也提出了该项主张。恒业公司作为船舶运营方,在收到胡某的起诉状副本后,应当及时就"恒业"轮当时的市场价值进行评估,对双方合伙关系存续期间"恒业"轮运营的收支情况、债权债务进行结算,并在评估结算完毕后及时按比例将胡某应得的船舶合伙投资款及合伙期间的利润退还和分配给胡某,恒业公司至今没有履行退款和分配利润的义务,应当赔偿胡某的损失,因此,胡某要求赔偿利息损失的请求,应当予以支持。其关于利息的起算时间,一审判决认为"恒业轮价值的评估和运营收支及债权债务的结算,客观上也需要一定的时间,酌情给予恒业公司二个月的期限"。因此,自2018年11月8日起计算,公平合理,

二审法院予以认定。

2. 因胡某与恒业公司之间无书面合同，相关内容均无明确约定，故胡某无权要求违约金

由于胡某和恒业公司的合伙合同对合伙期限、分配利润的时间、分配方式以及违约责任均没有约定，胡某要求恒业公司承担违约责任的请求缺乏事实和法律依据，法院不予支持。

（三）律师分析及建议

1. 实践中，若合伙协议有关于违约责任承担的明确约定，合伙人可以主张违约责任，但违约责任约定过高的，法院将予以酌减

（1）合伙协议中约定了违约责任的，违约方应承担违约责任

合伙经营关系中，合伙人之间本质上仍然属于合同关系，因此合伙人诉讼请求解除合伙关系、分配利润时，能否一并主张违约责任，要看合伙协议是否有相关约定。只有在合伙协议中明确约定违约责任且符合约定的违约责任发生情形时，当事人主张违约责任法院才会予以支持。例如本文案例中，原告胡某与被告恒业公司之间并未签订正式合伙协议，对于违约责任没有约定，因此法院驳回胡某要求恒业公司承担违约责任的诉讼请求。

（2）若违约金约定过高，法院可以根据守约方的实际损失调减违约金金额

违约责任也不能完全遵照协议约定的内容，违约金的金额以守约方的实际损失为限，在约定的违约金过高的情况下，法院将会以实际损失为基础，根据公平和诚实信用原则予以适当调减。

例如，在（2021）最高法民申 2323 号案件中，当事人在合伙协议中约定的违约金总和达到了 7686 万元，但法院综合合同性质、履行情况、预期利益、违约程度等因素，最终将违约金调减至 2000 万元。还应当注意的是，因为合伙经营与民间借贷有着本质的不同，在合伙协议纠纷中主张违约责任过高不能援引民间借贷的相关条文作为法律依据，同样地，民间借贷利率最高限额不能作为判断合伙协议纠纷违约金是否过高的标准。

2. 实践中，合伙经营关系解除或部分合伙人退伙时，执行合伙事务的合伙人有积极配合进行合伙财产清算的义务，否则要承担利息损失的赔偿责任

合伙经营关系解除或部分合伙人退伙时，合伙事务中负责经营的一方合伙人有义务配合对合伙财产的清算，提供审计的必要资料，否则要承担不利后果。

例如本文案例中，因为胡某与恒业公司之间存在不定期合伙关系，胡某有权在提前通知恒业公司后随时解除合伙关系。恒业公司在收到法院送达的应诉通知书后，其作为船舶的运营方应当及时就"恒业"轮当时的市场价值进行评估，对合伙经营期间"恒业"轮运营的收支情况、债权债务进行结算，并在评估结算完毕后及时按比例将胡某应得的船舶合伙投资款及合伙期间的利润退还和分配给胡某。但因恒业公司并未积极进行财产清算，法院最终判决恒业公司向胡某支付投资款和承担利润分配款的利息损失。

五、合伙合同纠纷中，部分合伙人未参与诉讼，是否属于遗漏诉讼当事人

本案中，合伙经营案涉油轮的合伙人除原告胡某、被告恒业公司外，还有陈某1等四人，但庭审中其他四个合伙人并未参与庭审。本案二审过程中，双方就本案是否遗漏诉讼当事人这一问题产生争议。

（一）原告与被告的不同主张

原告胡某上诉主张，一审判决既然认定本案合伙关系解除，那么在有其他合伙人存在的前提下，一审法院不通知其他合伙人参与诉讼，明显遗漏当事人，属程序错误。胡某与恒业公司及其他四人共同投资建造涉案船舶，六方系合伙经营关系，一审法院也认定是合伙经营合同纠纷。胡某诉讼请求退还投资款，对其他四合伙人的利益具有重大影响，四合伙人对于胡某的退伙份额享有优先购买权，属于必须共同进行诉讼的当事人，人民法院应当通知其参加诉讼。并且一审法院虽认定合伙解除，但该意思表示未送达其他四合

伙人，胡某与其他四合伙人的合伙关系并未解除。一审法院在其他四合伙人不知情且未参与诉讼的情况下，即认定合伙关系解除，剥夺了其诉讼权利。一审法院未通知其他四合伙人参加诉讼，属程序违法。

被告恒业公司主张，本案一审原告是胡某本人，其在一审中提供了关键证据即陈某1手写的《"恒业"轮股份比例及第一季度分红》复印件，但胡某在一审中自始至终未要求追加陈某1作为当事人参与诉讼，在二审中再以此主张一审程序错误，不应得到支持。并且，陈某1等案外人不是必要的共同诉讼当事人，本案不存在遗漏当事人。

（二）法院观点

关于原审是否遗漏诉讼当事人的问题，湖北省高级人民法院认为，胡某与恒业公司及案外人对案涉船舶存在合伙经营关系，同时存在按份共有关系。

胡某作为案涉船舶的按份共有人系按照其共有份额享有权利，承担义务，其退出按份共有关系并不会对其他共有人的权利义务产生影响。并且，因案涉船舶主要是由恒业公司负责经营，船舶经营的相关账目也由恒业公司持有，其他共有人未参与本案诉讼也不影响恒业公司与胡某按照共有份额进行结算。

因此，胡某关于一审法院遗漏诉讼当事人，程序错误的上诉理由不成立，二审法院不予支持。

（三）律师分析及建议

实践中，合伙合同纠纷诉讼是否需要全体合伙人共同参加诉讼，主要看诉讼标的是否可分，以及能否查清案件事实

例如，在（2020）最高法民再22号民事判决书中，最高人民法院认为："对于没有登记领取营业执照的个人合伙，诉讼程序中，应当为共同诉讼人，但此处的共同诉讼人是否必须作为共同原告参加诉讼，应当取决于诉讼标的是否可分，如果合伙事务及所主张的内容系不可分的，只有所有合伙人均到庭参加诉讼，方能查明相关案件事实，一般应当认定为必须共同参加诉讼；如果合伙事务及主张内容系可分的，各合伙人的权利义务均等，只要其中一个合伙人提出主张，效力可以相同的约束其他合伙人，各方权利义务均分，此时的共同诉讼人应当不属于必须参加诉讼的主体。此种理解，也系防止合

伙人在内部存有矛盾时，部分合伙人拒绝配合其他合伙人对外主张相关权利，而导致其他合伙人的权利受到损害的情形。"

参照最高人民法院这一观点，再结合本文案例的案情及结果，合伙合同纠纷诉讼过程中是否需要全体合伙人共同参加诉讼，主要看诉讼标的是否可分、部分合伙人参与能否查清案件事实。如果诉讼标的是可分的且部分合伙人参与诉讼不影响案件事实查明、不会对其他合伙人的权利义务造成影响的，则并不需要全体合伙人参与诉讼。

综上所述，对于合伙人内部纠纷，在合伙人人数较多的情况下，为了减少诉讼负担，原告可以合理选择部分合伙人作为被告，例如负责合伙事务经营的合伙人以及合伙事务的财务负责人，而不必将全体合伙人一并列为共同被告。

案例五　创始人散伙，估值 340 万元的微信公众号如何分家

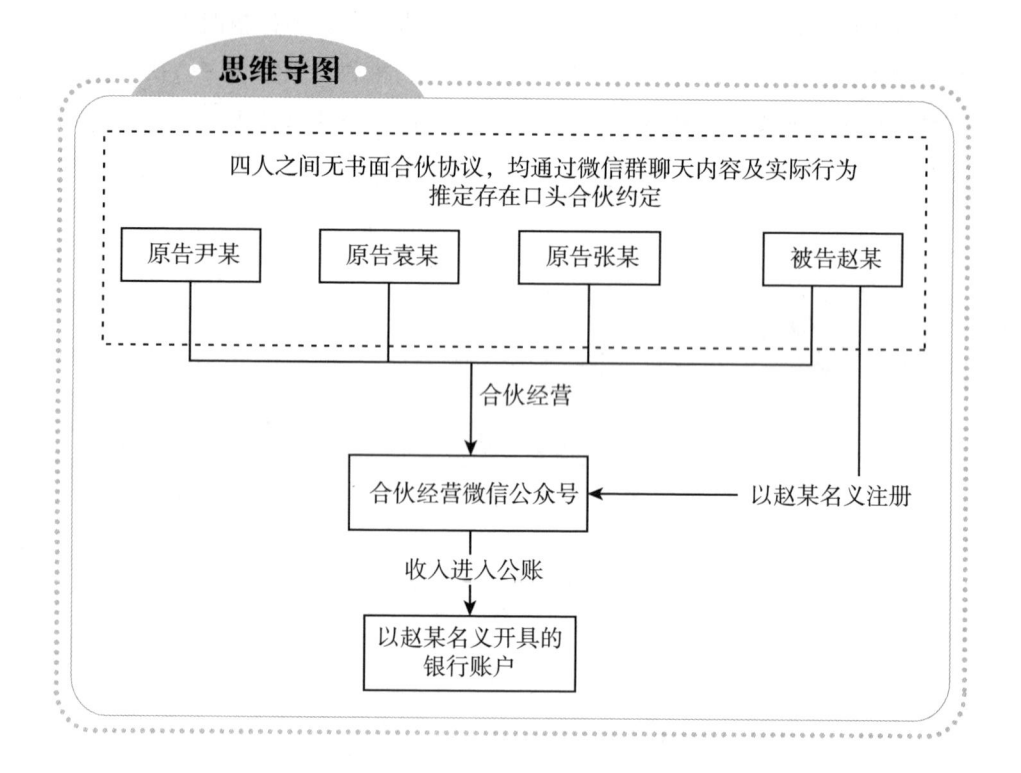

思维导图

```
四人之间无书面合伙协议，均通过微信群聊天内容及实际行为
推定存在口头合伙约定

原告尹某    原告袁某    原告张某    被告赵某
                   │
                合伙经营
                   ↓
            合伙经营微信公众号 ← 以赵某名义注册
                   │
              收入进入公账
                   ↓
         以赵某名义开具的银行账户
```

案例来源

（2020）沪民申 1319 号、（2019）沪 02 民终 7631 号

案情简介

案涉微信公众号是以被告赵某个人名义注册，在案涉微信公众号筹备期

案例五
创始人散伙，估值340万元的微信公众号如何分家

间，三原告与被告主要通过微信群聊的方式沟通。2016年1月31日，案涉微信公众号发布第一篇文章，名为《开篇的话》，撰稿人为原告尹某，文中写道"这个公众号不是我一个人的，至少是四个人的……我们四个人就是赵总裁、袁美丽、天才张和我"。

案涉微信公众号通过撰写软文或好物笔记的方式与广告商合作，以此获取广告收入，在公众号运营期间的大部分文章均是原被告四人分别撰写，以及部分文章是原被告合体共同撰写。2016年6月12日，原被告四人在微信群聊中就公众号收入是否全部进入公账进行讨论，并最终均同意被告赵某的提议"写的人在共有权益的那部分进了公账，支出的现金算是稿费；都进公账，阶段性结账"。

在原告、被告发生争议即2017年7月13日之前，案涉微信公众号取得的收入进入被告赵某的招商银行账户。该账户系2016年8月8日被告开立，将其作为案涉微信公众号收入的专用账户，并将该银行卡照片和账号、开户行、密码和查询密码发在原被告的微信群中。

2017年7月上旬，原告、被告发生争议，被告赵某自行修改了微信公众号的账户密码，沟通无果后三原告尹某、袁某、张某以赵某为被告起诉至人民法院，诉讼请求：（1）合伙关系于2018年6月13日解除。（2）被告折价补偿三原告各100万元，微信公众号由被告继续运营。（3）被告向袁某、张某支付2017年第一季度分红款各47500元。（4）被告向尹某支付2016年7月至2017年6月撰稿费24000元、7500元例外购物券或等额现金；向袁某支付2016年7月至2017年6月撰稿费52500元、导流费46386.51元、招商费11000元、7500元例外购物券或等额现金；向张某支付2016年7月至2017年6月撰稿费105000元、导流费9000元、招商费6000元、7500元例外购物券或等额现金。（5）被告向袁某、张某支付微信公众号在多麦、rewardStyle两个平台2016年7月至2018年6月13日的收入各35247.93元。（6）依法分割2016年7月至2018年6月13日微信公众号除上述两平台之外的所有经营所得。（7）支付公证费2000元。（8）本案诉讼费、保全费、鉴定费由被告承担。

一、四人共同运营一个微信公众号是否构成合伙关系

（一）原告与被告的不同主张

三原告尹某、袁某、张某主张，案涉微信公众号由三原告方与被告共同经营，是双方合伙的载体。双方口头约定合伙事宜后，以实际行为对合伙项目予以共同劳动出资、共同经营、共同管理、共同分配，已符合合伙关系构成要件，故成立实质合伙关系。

被告赵某则主张，案涉微信公众号由被告申请，应归属被告，三原告方仅是撰写投稿文章，被告亦支付了稿费。三原告与被告未签订书面协议，且无证人证明双方之间存在口头协议，故不符合合伙的构成条件。

（二）法院观点

1. 一审法院认为，个人合伙是指两个以上公民按照协议，各自提供资金、实物、技术等，合伙经营、共同劳动。其特点是共同商定、共同投资、共同经营、共享收益

微信公众号作为一种新型的电子商务运营模式，虽在出资种类、经营方式、收入结构等方面均存在特殊性，但究其实质，三原告与被告仍符合个人合伙的基本特征，具体理由有以下几方面。

（1）共同商定。通常情况下，书面合伙协议是各合伙人共同商定权利义务的载体。虽然三原告与被告之间并未就合伙事项订立一份书面协议，但在案涉微信公众号筹备期间，三原告与被告共同商定公众号的重要事项，比如公众号的 Logo 设计、收入分配方式等，同时以文字形式对外宣称公众号的归属，如案涉微信公众号发布第一篇文章提到"这个公众号不是我一个人的，至少是四个人的……我们四个人就是赵总裁、袁美丽、天才张和我"。上述均表明，无论是对内还是对外，三原告、被告已经共同确定合伙的意思表示。

（2）共同出资。个人合伙以共同出资作为合伙组织的价值形态表现。出资种类既可以是资金、房屋、设备等实物形式，也可以是劳务、技术等无形

资产。在本案中，因微信公众号的特殊经营模式，无须以资金等实物出资作为物质前提，而是以公众号为平台，通过撰写软文、发表好物笔记等劳务方式出资，不断为公众号积攒人气、吸引粉丝，以获取商机。从案涉微信公众号的排版内容来看，分别以三原告、被告各自名字命名专栏，三原告、被告独自或者以合体文的方式发表软文、好物笔记。从合作过程来看，三原告、被告的发文数量相当，带来的广告收入相当，三原告、被告均对案涉微信公众号进行了劳务出资。

（3）共同管理。个人合伙的经营活动，由合伙人共同决定，合伙人有执行和监督的权利。案涉微信公众号从设立之初，三原告、被告四人就公众号的Logo事宜进行了详细的讨论和沟通。在公众号上发表的首篇合体文《开篇的话》、被告的个人简介，以及公众号一周年之际发表的合体文《因为历历在目，每个刻度都隽永》中，都提到案涉微信公众号是三原告、被告四个人共同运营。在发生争议之前，案涉微信公众号的收入均进入招商银行的专用账户，三原告、被告四人均知晓银行账号、开户行、密码和查询密码等，对公众号的收入有查看、监督的权利。案涉微信公众号的文章发布审核、广告业务洽谈等主要通过公共邮箱，邮箱密码由三原告、被告共同掌握。可见，案涉微信公众号的经营活动由各方共同参与、决定。

（4）共享收益。个人合伙在合伙经营期间积累的财产属于全体合伙人共有，合伙人按照约定的份额或出资比例对合伙财产分别享有所有权，共享收益。案涉微信公众号主要通过撰写软文或好物笔记的方式与广告商合作，以获取广告收入。三原告、被告在微信群中就案涉微信公众号收入是否全部进入公账、如何分配进行了讨论，且已经对2016年7月至9月的广告收入和截至2017年2月3日的广告收入进行了汇总和部分分配。一审审理中，三原告、被告就既往收入的分配方式和标准已确认一致，并明确案涉微信公众号对外没有债务。因此，在三原告、被告合作期间，各方已经按照约定的方式对案涉微信公众号的部分盈余进行了分配。

综上所述，三原告、被告以劳务形式出资，合伙经营案涉微信公众号，对经营活动共同商定、执行和监督，对合伙财产按约分配，共负盈亏，已具备个人合伙的实质要件，因此三原告、被告之间构成合伙关系。现三原告、被告均表示合伙关系于2018年6月13日终止，一审法院予以确认。

2. 二审法院认为三原告与被告四人之间成立口头合伙关系，本案中四人共同运营微信公众号等行为具备个人合伙的实质要件，原被告之间成立合伙关系

个人合伙关系的成立，原则上以订立书面合伙协议为前提。在当事人之间没有书面合伙协议，又未经工商行政管理部门核准登记的情况下，《最高人民法院关于贯彻执行〈中华人民共和国民法通则〉若干问题的意见（试行）》第50条[①]规定，具备合伙的其他条件，又有两个以上无利害关系人证明有口头合伙协议的，可以认定为合伙关系。二审法院认为，《最高人民法院关于贯彻执行〈中华人民共和国民法通则〉若干问题的意见（试行）》第50条规定并非将"两个以上无利害关系人证明有口头合伙协议"作为在没有书面合伙协议时认定个人合伙关系的必备条件。无论是书面合伙协议，还是证人证言，均为判定个人合伙成立与否的证据形式，其证明目的在于判定是否符合合伙"共同出资、共同经营、共享收益、共担风险"的实质要件，由此，不排除在既无书面合伙协议，又无两个以上无利害关系人证明有口头合伙协议的情形下，根据其他证据并结合有关事实，认定存在合伙关系的可能。本案中，原告与被告协商筹备设立案涉公众号，共同或分别撰写文章发表于案涉公众号，共享案涉公众号专用账户密码，共商收入分配方式并进行部分收入实际分配，包括以案涉公众号收入支出编辑费用等事实，足以证实原告与被告间存在共同以劳务形式出资、共同经营、共享收益、共担风险的意思表示，具备个人合伙的实质要件，一审法院认定原告与被告成立合伙关系，合法有据，二审法院予以确认。

3. 再审法院对于原被告法律关系的性质认定，认为本案符合合伙关系的认定

再审法院认为，案涉微信公众号作为新型电子商务运营模式有别于传统

[①] 《最高人民法院关于贯彻执行〈中华人民共和国民法通则〉若干问题的意见（试行）》在《民法典》实施之际被正式废止，部分内容经一定程度的修订后被引入《民法典》的条文中，其中第50条原文内容："当事人之间没有书面合伙协议，又未经工商行政管理部门核准登记，但具备合伙的其他条件，又有两个以上无利害关系人证明有口头合伙协议的，人民法院可以认定为合伙关系。"

合伙经营模式，但结合合伙法律关系的共同参与、共同劳动、共同经营、共享收益等要件事实来看，案涉公众号仍具备一般个人合伙的法律特征。

（三）律师分析及建议

1. 个人合伙、合同型合伙、企业型合伙的具体区别

个人合伙、合同型合伙、企业型合伙，三种类型的合伙本质上都是多人合作经营，共享收益、共担风险的一种商事合作模式，其中一些具体差异主要表现在法律适用上的不同，具体如下。

个人合伙是《民法典》施行前《民法通则》中就合同型合伙的称呼，《民法通则》（自2021年1月1日《民法典》施行时被废止）第30条规定，个人合伙是指两个以上公民按照协议，各自提供资金、实物、技术等，合伙经营、共同劳动。

《民法典》施行后，将原《民法通则》中的个人合伙与联营的内容进行了吸收合并，形成《民法典》中合伙合同一章的法规内容，《民法典》第967条规定"合伙合同是两个以上合伙人为了共同的事业目的，订立的共享利益、共担风险的协议"。而合同型合伙即是基于合伙合同形成的合伙关系。

若多方合伙主体基于合伙合同内容，将合伙项目载体注册为合伙企业或公司的，成立公司的，相应合伙人登记为公司股东，股东的权利、责任及相应行为将会受《公司法》规定的约束；成立合伙企业的，相应合伙人登记为有限合伙人或普通合伙人，合伙人的权利、责任及相应行为将会受《合伙企业法》规定的约束。因此，合同型合伙相比企业型合伙，其合伙方式更加灵活、适用范围更多样。

2. 在《民法典》施行前，"两个以上无利害关系人证明有口头协议"应否认定为在无书面协议时认定合伙关系的必备条件

例如在本文案例中，法院认为《最高人民法院关于贯彻执行〈中华人民共和国民法通则〉若干问题的意见（试行）》第50条规定并非将"两个以上无利害关系人证明有口头合伙协议"作为在没有书面合伙协议时认定个人合伙关系的必备条件。无论是书面合伙协议，还是证人证言，均为判定个人合伙成立与否的证据形式，其证明目的在于判定是否符合合伙"共同出资、共

同经营、共享收益、共担风险"的实质要件。

同样的裁判观点，在（2016）最高法民申 1279 号中，最高人民法院对于《最高人民法院关于贯彻执行〈中华人民共和国民法通则〉若干问题的意见（试行）》第 50 条的理解适用，认为该条规定并非将"两个以上无利害关系人证明有口头合伙协议"作为在没有书面合伙协议时认定个人合伙关系的必备条件，没有排除在既无书面合伙协议，又无两个以上无利害关系人证明有口头合伙协议的情形下，根据其他证据并结合有关事实，认定存在合伙关系的可能。

因此，在有其他证据能够证明合伙各方存在共同出资、共同经营、共担风险、共享收益行为的，可以认定各方之间的合伙关系成立。

3. 实践中，合伙人能否以劳务进行出资

（1）关于合同型合伙中合伙人可以劳务形式进行出资

根据《民法典》第 968 条"合伙人应当按照约定的出资方式、数额和缴付期限，履行出资义务"的规定，法律将合伙人的出资方式交由合伙人在合伙协议中自行约定。一般来说，合伙人的出资方式包括货币、实物、知识产权、土地使用权、劳务以及其他财产权，其中劳务出资被看作一种财产权利而允许其作为对合伙的出资方式。

（2）关于企业型合伙中合伙人以劳务出资，主要是合伙企业中的普通合伙人可以劳务进行出资

根据《合伙企业法》第 16 条第 1 款和第 3 款的规定，合伙人可以用货币、实物、知识产权、土地使用权或者其他财产权利出资，也可以用劳务出资。合伙人以劳务出资的，其评估办法由全体合伙人协商确定，并在合伙协议中载明。值得注意的是，有限合伙人不得以劳务进行出资，根据《合伙企业法》第 64 条第 2 款的规定，有限合伙人不得以劳务出资。

因此，合伙人可以以劳务进行出资。同时需要注意，若某一合伙人计划以劳务进行出资的，需要确保在合伙协议中详细记录劳务的评估方式和相关内容，以保障合伙关系的透明和顺利进行。

4. 面对互联网中新型商业运营模式的合作合伙，各合伙人又应如何规避内部纠纷产生以及纠纷产生的损失

本文案例中所涉微信公众号即是一种新型电子商务运营模式，该微信公

众号具有盈利能力，但又注册在某一合伙人名下，故而导致各合作方之间的关系出现认定不清的问题。如案例中的被告赵某认为微信公众号是由其姓名注册，其他合作人都是撰稿人，被告也支付了稿费。因此，被告赵某认为微信公众号应属被告个人财产，其他合作方均是打工人而非合伙人。

实践中，认定是否构成合伙关系条件是合作人之间是否共同出资、共同经营、共享收益、共担风险，因此，本文案例中结合原被告之间存在上述符合合伙法律关系认定的条件，最终认定为原告、被告之间构成合伙关系，故而支持了原告共享收益的诉讼请求。

综上所述，若各合作人之间确立以合伙方式共同投资经营商业项目，则建议进行书面合伙合同的约定，约定清偿各方的出资、权利、职责、退伙条件、转让份额的条件以及违约责任承担等内容。

二、微信公众号是否具有商业属性和财产价值

（一）原告与被告的不同主张

三原告尹某、袁某、张某主张，案涉微信公众号有众多粉丝，是有较大价值的财产。

被告赵某主张，案涉微信公众号是免费申请的，其本身依托于微信平台，不具有商业属性。依照《微信公众号平台服务协议》第6.1.2.4条的规定，公众号本身不得发布广告信息，故案涉公众号所得广告收入均为违法收入，其本身并无合法商业价值。

（二）法院观点

1. 一审法院认为，微信公众号是具有独立性、支配性、价值性的网络虚拟财产

首先，微信公众号是个人或企业在微信公众平台上申请的应用账号。设立之初，微信公众号仅是一数据代号，后因设置微信号名称，确立账号主体，其具有区别于其他网络资源或现实财产的独立性。本案中的微信公众号有自己的标识，有自己的栏目架构以及运营理念、文化，既区别于网络运营商提

供的运行环境、微信公众平台提供的运营平台,也与其他网络用户的资源相区别,具有独立性。

其次,微信公众号虽然存在于网络空间中,具有虚拟性,但可通过对账号设置密码来控制微信公众号的运营,防止他人对公众号上的资料进行修改、增删。本案中的微信公众号也是如此,三原告与被告通过密码进入公众号后台、发表文章、回复评论,对公众号进行管理,具有支配性。

最后,微信公众号作为一种新型的电子商务模式,已不再是简单的通过流量渠道直接提供产品或服务获取费用,而是作为与用户沟通互动的桥梁,为品牌与用户之间构建深度联系的平台,具有较大价值性。从微信公众号的运营来看,原告与被告在案涉微信公众号运营中投入大量的时间、精力,有一定的劳动价值。从微信公众号的经营方式来看,通过发布引人关注的内容,吸引了一定数量的粉丝关注而具有了传播力、影响力,进而为广告商带来购买力和宣传力,有广告投放价值。从微信公众号的盈利模式来看,随着微信公众平台功能的深入开发,微信公众号不再局限于单一承载、发布信息的传统自媒体形式,其功能得以不断拓展,逐步发展成为一种新型的电子商务模式,即通过发表软文或撰写好物笔记宣传商品,获取广告收入、导流收入,或通过小程序商店直接提供产品或服务获取费用,集多种盈利模式于一体,有商业盈利价值。

2. 二审及再审法院认为被告赵某根据《微信公众平台服务协议》的约定,主张广告收入不应认定属合法保护范围,从而否定系争公众号具有商业价值的观点不能成立

微信公众号作为信息发布平台,依靠其粉丝基础,已成为各类市场主体发布商业广告的重要载体。一审法院从案涉公众号运营的独立性、支配性、价值性三方面详细论证了微信公众号的虚拟财产法律属性,合法有据,二审法院予以认可。《微信公众平台服务协议》第 6.1.2.4 条就不得发布扰乱微信公众平台正常运营的广告信息的规定,系腾讯公司就公众号平台运营的管理规范,并未禁止公众号发布合法商业广告信息,亦不影响公众号的法律属性。客观上,案涉公众号亦通过发布软文、好物笔记等形式取得了收入并进

行部分收入的分配，具有财产价值。

(三) 律师分析及建议

1. 微信公众号是否有财产价值，能否变现

关于微信公众号是否具有财产价值的问题，经过本文案例中一审、二审及再审三级法院的释法说理已经很清晰了，具有财产价值即可通过变现的方式收取现金收益。

那么，微信公众号如何进行资产变现呢？例如本文案例中的情形，案涉微信公众号可以通过发布软文、好物笔记等形式取得广告收入，同时该公众号可以通过交易或拍卖的方式取得公众号的转让款或拍卖款。

因此，微信公众号作为一种网络虚拟财产，其本身的运营既能产生财产收益，其本身的转让或拍卖亦能取得财产收益。

2. 实践中，通过网络窃取虚拟财产的行为应如何定性

现在互联网环境下，网络虚拟财产形式也趋于多样化，如本文案例涉及的微信公众号，以及日常生活接触到或听到的诸如网站域名、商铺，比特币，Q币，游戏点卡，游戏中的武器装备、宠物、盆景、皮肤等，均具有现实生活中的现金价值，需要进行购买取得。

因此，现实生活中，若某个人窃取网络虚拟财产，就该行为人刑事犯罪的罪名的认定存在一定争议，但从最高人民法院、最高人民检察院公布的典型案例来看，对于具有财产属性的网络虚拟财产更倾向于认定为盗窃罪。

3. 若发生抢劫比特币或诈骗虚拟财产的行为，应如何定性

以暴力、胁迫等方法，强迫被害人购买比特币，进而抢劫所购买的比特币并转卖变现的，实际是抢劫购买比特币的对价，应当适用《刑法》第263条的规定，以抢劫罪定罪处罚。对于抢劫数额，应当根据被害人支付的对价予以认定。

虚拟货币属于刑法意义上的财物，以非法占有为目的骗取他人虚拟货币，构成犯罪的，不宜认定为非法侵入计算机信息系统罪或者非法获取计算机信息系统数据罪，应当适用《刑法》第266条的规定，按照诈骗罪追究刑事责任，对于抢劫数额，应当根据被害人支付的对价予以认定。

4. 《民法典》第127条规定了对数据和网络虚拟财产的保护，实践中，应如何对数据和虚拟财产进行区别

根据我国法律的规定，虚拟财产与数据不同。数据是指任何以电子或者其他方式对信息的记录，而虚拟财产是存在于网络虚拟世界中具有财产价值的资产形态。由于数据的共享性特征和需求，在同一数据之上可以有多个主体共存，而虚拟财产则具有明显的专属性和排他性特征。

因此，虚拟财产上的登记主体较明确，法律关系相对简单，但表现形式较为复杂，大体可分为账号类、货币类及物品类，如网络游戏财产（虚拟角色、虚拟物品、装备道具）、虚拟货币、平台账号、直播平台的虚拟礼物等。

三、微信公众号的财产价值应如何确认

（一）原告与被告的不同主张

三原告尹某、袁某、张某主张，申请对案涉微信公众号进行财产价值评估，并以评估结果为价值标准请求分配合伙项目收益。

被告赵某主张，法院对微信公众号的评估基准日选择错误，评估时未考虑后期微信公众号掉粉等客观情况，评估结果不准确，请求重新评估。

（二）法院观点

1. 一审法院委托评估机构对微信公众号的财产价值进行评估，并结合评估结果以及微信公众号在评估基准日之后掉粉的情况，综合按照评估价格的85%认定案涉微信公众号的价值

微信公众号的价值确认须综合考量多项因素。一方面，从案涉微信公众号的概况和发展历程来看，自2016年1月起由原被告四人共同运营，2016年7月前后开始盈利至2017年7月收入300余万元。2017年7月原告、被告之间发生争议，2017年7月12日前后被告自行修改了银行账号、公共邮箱等密码，自此三原告未再参与案涉微信公众号的运营。2017年11月6日涉讼，后经原告申请，青岛市市北区人民法院裁定被告停止对案涉微信公众号的全部修改、删除、发布信息、迁移等使用权限。2018年6月29日，腾讯

公司对案涉微信公众号进行了封号。2018年7月5日，青岛市市北区人民法院裁定解除对被告有关微信公众号的保全措施，腾讯公司收到裁定书后将案涉微信公众号解封。案涉微信公众号自2017年7月13日发布好物长图片后停止更新，直至2017年12月24日恢复。

另一方面，从案涉微信公众号的影响力和传播力来看，截至2017年7月13日案涉微信公众号的粉丝数量为94700，截至2018年6月13日案涉微信公众号的粉丝数量为83790。再者，从案涉微信公众号的预期收益来看，立信公司采用收益法，即通过估测微信公众号未来预期收益的现值来判断资产价值的方法，对案涉微信公众号进行价值分析，认为在2017年7月13日的市场价值为400万元。此外，须注意微信公众号与一般资产不同，其价值除取决于客观因素外，一定程度上还依赖于运营方投入的智力和劳动成本。

因此，一审法院综合考虑以上因素后，酌定案涉微信公众号至各方合伙关系终止时的价值为340万元。鉴于该微信公众号之后由被告继续运营，法院判决被告应相应地折价补偿三原告各850000元。

2. 被告认为评估方式不公允，原审法院未考虑到案涉公众号的经济价值大幅下降的现实情况，在二审时提出重新评估。二审法院认为一审评估程序合法有效，被告申请重新鉴定缺乏依据，故不予采纳

在评估程序上，一审法院通过上海市高级人民法院以电脑配对确定由立信公司进行价值评估，程序合法。在评估方法方面，被告虽提出异议，但其并未提出其他可得采取且更为合理的评估方法。立信公司作为专业评估机构，根据本案具体情况，采取市场法、收益法、资产基础法对案涉公众号市场价值作出的评估，客观有据。

在评估时点方面，一审法院在参考2017年7月13日为基准日的评估报告基础上，综合评估基准日后案涉公众号的实际运营状况，酌情将公众号价值从400万元调整至340万元，已经充分考量了公众号运营状况对价值变动的影响，合法合理。故被告要求重新鉴定，缺乏依据，二审法院不予采纳。

3. 被告认为评估基准日认定错误，再审法院认为以公众号停更日期为评估价值的基准日，合法合理

2017年7月13日公众号发布好物长图片后停止更新，直至2017年12月

24日恢复，立信公司采取了收益法来评估确定案涉公众号的价值，认为在2017年7月13日市场价值为400万元。原审法院依据案涉公众号运营发展历程及价值考量要素确定2017年7月13日作为评估基准日并无不当。

（三）律师分析及建议

1. 本文案例中的微信公众号作为合伙项目载体，能否进行分割分配

本文案例所涉微信公众号是原告与被告合伙运营的对象，原被告四人在合伙期间通过撰写软文、好物笔记、宣传推广等方式，共同为案涉微信公众号吸引了数万粉丝，带来了诸多广告商机。自2016年7月盈利以来公众号的年收入达300余万元。案涉微信公众号的价值是各方合伙经营期间累计的资产，属于合伙财产的范畴。

案例中原被告均认为双方之间的合伙关系于2018年6月13日终止，因此，案涉微信公众号的价值作为合伙财产应在三原告与被告之间予以分割和分配。

2. 实践中，就经评估确认微信公众号财产价值，哪些因素会影响微信公众号的价值

例如在本文案例中，评估机构以2017年7月为评估基准日，充分参考公众号广告收益，采取收益法对案涉公众号商业价值进行综合评估，一审法院最终以双方认可的合伙关系解除之日2018年6月13日为分割日，酌情认定公众号价值为340万元。其中，评估方法的选择，评估机构采取的是收益法，收益法的理论基础是资产未来收益决定资产的现实价值，未来收益高的资产，其现实价值就应该高，我们可以通过预期收益的多少来计量资产的现实价值。收益法是通过将评估对象的预期收益资本化或者折现，确定评估对象价值。

因此，对于微信公众号的财产价值判断，原告方或被告方可以事前调查准备公众号近一年的营收流水，进而判断微信公众号的大致价值。

3. 关于微信公众号财产价值评估基准日的选择确认，实践中一般如何选择确认

例如在本文案例中，法院选择微信公众号因涉诉纠纷停更日期作为评估基准日。公众号于2017年7月13日发布好物长图片后停止更新，直至2017

年 12 月 24 日恢复，评估机构采取了收益法来评估确定案涉公众号的价值，以停更日期 2017 年 7 月 13 日作为评估基准日，评估认为公众号的市场价值为 400 万元。

四、运营微信公众号形成的财产，在合伙终止后应如何分配

（一）原告与被告的不同主张

三原告尹某、袁某、张某主张，按照以往的分配方式进行分配，即在扣除三原告与被告应各自分得的撰稿费、导流费、招商费以及编辑费后，公众号资产及收入在原被告四人之间平均分配。

被告赵某主张，应按照贡献值大小进行分配，被告应分配公众号资产及收益的 70%。

（二）法院观点

1. 基于原被告之间已进行收益分配的事实，在被告没有提供证据证明存在其他分配约定的情况下，仍应按照此前已经履行的分配方式分配剩余财产

第一，案涉微信公众号的价值，是原被告四人合伙经营期间累计的资产，属于合伙财产的范畴，在合伙关系终止时应予以分割。

第二，鉴于被告就其应分配 70% 的分配方式并未提供相应的依据，且其所称的贡献度已通过撰稿费、招商费或导流费的形式予以考虑，在各方未协商一致变更的情况下，法院认为仍应以之前双方约定的方式进行分配，即在扣除一定比例招商费、稿费、编辑费基础上，软文收入剩余部分款项在被告与原告四人之间进行平均分配，好物笔记剩余部分款项在被告与袁某、张某之间进行平均分配。前述实际分配的比例，应视为各方对合伙收入分配方式的约定。

2. 合伙项目待分配资产，包括微信公众号账户内待分配收入和被告擅自转移的资产

案涉微信公众号的待分配收入包括招商银行余额、工商银行余额以及两

个平台的收入三部分,同时,需要加上被告自行转出但缺乏依据或不应由原告方承担的款项。

此外,鉴于案涉微信公众号未分配款项均在被告处,因此原告应取得的上述款项均应由被告给付原告。

(三) 律师分析及建议

1. 本文案例中在对微信公众号价值评估后,法院综合认定微信公众号价值的考量因素有哪些

关于微信公众号的价值,评估机构采用收益法,即根据以往盈利情况,假设仍按照原状态继续经营,估测未来预期收益的现值,确定至2017年7月13日发生争议时的市场价值为400万元。考虑到自评估时点2017年7月13日至2018年6月13日合伙关系终止,微信公众号的持续运营状态、传播力和影响力、智力和劳动成本的投入等因素均已发生变化,因此,法院酌情下调微信公众号的最终价值为评估价的85%,即340万元。法院酌情下调金额的考量因素可能包括以下几点。

(1) 微信公众号的运营状态间断,导致未来发展趋势不明

微信公众号自2016年1月起运营,2016年7月开始盈利至2017年7月期间收入300余万元。2017年7月13日本案各方之间发生争议后,微信公众号停止更新,直至2017年12月24日恢复,其间该微信公众号的收入减少,商业盈利价值受损。

(2) 微信公众号的影响力和传播力降低,导致广告投放价值降低

原被告2017年11月6日涉诉,2018年6月29日至7月5日遭遇封号,粉丝数量由2017年7月13日发生争议时的94700,降至2018年6月13日合伙关系终止时的83790,为广告商带来购买力和宣传力减弱。

(3) 微信公众号运营主体减少,导致劳动价值减少

微信公众号的价值除取决于一般资产评估时考虑的客观因素外,还依赖于运营方投入的智力和劳动成本。本案各方合伙关系终止后运营主体由四人变更为一人,带来劳动成本增加,导致相应的劳动价值减少。

综上所述,人民法院酌定微信公众号至本案各方合伙关系终止2018年6

月 13 日时的价值为 340 万元。鉴于本案各方均同意该微信公众号由被告赵某继续运营，因此，被告赵某须相应折价补偿三原告各 85 万元。

2. 对于合伙运营的微信公众号产生的价值，各合伙人的贡献值应如何评判

如本文案例中，被告称其系四合伙人中唯一脱产运营公众号者，投入较多，应就剩余部分财产至少分得 70% 比例的主张。

法院认为，被告主张其对案涉公众号贡献较多，表现为被告承担了大量业务联络、财务管理等日常工作，在文章撰写数量上也远胜原告，但各方在业务联络、供稿方面的投入通过招商费、稿费形式予以体现，业务联络、供稿较多者相应获得较高的前期分配收入，不存在各方贡献多少的区分。现被告以业务联络、供稿较多为由要求就后期剩余部分款项获得倾斜性分配优势，缺乏事实和法律依据，且有悖于各方确认的实际分配方式和操作，因此，最终法院未予采信。

3. 合同型合伙中合伙人的利润分配在《民法典》施行前后的差异

合同型合伙中合伙人的利润分配，在 2021 年 1 月 1 日《民法典》施行前后存在一定差异，具体如下。

《最高人民法院关于贯彻执行〈中华人民共和国民法通则〉若干问题的意见（试行）》第 55 条规定："合伙终止时，对合伙财产的处理，有书面协议的，按协议处理；没有书面协议，又协商不成的，如果合伙人出资额相等，应当考虑多数人意见酌情处理；合伙人出资额不等的，可以按出资额占全部合伙额多的合伙人的意见处理，但要保护其他合伙人的利益。"关于合伙人就合伙利润分配比例的确认问题，合伙人之间有约定按照其约定。但若合伙人就分配比例协商不成时，按照出资比例多的那部分合伙人的意见进行分配。

根据《民法典》第 972 条的规定，合伙的利润分配，按照合伙合同的约定办理；合伙合同没有约定或者约定不明确的，由合伙人协商决定；协商不成的，由合伙人按照实缴出资比例分配；无法确定出资比例的，由合伙人平均分配。

本文案例发生在《民法典》施行前，但案件中法院基于原被告此前就分配的讨论等微信聊天记录以及被告实际向其中一个原告分配部分款项的事实，

认定原被告之间存在分配约定，故按照原被告四人平均分配认定的分配比例。自 2021 年 1 月 1 日《民法典》正式施行后，关于合伙人之间因分配比例不清又无法达成一致意见的，将会按照平均分配的比例进行分配利润。

4. 实践中，关于诉讼证据的公证费用，是否由败诉的被告承担

根据《诉讼费用交纳办法》第 29 条的规定，诉讼费用由败诉方负担，而公证费用并未排除在诉讼费用范围之外。因此，公证费用一般也是由败诉的被告承担。例如在本文案例中，原告主张的公证费系为证明案涉微信公众号排版布局及各方发布文章情况所发生的合理必要支出，人民法院判决由被告承担。

案例六 主播与投资人合伙设立 MCN 公司，散伙后 200 万粉丝账号花落谁家

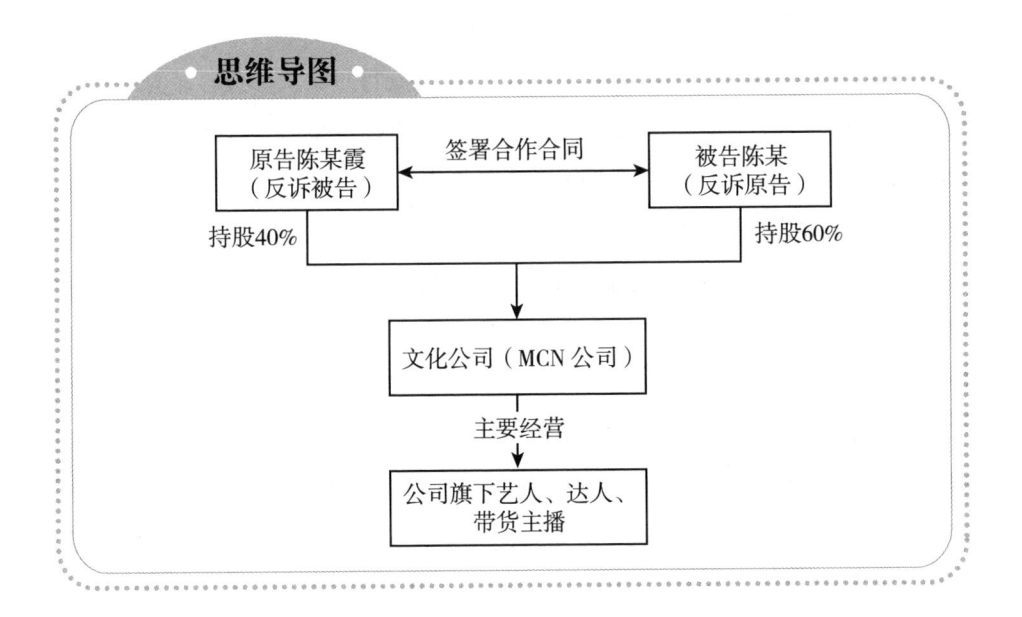

思维导图

```
原告陈某霞              签署合作合同              被告陈某
（反诉被告）    ←——————————————→    （反诉原告）
持股40%                                          持股60%
         ↓                              ↓
              文化公司（MCN 公司）
                      ↓ 主要经营
              公司旗下艺人、达人、
                   带货主播
```

案例来源

（2024）豫民申 1329 号、（2024）豫 17 民终 2438 号、（2023）豫 17 民终 5512 号

案情简介

本案原告主播以抖音账号作为虚拟资产投资，与被告投资人合作设立 MCN 公司，合作仅两个月后就因矛盾散伙，引发了一系列合伙合同纠纷。

原告陈某霞系抖音账号 4431 所有人，账号内粉丝数 227 万。2021 年 8 月

27日，原告陈某霞（甲方）与被告陈某（乙方）签署《合作合同》，主要约定如下：（1）双方共同经营文化公司，甲方投资4431抖音账号，乙方投资文化公司设立及前期装修、直播道具等费用。（2）文化公司签约艺人、达人的盈利收入分成比例为甲方40%、乙方60%，公司盈亏也按此比例承担。（3）甲方将4431抖音账号迁入文化公司旗下，4431账号归属权永久属于甲方，合同期内归属于公司，公司只有使用权。（4）合作期间有违约行为或要求提前中止合作的，应赔偿对方80万元。

合同签订后，双方正常履行至2021年10月，双方共同签署《9月份收入支出汇总表》，对2021年9月1日至30日的账目收支情况进行结算。后双方因合作事项发生纠纷，陈某于2021年10月24日将车辆、直播设备等合伙物品取回。两个月后，陈某霞向陈某邮寄律师函，要求解除合作合同，陈某于2021年12月27日签收该函件。

陈某霞以陈某为被告向法院提起诉讼，请求：（1）确认原告、被告之间签订的《合作合同》于2021年12月27日解除；（2）被告支付违约金80万元。

陈某提出反诉，请求：（1）陈某霞赔偿陈某房屋装修及配套设备等各项损失人民币640367元；（2）陈某霞赔偿陈某为其投资运营损失及鉴定费人民币1592917.37元；（3）陈某霞支付违约金人民币80万元整；（4）陈某霞将4431抖音账号归还文化公司。

后陈某又因本案纠纷另行提起诉讼，请求：陈某霞向文化公司返还4431抖音账号自2021年9月1日至12月27日100%的带货佣金收入及100%的直播打赏收入，共计621899.24元。

一、主播提供账号与投资人合作设立公司，主播身份为合伙人还是公司艺人

本案双方在《合作合同》第3条和第8条分别约定了合伙人收入分成条款（陈某霞与陈某按4∶6分配）和艺人、达人收入分配条款（全部归文化公

司所有)。陈某另行起诉要求陈某霞向文化公司返还直播带货收入,实际上是主张陈某霞属于公司旗下艺人、双方存在劳动关系,按照合同第 8 条的约定其收入应全部归公司所有。一审法院认定陈某霞与陈某之间系合伙关系,因此判决驳回陈某的诉讼请求。陈某不服,提出上诉,双方对此产生争议。

(一) 原告与被告的不同主张

被告陈某上诉主张:(1) 从合同约定及事实上看,双方《合作合同》中对陈某霞有直播音浪收入、带货收入约定及保底,陈某霞的工作内容与艺人、达人、带货主播工作内容完全相符,也正因如此,公司才会给陈某霞保底工资,足以说明双方合作的基础就是陈某霞系公司艺人、达人带货主播。(2) 双方签订合作合同并成立文化公司时,陈某霞合作投资的虚拟资产就是 4431 抖音账号及 227 万粉丝,这一点更能说明陈某霞系公司的艺人、达人、带货主播的真实身份。(3) 双方另案诉讼中,陈某霞多次自认自己系公司的艺人、达人、带货主播。

原告陈某霞主张:(1) 陈某霞系合伙合同的相对方主体,《合作合同》中有对合伙期间陈某霞抖音账号收入的分配等问题的约定,该内容已经充分证明陈某霞是合伙当事人,而非迁入公司的艺人、达人或带货主播。(2) 该合同第 7 条第 8 项约定的"甲方 4431 账号及所有达人及艺人"主体身份的字面义就不难理解陈某霞并非"达人及艺人",陈某的主张是对合同约定的曲解。(3) 该合同第 8 条约定了带货达人及艺人、平台带货、广告收入归公司所有,但该合同第 3 条第 2 项又特别明确约定了陈某霞和陈某合伙期间利益分配方式,及陈某霞抖音账号直播带货收入应归公司的部分,更充分证实陈某霞并不是该合同第 8 条中约定的带货达人及艺人。

(二) 法院观点

1. 陈某与陈某霞签订《合作合同》属于合伙合同

从案涉《合作合同》约定内容及履行情况看,陈某与陈某霞系以文化公司为载体,通过部分收入归个人,部分收入归公司,再通过公司股权比例进行分红或承担风险的合作方式进行合作,符合个人合伙特征,系个人合伙,案涉《合作合同》属于合伙合同。

2. 陈某霞在《合作合同》中的地位系合伙人

案涉《合作合同》中也规定了公司招聘下的其他达人、艺人、带货直播收入分配情况，但目的是陈某与陈某霞的合伙经营。故从案涉《合作合同》的内容、性质及履行情况看，陈某霞在案涉《合作合同》中的地位系合伙人，行使合伙人的权利和义务，与公司旗下的达人、艺人、带货直播收入、分配情况有明显不同。陈某霞应作为合伙人适用《合作合同》第3条约定的合伙人分成条款，而不是作为公司艺人适用《合作合同》第8条的带货分成条款。

（三）律师分析及建议

1. 实践中，主播与MCN公司之间的法律关系存在多种可能性，具体认定需要结合合同条款约定及履行过程综合分析判断

网络直播行业的迅速发展催生了大批量的网络主播、带货达人，也加速了一批MCN公司，即通常所说的"网红孵化中心"的产生。主播、达人们通过与MCN公司签约，利用公司平台资源和技术支持增加自身流量热度，获得收益后与公司按约定分成。主播与公司之间的法律关系存在多种可能性，常见的包括以下几点。

（1）股东关系：主播作为公司股东，能够直接参与公司决策，获取公司分红。

（2）劳动关系：主播与公司签订劳动合同，两者具有从属关系，主播服从公司管理、按公司安排进行直播工作，由公司承担主播的薪资、社保等费用。

（3）服务合同关系：主播以自己名义对外开展工作，公司通过孵化提高主播知名度，并约定公司可按主播收入分配利润。

（4）合伙关系：主播以账号登虚拟资产与公司合作，共享收益、共担风险。

上述常见法律关系类型中，最容易产生争议的是合伙关系和劳动关系的争议，本文案例中所涉原被告双方争议的核心问题即是原告陈某霞与被告陈某之间是合伙关系，还是陈某霞仅是文化公司旗下艺人。

案例六
主播与投资人合伙设立 MCN 公司，散伙后 200 万粉丝账号花落谁家

2. 实践中，对于主播与公司之间是否存在劳动关系问题，应如何判断

最高人民法院法答网精选问答（第一批）中有如下观点："如果企业作为经纪人与网络主播平等协商确定双方权利义务，以约定分成方式进行收益分配，双方之间的法律关系体现出平等协商特点，则不符合确立劳动关系的情形。但是，如果主播对个人包装、直播内容、演艺方式、收益分配等没有协商权，双方之间体现出较强人格、经济、组织从属性特征，符合劳动法意义上的劳动管理及从属性特征的，则倾向于认定劳动关系。"

例如在本文案例中，陈某虽主张陈某霞为公司旗下艺人，但是从双方合同内容来看，陈某霞与陈某明确双方合伙分成比例且约定按照该比例共同承担公司盈亏，陈某霞的直播工作也不受公司管理，双方之间的法律关系具有平等协商的特点，与一般劳动关系的从属性相悖。因此，法院最终认定陈某霞与陈某之间为合伙关系，陈某霞可按照合作合同约定的合伙人分成条款分得直播收入。

3. 实践中，有一定粉丝基础的主播与公司签约时，应注意哪些事项

有一定粉丝基础的主播往往倾向于与公司采取合作的方式，更多的掌握已有账号的自主权，这类主播在与公司签约时应重点关注以下几个方面。

（1）账号权益，明确合作期内账号的所有权、使用权及合作关系终止后账号的归属，明确主播对账号的自主权（自由选择开播时间、内容等）。

（2）收益分成，明确分成条件、比例、方式、结算周期等。

（3）违约条款，明确界定合作双方的违约行为及违约责任。

（4）解约条款，明确约定解约的条件、发起主体、法律后果。

4. 实践中，一些新人主播在与公司签约时，应注意哪些事项

作为新人主播因自身资源不足，往往倾向于与公司建立劳动关系，依赖公司资源开展工作，这种情况下应与公司签订正式的书面劳动合同，并保留合同副本，合同内容应至少包括以下几个方面。

（1）明确劳动关系及岗位职责。

（2）明确工作地点、时间及考勤制度。

（3）明确薪资待遇，具体包括工资构成、结算周期、结算方式等。

（4）明确公司社保、补贴等福利待遇。

（5）劳动合同期限、提前解约条件、到期续约条件等。

（6）劳动关系终止后的账号归属。

二、主播以账号投资与他人合作成立公司，散伙后账号归谁所有

本案陈某提出反诉请求要求陈某霞向公司归还4431账号，一审法院认为该诉讼请求涉及合伙事项的清算，需要通过文化公司依法清算后解决，因此驳回陈某的该项诉讼请求。陈某霞对此不服，提出上诉，二审中，双方就4431账号的归属产生争议。

（一）原告与被告的不同主张

原告陈某霞上诉主张，关于案涉抖音账号的权属，一审法院认定该抖音号涉及陈某霞与陈某双方合伙事项清算，属于事实认定错误，《合作合同》明确约定4431账号归陈某霞所有，文化公司仅在合作期内享有使用权。

被告陈某主张，关于案涉抖音账号的权属，属于合同约定部分，案涉抖音账号在合作期间就应当是公司的资产，一审认定抖音账号是案涉公司资产及清算是合法有据的，应当案涉抖音账户一并判决给公司再进行清算处理。

（二）法院观点

二审法院认为，案涉《合作合同》第7条第4款约定"甲方（陈某霞）抖音号4431归属权永久属于甲方，合同期内归属于公司，公司只有使用权（账号使用时间根据甲乙双方合同而定）"，根据以上约定可以看出，双方合作经营的即为抖音账号合同存续期内的使用权。现双方均存在解除合同的合意和行为，案涉《合作合同》已于2021年12月27日被解除，合同合作期已提前届至。因双方不再继续经营合作，案涉抖音号应归还陈某霞所有。

案涉抖音号本身不涉及公司清算的问题，仅合作期间的收入需要清算，

原审判决认定案涉抖音号的归属涉及双方合伙事项的清算，涉及与文化公司有关的财产处置，须双方通过文化公司依法清算后解决，该理由不能成立，故予以纠正。

（三）律师分析及建议

1. 主播与合作公司解除合同后，账号归属应以当事人约定优先、以效益原则为辅，结合账号注册时间、注册目的、使用管理、贡献程度等因素综合确定

网络账号是兼具人身属性与财产属性的虚拟财产，其所有权归属于网络平台，注册人仅享有使用权，主播与合伙公司争夺的就是账号的使用权。实践中，账号归属应当首先遵从双方的合同约定，例如，本案双方在《合作合同》中明确约定"账号归属权永久属于甲方（陈某霞）""公司仅享有使用权"，因此二审法院最终判定4431账号归属陈某霞。

但是，在一些特殊情况下也不能完全依据合同约定确定账号归属，最常见的就是具有极强人身属性的账号，即便双方合同中约定账号归公司所有，也可能被法院判决归属主播个人。

例如，在（2022）鲁0214民初2361号案件中，法院认为："虽然涉案合约约定了此直播账号操作权和归属权永久归原告所有，但由于主播行业的特殊性，主播与账号之间具有极强的人身属性，账号的使用、经营高度依赖于主播，账号产生的经济价值与主播本人劳动、粉丝喜爱程度密不可分，故经纪公司不能仅依合约约定当然取得直播账号的用户身份，并进而享有财产权益。具体到本案，涉案账号由被告实名认证开通，一直以来也由被告本人亲自使用，与被告之间存在较强的依附性和关联性，而原告并未就其对被告进行了培训、宣传，使其快速积累名气、获取粉丝及流量、提高知名度等运营投入情况进行举证，故原告主张涉案账号归其所有并要求被告履行过户的协助义务，既无法律依据，也无事实依据，本院不予支持。"

反之，如果账号并未形成个人标识，账号的经济价值与公司的推广运营维护密不可分，账号权属转移并不会贬损经济价值，则即便账号被主播个人掌握，法院也将会判决账号归属公司。

2. 已经生效的判决书查明的事实及"本院认为"部分的论述有预决力，对后案待证事实有证明力，当事人无须再举证证明。因此，如当事人认为法院判决事实认定或论述部分有误，即便不影响裁判结果，也应当及时提出异议

本案一审法院认为："关于陈某请求陈某霞将4431抖音账号归还文化公司，因该项请求涉及双方合伙事项的清算，涉及与文化公司有关的财产处置，需双方通过文化公司依法清算后解决，应对陈某的该项诉讼请求予以驳回。"该段论述最终结果是驳回被告陈某的第5项反诉诉讼请求，但原告陈某霞却针对该段论述提出上诉，认为一审法院事实认定错误，要求予以纠正。

司法实践中，当事人往往重点关注裁判文书的判项部分，上诉或再审申请也大多针对判项提出，而对于事实认定及"本院认为"的论述说理部分，如不影响裁判结果就不会特别关注。因此，本案陈某霞针对法院驳回对方诉讼请求的论述提出反对意见，就显得有些奇怪。但实际上，陈某霞所提异议在本案所涉纠纷中很有必要。

在本文案例中，案涉4431账号粉丝量超200万，具有一定的财产价值，该账号归属也是双方争议的重要问题之一，虽然一审法院判决驳回陈某要求返还账号的诉讼请求，但论述部分却认定账号的归属涉及双方合伙事项的清算、涉及与文化公司有关的财产处置，实际上是变相认可该账号为合伙财产，这种情况下，如陈某霞不提出异议，判决生效后，双方如再因账号归属问题产生争议，一审判决对陈某霞来说就是巨大的隐患。因此我们也建议诉讼中的各方当事人，如认为法院判决事实认定或论述部分有误，即便不影响裁判结果，也应当及时提出异议，否则可能给后续相关案件的应诉遗留祸根。

3. 所谓"预决力"是指前案判决认定的事实对后案待证事实的证明力，具体表现为：针对同一事实，如已经前案判决认定，则后案主张该事实的一方免于举证

根据《民事诉讼法司法解释》第93条的规定，对于已为人民法院发生法律效力的裁判所确认的事实，当事人无须举证证明。根据该条规定，已经生效的裁判文书中确认的事实具有预决力。所谓"预决力"即前案判决认定

的事实对后案待证事实的证明力，具体表现为：针对同一事实，如已经前案判决认定，则后案主张该事实的一方免于举证。

例如，在（2018）鄂民终223号案件中，湖北省高级人民法院认为："本院认为部分是人民法院在判决书中认定'事实'的基础上，通过叙述当事人主张以及人民法院对已认定事实进行认知基础上的说理并得出相应结论的部分，也是人民法院作出判决的重要依据，当属该判决所确认的事实，故（2015）鄂十堰中民一初字第14号民事判决中认定的该部分事实在顺天通达公司未提出相反证据推翻的情形下，本院予以采信。"

三、合伙合同解除前各合伙人已经停止合作，合伙收益分成的计算截止日期如何确定

本案一审法院认定双方合同实际履行至2021年10月24日，解除于2021年12月27日，双方对上述时间均无争议。但在计算合伙收益时，一审法院认定合伙收益计算至实际履行日，陈某不服，提出上诉，双方对此产生争议。

（一）原告与被告的不同主张

被告陈某上诉主张：（1）双方之间的多次诉讼中均已经认定，双方合作协议解除时间系2021年12月27日，且之前诉讼中将租金以及员工工资的计算均是算到了2021年12月27日，说明双方履行截至2021年12月27日。（2）陈某对陈某霞的投资效益系有滞后性的，不能简单地认为双方产生争议后就没有陈某的功劳了。如果没有陈某的前期投资就不可能有陈某霞的后期收入，这和前后因果是有关联的。陈某霞的后期收入均系建立在前期粉丝的积累之上，而前期粉丝的积累都是陈某提供资金投资运作产生的，无论法院判决陈某霞如何退回陈某投资的物品，但像粉丝量、抖音流量、话题热度这种无形虚拟资产是无法退回的。综上所述，双方对案涉抖音账户的收益分成应当计算到2021年12月27日，原审认定事实错误应予改判，或发回重审。

原告陈某霞主张，陈某于2021年10月24日收回了其提供的相关设备，以明示的行为表示拒绝履行合同，双方合伙的目的已经无法实现，在10月

24 日之后，陈某对案涉抖音号不产生任何作用，合伙合同已经事实上解除，自然不会再因双方合作而产生收益。2021 年 12 月 27 日是陈某霞通过寄送解除合同律师函的方式依法形式上解除合同的日期，该日期并非双方实际履行合同的期限，原审法院认定合同履行期间为 2021 年 9 月至 10 月 24 日系正确的。

（二）法院观点

1. 一审法院认定 2021 年 9 月至 10 月 24 日为计算收入的时间区间，并无不当

经查，案涉《合作合同》已于 2021 年 12 月 27 日解除，对此，双方当事人均无异议。根据另案判决查明事实及当事人陈述等证据，能够认定 2021 年 10 月，陈某、陈某霞因履行案涉《合作合同》已发生纠纷，2021 年 10 月 24 日，陈某将其出资的别克 GL8 车辆、手机、声卡取回，2021 年 10 月 24 日以后双方当事人未再继续履行案涉《合作合同》等事实。故一审判决认定案涉抖音号带货佣金收入和直播打赏收入是否应返还文化公司的时间区间，确认为 2021 年 9 月至 10 月 24 日，符合案涉《合作合同》履行实际情况，有相应的事实依据，并无不当。

2. 陈某在合同解除前就已经停止履行合同义务，之后的运营收入与陈某无关，陈某无权要求分配

陈某上诉称应算至 2021 年 12 月 27 日，即案涉《合作合同》解除之日。虽然案涉《合作合同》解除较晚，但案涉抖音号在案涉《合作合同》解除前已停止履行该合同义务，且陈某无有效证据证明案涉抖音号于 2021 年 10 月 24 日之后的带货佣金收入和直播打赏收入系履行案涉《合作合同》的运营收入，不能证明该收入属于应按案涉《合作合同》归入文化公司收入范围，故该上诉意见不予支持。

（三）律师分析及建议

1. 实践中，若合伙人在合伙合同解除之前已经停止合作的，则合伙收益的计算区间应以合伙合同实际履行日为准

例如在本文案例中，陈某停止履行合伙合同义务与法院认定的合伙合同

解除时间存在两个月的时间差，双方当事人对这两个月中的账号收益是否属于合伙收益产生争议，即合伙协议解除前双方已经停止合作，合伙收益应当计算至合同实际履行之日还是合同解除之日。对此，法院认为陈某取回投入的车辆及设备，说明陈某已经实际退出4431账号的合伙经营，陈某退出后该账号的运营与陈某无关，即便合伙合同尚未解除，相应的运营收入也不能算作合伙收益。

因此，合伙收益的计算不一定以合伙合同存续时间为准，合伙人在合伙合同解除前已经停止合作的，合伙收益的计算区间应为合伙合同实际履行期间。

2. 合伙人应在合伙协议中保留合伙人中途和平退出合伙的路径，合伙人之间产生纠纷确实无法解决的，应当尽早提出退出合伙并进行清算分割，避免纠缠不清引发更多诉讼纠纷

合伙关系不同于公司股东关系，合伙关系有更强的人合性，合伙的成立以合伙人共同出资、共担风险为基础，因此，如果合伙人之间产生纠纷、一方合伙人单方撤资，合伙关系建立的基础丧失，合伙经营就有陷入僵局、导致解除的风险。鉴于此，我们建议投资人若选择以合伙形式进行投资的，须注意以下内容：

（1）在签订合伙协议时"先小人后君子"，在协议中约定违约条款，将提前撤资、单方终止合作等行为明确为违约行为并明确违约责任及违约赔偿金，避免合伙人中途退伙纠纷的产生。

（2）在合伙协议中明确合伙期限、退伙机制及解除条件，保留合伙人中途和平退出合伙的路径，避免因个别合伙人纠纷导致整个合伙事务陷入僵局。

（3）在合伙经营中产生争议应尽量和平协商解决，协商不能解决的可以与其他合伙人商议要求退伙并进行清算，单方面撤资或宣布停止合伙不仅不能起到解除合伙的法律效果，还可能被认定违约要承担违约责任。

（4）合伙经营中出现合伙人根本违约导致合同目的不能实现，或各合伙人关系僵化、丧失信任基础、无法继续履行合伙事务的情况，可以主张行使

法定解除权,直接要求解除合伙合同。

四、合伙因内部矛盾提前终止,
合伙人的投资损失如何认定,谁来承担

本案陈某为履行《合作合同》前期投入房屋装修费、设备采购费、运营费等多项资金,但双方合作关系仅延续两个月就终止,陈某因此提出反诉要求陈某霞赔偿全部损失。一审法院认定双方均存在违约行为,继而认定陈某主张的部分损失数额并判决陈某霞承担40%,陈某不服,提出上诉,双方对此产生争议。

(一)原告与被告的不同主张

被告陈某上诉主张:(1)陈某因承担房屋装修及配套设备(广告牌子、监控消防改造、电子屏设备及办公场所家具)导致各项损失640367元,陈某已经提供004号资产评估报告等证据证实;因投资运营损失(房屋租赁、车辆、记账、人员工资、日常经营费用、某工会费用)及鉴定费1592917.37元。一审对车辆款、工会费用、中介费等都没有认定,只认定了陈某投资的一部分为公司的损失,发生人员工资、车辆费用、工会及某机构的办理费用损失是真实存在的,法院应当认定并酌定赔偿。(2)一审法院确定陈某霞仅承担损失的40%,并不合理。已经发生的一年房租理应全部认定是陈某的损失支出,应当由陈某霞全部承担。

原告陈某霞主张:(1)陈某从合同签订后从未向陈某霞本人提供过对案涉抖音账号的包装和运营支持,陈某霞4431抖音账号的运营主要通过拍摄视频、剪辑、编剧、视频创意等,上述工作均由陈某霞方自行完成,与案涉《合作合同》签订前无异。(2)陈某未按照《合作合同》第2条的约定提供基本的拍摄器材、直播声卡、道具、保时捷718车辆,也未提供任何的运营支持,并且取回已提供的设备(车辆和手机),陈某构成根本违约,陈某所主张的"损失"没有事实及法律依据,不应当予以支持。

（二）法院观点

1. 陈某与陈某霞在履行《合作合同》过程中，均存在不同程度的违约行为

根据双方签订《合作合同》的内容、履行情况，以及双方在一审提供的证据、质证及自认情况，可以认定双方均存在违约情形，致使双方合作目的无法实现，合作合同难以继续履行，陈某霞、陈某均构成违约，双方均存在不同程度的违约行为。

2. 陈某的损失数额

陈某损失数额共计807826.9元，具体如下。

（1）对于陈某主张因承担房屋装修及配套设备（广告牌子、监控消防改造、电子屏设备及办公场所家具）导致各项损失640367元，有驻光大评报字〔2022〕第004号资产评估报告充分证实。该评估报告虽系陈某单方面委托，但评估机构在鉴定评估期间具有评估资质，评估程序并无违法之处，陈某霞虽对该评估报告不予认可，其并未提供该评估机构及评估程序存在违法的证据，结合陈某提供的关于该项损失的证据，对该评估报告的评估结论应予以认可。

（2）陈某主张投资运营损失（房屋租赁、车辆、记账、人员工资、日常经营费用、某工会费用）及鉴定费等损失，经查明，在案涉《合作合同》解除前，陈某支付了以下合作项目费用：记账费用2900元，支付聘用人员工资共计135000元，支付一年期房屋租赁费80000元（每月计6666.6元，双方合同存续期间共计3个月，房租费损失应认定为6666.6 × 3 = 19999.9元），物业费6360元，水、电费3200元，上述各项支出共计为167459.9元。针对陈某所述关于车辆、中介费、某工会等其他前期费用，虽存在一定程度的支出，但该支出不能定性为损失，法院不予认可。

综上所述，一审法院认定陈某各项损失共计807826.9（640367 + 167459.9）元，并无不当。

3. 陈某的上述损失系对合伙事项的投资，在合伙合同解除后即转化为合伙亏损部分，应由合伙人按约定比例分担

陈某实际损失807826.9元系陈某对合伙事项的实际投入的一部分，在合伙合同解除后，该项投资即转化为合伙亏损部分，应由合伙人按约定比例分担。《民法典》第972条规定，"合伙的利润分配和亏损分担，按照合伙合同的约定办理"。本案双方在《合作合同》中约定"分成比例：1.甲方占公司比例40%，乙方占公司比例60%，……双方按股份比例共同承担公司盈亏"，因此，该亏损应由双方按约定的40%、60%的比例分担，陈某霞应支付给陈某323130.8元（807826.9元×40%）。

（三）律师分析及建议

1. 实践中，对于合伙人为履行合伙协议进行的前期投入部分，在合伙合同解除后应转化为合伙亏损，由各合伙人按照约定比例承担

（1）法院基于《合作合同》约定及履行，以及各方合伙人为合伙事务支出的费用，认定合伙损失金额

例如在本文案例中，双方在《合作合同》中明确约定陈某需要承担公司前期装修、运转、拍摄器材、直播声卡、道具等费用，陈某在本案中所主张的损失中的房屋租赁费、装修费、办公家具、公司员工工资等费用与《合作合同》中的约定相符。因此，法院认定该部分支持属于陈某对合伙事项的实际投入。又因本案双方合伙实际履行时间仅持续两个月，尚未取得较大盈利，因此，在合伙解除后，上述合伙支出转化为合伙亏损，法院判决按照《合作合同》中约定的损失承担比例，判决陈某霞承担40%。

（2）对于房屋、车辆等资产的投入，若合伙解除后仍能由合伙人实际控制、收益，一般不列入损失的认定范围

例如在本文案例中，对于陈某主张的部分损失法院未予支持，包括：车辆损失（合作过程中为公司提供别克GL8商务车一辆）、一年的房屋租赁损失（法院仅认定了三个月）、中介费、会费。对于上述损失，法院认为"虽存在一定程度的支出，但该支出不能定性为损失"。司法实践中多数法院均采取此类裁判观点，对于房屋、车辆等资产的投入，若合伙解除后仍能由合伙人实际控制、收益，就不列入损失范围。

例如，在（2022）湘0624民初2247号案件中，法院认为"考虑到合资公司合伙剩余财产即店面装饰装修、设施设备等均为原告投入且现由原告实

际控制，故该部分暂不列入原告的损失范围"。

（3）对于诸如"中介费、某工会会费"等并非履行合伙合同所约定的必需费用，合伙协议又无约定的，则一般也不属于合伙损失的认定范围

例如本文案例中陈某所主张的"中介费、某工会会费"，上述费用并非履行合伙合同所指出的必需费用，《合作合同》中也无明确约定，因此法院也未将上述支出列入损失范围。对此，最高人民法院（2021）最高法民申6330号案件中也有类似裁判观点："晏某主张的出资款融资成本损失属于应自担的市场交易风险，在合伙各方对此并无明确约定的情况下，不应由其他合伙人承担。"

综上所述，合伙人的前期投入能否要求其他合伙人承担，主要看该投入是否属于"为履行合伙协议的必要支出"，如合伙合同中明确约定了该项支出义务，或者合伙合同虽未明确约定，但该项支出系履行合伙协议所必需的，则该投入在散伙后可以要求其他合伙人承担。

2. 实践中，若合伙合同提前解除的，合伙人要求其他合伙人共同承担投入损失，还应当考虑各合伙人对合同提前解除的过错程度

合伙合同提前解除，一方合伙人要求其他合伙人承担其前期投入损失，应以其他合伙人具有过错为前提。本文案例中法院也是在查明双方违约行为的基础上，认定陈某与陈某霞均构成违约，进而判定双方按照《合作合同》约定的比例承担亏损。

如果合伙解除是由某一方合伙人的单独违约行为造成，则该合伙人应承担全部责任。例如在（2023）黔民再85号案件中，贵州省高级人民法院认为："关于损失如何分担的问题。在确定该问题之前，需明确导致合伙协议解除的责任……导致案涉合伙协议不能履行而解除的责任在于申请人，申请人需对案涉合同的解除承担全部责任，除就其投资损失自担之外，理应就二被申请人的损失承担赔偿责任。"

案例七 合伙转型升级为有限公司，未登记为股东的合伙人要分红困难重重

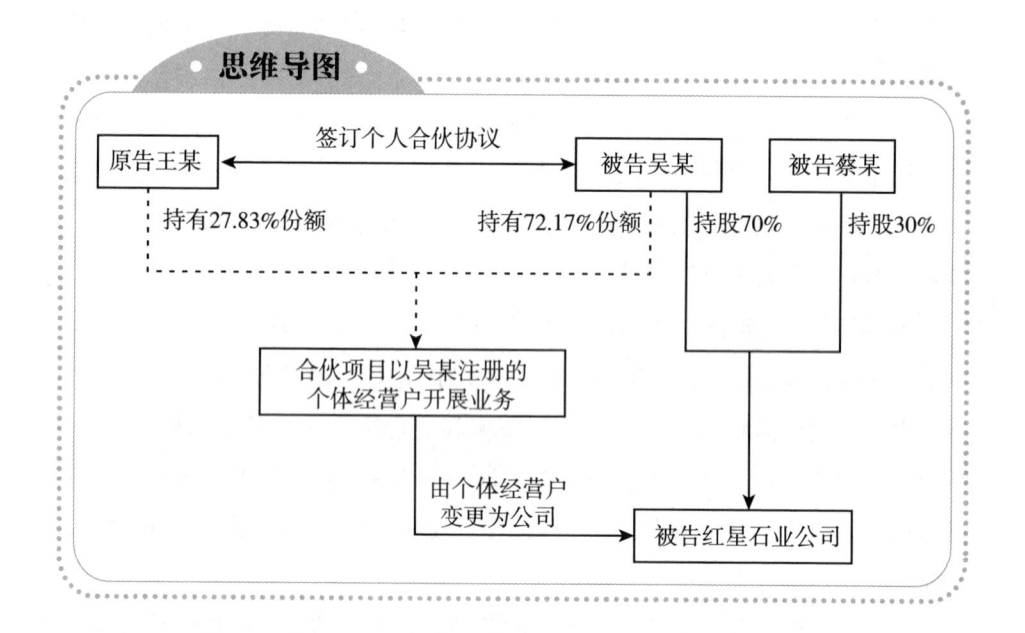

思维导图

```
原告王某 ←——签订个人合伙协议——→ 被告吴某        被告蔡某
   |                                |              |
持有27.83%份额              持有72.17%份额      持股70%    持股30%
                    ↓
           合伙项目以吴某注册的
           个体经营户开展业务
                    |
             由个体经营户
             变更为公司 ——————→ 被告红星石业公司
```

案例来源

（2020）豫民终893号

案情简介

2012年，原告王某与被告吴某签订《个人合伙协议书》一份，主要条款如下：(1) 合伙经营项目和范围：加工生产石材。(2) 合伙期限：自2012年5月1日至2062年5月1日止，共50年。(3) 出资金额、方式、期限：本合伙出资共计1800万元，吴某以现金方式出资1260万元，占70%，王某

· 94 ·

案例七
合伙转型升级为有限公司，未登记为股东的合伙人要分红困难重重

以现金方式出资540万元，占30%。合伙期间各合伙人的出资为共有财产，不得随意请求分割。合伙终止后，各合伙人的出资仍为个人所有，届时予以退还。（4）盈余分配：以各自投资金额为依据，按比例分配。

协议签订后，吴某以个人名义注册个体经营户，从事石材加工销售，合伙经营过程中，王某的实际出资额为5216500元，占比27.83%，吴某的实际出资额为13529564元，占比72.17%。一年后，该个体经营户申请转型升级设立了红星石业公司，注册资金为500万元，股东为吴某（认缴出资350万元，比例70%）和蔡某（认缴出资150万元，比例30%），经营范围：花岗岩石材加工、销售。经查，王某和吴某的投资均用于个体经营户和红星石业公司的经营，红星石业公司另一股东蔡某未实际出资。

2019年，原告王某以吴某、红星石业公司、蔡某为被告提起本案诉讼，请求吴某、红星石业公司、蔡某共同向王某支付2012年至2019年6月30日的合伙利润9830816.79元及利息（利息自合伙利润分别应支付之日起计算至实际付清之日止，按年利率6%计算，暂计5400000元），并退还王某合伙投资款5216500元。

一、合伙转型升级为公司后，合伙人之间的法律关系如何认定

本案一审法院将双方法律关系认定为合伙关系，据此判令被告吴某向原告王某支付利润及利息。而对于王某要求红星石业公司与蔡某共同承担责任的诉讼请求，因红星石业公司与蔡某并非合伙的相对人，一审法院最终未予支持。被告吴某不服一审判决，提出上诉，二审中原告与被告就双方之间存在何种法律关系产生争议。

（一）原告与被告的不同主张

被告吴某上诉主张，首先，自红星石业公司成立后，吴某与王某之间已不再是个人合伙关系，而转变为王某作为红星石业公司的隐名股东，其股份由吴某代持。若王某欲行使股东权利，应先确认其股东身份。一审判决直接穿透代持股权关系，把红星石业公司认定为合伙，把公司其他股东蔡某及公

司的独立性完全否定后进行判决，判决一个合伙人对另一个合伙人分配利润，存在逻辑上的矛盾。其次，合伙与公司的盈余分配均遵循意思自治原则，公司是否分配利润的决定权在股东会，分配利润是公司的商业行为，受公司未来发展机会等条件影响，法院不能代替公司作出商业决定。一审判决通过强制的方式分配利润，严重违背了市场组织体的经营自治权和法律规定。

原告王某二审中主张，一审法院认定本案为合伙协议纠纷，进而适用合伙相关法律规定是正确的。一审法院对合伙利润进行分配是合理合法的，没有违背任何法律强制性规定。现有法律均未对合伙利润的分配做强制性限制，而是充分尊重合伙人之间的自由约定。吴某认为法院不应强制分配利润的逻辑完全错误，没有任何合同及法律依据。

（二）法院观点

1. 原告王某与被告吴某在红星石业公司成立之前是以个体经营户开展合伙事务，此后是以红星石业公司继续合伙事务，王某、吴某之间的合伙关系不发生变化

王某、吴某签订《个人合伙协议书》以后，双方均投入资金实际进行了经营。王某与吴某已经形成个人合伙关系。在二人合伙经营过程中，双方最初是以吴某注册的个体经营户为依托开展经营，后该个体经营户升级转型为红星石业公司。从双方合伙经营情况来看，在红星石业公司设立以前，主要依托吴某设立的个体经营户开展经营。在红星石业公司设立以后，双方合伙经营形态升级为有限责任公司，但是王某与吴某之间合伙关系仍然存续。

2. 原告王某非红星石业公司登记股东，而被告吴某作为红星石业公司的控告股东及实际经营人，王某只能以吴某为被告要求分配利润，且该项要求符合合同约定未违反法律规定

王某根据合伙合同的约定，向吴某主张合伙投资利润，是有合伙合同的依据的，也并不违反《公司法》的相关规定，而且，红星石业公司登记的股东是吴某占比70%，另一名股东蔡某占比30%但未实际出资，王某并未被登记为股东，吴某实际上是该公司的控股股东并实际控制经营公司；王某无法作为红星石业公司股东向该公司直接行使权利。因此，原审考虑到上述情况，依据审计结论，在查明双方投资及公司运营支出的情况下，判决吴某承担支付合伙投资利润的民事责任，符合本案的实际情况，对吴某没有不公正之处，也有利于解决双方目前陷入僵局的合伙关系，并无不当。

（三）律师分析及建议

1. 合伙体升级成公司后，合伙关系并不必然转化为公司中的股东关系

合伙体转型升级为公司的情况较为常见，最常见的是个体工商户作为合伙体，转型升级为有限责任公司，通常各合伙人均会被登记为新设公司的股东。如果仅部分合伙人登记为股东，各合伙人之间也会对新设立公司的股权占比、利润分配等事项进行重新约定。在以上两种情况下，合伙体转型升级为公司后，合伙关系都转化为公司的股东关系，则由《公司法》进行规范调整。

例如在本文案例中，虽然合伙体转型升级为红星石业公司，但作为合伙人之一的原告并未被登记为该公司股东，且被告与原告之间也未对公司股东资格、股权占比、利润分配等事项作出另行约定，被告实际掌握公司控制权，原告对公司无任何权利。因此，法院在考虑各方因素之后，认定原告与被告之间合伙关系依然存续，判令被告个人向原告支付合伙利润。

综上所述，我们提醒读者，作为投资人在合伙关系中如要将合伙体转型为公司，应将全体合伙人登记为公司股东，或经各合伙人一致同意并留下书面协议，明确将合伙关系转化为公司股东关系，否则即便公司成功设立，也不能消灭合伙关系，不能实现以公司形式隔离个人风险的目的。

2. 实践中，个体工商户转型成为公司后，个体经营期间产生的债务仍应由个体工商户经营者承担清偿责任

（1）以有限责任公司进行经营，从经营者角度来讲承担的经营风险会小些

《民法典》第56条规定："个体工商户的债务，个人经营的，以个人财产承担；家庭经营的，以家庭财产承担；无法区分的，以家庭财产承担。"据此，个体工商户属于无限责任；而公司是独立的企业法人，有独立的法人

财产，股东仅在认缴资本范围内承担有限责任。

(2) 但是，将个体户变更为公司并不能逃避个体经营期间产生的债务

个体工商户变更为有限责任公司需经工商登记管理部门的准许，并办理企业名称变更登记，变更过程中，登记的经营者应出具债权债务清偿及承担承诺书，承诺对其在合伙企业存续期间的债权债务承担无限连带责任，也就是说，即便转型为公司，原个体户经营期间产生的债务也仍应由原经营者个人承担。

3. 实践中，对于个体工商户转型成为公司的，公司是否要对个体工商户的债务承担责任，须分情况判断

(1) 个体户属无限责任而公司为有限责任，从经营者角度来讲，设立公司风险更小，由此，就有部分经营者意图通过个体转公司的方式逃避个人债务

例如，在（2020）苏05民终7456号案件中，原告某融资租赁公司起诉被告吴某，要求被告支付其经营齐民医院（个体工商户，起诉时已经注销转型为齐民医院有限责任公司）期间拖欠的租金，被告辩称该债务应由转型后的公司来承担。对此，法院认为，新设立的有限责任公司与个体工商户为不同民事主体，并不存在法律上的承继关系，最终未支持被告的上述主张。然而，有同样情况的是该案吴某和齐民医院所涉纠纷，在（2020）鲁0783民初4884号案件中，原告某科技公司以吴某和转型后的齐民医院有限责任公司为共同被告，要求支付齐民医院签订的设备采购合同项下货款及利息，该案法院作出了相反判决，认为"齐民医院有限公司为个体工商户齐民医院转型升级而来，应与被告吴某承担所负原告之债务"，最终法院认定升级后的公司与个体工商户经营者共同承担责任。

(2) 以上两个案件看似同案不同判，实际上并不矛盾

（2020）苏05民终7456号案件中，原告并未将转型后的公司列为共同被告，也未举证证明案涉合同与公司的实际联系，法院自然不会判决由公司承担责任；而（2020）鲁0783民初4884号案件中，原告以公司为共同被告，且举证提交了与公司法定代表人的通话记录，证明个体工商户注销后案涉合同的实际履行直接由新设公司承接，因此法院最终认定转型后的公司也应当

对个体工商户的债务承担责任。

综上所述，两个案件完全不同的裁判结果很大程度上是由原告的诉讼策略和举证程度导致的，尤其是共同被告的选择，从根本上导致两个案件的不同诉讼策略和结果。对此本书作者在《诉讼执行一体化：以执行视角优化诉讼策略》一书中已经有专章论述，就不再赘述。我们从这两个案件中可以看出，对于转型后的公司是否要对个体工商户的债务承担责任，法院的态度是：若能证明新设公司与原个体工商户之间就涉案合同事项存在承继关系，例如接收涉案资产、继续履行涉案合同等，则公司应与经营者一同对个体工商户的债务承担责任；反之，则仅由个体工商户的经营者承担责任。

二、合伙转型升级为公司后，未参与公司经营也非公司股东的合伙人能否要求返还投资款

本案原告王某认为合伙体已经转型为公司，自己既未被登记为公司股东也未参与公司经营，无法继续参加合伙事务，起诉要求被告吴某、红星石业公司、蔡某退还王某合伙投资款5216500元，双方就此产生争议。

（一）原告与被告的不同主张

原告王某主张，双方签订的《个人合伙协议》有关于退伙的明确约定："合伙期间有下列情形之一的，合伙人可以退伙：……③发生合伙人难以继续参加合伙企业的事由……"现因合伙协议设立的个体经营户已经转型升级成了红星石业有限公司，原告既非公司股东，也不能参与公司经营管理，属于合伙协议约定的"难以继续参加合伙企业的事由"，依照合伙协议可以自愿退伙。

被告吴某主张，个体经营户转型为有限公司后，双方之间合伙关系已转化为公司股权代持关系，原告不能依据合伙协议内容主张退还投资款。

（二）法院观点

法院认为，双方在合伙中未约定投资退还及合伙终止和清算的具体时间，王某也未参与红星石业公司的经营，虽然双方合伙协议约定投资退还的情形

包括合伙人难以继续参加合伙企业的事由，但该公司目前仍由吴某、蔡某在实际经营，该公司并未解散，王某与吴某也未就退伙事宜达成一致意见，目前尚不具备退伙的条件，故王某要求返还合伙出资款的请求，法院不予支持。

（三）律师分析及建议

1. 实践中，合伙转型升级为公司，即便部分合伙人既非股东也不能参与公司经营，也并不必然导致返还投资款

（1）合伙人之间的合伙关系不因合伙形式的变化而改变，合伙转型升级为公司并非当然的退伙事由

在本文案例中，原告与被告最初合伙经营个体工商户，个体工商户转型升级为红星石业公司时，原告未被登记为公司股东，也不能参与公司实际经营，原告以难以继续参加合伙企业经营为由，依据合伙协议的约定要求退伙。但是，法院认为红星石业公司即为原告与被告约定的合伙事务的新形式，原告与被告之间的合伙关系不因合伙形式的变化而改变。诉讼发生时，红星石业公司仍在正常存续，且被告作为合伙人之一仍在实际经营该公司，不符合合伙协议约定的退伙事由，原告与被告也未就退伙达成合意，因此未支持原告退伙、返还出资款的诉讼请求。由此可见，合伙转型升级为公司并非当然的退伙事由。

（2）其他实务案件也有与本文案例类似的裁判观点，合伙项目经营主体由个体工商户转变为公司，双方的合伙关系转化为公司的股东关系，其中一合伙人要求退还投资款需要受《公司法》规定的限制

例如，在（2020）粤1973民初4685号案件中，该案原告与被告合伙经营宠物医院（个体工商户性质），后该医院先后转为个人独资企业和有限责任公司，法定代表人为被告，原告与被告均登记为公司股东。原告起诉主张被告单方终止合伙关系，且在转型升级时，没有对合伙财产进行清算及估价出资，应返还投资款。被告提交双方聊天记录及《股东转让出资协议》，证明原告明知并同意医院由个体工商户转型为有限责任公司，双方约定被告将其持有的该公司20%的股份共20万元出资额以1元的价格转让给原告。

对此，该案审判法院认为，首先，没有相关法律规定个体工商户转型升级为有限责任公司时须履行清算程序。其次，被告提交的双方聊天记录足以证明原告明知并同意医院由个体工商户转型为有限责任公司，且被告与原告签订了《股东转让出资协议》，应视为双方对转型升级后的公司的价值及持股进行确认。因此，原告、被告合伙经营的宠物医院已经转型升级为有限责任公司，双方的合伙关系转化为有限责任公司的股东关系，应由《公司法》进行规范，原告请求退出合伙、返还出资并支付利息，缺乏依据，法院不予支持。

2. 实践中，可以请求返还合伙投资款的常见情形有哪些

《民法典》第969条规定："合伙人的出资、因合伙事务依法取得的收益和其他财产，属于合伙财产。合伙合同终止前，合伙人不得请求分割合伙财产。"据此，合伙投资款一旦用于合伙事务就转化为合伙财产，要求退还投资款等同于要求分割合伙财产，只有在合伙合同终止的前提下才能予以支持。司法实践中，可以请求返还合伙投资款的常见情形有：

（1）合伙协议未实际履行，可以要求退回投资款。

（2）合伙人之间达成退伙协议的，可以要求退回投资款。

（3）合伙人以起诉的方式要求返还出资款，则视为其同时要求终止合伙合同，则应在清算的基础上对剩余财产予以分配。

（4）合伙人起诉要求退伙、返还投资款，实际控制合伙事务的合伙人拒不配合清算，导致无法查明盈亏情况的，则法院将直接判决实际控制人返还对方全部出资款。

三、合伙转型升级为公司，未被登记为公司股东的合伙人能否诉讼请求公司支付合伙利润

本案原告王某以吴某、蔡某、红星石业公司为共同被告，要求三被告共同承担支付利润及返还投资款的责任。一审法院判决吴某个人承担责任。原告王某及被告吴某均不服，提出上诉。双方就承担责任的主体产生争议。

(一) 原告与被告的不同主张

原告王某上诉主张，红星石业公司应当与吴某共同支付王某合伙利润及利息。红星石业公司是王某与吴某合伙组织的运营载体，其资产由吴某、王某投入，红星石业公司对这些资产进行统一支配并实际负责合伙事务的运营，应当是向合伙人支付合伙投资利润的责任主体。

被告吴某上诉主张，一审判决一个合伙人对另一个合伙人分配利润，存在逻辑上的矛盾。自红星石业公司成立后，王某作为红星石业公司的隐名股东，其股份由吴某代持。王某应先确认其股东身份，再要求公司分配利润。

(二) 法院观点

1. 一审法院认为，由于王某与吴某的基础法律关系是合伙，蔡某、红星石业公司均不是其合伙的相对人，故支付利润及利息的主体应为吴某

对于吴某、蔡某、红星石业公司应否共同承担支付利润、利息和返还合伙投资款的责任这一问题，一审法院认为，由于王某与吴某的基础法律关系是合伙，蔡某、红星石业公司均不是其合伙的相对人，故支付利润及利息的主体应为吴某，其请求蔡某、红星石业公司与吴某共同承担支付利润及利息的请求，缺乏法律依据，一审法院不予支持。

2. 二审法院认为，王某并未被登记为股东，其无法作为红星石业公司股东向该公司直接行使权利，王某只能向吴某主张权益

二审法院认为，王某并未被登记为股东，吴某实际上是该公司的控股股东并实际控制经营公司；王某无法作为红星石业公司股东向该公司直接行使权利。原审考虑到上述情况，依据审计结论，在查明双方投资及公司运营支出的情况下，判决吴某承担支付合伙投资利润的民事责任，符合本案的实际情况，对吴某没有不公正之处，也有利于解决双方目前陷入僵局的合伙关系，并无不当。

(三) 律师分析及建议

1. 诉讼请求公司要求分配利润是公司股东的权利，非公司股东又无特殊约定的，不享有利润分配请求权

利润分配请求权与股东身份是不可分割的，工商登记的股东可以直接

请求公司分配利润，而隐名股东属于特殊情况，一般不享有利润分配请求权，但若隐名股东与显名股东和公司之间签订三方协议，明确股权代持关系并约定公司直接向隐名股东分配利润，则隐名股东也可直接要求公司分配利润。

例如在本文案例中，虽然红星石业公司是从原告与被告合伙经营的个体工商户转型而来，原告的合伙投资款也用于红星石业公司的经营，等同于原告向公司出资，但因原告并未被登记为公司股东，且公司与其他股东均未认可原告的股东身份、也未达成向原告分配利润的合意，因此原告诉讼请求要求红星石业公司承担支付利润的责任，法院未予支持。

综上所述，为避免不必要的损失，承担不必要的风险，投资人在合伙转型升级为公司时，均应按合伙份额比例登记为公司股东，将合伙关系转化为公司股东关系，依据《公司法》及相关规定要求公司分配利润；不方便登记为股东的，也应与其他合伙人及公司签订协议，明确股权代持关系，对出资额、分红比例、分配方式等重要内容作出明确约定。

2. 因公司与个人合伙的利润分配条件不同，合伙转型升级为公司后，如仅部分合伙人登记为公司股东并实际控制公司，对登记为公司股东的合伙人也存在一定风险

关于公司利润分配的条件，根据《公司法解释（四）》第15条的规定，股东要求公司分配利润，需要提交载明具体分配方案的股东会或股东大会决议，否则法院将驳回其诉讼请求。而关于个人合伙利润的分配，仅需要按照合伙协议的约定分配或按照出资比例平均分配，可见相较于合伙体，公司利润分配条件更加严苛。

例如在本文案例中，原告与被告合伙经营个体工商户，因该个体工商户登记的经营者为被告吴某，因此在合伙体转型为公司时，吴某顺理成章成为公司股东和实际控制人，但却未将原告王某一并登记为公司股东。表面上看，被告获得了公司控制权、又将原告排挤出公司，似乎是占了便宜，但从本案诉讼结果上看却并非如此。正是因为原告未被登记为股东也不能参与公司经营，法院认定双方合伙关系存续，判定由被告个人向原告承担合伙利润分配的责任。如果原告也被登记为公司股东，则承担利润分配责任的就应当是公司，且原告需要提交公司的具体分配方案，按照《公司法》规定的流程参与分配。两者相比，未被登记为股东反而更容易拿到合伙利润，且义务主体也归为个人。

综上所述，在合伙转型为公司时，投资人一味追求公司控制权而将其他合伙人排挤出新公司之外，并不一定是明智之举。

四、原告诉讼请求金额 2000 余万元并申请财产保全冻结被告 1500 万元财产，最终法院判决仅支持 300 余万元，能否认定超标的错误保全

本案原告起诉时诉讼请求被告支付合伙利润 9830816.79 元、利息（暂计 5400000 元）、退还投资款 5216500 元，以上金额总计 2000 余万元，原告申请财产保全，冻结了被告 1500 万元的财产。一审法院仅判决支持了利润 3091461.91 元及利息，被告认为原告诉讼请求金额与法院最终支持金额存在巨大差距，上诉主张原告存在超标的错误保全行为。双方就原告王某是否应就超标的错误保全承担赔偿责任产生争议。

（一）原告与被告的不同主张

被告吴某主张，从程序上讲，本案争议标的无论如何计算不过百万元，明显不属于中级人民法院一审管辖，同时，一审法院违规查封冻结吴某 1500 万元财产，一审法院存在恶意规避管辖权与超标的错误保全行为。

对此原告王某主张，本案程序合法，不存在规避管辖和错误保全的情形。原告依法申请保全，不存在一审法院错误保全的情形，且本案财产保全费用应由吴某、红星石业公司负担。

（二）法院观点

本案二审法院未将原告是否存在超标的保全的问题列为争议焦点，因此对该问题并未详细论述。在同类型案例中，法院倾向于认为只有在申请人对财产保全错误存在故意或重大过失时，才能认定申请人的保全申请存在错误，例如最高人民法院在（2021）最高法民申 1944 号判决书中明确："司法实践

案例七
合伙转型升级为有限公司，未登记为股东的合伙人要分红困难重重

中，由于当事人的法律知识、对案件事实的举证证明能力以及对法律关系的分析判断能力各不相同，不应当苛责于当事人达到司法裁判所要求的专业水平，对当事人申请保全所应尽到的注意义务不应过于严格……保全申请人的诉讼请求是否得到支持，是判断申请人对财产保全错误存在故意或重大过失的一项重要标准，但不能作为唯一的标准，还要结合案件的具体情况、申请人维护其合法权益的正当性和紧迫性，以及对方当事人是否有过错等因素综合判断。"

本案中，原告王某仅是诉讼请求未能全部获得法院支持，导致法院最终判决支持的数额与被告吴某实际被保全的财产金额之间存在较大差距，原告在提起诉讼时不能预判法院的裁判结果，其依据起诉金额申请财产保全没有故意或重大过失，不能认定为超标的错误保全。

（三）律师分析及建议

1. 实践中，只有在申请人对财产保全错误存在故意或重大过失的情形下，才会认定申请人的保全申请存在错误，申请人应当赔偿被申请人因保全所遭受的损失

（1）财产保全错误侵害他人权益属一般侵权行为，应适用过错责任原则

关于申请财产保全错误，《民事诉讼法》第108条规定："申请有错误的，申请人应当赔偿被申请人因保全所遭受的损失。"申请财产保全错误侵害他人合法权益的行为属于一般侵权行为，应当适用过错责任原则。申请人基于合理认识，为了维护其自身合法权益申请法院保全财产，如已尽到了一般人应尽到的合理、谨慎的注意义务，无故意或重大过失，则不应认定申请人存在过错。

（2）判定申请人申请财产保全是否确有错误，应当坚持主客观相一致的原则

一方面，要审查申请财产保全是否存在错误情形，即审查申请人的诉讼请求及申请保全金额是否具有初步的权利基础和证据支撑，申请人在保全后的权利基础及证据是否发生变化，申请人的诉讼请求是否获得支持等。

另一方面，要审查申请人对申请财产保全错误是否具有主观过错，即申请人是否审慎对待保全行为，申请财产保全时是否尽到合理的注意义务，在

出现足以认定构成保全错误情形时是否及时申请变更或解除财产保全等，并结合查明的案件事实进行综合分析。

（3）原告诉讼请求未全部获法院支持并不属于原告的过失或过错，故不能据此认定超标的保全

例如在本文案例中，所涉的超标的查封的判断，申请人一般是依据起诉时的诉讼请求金额来申请财产保全，然而诉讼请求并不一定全部获得法院支持，由此就出现了被申请人以申请保全的金额与最终法院判决支持的金额之间存在较大差距为由主张超标的错误保全的情形。原告王某诉讼请求金额近2000万元并申请财产保全冻结被告1500万元财产，案件经两级法院审理最终仅支持了300余万元，从案件事实上看，原告申请财产保全的金额确实远远高于判决金额，但如前所述，申请财产保全错误适用过错责任原则，本案原告诉讼请求未全部获法院支持并不属于原告的过失或过错，因此，不能认定为超标的保全。

2. 实践中，常见的可能被认定存在错误保全的情形有哪些

关于保全错误及损害赔偿金额的认定，笔者在《保全与执行实务精要》一书第一部分已有专章论述，在此我们仅简要归纳司法实践中常见的几种可能被认定为错误保全的情形。

（1）超过诉讼请求范围的保全查封

这是最常见的一种超标的保全情形，申请人无正当理由超过诉讼请求申请查封的，属于超标的查封，对于多查封的款项部分，应认定具有过错并承担损害赔偿责任。

（2）明知诉讼请求事项没有事实和法律依据仍诉讼请求较高金额并申请相应金额的财产保全

例如，在安徽省高级人民法院审理的（2022）皖民终207号案件中，申请人作为施工方将没有实际施工的工程款计入诉讼请求金额，并依此申请高额财产保全，最终被认定为错误申请保全。

（3）明知主要证据存在瑕疵依然提起诉讼并申请保全

例如，在西安市中级人民法院审理的（2021）陕01民终375号案件中，申请人仅依据存在瑕疵证据便申请财产保全，进而提起诉讼，法院以证据来

源存在瑕疵、提交证据不足为由驳回诉讼请求，申请人申请财产保全的行为最终被认定在主观上有过错。

（4）在不具备独立诉讼主体资格的情况下起诉并申请财产保全，法院裁定驳回起诉后又未及时申请解除保全

一般来说，单纯不具备诉讼主体资格并不会被认定为具有主观过错，但如果申请人除无诉讼主体资格外，还有未及时解除保全、恶意受让债权、不同意替换查封账户等其他过错行为，法院在综合考量后，一般倾向于认定申请人具有主观过错、属于申请保全错误。

案例八 合伙利润说不明理不清，手机录音成再审翻案关键证据

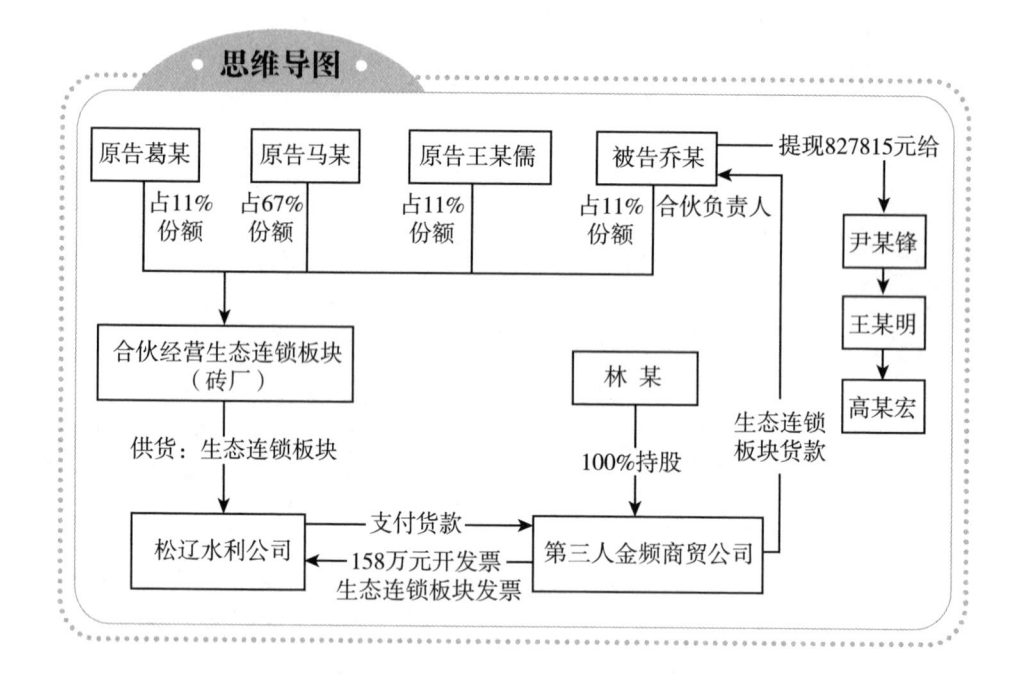

思维导图

```
原告葛某 占11%份额 ┐
原告马某 占67%份额 ├── 合伙经营生态连锁板块（砖厂）
原告王某儒 占11%份额 ┘         │
被告乔某 占11%份额 合伙负责人    │ 供货：生态连锁板块
                                ↓
                        松辽水利公司 ──支付货款→ 第三人金频商贸公司
                                    ←158万元开发票──
                                    生态连锁板块发票

林某 100%持股 → 第三人金频商贸公司
被告乔某 ──生态连锁板块货款→ 
提现827815元给 → 尹某锋 → 王某明 → 高某宏
```

案例来源

（2023）吉民再228号

案情简介

原告葛某、马某、王某儒三人与被告乔某合伙经营生态连锁板块（砖厂），四人于2017年8月签订《合伙人协议》，约定：总投资共200万元，乔某出资9.3万元占11%合伙份额，王某儒出资20.925万元占11%合伙份额，

葛某出资 16.275 万元占 11% 合伙份额，马某出资 153.5 万元占 67% 合伙份额。协议约定：各合伙人将全部出资均汇入乔某账户，由乔某作为合伙负责人，对外开展业务、订立合同、货款收回、对合伙事业进行日常管理；待产品销售完毕，尾款资金全部回笼，股东共同结算完成后合伙协议终止。

第三人金频商贸公司成立于 2017 年 10 月，为一人有限公司，股东及法定代表人均为林某，且林某是乔某的近亲属。四人合伙的砖厂用金频商贸公司账户收货款及对外开具货款发票，松辽水利公司于 2018 年 2 月支付货款 158 万元，金频商贸公司收到款项后，向乔某转款 752185 元，乔某在扣除经营成本后，将该笔款按照合伙协议约定分配给原告葛某等三人，剩余 827815 元乔某提取现金，交给高某宏和王某明指定的雇员尹某锋。

原告葛某等三人认为前述 827815 元应属合伙利润应进行分配，故以乔某为被告、以金频商贸公司为第三人提起诉讼，请求法院判令乔某将合伙项目盈利 827815 元按《合伙人协议》约定的内容进行分配。

一、合伙项目通过其他公司走账，合伙利润如何认定

在本案再审时，被告乔某提交了其与原告葛某以及马某女儿王某玲于本案起诉前就共同起诉松辽水利公司事项咨询律师时的现场录音，拟证明：合伙人葛某和王某玲当时知晓金频商贸公司收到松辽水利公司转款 158 万元，实际收取货款金额是 752185 元，剩余 827815 元返还给对方。

（一）原告与被告的不同主张

原告葛某、马某、王某儒三人主张，金频商贸公司收到的 158 万元中剩余 827815 元被乔某私自挪作他用，未进行分配。该 827815 元为松辽水利公司支付的货款属于合伙项目利润款，乔某应按合伙协议约定向合伙人进行分配。

被告乔某则主张，金频商贸公司收到的 158 万元中的 827815 元不是货款，不属于合伙项目的收入，且该笔款应案外人高某宏的走账需要，已经以现金形式交给高某宏指定的尹某锋，故不属于应分配的合伙利润。

（二）法院观点

1. 一审法院认为，被告乔某未能举证证明827815元非货款，且金频商贸公司开具的158万元发票载明货物名称为生态连锁板块，故认定该笔款项为货款是合伙收入

乔某抗辩827815元并非货款，而是案涉项目承包人高某宏借用金频商贸公司账户，此款已从金频商贸公司提取现金后支付给高某宏，并提供证人证言、《材料购销合同》及存款凭证加以证明。根据《民事诉讼法司法解释》第90条的规定，乔某主张松辽水利公司支付的款项并非全部为货款，应提供付款方即松辽水利公司关于款项性质的相关证明，乔某未能提供，应承担举证不能的法律后果，且金频商贸公司向松辽水利公司出具的发票载明货物名称为生态连锁板块，可以认定金频商贸公司对款项的性质自认为货款，故一审法院对乔某的抗辩理由不予支持。

2. 二审法院也是因被告乔某除证人证言外再无其他证据能够佐证827815元非货款，故支持一审法院将该笔款认定为合伙收入的判定

乔某虽抗辩主张该笔款项系案外人高某宏与松辽水利公司之间的往来款项，但其除证人证言外无其他有效证据予以支持，而从金频商贸公司向松辽水利公司开具的发票中载明货物名称为生态连锁板块，而非乔某主张的其他往来事项。因此，乔某所举证据未达到高度盖然性的证明标准，应承担举证不能的诉讼后果。原审据此认定为合伙收入无不当之处，二审法院予以支持。

3. 被告乔某在再审期间提出关键的录音证据，录音内容能证明其他合伙人对827815元非货款系知情，且录音证据与其他证据能相互佐证。因此，再审法院认为三原告关于827815元系货款属合伙利润的主张没有依据

法院再审审查期间，乔某提交的2019年11月6日乔某、葛某、合伙人马某的女儿王某玲为了起诉松辽水利公司询问律师的现场录音显示：

乔某称："（钱和货单总量）对不上，实际给他提供100万元货，他给打了158万元，其中100万元包括了一个30万元之前给我们打过来的用水泥30万元预付款，刨除30万元，一共打了158万元，实际给了75万元左右，剩下的现金提走了。"

案例八

合伙利润说不明理不清，手机录音成再审翻案关键证据

葛某称："高和松辽报结算，单子上就应该有这个价（单价），因为他每次和公司提款，需要报计划……这个姓高的没有执行能力，外面欠了很多钱，就没有钱。还有一点，就是去年多报出来的一些钱，去年报了158万元，他可能和松辽那边报数量的时候，实际弄了1.8万平方米，他多报，报到了30000平方米。"

王某玲称："但他具体是以我们供的砖还是其他的形式多报，我们不知道。"

葛某和王某玲咨询律师："和姓高的合同结算没有签总平方米数，以实际为准，我们送到那多少确认多少。去年多报了，我们送1.8万平方米，他多报30000平方米，我们给他提现金这部分，对我们这官司有什么影响？""如果说松辽那边牵扯出去年158万元的话，因为我们给他的现金，提走的82万元，既没转账记录也没打收条，那如果现在补一张收条呢？"

以上谈话内容可知，葛某以及马某合伙事务代理人王某玲对于案涉827815元非当时金频商贸公司真实销售款并已由王某明方取走的事实明知，该证据与原审中证人王某明出庭作证时"我的老板高某宏让我给乔某多打款，扣除货款之外的款项是为了给我们员工开支，多打的钱打给我们单位的尹某锋了"的证言，以及2019年11月9日现场录音中王某明应乔某、葛某要求，同第三方电话沟通希望第三方补开"用乔某方账户走账后打入尹某锋账户，用于给工人开工资的80余万元"收据等内容相印证。

综上所述，827815元款项虽然包含在松辽水利公司向金频商贸公司付款的158万元内，金频商贸公司亦出具了158万元增值税专用发票，但该款是否属于合伙利润，需要通过查明金频商贸公司结算货款的相对方以及结算情况才能确定。葛某等三人明知案涉款项827815元已交给案外人，非乔某掌控应分而未分配的合伙利润，且在知晓该款产生原因和去向等事宜后并未对此提出异议，亦未提交证据证明案外人已将该款转给乔某，故其关于该款被乔某私自挪作他用，应作为合伙利润进行分配的诉讼请求，无事实和法律依据，再审法院不予支持。

（三）律师分析及建议

1. 本文案例再审时翻案的关键

本文案例之所以在再审时出现翻案，关键原因是录音证据充分还原了案

件事实，被告在再审时提交了两份录音内容，双方的举证质证要点主要体现以下几点（详见表1）。

表1　双方举证质证要点

被告乔某举证	证明目的	三原告质证内容	法院认定理由
2019年11月6日乔某及葛某、王某玲为了起诉松辽水利公司而询问律师的现场录音一份	合伙人葛某和王某玲当时知晓某公司收到松辽水利公司转款158万元，实际收取货款金额是752185元，剩余827815元返还给对方	1. 录音中的律师是本案葛某等三人的委托诉讼代理人陈某律师，此份证据未经陈某律师本人许可，私下录音，侵害了陈某律师的隐私利益。 2. 在此份录音前各方还谈了一个小时之久，该部分录音未作为证据提交，故存在编辑等情况，属于无效证据	1. 录音证据属于证据种类中的视听资料，不属于证人证言或书证、物证，葛某等三人以该证据违反证人出庭作证的相关规定以及书证、物证的相关规定不能作为定案依据的质证意见，于法无据。 2. 葛某及葛某等三人的代理人陈某律师，确认录音中的"葛某""律师"系其本人，仅质疑录音证据缺少前期一个多小时的交谈内容以及存在私自录音问题，但该录音前期部分内容的缺失不影响现有录音内容的真实性，该录音内容亦未侵犯他人隐私，故对该份证据真实性和合法性法院予以确认
2019年11月9日为了起诉松辽水利公司，乔某和葛某与王某明交谈的现场录音一份	158万元中827815元返还给了王某明指定的尹某锋，并不是金频商贸公司的货款，且葛某知晓该事实	1. 同前一份录音证据，该两份录音证据属《民事证据规定》第68条第3款[1]、《民事诉讼法》第73条[2]、《民事诉讼法司法解释》第106条[3]，以侵害他人合法权益或违反法律禁止性规定的方法取得证据，不能作为认定案件事实的依据。 2. 录音证人无正当理由未出庭的证言不能作为认定案件事实的依据	

〔1〕《民事证据规定》第68条第3款规定："无正当理由未出庭的证人以书面等方式提供的证言，不得作为认定案件事实的根据。"

〔2〕《民事诉讼法》第73条规定："书证应当提交原件。物证应当提交原物。提交原件或者原物确有困难的，可以提交复制品、照片、副本、节录本。"

〔3〕《民事诉讼法司法解释》第106条规定："对以严重侵害他人合法权益、违反法律禁止性规定或者严重违背公序良俗的方法形成或者获取的证据，不得作为认定案件事实的根据。"

2. 实践中，谈话时偷录的录音，能否在法庭中作为有效证据使用

要使录音能够作为有效证据出现在法庭审判当中，则录音的取得方式方法必须符合法律规定，且录音资料本身需要没有瑕疵且完整，具体要求如下：

（1）录音取得过程必须是在合理的场所进行，不可采取窃听的方式，窥探他人隐私，侵犯他人隐私权，否则取得的录音资料会因为手段违法而被排除。其中合理的场所及不得采取窃听的方式，一般可理解为录音时避免在住宅、私家车内、酒店房间等隐私度高的地方，更不能在上述地点提前安装窃听器材等违法手段进行录音，否则不仅证据不能使用，且相关人员还有可能构成犯罪。

（2）录音设备应合法、合理，如手机或者录音笔等录音设备可使用，不可使用窃听器或针孔摄像头等窃听器材。

（3）对方的言论必须是当时真实意思的表达，没有受到任何的胁迫与威胁。

（4）录音时要注意确认对方的身份信息，主动询问或让对方自己说出来，并确认录音地点及日期。

（5）录音资料的内容需要具备真实性、连贯性，不可进行剪辑，需要以原始状态呈现。谈话内容的音质需要清晰，且对于待证实案件部分有准确、完整的描述。

（6）录音的原始载体须保存好，如录音用的手机、录音笔等，开庭时需提交对方及法官查验。

3. 实践中，为何在有证人证言而无其他证据时不能认定案件事实

在司法实践中，证人证言通常不能单独作为定案的依据。因证据必须经过查证属实，才能作为认定事实的根据。这意味着证人证言作为一种证据形式，需要与其他证据相结合，经过法庭的审查和核实，才能作为判决的依据。如本文案例中，在被告乔某仅以证人证言证明案涉款项非货款时，法院很难仅依据证人证言而否定金频商贸公司的收款行为和发票载明货款的已证事实。

根据《民事诉讼法司法解释》第90条的规定，当事人对自己提出的诉讼请求所依据的事实或者反驳对方诉讼请求所依据的事实，应当提供证据加以证明。若在作出判决前，当事人仍未能提供证据或者证据不足以证明其事

实主张的，由负有举证证明责任的当事人承担不利的后果。一审、二审法院均依据该法律规定，认为被告乔某对其主张案涉款项非货款的证明，未达到高度盖然性的证明标准，故认定由被告乔某承担举证不能的诉讼后果，判决乔某败诉。

二、执行事务合伙人擅自处分行为，如何认定其他合伙人是否已追认

2018年3月15日《材料购销合同》载明，"订货单位松辽水利公司（甲方）"与"供货单位某公司（乙方）"就"×××某标段：某泡群补水工程"生态板块供货事宜，签订《生态板块采购合同》。合同落款处有"甲方委托代表（材料员）"王某明、"乙方委托代表"乔某签字，无公司印章。

被告乔某在金频商贸公司收到158万元货款后将其中的827815元提现后，按照承包方高某宏及其雇员王某明的指示，已交给高某宏的另一雇员尹某锋。

（一）原告与被告的不同主张

原告葛某、马某、王某儒三人主张，乔某将158万元中的827815元提取现金，存入高某宏指定的雇员尹某锋账户，未征得葛某等三人的同意及认可，葛某等三人在得知款项被转出后，要求将款项追回。

被告乔某则主张，该笔款项系案外人高某宏与松辽水利公司之间的往来款项，只是借金频商贸公司账户进行走账，不属于合伙项目的货款。

（二）法院观点

1. 三原告认为能证明其未同意被告擅自转出案涉款项的录音对话内容，经查证，均不能体现三原告有不同意将案涉款项转出、要求将款项追回的意思表示。

葛某等三人主张乔某对案涉款项的处置行为，未征得其他合伙人同意及认可，葛某等三人在得知款项被转出后亦要求将款项追回，并明确乔某所提交的证据三"2019年11月6日录音资料"文字版本"第8页下方王某玲陈

述、第 9 页第三自然段、第 12 页倒数第三段律师陈述"相关内容可予佐证。经查,该录音资料文字版本"第 8 页下方王某玲陈述"记载:"王某玲:对,我们还想问下,如果说松辽那边牵扯出去年 158 万元的话,因为我们给他的现金,提走的 82 万元,既没转账记录也没打收条,那如果现在补一张收条呢?怎么补呢?""第 9 页第三自然段"记载:"王某玲:那我们还想问啥呢,如果说最坏的打算,把之前的 158 万元牵扯出来,转走 82 万元也牵扯出来的话,最坏的情况是什么样的?""第 12 页倒数第三段律师陈述"记载:"律师:也有可能,不排除所有可能,总之不过人家怎么做。多打的 80 多万元,多打的依据是什么?"上述三段对话,均未体现出葛某等三人有不同意将该款转出、要求将款项追回的意思表示。

2. 即便在被告乔某转出案涉款项时其他合伙人未知情,但事后各合伙人知情后未提出异议,应视为其他合伙人对转款行为的追认

在再审审理过程中,葛某等三人提交的 2019 年 3 月 24 日葛某、王某玲、乔某与案外人"赵哥"的谈话录音资料显示,各方均知晓金频商贸公司给松辽水利公司补开的 158 万元发票中 80 余万元款项的发票税款已由金频商贸公司垫付,并对该税款应由高某宏方承担达成共识,即该证据进一步证明合伙人对案涉款项 80 余万元已转给高某宏方的事实明知。故即使乔某作为合伙事务执行人,在转款时未告知其他各方,各方在此时亦已知晓,未对该转款行为提出异议,而是研究后续事项的处理,应视为其他合伙人对该行为的追认。

综上所述,葛某等三人现以该款系乔某未经全体合伙人知情同意自行出借为由,要求乔某承担该款还款责任的主张不能成立。

(三) 律师分析及建议

1. 实践中,如何判断执行事务合伙人的权责范围

(1) 在合同型合伙关系中,根据《民法典》第 970 条的规定,原则上合伙事务由全体合伙人共同执行,但也可以将合伙事务委托一个或几个合伙人执行,其他合伙人不再执行合伙事务,但是有权监督执行情况

实践中,为便于管理和提高管理效率,合伙项目全体合伙人通常会委托

某一个合伙人为执行事务合伙人,对合伙事务进行日常运营和管理。如本文案例中的四人达成合伙协议后,委托被告乔某为合伙事务的负责人,由乔某对外开展业务、订立合同、货款收回、对合伙事业进行日常管理。

(2) 在企业型合伙关系中,《合伙企业法》对执行事务合伙人权责问题进行了明确规定

执行事务合伙人对于合伙事务的执行管理权力源于其他合伙人的委托,且不执行合伙事务的合伙人有权监督执行事务合伙人执行合伙事务的情况。同时,执行事务合伙人应当定期向其他合伙人报告事务执行情况以及合伙企业的经营和财务状况,其执行合伙事务所产生的收益归合伙企业,所产生的费用和亏损由合伙企业承担。

2. 实践中,执行事务合伙人以自己的名义对外签订合同的效力,是否归属于合伙企业

执行事务合伙人以自己的名义对外签订合同,原则上应认定为个人行为,但合同相对方能够举证证明为职务行为、代表合伙企业的除外。合伙企业属法律意义上的非法人组织,执行事务合伙人是非法人组织的代表人,其以非法人组织的名义所从事的民事法律行为的后果由非法人组织承担,但其以自己名义从事的民事行为,则需要具体判断和具体分析。

在判断代表人行为是否应当归属于合伙企业时,审判实践中往往会借助职务行为和个人行为的区分来判断责任的承担主体,故需要从实质上判断该代表行为是否为职务行为,即需要合同相对方举证证明该代表行为是为合伙企业利益,是职务行为。

3. 实践中,若执行事务合伙人以自己的名义对外签订合同给合伙企业或者其他合伙人造成损失的,应承担何种责任

根据《合伙企业法》第96条的规定,合伙人执行合伙事务给合伙企业或者其他合伙人造成损失的,依法承担赔偿责任。同时,根据《合伙企业法》第97条的规定,执行事务合伙人的越权行为给合伙企业或其他合伙人造成损失的,要承担赔偿责任。

因此,合伙人应事前在《合伙协议》中对于赔偿情形、赔偿范围、损失计算方式等内容进行明确约定,若此后产生纠纷,至少对于责任承担及赔偿

金额的确认将会可预测，使权责更清晰明确，避免产生更多不确定的纠纷。

三、合伙人之间说"钱要不回来我承担"，若要不回时责任该如何承担

在再审期间葛某等三人提交的新证据"2019年3月24日录音"中，乔某对于案涉款项，有"那80和那50我到任何时候我承认，如果说这钱要不回来我承担""就说这钱我要不回来，我这钱我得拿出来给大家"的相关陈述。双方就要不回来的款项的责任承担问题产生争议。

（一）原告与被告的不同主张

原告葛某、马某、王某儒三人主张，乔某向其他合伙人承诺其提现给高某宏的827815元，以及出借给高某宏雇员王某明的50万元，如果这两笔钱要不回来，则由被告乔某负责向其他合伙人支付。

被告乔某则主张，原告提供的录音对话内容不对，乔某当时只承认借给王某明的50万元要不回来乔某承担，且王某明已归还50万元并交到合伙账上。对于82万元，乔某只应承担将高某宏在金频商贸公司走账事项告知其他合伙人的责任。

（二）法院观点

1. "钱要不回来我承担"是各合伙人之间就追索款项事项达成的新约定

结合三原告提交的录音证据前后完整对话内容，可以认定乔某"如果说这钱要不回来我承担"的陈述系其承诺案涉款项若追索不能，则其承担给付责任的意思表示，各方亦予以认可，故合伙人对此已达成约定。

2. 合伙人承诺"钱要不回来我承担"是对债务的一般保证，须按照一般保证责任的债务清偿顺序：先由债务人清偿，在债务人不能清偿时，由一般保证人清偿债务人未清偿部分

因乔某非案涉款项的债务人，其向其他合伙人承诺"要不回来我承担"，

系对该项债务作出的一般保证，即在债务人不能清偿到期债务时，由乔某承担清偿责任，且虽然乔某承诺由其负责追索该款项，但案涉供销合同系乔某代表金频商贸公司签订，金频商贸公司亦有权追索该款项。在各方尚未向债务人主张权利且尚未确定债务人的财产不足以完全清偿该债务的情况下，保证人不负有代为履行的义务。

综上所述，葛某等人所提交的上述录音资料亦不足以证明应由乔某承担向其他合伙人支付该笔82万余元的直接责任，不应由被告乔某承担该款分配责任。

（三）律师分析及建议

1. "钱要不回来我承担"在各方均未提出异议时，表明各方达成新的约定，各方应遵守并受该新约定的约束

在本文案例中，在各合伙人争议已经对外出借的款项时，被告乔某表示"钱要不回来我承担"，其他合伙人在听到乔某的承诺后，并未提出其他异议，表明乔某与其他合伙人之间已经达成一种约定，即钱借出去了，乔某负责，若该笔钱要不回来，则由乔某代替债务人向其他合伙人偿还该笔借款。这可以视为各合伙人就借款、还款事项达成的口头约定，可视为口头合同，各方均应遵守并受该新合同约定的约束，如果借款人不能偿还债务，则被告乔某应代替债务人进行还款，乔某属于债权债务关系中的一般保证责任人。

2. 实践中，一般保证人应如何承担责任

根据《民法典》第687条的规定，若在保证合同中约定，债务人不能履行债务时，由保证人承担保证责任的，则该种保证为一般保证责任。一般保证的保证人在债权债务合同纠纷未经审判或者仲裁，并就债务人财产依法强制执行仍不能履行债务前，有权拒绝向债权人承担保证责任。

但前述情况也有例外，若出现以下情形之一的，则保证人不能以清偿顺序抗辩免责，具体包括：

（1）债务人下落不明，且无财产可供执行。

（2）人民法院已经受理债务人破产案件。

（3）债权人有证据证明债务人的财产不足以履行全部债务或者丧失履行

债务能力。

(4) 保证人书面表示放弃本款规定的权利。

3. 一般保证责任与连带保证责任相比，两者之间的不同有哪些

根据《民法典》第 688 条的规定，若在保证合同中约定保证人和债务人对债务承担连带责任的，则为连带责任保证。连带责任保证的债务人不履行到期债务或者发生当事人约定的情形时，债权人可以请求债务人履行债务，也可以请求保证人在其保证范围内承担保证责任。

一般保证责任与连带保证责任的本质区别，主要有以下内容。

(1) 有无先诉抗辩权不同，这是两种保证责任形式最根本的区别，也是理解一般保证与连带责任保证的关键

在连带责任保证中，保证人不享有先诉抗辩权，保证人与债务人之间负共同连带责任。因此，在合同履行期限届满，债务人没有清偿主债务或者发生当事人约定的情形时，债权人既可以要求债务人承担责任，也可以要求保证人承担责任。但在一般保证中，保证人享有先诉抗辩权，其在债权人就债务人的财产依法强制执行仍不能履行债务前，有权拒绝承担保证责任。

(2) 设立的方式不同，在未明确约定一般保证还是连带保证时，应按照一般保证责任进行认定

根据《民法典》第 688 条和第 686 条第 2 款的规定，如果当事人要设立连带责任保证，只能通过书面方式明确约定。在当事人没有约定保证方式或者对保证方式约定不明的情形下，不能成立连带责任保证，只能认定为一般保证。

(3) 当事人的法律地位不同，连带责任人与债务人清偿顺位一致，而一般保证人清偿顺位劣后于债务人的清偿顺位

按照债务人承担责任先后次序的不同，民事责任可以分为第一位的责任和第二位的责任。第一位的责任又称首要责任、本位责任，是指先于他人承担的责任。第二位的责任，又称次要责任，是指在向第一位的责任人行使权利无果后才可以主张的责任。连带责任保证人的地位更类似于债务人，因为债权人在主合同债权到期或者发生当事人约定的情形时，可以直接向连带责任保证人主张债务的履行或者要求其承担责任，而无须先向债务人主张。而

在一般保证中，保证人承担的是第二位的责任。只有当已就债务人的财产为强制执行但仍不能满足债权人的债权时，债权人才能请求一般保证人承担保证责任。

四、出现真假合伙人争议时，应如何判断合伙人身份

被告提交的录音证据中，主体是葛某、乔某、王某玲以及三原告的共同代理律师陈某。在再审申请时，乔某提出项目的实际合伙人是葛某、王某玲和赵某雷，而非《合伙人协议》载明的葛某、马某、王某儒三人。双方就王某玲是否为真实合伙人、《合伙人协议》是否有效产生争议。

（一）原告与被告的不同主张

原告葛某、马某、王某儒三人主张，案涉合伙项目的合伙人为被告乔某与三原告，王某玲是马某的女儿，因马某身体不好，故由王某玲代理马某参与各项合伙事务。

被告乔某则主张，三原告非真实的合伙人，实际合伙人与《合伙人协议》载明合伙人不一致，《合伙人协议》应属无效。

（二）法院观点

1. 被告乔某《再审申请书》的表述内容已自行否定了乔某的主张

各方签字确认的《合伙人协议》载明，合伙生产、制作生态连锁板块（砖厂）的合伙人分别为乔某、葛某、马某、王某儒，原审中各方对上述合伙人身份均无异议。再审时乔某主张实际合伙人系王某玲、赵某雷而非马某、王某儒，三原告葛某等三人均不认可，且均确认因马某身体状况不佳，由马某女儿王某玲代理马某参与各项合伙事务，乔某在其《再审申请书》中亦称"马某的女儿王某玲（代理人）"，故王某玲参与各项合伙事务，系行使代理权。

2. 录音证据中也未体现出王某玲为实际合伙人，且不具备法定条件追加王某玲参加诉讼

乔某提交的录音证据中，并未有"王某玲是实际合伙人"的相关表述，故乔某关于实际合伙人与《合伙人协议》载明合伙人不一致，《合伙人协议》

无效的再审申请事由不能成立。又因王某玲、赵某雷非本案利害关系人，乔某关于应追加王某玲、赵某雷参加本案诉讼的主张亦无法律依据，再审法院不予支持。

（三）律师分析及建议

1. 实践中，若出现合伙人的近亲属代理合伙人参与合伙事务，且其他人认可又未提出异议的，则可以认定该近亲属与合伙人之间的代理关系成立

根据《民法典》第161条第1款、第162条的规定，民事主体可以通过代理人实施民事法律行为，代理人在代理权限内，以被代理人名义实施的民事法律行为，对被代理人发生效力。例如在本文案例中，王某玲系合伙人马某的女儿，且其他合伙人均知悉马某身体状况不佳，故一直由王某玲代理马某参与合伙事务。因此，在各合伙人实际实施合伙事务过程中，各方均认可王某玲为马某代理人的事实。

2. 实践中，如何认定相关无身份人员符合表见代理的构成条件

（1）行为人无代理权：这是表见代理的首要条件，即行为人在实施代理行为时实际上并没有代理权。

（2）存在有代理权的外观：行为人的行为表现出具有代理权的外观，例如持有被代理人的证明文件（如介绍信、合同专用章等），或者与被代理人有关联的身份或职务（如近亲属、总经理等）。

（3）相对人为善意且无过失：相对人在相信行为人有代理权时，必须是善意且无过失的。这意味着相对人不知道行为人在行为时没有代理权，并且没有因疏忽而未能识别出代理权外观的虚假性。

（4）代理行为不应违反而应符合民事行为的有效性：行为人与相对人之间的民事行为应具备民事行为的有效要件，即不得违反法律或损害社会公共利益。

（5）被代理人的可归责性：虽然表见代理的核心在于保护善意相对人的信赖利益，但在某些情况下，法院也可能考虑被代理人的可归责性，特别是在被代理人未能妥善管理其业务或未能防止代理人滥用代理权的情况下，更

容易认定相关人员的行为构成表见代理，被代理人应承担相应责任。

3. 本文案例中的录音证据并未提及王某儒是否知道案涉款项不是货款，该遗漏内容是否会影响案件结果的认定

本文案例中所涉录音证据并未体现出王某儒对于案涉款项不是货款是知情，也没有体现出王某儒对乔某转出案涉款项的追认过程，但因三原告共同委托了同一律师，且该律师在录音中能够体现出其已知情案涉款项非货款，案例中的法院未细致论证王某儒知情的过程。但基于王某儒与律师之间也是委托代理关系，根据录音内容葛某、冯某的代理人王某玲、王某儒的代理人律师陈某对案涉款项非货款系明知，故而认定各合伙人均对案涉款项非货款系知情。

五、合伙合同纠纷案件的诉讼时效应从何时起算

《合伙人协议》约定，"合伙经营项目和范围为生产制作生态连锁板块（砖厂），合伙期限为2017年8月20日至项目结束"，"产品销售完毕，尾款资金全部回笼，股东共同结算完成后本协议终止"。

（一）原告与被告的不同主张

原告葛某、马某、王某儒三人主张，被告乔某作为合伙项目的负责人，私自挪用合伙项目资金，在实际掌控金频商贸公司的情况下，怠于履行合伙协议赋予其的职责，其行为已损害到葛某等三人的合法权利，故提起诉讼请求判令被告分配项目盈余。

被告乔某则主张，根据《合伙人协议》，该合伙自2017年8月20日开始，自项目结束即砖厂制作连锁生态板砖的业务终止，乔某向金频公司的原厂长核实，砖厂于2018年5月中旬，就是在完成松花江第二抢险标段工程过程中，因未收到货款，砖厂已倒闭，而葛某等三人于2021年9月16日起诉，已超出诉讼时效，应驳回起诉。

（二）法院观点

关于葛某等三人的请求权是否超过诉讼时效的问题，《民事诉讼时效规

定》第 4 条规定："未约定履行期限的合同，依照民法典第五百一十条、第五百一十一条的规定，可以确定履行期限的，诉讼时效期间从履行期限届满之日起计算；不能确定履行期限的，诉讼时效期间从债权人要求债务人履行义务的宽限期届满之日起计算，但债务人在债权人第一次向其主张权利之时明确表示不履行义务的，诉讼时效期间从债务人明确表示不履行义务之日起计算。"

本案中，葛某等三人未与乔某约定金频商贸公司产生收入后向合伙人返还投资本金的期限，故诉讼时效从葛某等三人向乔某主张权利开始计算，葛某等三人的请求权未超过诉讼时效。

（三）律师分析及建议

1. 关于诉讼时效的起诉时间及期限的规定有哪些

（1）普通诉讼时效期限为三年

根据《民法典》第 188 条第 1 款的规定，诉讼时效期间自权利人知道或者应当知道权利受到损害以及义务人之日起计算，通常为三年。如果法律另有规定，则依照其规定。

（2）特殊诉讼时效期限

例如，人寿保险的被保险人或受益人请求给付保险金的诉讼时效为五年。国际货物买卖合同争议和技术进出口合同争议的诉讼时效为四年。

（3）最长诉讼时效期限为二十年

根据《民法典》第 188 条第 2 款的规定，自权利受到损害之日起超过二十年的，人民法院不予保护。如果有特殊情况，人民法院可以根据权利人的申请决定延长。

（4）分期履行的债务，起算时间自最后一期履行期限届满时起计算

根据《民法典》第 189 条的规定，如果当事人约定同一债务分期履行，诉讼时效期间自最后一期履行期限届满之日起计算。

（5）无民事行为能力人的请求权，起算期限自法定代理终止之日起计算

根据《民法典》第 190 条的规定，无民事行为能力人或者限制民事行为能力人对其法定代理人的请求权的诉讼时效期间，自法定代理终止之日起

计算。

（6）未成年人遭受性侵害的损害赔偿请求权，自成年时起起诉

根据《民法典》第191条的规定，诉讼时效期间自受害人年满十八周岁之日起计算。

2. 实践中，若原告起诉超过诉讼时效，将会有何种结果

根据《民法典》第192条的规定，诉讼时效期间届满的，义务人可以提出不履行义务的抗辩。诉讼时效期间届满后，义务人同意履行的，不得以诉讼时效期间届满为由抗辩；义务人已经自愿履行的，不得请求返还。

因此，如果诉讼时效已经过了，债务可以因为诉讼时效已过而主张不履行债务，法院对此也会支持。但若债务人同意履行或已经履行偿还债务的，则债务人不能再反过来以诉讼时效已过而要求债权人返还。

3. 诉讼时效期间最后六个月内导致不能行使请求权、诉讼时效中止的障碍情形

根据《民法典》第194条的规定，在诉讼时效期间的最后六个月内，因障碍不能行使请求权的，诉讼时效中止，且自中止时效的原因消除之日起满六个月，诉讼时效期间届满。具体障碍情形包括以下几点。

（1）不可抗力。

（2）无民事行为能力人或者限制民事行为能力人没有法定代理人，或者法定代理人死亡、丧失民事行为能力、丧失代理权。

（3）继承开始后未确定继承人或者遗产管理人。

（4）权利人被义务人或者其他人控制。

（5）其他导致权利人不能行使请求权的障碍。

4. 诉讼时效的中断情形

根据《民法典》第195条的规定，诉讼时效存在中断情形，且从中断、有关程序终结时起，诉讼时效期间重新计算，具体中断情形包括以下几点。

（1）权利人向义务人提出履行请求。

（2）义务人同意履行义务。

（3）权利人提起诉讼或者申请仲裁。

（4）与提起诉讼或者申请仲裁具有同等效力的其他情形。

案例九　为合伙项目成立公司，1000万元投资款如何分红

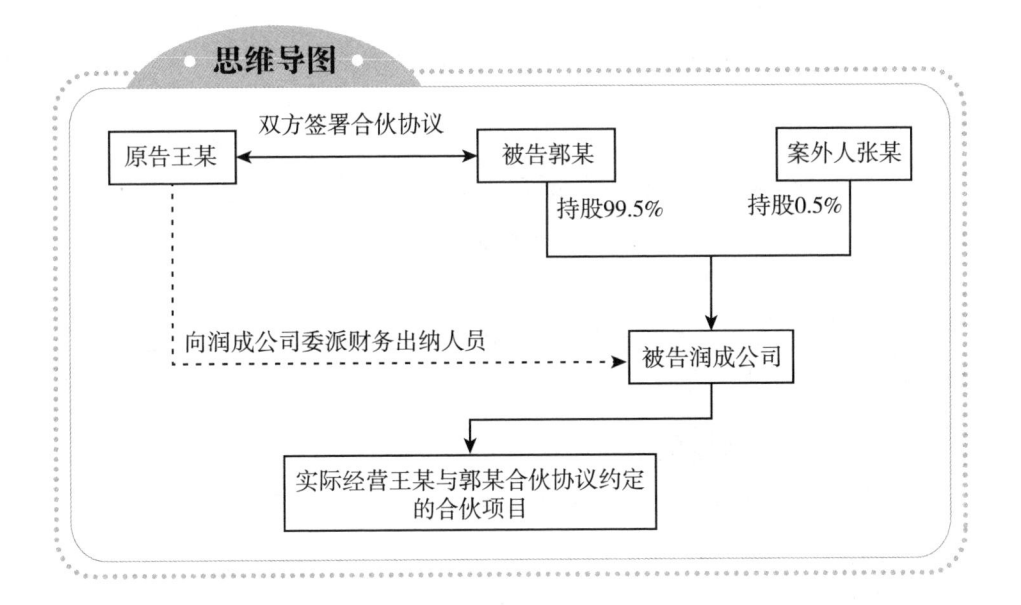

思维导图

```
原告王某 ──双方签署合伙协议── 被告郭某        案外人张某
                                持股99.5%      持股0.5%
                                        ↓
   ┈┈向润成公司委派财务出纳人员┈┈→ 被告润成公司
                                        ↓
                            实际经营王某与郭某合伙协议约定
                                   的合伙项目
```

案例来源

（2021）最高法民申4792号、（2021）豫民终280号、（2021）豫执复727号

案情简介

原告王某与被告郭某先后签订两份《投资分成协议书》，分别约定开发锦绣花园和山水甲秀两个房地产项目，双方约定按照各50%的比例出资和享有收益。关于投资分成方式及时间，协议约定"投资分成在项目运作过程中

· 125 ·

分期支付"。协议签订后，郭某与案外人成某成立润成公司作为项目公司，公司注册资本1000万元，由郭某（持股比例99.5%）担任法定代表人，郭某与王某双方各自委派公司会计和出纳，共同管理公司财务。王某按协议约定实际支付投资款共计1000万元。

双方合作至第十二年，锦绣花园项目以及山水甲秀项目一期、二期均已经竣工并对外销售，第三期仍在建设中，王某发现郭某私自向外转款，数额高达数千万元，且润成公司也一直未支付投资分成款。因此，原告王某以郭某、润成公司、桑某（郭某之妻）为被告，向法院提起本案诉讼，要求三被告支付投资分成款100884450元、违约金1000万元。

一、合伙投资房产项目未全部竣工已部分销售，合伙人能否要求分配利润

本案中，双方对原告王某请求分成利润（投资分成款）的条件是否成就产生争议。

（一）原告与被告的不同主张

原告王某主张，要求对投资的房产项目进行分配利润，在庭审中明确分配范围既包括锦绣花园一期，山水甲秀一期、二期销售的利润，也包括项目未销售房屋及尚未竣工的山水甲秀三期的销售利润、未销售的房屋。为此王某申请鉴定，法院委托司法鉴定结论为：润成公司锦绣花园及山水甲秀一期、二期项目总结余为25069680.97元。

被告郭某、润成公司则主张，锦绣花园与山水甲秀项目应作为一个整体被认定为本案的合伙事务，山水甲秀三期尚未竣工，案涉项目正处于建设过程中，双方的合伙合同正在履行中、并未终止，王某依法不得请求分割合伙财产。此外，司法鉴定结论中的账面结余金额与本案诉争的可分配利润不是同一概念，后者应当扣减资产减值损失、税金等项目，还应依据《投资分成协议书》第6条的约定首先归还各方拆借资金，同时公司盈余分配应按照《公司法》第166条的规定提取法定公积金、弥补亏损等，因此鉴定中得出

的结余金额与本案诉争的可分配利润是两个完全不同的概念。

（二）法院观点

本案经郑州市中级人民法院一审、河南省高级人民法院二审、最高人民法院再审，三级法院均认为本案《投资分成协议》约定"投资分成分期支付"的分成条件成就，王某可要求对于已经建成且销售完毕的部分请求分成。但对于尚未销售及尚未竣工的工程部分，因不具备分成条件，需要双方待条件具备时另行处理，因此对原告王某的诉讼请求部分支持。具体如下：

1. 对于已经竣工并销售完毕的房产，原告可以要求分配利润

郭某与王某签订的两份《投资分成协议书》均约定"根据房子销售情况的进度，投资分成在该项目运作过程中应分期支付"。本案争议的项目锦绣花园和山水甲秀一期、二期已经竣工并对外进行销售。根据合同"投资分成分期支付"的约定，王某请求阶段性利润分成，符合合同约定。且锦绣花园及山水甲秀一期、二期已经基本销售完毕，在可确定利润的基础上具备分成的条件，对于原告诉讼请求中的该部分予以支持。按照司法鉴定结论，锦绣花园及山水甲秀一期、二期项目总结余为25069680.97元，根据双方的协议约定，双方各分50%的利润，故原告应得利润应为12534840.49元。虽鉴定有未付款部分，但该鉴定结论显示不影响项目利润的认定。对于鉴定中未扣除的款项，被告可在该款项确定时，在后期清算中予以主张。

2. 对于尚未销售及尚未竣工的工程部分，不具备分成条件，原告无权要求分配利润

锦绣花园未销售的房屋及山水甲秀第三期尚未建设完成的部分，因尚未转化为合作利润，不具备分成的条件，可待条件具备时，各方协商处理或另行主张。

（三）律师分析及建议

1. 合伙的利润分配规则原则上以合伙协议的约定为准，投资协议约定"投资分成分期支付"，合伙人可在部分项目完成并取得利润后要求阶段性分配利润

《民法典》第972条明确规定："合伙的利润分配和亏损分担，按照合伙

合同的约定办理；合伙合同没有约定或者约定不明确的，由合伙人协商决定；协商不成的，由合伙人按照实缴出资比例分配、分担；无法确定出资比例的，由合伙人平均分配、分担。"据此，合伙的利润分配应遵循协议约定优先的规则，并不以合伙项目是否全部实施完毕作为先决条件，只要合同协议的约定明确且不违反法律的禁止性约定，就应优先按照约定的规则来分配利润。

例如本文案例中，虽然案涉合作项目尚有部分工程未竣工，但双方当事人签订的两份《投资分成协议书》均约定"根据房子销售情况的进度，投资分成在该项目运作过程中应分期支付"，协议明确约定的是投资分成的"分期支付"，而并非在全部项目完成后一次性结算，因此，被告郭某关于项目尚未全部完成、并未达到分成条件的主张与合伙协议约定内容相悖，法院并未予以采纳。原告王某提起诉讼时，合伙协议已经正常履行至第十二年，案涉锦绣花园项目已经竣工并基本销售完毕，且经司法鉴定可知客观上已经产生利润，故根据合同"投资分成分期支付"的约定，王某请求阶段性利润分成，符合合同约定。

但应注意的是，本文案例中原告王某仅是依据合伙协议"分成分期支付"的约定获得了"阶段性利润分成"，并非对合伙项目的最终结算，合伙项目最终结算时，还应考虑税费、拆借资金、人工成本等各项扣除款项，待扣除款项确定时，郭某依然可按照合伙协议约定主张由王某承担各项费用的50%。

2. 尚未建成的房屋是否具备分成条件

例如本文案例中，原告主张对两个案涉项目进行投资利润分成，最终法院仅部分支持原告的诉讼请求，对于其对尚未建成的项目及建成项目尚未销售的部分进行分成的要求，法院认为上述部分尚未实际转化为合作利润，不具备分成条件，因此，对原告的该部分诉讼请求法院未予支持。

二、为实施合伙项目而成立项目公司，
合伙人的利润分配是否受项目公司利润分配流程的限制

本案郭某与王某签订合伙协议后，郭某牵头设立润成公司作为项目公司，

郭某持股比例为99.5%并担任法定代表人,另一案外人股东持股0.5%。王某提起本案诉讼时,将润成公司与郭某列为共同被告,要求润成公司与郭某共同承担支付分成款的责任,诉讼过程中双方对润成公司是否应承担责任产生较大争议。

(一)原告与被告的不同主张

原告王某主张,润成公司是王某、郭某合伙协议履行的项目公司,故润成公司与郭某应共同向王某支付投资分成款。

被告郭某、润成公司主张,在润成公司未依法作出分红决议的情况下径行判令分割润成公司名下财产,违反《公司法》第59条[①]、第210条[②]的规定。本案双方的投资款最终转化成的是郭某现持有的润成公司股权,王某系实际出资人即隐名股东。因此,王某应当通过行使实际出资人权利的方式实现公司分红。本案中润成公司尚未依法作出股东会决议进行分红,无论是王某还是郭某抑或人民法院均无权干涉公司的内部经营行为、责令公司进行分红,更不能违反《公司法》不经分红程序径行要求分配企业利润,否则将严重损害公司其他的股东及债权人的合法权益。

(二)法院观点

对于在润成公司没有作出利润分配决议的情况下,一审法院判决对润成公司名下的财产作出利润分配是否妥当这一问题,本案二审法院河南省高级人民法院和再审法院最高人民法院均认为判决并无不当,但论理部分侧重点有所不同。

1. 河南省高级人民法院从维护公平、促进合作及尊重合同约定的角度论理,认为应支持王某的分成请求

(1)润成公司为开发案涉项目设立,郭某目前占有润成公司99.5%的股权,为该公司的控股股东。润成公司主张公司分红应当由股东会决议,并按

[①]《公司法》第59条第1款规定:"股东会行使下列职权:……(四)审议批准公司的利润分配方案和弥补亏损方案……"

[②]《公司法》第210条第1款规定:"公司分配当年税后利润时,应当提取利润的百分之十列入公司法定公积金。公司法定公积金累计额为公司注册资本的百分之五十以上的,可以不再提取。"

照《公司法》的相关规定清算，但郭某作为控股股东，长期不召集股东会，对公司利润情况不作清算，王某的投资十多年得不到回报，对于王某的投资收益明显不公。

（2）王某请求按照双方协议约定阶段性分成，且目前项目有结余可供分配，在此情况下仍不进行分成，会造成双方信任度降低，不利于下一步合作经营。

（3）案涉项目尚有在建工程，待项目全部结束或者散伙时，双方将会最终清算，本次分成的数额系阶段性分成（最终清算分成的款项结合本次分成可予以增减），并不损害润成公司和郭某最终的实质性权利。

2. 最高人民法院从合伙组织利润的独立性角度论理，认为本案不适用《公司法》有关分配利润的限制性规定

润成公司系实际开发案涉项目的主体，郭某系润成公司持股99.5%的股东。王某并非润成公司股东，其请求支付的投资分成款属于其投资案涉项目的利润，而非润成公司的利润，不适用《公司法》（2023年修订）第59条、第210条的规定。

（三）律师建议

1. 合伙组织的财产及利润均属于全体合伙人，合伙人的利润分配不受合伙项目目标公司等其他组织的限制

（1）合伙组织不同于合伙企业，并不具有独立的民事主体资格，不能成为财产所有人，合伙财产属于全体合伙人所有，合伙所得的利润在分配之前同样属于全体合伙人。

根据《民法典》第972条的规定，合伙所得利润的分配奉行合伙人的约定优先原则，利润的分配时间、方式、比例等具体事项均由合伙人在合伙协议中确定或通过协商解决，协商不成再按照法定方式分配。因此，合伙所得利润属于全体合伙人，分配方式按照合伙协议约定，与其他任何主体无关。

（2）实践中，多数合伙人会选择设立或投资目标公司的方式来实施合伙项目，但是，该目标公司仅是合伙协议履行的一种方式，在没有明确约定的情况下，该公司股东之间的利润分配规则不能当然地适用于合伙人之间进行

利润分配。

例如本文案例中，原告与被告为合作开发房地产项目签订合伙协议，约定风险与收益均按50%的比例分担与分配，并明确分成以分期方式支付，合伙项目已经实际产生利润且符合合伙协议约定的分成条件，原告诉讼请求分成符合合同约定和法律规定。至于被告所称润成公司尚未作出利润分配决议，原告并非润成公司股东，其请求分配的是合伙分成款而非公司利润，与润成公司无关，不应受润成公司利润分配程序的限制。

2. 为执行合伙事务而成立项目公司，各合伙人应共同制定项目公司的决策机制，共同经营管理项目公司，避免赋予某一合伙人在公司的绝对控制权

例如本文案例中，虽然王某与郭某各自委派润成公司会计和出纳，共同管理公司财务，但王某并未登记为公司股东，郭某一人占有润成公司99.5%的股权。因此，实际上王某仅知晓公司财务情况，仅对公司财务有一定管理，但对于润成公司的决策机制并无法律上的权利依据。

郭某作为润成公司的控股股东，长期不召开股东会、不对公司利润进行清算，在此情况下，王某要想拿到投资分成只能通过诉讼程序解决。有鉴于此，我们提醒投资人，若为了方便执行合伙事务而成立项目公司，各合伙人均应通过持有或代持公司股权获得公司部分决策权，并参与项目公司的经营管理，避免赋予某一合伙人在公司的绝对控制权。

三、为实施合伙项目而成立项目公司，一方合伙人诉讼请求合伙分成，能否将目标公司列为共同被告

本案原告王某在起诉时将润成公司列为共同被告，要求润成公司与郭某共同支付投资分成款，一审法院判决郭某、润成公司共同支付原告王某投资分成款及利息。被告郭某、润成公司不服，提起上诉，双方对润成公司应否为适格被告产生争议。

（一）原告与被告的不同主张

原告王某主张，润成公司是王某、郭某合伙协议履行的项目公司，应为

本案适格被告，应承担责任。

被告郭某、润成公司则主张，润成公司是郭某与另一名股东张某共同出资成立的，润成公司并不是合伙合同的合同主体，根据合同相对性原则，效力不应及于润成公司。

（二）法院观点

关于润成公司是否应承担责任的问题，本案一审法院认为：润成公司属于双方为达成协议目的而成立的目标公司，双方的投资款项均转入该公司，且该项目的利润均在该公司名下。另外，该公司名下款项多次巨额转入郭某名下，公司财产与个人财产无法区分，故原告王某要求该公司承担责任，理由成立，法院予以支持。

（三）律师分析及建议

1. 为合伙项目实施而成立目标公司，投资与收益均在目标公司名下的，合伙人可要求项目公司与其他合伙人一同承担支付投资分成款的责任

本案项目公司润成公司虽不是合伙合同相对方，但合伙投资款转入润成公司、合伙项目由润成公司经营、利润挂在润成公司名下。润成公司虽不是合伙协议的相对方，但在合伙协议履行过程中，润成公司作为运营方实际参与了合伙项目，因此，法院最终认定润成公司要与郭某一同承担支付分成款的责任。

2. 公司财产与股东财产无法区分是认定公司与股东人格混同的重要因素，构成人格混同的，股东和公司承担连带责任

根据《九民会议纪要》第10条，认定公司人格与股东人格是否存在混同，最根本的判断标准是公司是否具有独立意思和独立财产，最主要的表现是公司的财产与股东的财产是否混同且无法区分。在认定是否构成人格混同时，应当综合考虑以下因素：

（1）股东无偿使用公司资金或者财产，不作财务记载的。

（2）股东用公司的资金偿还股东的债务，或者将公司的资金供关联公司无偿使用，不作财务记载的。

（3）公司账簿与股东账簿不分，致使公司财产与股东财产无法区分的。

（4）股东自身收益与公司盈利不加区分，致使双方利益不清的。

（5）公司的财产记载于股东名下，由股东占有、使用的。

（6）人格混同的其他情形。

而本文案例中，郭某是润成公司法定代表人，持股99.5%，是润成公司的绝对控制人，且张某提交证据证明润成公司向郭某大额转账，支取金额合计高达数千万元，因此，法院认定润成公司财产与郭某个人财产无法区分，最终认定存在人格混同，故润成公司应与郭某一同向原告王某支付分成款。

3. 从便宜执行的角度考虑，被告是公司股东时，原告在提起诉讼时就应当考虑将公司作为共同被告的可能性

如本文案例中，原告王某将润成公司与另一合伙人郭某作为共同被告提起诉讼是个很明智的选择。若原告仅以郭某一人为被告，即便法院最终判决郭某应向王某支付分成款，但因合伙项目利润实际记在润成公司名下，该判决到了执行阶段，郭某完全可以以名下无财产为由拖延执行。届时王某只能通过追加被执行人或者另行提起诉讼的方式，要求润成公司承担责任，但无论是申请追加还是另行起诉，都耗时耗力。

因此，我们也提醒读者，在提起诉讼时注意被告的合理选择，被告为某公司股东的，要考虑以该公司为共同被告的可能性，提起诉讼时多一点思考，在执行过程中就可能规避掉大麻烦及执行不能的损失。

四、基于合伙协议产生的债务是否属于夫妻共同债务

（一）原告与被告的不同主张

原告王某主张，王某在起诉时将桑某（郭某之妻）与郭某、润成公司列为共同被告，主张合伙分成款属于夫妻共同债务，要求三被告共同支付投资分成款。

被告郭某、桑某则主张，本案非夫妻共同债务，不应由桑某承担责任。

（二）法院观点

关于被告桑某是否应承担责任的理由，法院认为：对于该协议的履行，

系原告王某与被告郭某之间的合作，无证据证明王某所要求的分成款，属于郭某与桑某的夫妻共同债务，故王某对于桑某共同承担债务的诉讼主张，没有法律依据，法院不予支持。

（三）律师分析及建议

1. 因合伙协议产生的债务是否属于夫妻共同债务

关于夫妻共同债务的认定，要综合考虑合伙协议签订主体、合伙事务实际参与、合伙利润分配等多种因素。根据《民法典》第1064条的规定，夫妻双方共同签名或者夫妻一方事后追认等共同意思表示所负的债务，以及夫妻一方在婚姻关系存续期间以个人名义为家庭日常生活需要所负的债务，属于夫妻共同债务。夫妻一方在婚姻关系存续期间以个人名义超出家庭日常生活需要所负的债务，不属于夫妻共同债务；但是，债权人能够证明该债务用于夫妻共同生活、共同生产经营或者基于夫妻双方共同意思表示的除外。

根据上述规定，因合伙协议产生的债务是否属于夫妻共同债务，要分几种情况讨论：

（1）夫妻双方均以合伙人身份在合伙协议上签字的，合伙债务属于夫妻共同债务，这是毫无疑问的。

（2）夫妻一方虽非合伙协议的主体、未以自己名义对外举债，但是实际参与合伙事务，例如参与财务管理、参与收款发货等，可以认定属于夫妻共同债务。

（3）夫妻一方非合伙协议主体、也未实际参与合伙事务，但是有证据证明其对合伙事宜知悉且同意的，常见的如代为支付投资款或收取分红，也可认定为夫妻共同债务。

（4）夫妻一方非合伙协议主体、也未实际参与合伙事务，仅是承诺代为还款，参考上海市第二中级人民法院（2023）沪02民终686号判决，法院认定这种情况仅构成债务加入，并非夫妻共同债务。

2. 夫妻一方若以合伙形式从事违法犯罪行为，产生的非法债务是否构成夫妻共同债务

判断合伙债务是否属于夫妻共同债务，还须区分合法债务和非法债务。

《最高人民法院关于依法妥善审理涉及夫妻债务案件有关问题的通知》第4条明确规定："对夫妻一方以个人名义举债后用于个人违法犯罪活动，举债人就该债务主张按夫妻共同债务处理的，不予支持。"因此，非法债务一般不构成夫妻共同债务。

3. 合伙纠纷中的原告在提起诉讼时应考虑列合伙人及其配偶为共同被告的可能性

合伙组织不同于公司或合伙企业，合伙组织没有独立的法律主体地位，合伙财产属于全体合伙人所有，一旦合伙人之间出现矛盾并进入诉讼程序，有些合伙人会提前通过向其配偶转移财产以逃避执行，导致原告即便胜诉也难以拿回分成款或投资款。但是，即便合伙协议仅有夫妻一方签字，合伙债务也有很大可能性属于夫妻共同债务。

因此，在签订合伙协议时可要求合伙人夫妻双方签字，在合伙事务经营过程中注意收集合伙人夫妻共同参与经营、共同分享利润的证据，一旦发生纠纷，可以主张夫妻共同承担债务，将合伙人与其配偶一并作为共同被告，防止出现合伙人向配偶转移财产以逃避执行的困难局面。

五、被保全人能否以对其生产经营活动影响较大为由要求解除对银行账户的查封

本案诉讼程序中，原告王某申请财产保全，法院保全了被告润成公司名下26套房产、郭某持有的润成公司99.5%（995万元）股权。

本案判决生效后，被告郭某未履行判决，原告王某向郑州市中级人民法院申请强制执行。执行程序中，郑州市中级人民法院通过网络查控系统冻结了被执行人润成公司名下浦发银行、农村信用社保证金账户共四个，润成公司对此提出异议，请求解除对四个保证金账户的执行措施。王某与郭某就应否查封保证金账户及房产事项发生争议。

（一）原告与被告的不同主张

原告王某主张，本案中虽保全有房产，但查封的房产因区域及价格和经

济环境因素，该房产难以拍卖，自执行以来未能变现，该房产财产严重不方便执行。而对于银行账户资金进行执行，符合《善意执行意见》中的方便执行原则，执行法院裁定解除对被执行人银行账户的冻结严重背离了方便执行的原则。因此，请求法院驳回被告郭某及润成公司要求解除四个保证金账户的执行措施请求。

被告郭某、润成公司主张：（1）上述保证金账户为润成公司在银行开立的商品房预售资金账户，已特定化，账户资金由银行支配、控制，资金用途受到严格限制和监管，应确保用于商品房工程建设。（2）本案审理阶段，法院已经查封了润成公司名下26套房屋，总面积4080.55平方米，经鉴定价值为19219390.5元，已超过本案申请执行的数额。因此，请求解除对四个保证金账户的执行措施。

（二）法院观点

关于郑州市中级人民法院在执行中认为本案存在超标的查封，裁定解除润成公司名下四个银行账户冻结是否符合法律规定，河南省高级人民法院认为：

1. 本案执行阶段郑州市中级人民法院仍继续查封润成公司名下26套房屋（总面积4080.55平方米，价值19219390.5元）以及被执行人郭某持有润成公司99.5%（995万元）股权，上述查封财产足以清偿法律文书确定的债权额（投资分成款12534840.49元及利息）及执行费用。

2. 被执行人润成公司作为房地产开发企业，在郑州市中级人民法院冻结其银行账户后提出执行异议，请求解除对账户的冻结，显系认为优先执行其名下已查封的房产对其生产经营活动影响较小，根据《财产保全规定》第13条第1款的规定，郑州市中级人民法院裁定解除对润成公司相应银行账户的冻结符合法律规定，并无不当。

申请执行人王某虽复议称查封的房产严重不方便执行，但并未提交充分的证据证实其主张，故该王某的复议理由法院不予采纳。

（三）律师分析及建议

1. 申请诉前或诉中财产保全是保障胜诉判决顺利执行的有效手段，但申请财产保全要避免超过诉讼标的，否则如因超标的查封造成损失，也需要承担赔偿责任

（1）原告为保证胜诉判决能够顺利执行而在诉前或诉中申请财产保全属于常规操作，但是，原告申请财产保全要注意避免超过诉讼标的。

根据《民事诉讼法》第108条的规定，财产保全申请有错误的，申请人应当赔偿被申请人因保全所遭受的损失。司法实践中，申请人对财产保全错误存在故意或重大过失的情形时，应认定申请人的保全申请存在错误。

（2）所谓故意或重大过失，常见情形有：

其一，无正当理由、无充分证据贸然提起诉讼并申请财产保全。

其二，严重超过诉讼标的申请财产保全。

因此，我们提醒债权人在申请财产保全时注意控制在合理限度，在一些特殊情形下，若发现超标的保全或解除条件成就时（如申请保全人采取诉前财产保全措施30日内不依法提起诉讼或者申请仲裁的），也要及时向法院申请解除保全措施。

2. 在债务人有多项财产可供执行的情况下，债权人应如何规避自身风险

（1）被执行人有多项财产可供执行的，应在保障申请执行人权益能够实现的基础上，选择对被执行人影响较小的财产进行保全和执行。根据《财产保全规定》第13条第1款的规定，被保全人有多项财产可供保全的，在能够实现保全目的的情况下，人民法院应当选择对其生产经营活动影响较小的财产进行保全。根据《善意执行意见》第3条的规定，合理选择执行财产。被执行人有多项财产可供执行的，人民法院应选择对被执行人生产生活影响较小且方便执行的财产执行。在不影响执行效率和效果的前提下，被执行人请求人民法院先执行某项财产的，应当准许。未准许的，应当有合理正当理由。

（2）法院超标的查封时，可以通过异议程序解除部分查封财产的查封措施。如本文案例中，法院同时查封了债务人名下股权、房产及银行账户，经鉴定股权及房产总价值已经超过执行金额，且被执行人为房地产企业，查封的银行账户为商品房预售金专用账户，账户被查封将影响商品房工程建设，因此，被执行人申请解除对银行账户的查封，法院最终予以支持。

案例十　双层合伙模式下，一级合伙尚未清算，二级合伙人先签订分配协议引争议

思维导图

```
原告朱某 ←签订合作开发协议②→ 被告陈某         高某(占20%)    郑某(占30%)
         ←签订确认书③→
占60%份额              占40%份额              ↑
                                        将持有的50%份额
    ↓                                    分配给高某、郑某
被告陈某(代持) ←签订开发协议①→ 机电公司
占50%份额                        占50%份额
         ↓
    合作开发房地产项目
```

案例来源

（2020）川民终375号、（2014）闽民终字第942号

案情简介

本案涉及双层合伙模式，被告与开发商签订前手开发协议后，又与原告就同一项目签订二级开发协议，项目完成后被告以一级合伙未清算为由，拒绝履行二级合伙的分配协议，由此引发纠纷。

· 139 ·

被告陈某与机电公司（签约代表为公司股东高某、本案第三人）签订《开发协议》，约定双方合作开发保利花园房地产项目，双方共同投入前期资金2000万元，各占50%份额；项目完成后，双方按投资比例5∶5分成。10日后，被告陈某与原告朱某签订《合作开发协议书》，约定合作开发保利花园房地产项目，项目预计前期投入资金最低限2000万元，双方各投入前期资金500万元，各占该项目25%份额，并按该份额分享利益、承担风险；本协议书与机电公司和陈某签订的《开发协议》中约定的事项具有同等权益。

在案涉项目实施过程中，机电公司将其50%的份额分配给高某（20%）和郑某（30%）；陈某在项目中实际占比50%，陈某与朱某共实际投资2600万元，其中朱某占比60%。

案涉项目建成后，被告陈某与高某、郑某开会，通过抽签决定将案涉项目的11套住宅，A4、A7、A9、B01（共计798.57平方米）商铺，70个停车位归陈某所有，并形成书面《股东会决议》。被告陈某与原告朱某根据该《股东会决议》签订《确认书》，约定朱某投资保利花园项目享有30%股份，在陈某名下分得B01（532.19平方米）商铺；此外，陈某所分得的11套住宅及70个车位，朱某占60%权益、陈某占40%权益；项目产生的风险属于陈某所承担的部分，按朱某和陈某的股权比例共同承担。

《确认书》签订后，被告陈某以其与机电公司合伙关系一直未清算为由拒绝履行，且朱某发现陈某已经擅自出售部分房产及车位，朱某因此以陈某为被告、高某等为第三人诉至法院，请求：（1）解除陈某与朱某签订的《合作开发协议书》及《确认书》；（2）陈某将单独分配给朱某的B01店铺按现今市场同等销售价格计算的该商业铺面的剩余房价款17030080元赔偿给朱某；（3）陈某将11套住宅的60%份额，按照现今市场同等销售价格计算相应房款5837610元赔偿给朱某；（4）陈某将70个地下停车位中的60%份额按照现今市场同等销售价格计算相应销售款294万元赔偿给朱某。

案例十
双层合伙模式下，一级合伙尚未清算，二级合伙人先签订分配协议引争议

一、自然人之间因合作开发房地产引起的合伙合同纠纷是否适用不动产专属管辖

本案原告、被告双方住所地均为福建省，而二人合作开发的房地产项目位于四川省，原告朱某起诉时向合同履行地福建省莆田市中级人民法院提交起诉材料。陈某提出管辖异议，法院经审查认为本案应由四川省成都市中级人民法院管辖，因此作出移送审理的民事裁定。朱某不服该裁定，向福建省高级人民法院提出上诉，双方对此产生争议。

（一）原告与被告的不同主张

被告陈某提出管辖异议主张，本案涉及不动产引起的纠纷，应由不动产所在地人民法院专属管辖，故本案应由有管辖权的四川省成都市中级人民法院审理，福建省莆田市中级人民法院没有管辖权。

原告朱某上诉主张：（1）本案系因朱某与陈某对签订《合作开发协议书》的履行存在争议所致，属于普通的合同纠纷，而非不动产纠纷。即因陈某未能履行诉争合同项下关于其应当向朱某分配该项目税后利润25%的投资回报的相应约定而导致朱某依法提起诉讼，并不是因为朱某与陈某之间存在所谓的房地产项目开发建设或不动产处置相关方面的争议。由于朱某与陈某均不具备任何房地产开发建设资质，并非该房地产项目的开发商，所以诉争合同的内容完全仅限于对朱某为陈某的对外投资项目提供资金款项支持，陈某应当据此向朱某支付相应的投资回报等相关方面的条款约定，其中既没有关于朱某具体参与该房地产项目开发建设事务方面的约定，也没有任何关于处置该房地产项目项下开发所得的不动产方面的约定。本案不属于因不动产纠纷提起的诉讼，依法不适用不动产专属管辖的规定。（2）朱某的诉讼请求事项虽涉及不动产，但与不动产权属争议存在显著的区别，不能作为认定本案属于不动产纠纷的依据。由于陈某迟迟未能兑现承诺并向朱某分配该些房产，且朱某发现陈某本身自始至终都不是《确认书》项下所涉及的相应房产的所有人或者权利主体，诉争合同的签署及其项下有关朱某向陈某支付投资

款、陈某向朱某出具《确认书》等协议的具体履行事宜，均系在莆田市进行，本案仍应由莆田市中级人民法院管辖。

（二）法院观点

1. 本案诉争的《合作开发协议书》及《确认书》的订立、履行与不动产的占有、使用、收益和处分密切相关，朱某的诉讼请求事项亦围绕不动产而主张，故本案应适用不动产专属管辖的规定

关于本案纠纷的性质，即本案是不动产纠纷，还是一般合同纠纷，是双方当事人争议的焦点问题。在不动产纠纷中，其法律关系的特点是以不动产为标的物或者围绕不动产而引发的纠纷。房地产是最典型的不动产，本案诉争的《合作开发协议书》及《确认书》的订立、履行与不动产的占有、使用、收益和处分密切相关，原审原告的诉讼请求事项亦围绕不动产而主张。最高人民法院《关于亳州市都发房地产有限公司与无锡市璜佳装饰材料有限公司、铜陵华源地产开发有限责任公司合作开发协议纠纷一案指定管辖的通知》《关于湖南省湘潭物资贸易中心与广东省湛江市海林实业开发总公司开发合同纠纷案指定管辖的通知》《关于珠海市东兴房产综合开发公司与珠海经济特区侨辉房产公司、中国农村发展信托投资公司浙江办事处合作经营房地产合同纠纷案管辖问题的通知》等三个指定管辖通知，都明确了房地产开发合同纠纷或者合资、合作开发房地产合同纠纷属于不动产纠纷。根据《民事诉讼法》第33条（2023年《民事诉讼法》第34条）第1项的规定，因不动产纠纷提起的诉讼，由不动产所在地人民法院专属管辖。本案双方争议的不动产坐落于四川省成都市，结合本案诉讼标的额，成都市中级人民法院对本案依法享有管辖权。

2. 朱某的上诉主张双方争议事项系合同纠纷内容属实体审查范围不影响本案专属管辖的认定，朱某关于管辖的上诉主张不能被支持

朱某上诉主张的协议双方不具备房地产开发经营资质，诉争合同的内容完全仅限于上诉人为被上诉人的对外投资项目提供资金款项支持而由被上诉人支付相应的投资回报等事由，属实体审理的范围；上诉人据此否定本案合资、合作开发房地产合同纠纷的性质，主张本案属于普通的合同纠纷，而非

不动产纠纷的上诉理由，于法无据，法院不予采纳。上诉人以诉争合同的签署、上诉人向被上诉人支付投资款、被上诉人向上诉人出具《确认书》等协议的具体履行事宜，均系在福建省莆田市进行为由，主张本案应由莆田市中级人民法院继续审理的上诉理由，与《民事诉讼法》对不动产纠纷专属管辖的明确规定不符，亦不能成立。

(三) 律师分析及建议

合作开发房地产纠纷是否适用不动产专属管辖，司法实践中裁判观点不一，应结合案涉纠纷的实质内容进行判断。

1. 实践中，合作开发房地产应否必须适用不动产专属管辖的规定

《民事诉讼法》第 34 条规定，"因不动产纠纷提起的诉讼，由不动产所在地人民法院管辖"。据此，不动产纠纷引起的诉讼适用不动产专属管辖。对于不动产纠纷的定义，《民事诉讼法司法解释》第 28 条也有明确规定："不动产纠纷是指因不动产的权利确认、分割、相邻关系等引起的物权纠纷。农村土地承包经营合同纠纷、房屋租赁合同纠纷、建设工程施工合同纠纷、政策性房屋买卖合同纠纷，按照不动产纠纷确定管辖。"但是，该条列举的四类按照不动产纠纷管辖的合同类型并不包含合作开发房地产协议，司法实践中关于合作开发房地产纠纷属于不动产纠纷还是合同纠纷、是否适用不动产专属管辖法院裁判观点不一。

2. 关于合作开发房地产纠纷案件是否适用不动产专属管辖问题，司法实践的法院裁判观点并不一致

例如在本文案例中，原告朱某依据与被告合伙开发房地产的基础法律关系向合同履行地法院提起诉讼，但法院以案件属于不动产专属管辖为由将案件移动至房地产项目所在地法院，并在管辖异议二审裁定中明确"房地产开发合同纠纷或者合资、合作开发房地产合同纠纷属于不动产纠纷"。

但是，最高人民法院在判决中也有相反观点，例如，在（2014）民一终字第 280 号案件中，最高人民法院认为："本案系因双方合资、合作开发房地产合同引发的纠纷，应由被告住所地或者合同履行地的人民法院管辖。"在（2013）民申字第 1125 号案件中，最高人民法院认为："从本案双方诉辩争

点看，核心问题是对于讼争房地产项目合作利润是否应分配以及应如何分配的问题，而非直接涉及讼争房地产本身，故本案并不属于《民事诉讼法》规定的不动产专属管辖的情形。"

3. 实践中，就如何判断合作开发房地产纠纷案件的管辖问题，应结合案涉纠纷的实质内容进行判断，若双方争议事项与房地产无关则不必适用专属管辖的规定

关于判断合作开发房地产纠纷属于合同纠纷还是不动产纠纷问题，应结合案件的实质争议内容进行判断，如双方争议与房地产本身有关，则应适用不动产专属管辖；反之，如仅是因合作开发合同的履行过程中产生的与房地产无关的其他争议，则不必然适用专属管辖。

正如本文所引案件中，因为案涉《合作开发协议书》及《确认书》的订立、履行均与不动产有关，原告朱某的诉讼请求虽然围绕《确认书》的履行，看似属于合同纠纷，但从该《确认书》的内容来看，原被告约定的利润分配指向的是不动产而不是金钱，因此案件审理过程中必然涉及对房地产项目现状、市场价值等事实情况的审查。法院综合上述因素认定本案属于不动产纠纷，应由不动产所在地人民法院专属管辖，裁定将案件移送案涉合作项目所在地四川省成都市中级人民法院。

二、合伙人之间因合伙利润分配产生纠纷，能否诉讼请求解除合伙关系

本案双方因合伙利润分配产生纠纷，原告朱某一审起诉请求法院判令解除其与陈某之间的《合作开发协议书》，实际上是请求法院判令解除合伙关系，双方就是否应解除《合作开发协议书》产生争议。

（一）原告与被告的不同主张

原告朱某主张，陈某拒不履行《确认书》，请求法院判决解除陈某与朱某签订的《合作开发协议书》及《确认书》。

被告陈某主张，合伙人要求分配盈利发生争议，应当依法进行清算。陈

某与机电公司合伙开发保利花园项目一直没有清算，尚欠国家税收及其他债务，而陈某与朱某的合伙清算必须等待前者的清算。因此，合伙关系不能解除，也不能依据《确认书》确认利润分配。

（二）法院观点

陈某与朱某之间签订的后手开发协议对双方合伙事务的投入、利润分配等事项进行约定，系双方当事人真实意思表示，内容不违反法律、行政法规的强制性规定，双方应该按照约定行使权利并承担义务。朱某诉讼请求解除后手开发协议，经审查，本案双方未就上述协议的解除达成一致，上述协议亦均未约定合同解除的条件，本案也不满足原《合同法》第94条（现《民法典》第563条）规定的合同解除的法定情形，故法院对朱某解除后手开发协议的诉讼请求不予支持。

（三）律师分析及建议

1. 实践中，合同型合伙中合伙人诉讼请求解除合伙合同，实际上是诉讼请求解除合伙关系，应满足合同约定的解除条件或者法定解除条件

关于解除合伙关系，法院审理的基本原则为：

（1）审查合伙合同是否约定了合同解除条件，如有约定，按约定执行。

（2）审查合同约定的合伙期限是否届满，如未约定合伙期限或者约定不明、视为不定期合伙的，合伙人经合理期限提前通知可以随时要求解除合同。

（3）既未约定解除条件也未达约定期限的，则须审查是否符合法定解除条件，司法实践中，因合伙人出现根本违约行为造成合伙合同目的不能实现或因各合伙人关系僵化、丧失信任基础、无法继续履行合伙事务等都可能被认定为达到了行使法定解除权的条件。

2. 合伙合同的解除应符合合同解除条件，否则法院将不会支持解除合伙合同的请求

例如在本文案例中，朱某和陈某签订合作协议约定共同出资，共同承担风险，法院认定两人之间为合伙关系。朱某诉讼请求解除合作协议，实际上是诉讼请求解除合伙关系。案件中，朱某与陈某合作开发保利花园房产项目，

朱某提起本案诉讼时，该项目已经竣工并大部分销售，朱某仅因与陈某之间的利润分配协议不能履行为由诉讼请求解除合伙关系，既无合同约定也不符合法定解除条件。因此，法院未支持原告朱某关于解除《合作开发协议书》的诉讼请求。

3. 实践中，合伙人请求分配利润是否应以解除合伙关系为前提

《民法典》第972条规定："合伙的利润分配和亏损分担，按照合伙合同的约定办理；合伙合同没有约定或者约定不明确的，由合伙人协商决定；协商不成的，由合伙人按照实缴出资比例分配、分担；无法确定出资比例的，由合伙人平均分配、分担。"据此，合伙的利润分配不以合伙关系终结为前提。在合伙过程中，各合伙人也可以依合同约定或者协商一致分配合伙利润。

例如在本文案例中，原告朱某与被告陈某签订《确认书》，约定朱某因与陈某合作开发保利花园项目，在陈某名下分得 B01 商铺一间以及 11 套住宅、70 个车位 60% 的份额，该内容明确具体，是二人协商一致形成的利润分配方案。因此，本案法院虽没有支持朱某关于解除合伙关系的诉讼请求，但并不阻碍朱某依据《确认书》内容要求陈某分配合伙利润。

三、两级合伙关系中，一级合伙关系尚未清算，二级合伙人能否要求利润分配

本案的特殊性在于存在两级合伙关系：被告陈某先与机电公司签订《开发协议》，此为一级合伙关系（本案法院在论述时也称"前手开发协议"），后陈某又将自己在一级合伙关系中所占 50% 份额的一半让渡给朱某，由此形成了二级合伙关系（本案法院在论述时也称"后手开发协议"）。因本案审理时，一级合伙关系尚未清算，双方就一级合伙关系未能清算是否影响二级合伙关系的利润分配产生纠纷。一审法院认为一级合伙关系未清算并不能当然得出二级合伙关系中的当事人不能基于二级合伙关系进行分配的结论，因此陈某以一级合伙关系尚未清算为由拒绝履行《确认书》的主张，一审法院不

案例十

双层合伙模式下，一级合伙尚未清算，二级合伙人先签订分配协议引争议

予支持。陈某不服，提出上诉，双方对此产生纠纷。

（一）原告与被告的不同主张

被告陈某上诉主张，陈某为了履行与机电公司签订的《开发协议》与朱某签订《合作开发协议书》，合伙加入投资保利花园项目，二人共同出资，共担风险，共享盈利。对于前一个合作开发合同朱某是隐名的投资人，陈某是名副其实的合伙投资的负责人。陈某依据预分配可能取得的房屋以《确认书》的形式明确了陈某与朱某的分配额度。因此，陈某与朱某之间的法律关系为个人合伙法律关系，陈某不是《确认书》的债务人，《确认书》不是双方之间具有法律效力的债权文书，只有当陈某实际取得《确认书》中载明的财产，经清算了结完对外的债务后，朱某才有权分得，这才符合个人合伙"共同出资、共享利润、共担风险"的特征。一审法院的判决如果成立，必然出现以下荒唐问题：（1）《确认书》已经解除，个人合伙是否解除；（2）未经清算，合伙债务谁来承；（3）依据《确认书》确定朱某应当取得而没有取得的房产由陈某赔偿，依据《确认书》确定陈某应当取得的房产没有取得由谁来承担赔偿。为证明上述主张，陈某提交了机电公司与案外人签订的《保利花园项目预留房（未售房屋）处置协议》《补充协议》，证明诉争的房屋由案外人持有，并没有进行转让或变卖，陈某没有实际取得《股东会决议》分配的房屋。

原告朱某辩称，陈某没有举证否定《股东会决议》分配所得的证据。陈某以分得的房产的不动产权没有登记在其名下为由主张其没有实际分得房产，不符合实际情况。诉讼各方均确认的实际情况是《股东会决议》分给股东的房产由股东自行对外处置，对外销售流程不需要先将产权登记在股东名下。为证明上述主张，原告朱某提交房产登记信息作为补充证据，证明本案第三人高某、郑某已经实际取得股东会决议中分得的房产并自行进行了处置。

（二）法院观点

1. 陈某主张其并未从一级合伙关系中实际分得房产与客观事实不符

陈某与高某、郑某签订的《股东会决议》约定分给股东的房产由股东自行对外处置，股东自行处置对外销售流程是由代持房产的案外人作为卖方与

股东指定的买方签约、交房，房款由股东享有，并未约定将分配的房产产权登记在股东名下再行出售。从实际处理情况看，分配给前手开发协议的股东高某的房产存在按照《股东会决议》约定的由案外人代持后进行实际出让处置的情况。因此，虽本案诉讼中应分配给陈某的住宅和车位登记在案外人名下，但并不能因此否定陈某并未实际取得《股东会决议》分配的房产。陈某在本案中称其存在不能顺利取得案外人持有房产的所有权的风险，其可以通过其他途径寻求解决。

2. 一级合伙关系是否清算不影响二级合伙关系的分配

一级合伙关系是否清算不能当然得出二级合伙关系中的当事人不能基于二级合伙关系进行分配的结论，二级合伙关系中的当事人均应按照双方的约定行使权利、承担义务。一级合伙关系未清算的结果也并非由朱某原因所致，不应由朱某承担一级合伙关系至今未清算的不利后果。

综上所述，陈某以其并未实际取得前手开发协议预分配的房产所有权，以及一级合伙关系并未清算、对外债务尚未了结为由，拒绝履行《确认书》的主张，一审法院不予支持并无不当。陈某该项上诉理由不能成立，法院不予支持。

（三）律师分析及建议

1. 合伙关系本质为合同关系，具有相对性，两级合伙关系模式下，各级合伙关系的内部约定互不干扰

合同型合伙关系的实质是合伙人之间订立的合同关系，因此，合同型合伙关系与一般合同关系一样具有相对性，也尊重各方意思自治，合伙人的内部约定不会对合伙体外部权利义务的认定产生影响。同样地，在两级合伙关系下，一级合伙关系与二级合伙关系的内部约定也互不干扰。

例如在本文案例中，被告陈某与电机公司存在一级合伙关系、与原告朱某存在二级合伙关系，在二级合伙关系签订了利润分配《确认书》后，陈某以一级合伙关系尚未清算、未实际分得房产为由拒绝履行，但上述事由均存在于一级合伙关系中，不能对抗二级合伙人朱某，且朱某与陈某就二级合伙分配事项形成《确认书》，已经达成了分配协议，陈某有义务按照该协议分

配合伙利润，因此，二审法院判决驳回了陈某的上诉请求。

2. 实践中，多重合伙关系的产生系基于合伙人变更需要其他合伙人同意而寻求的变通方法，但仍应特别注意合伙体内部约定的相对性，避免两级合伙人的约定内容出现冲突和矛盾，阻碍合伙事项的推进

（1）多重合伙关系的产生系基于合伙人变更需要其他合伙人同意而寻求的变通方法

例如在本文案例中，之所以产生两级合伙关系，实际上是被告陈某想将自己在一级合伙关系中的份额部分转让给原告朱某，该目的通过合伙份额转让直接使朱某加入一级合伙也能够实现。但实践中，直接对外转让合伙份额可能会面临合伙协议是否存在特别约定、其他合伙人是否同意等一系列问题，相比之下直接另外签订二级合伙协议反而更加方便。

（2）多重合伙关系中应特别注意合伙体内部约定的相对性，避免两级合伙人的约定内容出现冲突和矛盾，阻碍合伙事项的推进

从本文所引案例来看，在二级合伙关系形成后，应特别注意合伙体内部约定的相对性，有意将一级合伙的运营状态纳入二级合伙内部约定的考量范围，避免两级合伙各自为政。例如，在做出二级合伙的利润分配方案时，可以将一级合伙的利润分配或清算作为二级合伙利润分配的前提条件，以免出现本案一级合伙尚未清算、二级合伙人已经要求履行利润分配协议的尴尬局面。

3. 两级合伙关系对外承担责任时，所有合伙人仍应共同承担连带责任

前面提到的是两级合伙关系对内互不干扰，但如果一级合伙在运营过程中对外负债，则对于该债务，两级合伙关系的合伙人均应承担连带清偿责任。

例如，在（2021）渝0101民初14559号案件中，法院认定，"就案涉运输合同关系的实际托运方，有陶某、李某二人的第一级合伙关系，及在陶某份额内与陈某之间的二级合伙关系。根据《民法典》第九百七十三条'合伙人对合伙债务承担连带责任……'的规定，对于案涉运费，陶某与李某应就原告的运费承担连带清偿责任，被告陈某因与陶某的合伙关系，亦应当对合伙债务承担连带清偿责任，因案涉运费系两级合伙关系的共同债务，故两级

合伙人均应对案涉运费承担连带清偿责任"。

四、合伙终止前，合伙人之间签订分配协议分配项目利润是否等同于清算？协议效力如何

原告朱某依据《确认书》要求被告陈某分配二级合伙利润，双方就《确认书》的效力产生争议。一审法院认定《确认书》有效，陈某应按照《确认书》的约定履行义务，陈某不服，提起上诉，双方对此产生争议。

（一）原告与被告的不同主张

被告陈某主张：（1）项目股东通过《股东会决议》将登记在案外人名下资产分配给项目股东，是恶意串通损害案外人以及国家的利益，依据原《合同法》第52条第2项的规定，该股东决议无效。《确认书》是依据该《股东会决议》形成的，因此《确认书》亦属无效。（2）陈某与朱某之间系合伙关系，因此《确认书》不是双方之间具有法律效力的债权文书，只有当上诉人实际取得《确认书》中载明的财产，经清算了结完对外的债务后，被上诉人才有权分得，这才符合合同型合伙"共同出资、共享利润、共担风险"的特征。

原告朱某主张：（1）虽然陈某与朱某之间是合同型合伙关系，但双方所签订的《确认书》是一份约束双方权利义务的合同，判断《确认书》效力及是否应当解除、解除后的赔偿，应当依据原《合同法》相关规定作出认定和裁判。（2）陈某将合伙关系解除和《确认书》解除混为一谈，其否定一审判决判令解除《确认书》的主张，没有事实和法律依据。

（二）法院观点

关于陈某与朱某签订的《确认书》的效力问题，四川省高级人民法院二审认为：

1.《确认书》仅是对财产分配达成的协议，并非对合伙关系的清算

《确认书》仅是陈某、朱某就相关财产如何分配达成的协议，并非对二级合伙关系的清算，《确认书》的履行并未免除陈某和朱某作为二级合伙人

| 案例十 |
| 双层合伙模式下，一级合伙尚未清算，二级合伙人先签订分配协议引争议 |

按照约定和法律规定应当承担的债务，且在一级合伙人陈述存在税收尚未清缴导致一级合伙未能清算的情况下，朱某亦表示愿意承担该案涉项目中应由其承担的税收，因此，《确认书》并未免除朱某应当承担的投资风险。

2. 本案双方对分配财产并未产生纠纷，《确认书》是否有效应当适用原《合同法》的相关内容进行规范

陈某与朱某之间是合伙法律关系，双方签订的具有民事权利义务的《确认书》的效力，也应当适用原《合同法》第52条规定内容进行规范；陈某并未提交证据证明双方签订的《确认书》具有原《合同法》第52条规定的无效情形。陈某主张双方之间系合伙关系，应当参照《民法典》第969条"合伙合同终止前，合伙人不得请求分割合伙财产"的规定，双方合伙协议尚未终止，不应进行财产分割，认定《确认书》无效。

对此，法院认为，首先，《民法典》自2021年1月1日起施行，本案不应适用；其次，本案合伙双方对案涉财产的分配并未产生纠纷，本案也不属于请求分割合伙财产纠纷。因此，陈某以此主张《确认书》无效的理由不能成立。一审认定《确认书》合法有效并无不当，双方均应按照《确认书》的约定行使权利并承担义务。

（三）律师分析及建议

1. 利润分配并不等同于要求终结合伙关系，如有合伙协议约定或协商一致，合伙终止前也可以要求分配利润

《民法典》第969条第2款规定："合伙合同终止前，合伙人不得请求分割合伙财产。"司法实践中很多判例也引用该条款，做出未进行清算不得分配合伙财产的判决。

但同时，《民法典》第972条规定："合伙的利润分配和亏损分担，按照合伙合同的约定办理；合伙合同没有约定或者约定不明确的，由合伙人协商决定；协商不成的，由合伙人按照实缴出资比例分配、分担；无法确定出资比例的，由合伙人平均分配、分担。"根据该条款，合伙的利润分配不以合伙关系终结为前提，在合伙过程中，各合伙人也可以依合同约定或者协商一致分配合伙利润。

综合上述两条法律规定，合伙终结（清算）前，如果合伙协议约定的利润分配条件成就或者经全体合伙人协商一致做出分配方案，合伙人也可以要求分配利润，反之，如果合伙协议没有提前约定利润分配条件、各合伙人也没能就利润分配达成一致意见，则合伙人只能等待合伙项目终结进行清算后才能要求分配合伙利润。

2. 合伙人之间就合伙收益进行分配的约定在无其他无效情形的情况下，应属有效，合伙人应予遵守

例如在本文案例中，案涉二级合伙关系中只有原告朱某与被告陈某两个合伙人，二人签订《确认书》约定朱某在陈某名下分得B01商铺一间以及11套住宅、70个车位60%的份额，该约定内容明确具体，足以证明二人对利润分配达成了一致意见，陈某虽主张《确认书》无效但也未提交充分证据。因此，法院认定朱某有权依据该《确认书》要求分配合伙利润。

3. 利润分配不等同于清算，签订并履行利润分配协议不影响合伙终结时对债务的承担

例如在本文案例中，被告陈某上诉主张如按照《确认书》进行分配将免除朱某在二级合伙中的投资风险，该主张其实是混淆了利润分配和清算两个概念。合伙运营过程中达成分配协议并不等同于清算，清算需要对合伙的债权债务关系进行全面的清理和确认。

案涉《确认书》内容仅涉及对合伙项目阶段性利润的分配，并未对二级合伙关系是否清算、如何清算、债务如何承担等内容进行确定，《确认书》的性质仅为利润分配协议，《确认书》的履行并不当然免除陈某和朱某作为二级合伙人按照约定和法律规定应当承担的债务。因此，对于陈某关于《确认书》免除了朱某应当承担的投资风险的上诉主张，法院不予支持。

综上所述，合伙过程中的利润分配不等同于清算，履行利润分配协议后，合伙项目终结前仍应进行清算，各合伙人仍应对合伙债务承担连带清偿责任。

五、签订了合伙利润分配协议但却无法履行，合伙人如何挽回损失

本案系因被告陈某拒不履行《确认书》而引起的合伙合同纠纷，《确认书》中虽明确原告朱某可在陈某名下分得的房产和车位，但该房产与车位实际并未登记在陈某名下，且其中 B01 商铺已经出售，《确认书》存在无法履行的客观障碍。因此，朱某起诉要求解除《确认书》并要求陈某按照《确认书》折价赔偿。一审法院判决《确认书》解除、陈某按照《确认书》约定分配给朱某的房产折价赔偿。陈某不服一审判决，提出上诉，双方就此产生争议。

（一）原告与被告的不同主张

被告陈某上诉主张：（1）合伙人要求分配盈利发生争议，应当依法进行清算。被上诉人的请求究竟应当支持多少，《确认书》无法确定，应当依法进行清算，只有清算才能确定。上诉人与国机保利公司合伙投资开发成都保利花园项目，一直没有清算，尚有其他债务及未上缴国家税收。而上诉人与被上诉人的清算必须等待前者的清算。因此，在合伙企业并未进行清算的情况下，判决上诉人赔偿被上诉人不能分配的房屋不妥。（2）陈某作为合伙事务的负责人有权处置合伙财产，B01 商铺在《确认书》形成前已经处置，所有处置款项已经全部支付给朱某，《确认书》的真实意思是朱某分得 B01 商铺变卖的款项，一审法院按照朱某提起本案诉讼时的评估价格判决赔偿有失公允。

原告朱某辩称：（1）《确认书》无法继续履行，应当依法解除。一审法院已经查明《确认书》载明陈某分配给朱某的房产全部已登记在案外第三人的名下，《确认书》载明的陈某的义务已无法履行，故依据原《合同法》第 94 条第 2 款（现《民法典》第 563 条）判定双方解除《确认书》，并依据原《合同法》第 97 条（现《民法典》第 566 条）规定判决陈某赔偿不能履行《确认书》义务给朱某造成的损失，认定事实清楚、适用法律正确，判决正确。（2）陈某处置 B01 商铺并未经朱某同意，处置两年后朱某才发现并追问

陈某，陈某才不得不承认已处置，并匆忙转款给朱某，但朱某对处置 B01 商铺并未表示同意或认可，当即起诉要求追责、赔偿。朱某起诉时确定陈某再也不能交付 B01 商铺了，才不得不主张按 B01 商铺的现金市场价赔偿不能取得 B01 商铺的损失，也是从起诉时这样主张，财产形态才由实物变更为了实物的货币价值。因此，一审法院判决陈某按照朱某起诉时 B01 商铺的评估价值赔偿朱某不能取得 B01 商铺损失，已经充分照顾了陈某的利益，合情合理合法。

（二）法院观点

1. 关于《确认书》应否解除的问题，法院支持朱某诉讼请求解除《确认书》并要求陈某将朱某应分配的财产份额对应的市场货币价值支付给朱某的主张

《确认书》明确约定《股东会决议》分配给陈某名下的房产中的 B01 商铺、11 套住宅和 70 个车位中 60% 的份额属于朱某。经查明前述房产和车库均已登记在案外人名下，陈某不能将《确认书》确认的属于朱某的房产份额登记在朱某名下。截至诉讼期间，陈某仍主张无法实现将《确认书》中分配给朱某的房产的所有权转移登记到朱某的名下，导致《确认书》确定的前述房产的 60% 的份额属于朱某无法实现，朱某无法对《确认书》确认的属于朱某的房产行使处分权，朱某《确认书》的根本目的无法实现，朱某诉讼请求解除《确认书》并要求陈某将朱某应分配的财产份额对应的市场货币价值支付给朱某，同时双方在诉讼中未达成就前述房产如何按照 4∶6 的份额进行分割，一审法院根据原《合同法》第 94 条第 2 项（现《民法典》第 563 条第 2 项）、第 97 条（现《民法典》第 566 条）的规定判决解除《确认书》并判决陈某赔偿朱某相应份额财产对应的损失并无不当。

2. 关于《确认书》解除后陈某应支付朱某的赔偿金额应如何确定的问题，法院支持朱某按照 B01 商铺的市场价值进行赔偿的主张

对于案涉 B01 商铺，陈某并未举证证明其处置该商铺时已得到朱某的同意，该事实也可以通过出让该商铺后陈某与朱某签订的《确认书》中仍将该商铺明确为朱某分配的财产反证朱某并不知晓商铺出售情况。陈某上诉主张

《确认书》真实意思是朱某分得 B01 商铺变卖的款项，但该主张与《确认书》内容不符，且没有其他证据予以佐证，故该主张法院不予支持。案涉 B01 商铺已经登记于案外人名下，陈某不能按照《确认书》的约定将案涉 B01 商铺分配给朱某，陈某应当赔偿朱某因不能取得该房产导致的损失。陈某主张商铺的出让价款与当时市场价吻合，且其已经支付给朱某的价款为商铺出售的全部价款，但其并未提交证据证明前述主张。因此，朱某诉讼请求应当按照 B01 商铺的市场价值进行赔偿的理由正当。结合评估结论，一审法院认定陈某应当赔偿朱某的 B01 商铺的价值为 15864600 元并无明显不当。

3. 《确认书》约定 11 套住宅和 70 个车库，陈某也应按照市场价值的 60% 向朱某支付对价款

同样地，由于陈某的原因导致无法依照《确认书》的约定将案涉 11 套住宅 60% 的份额和 70 个车位 60% 的份额分配给朱某，且陈某、高某认可 70 个车库中有部分车库已经被人民法院执行处置。故陈某应当赔偿朱某住宅、车位份额的市场价值。一审法院根据评估报告依法确认陈某应当向朱某赔偿 11 套住宅 60% 的价值和 70 个车位 60% 的价值为 12754800 元并无不当。

综上所述，陈某的上诉理由不能成立，二审法院不予支持。

(三) 律师分析及建议

1. 合伙人协商一致形成的利润分配协议在合伙人之间具有法律约束力，如部分合伙人拒绝履行利润分配协议，其他合伙人可以向法院提起诉讼要求履行。若因客观原因无法履行的，则可以诉讼请求解除利润分配协议并赔偿损失

合伙经营过程中合伙人协商一致形成的利润分配协议具有法律效力，合伙人应当按照分配协议内容履行。若管理合伙事务的合伙人未能按照约定履行利润分配协议，其他合伙人可以向法院提起诉讼，要求履行分配协议。

但是，如果起诉时分配协议已经不能履行，例如，在本文案例中，虽然《确认书》明确朱某可在陈某名下分得 B01 商铺、11 套住宅及 70 个车位的 60% 份额，但上述不动产并未实际登记在陈某名下，陈某客观上不具有依照《确认书》履行合同义务的条件，此时起诉要求履行分配协议已经无意义，

合伙人可以直接以合同不能履行为由诉讼请求解除分配协议并要求赔偿损失。

2. 实践中，起诉要求解除利润分配协议的，可以一并要求违约方赔偿损失，其损失数额的计算时间应以起诉时间为准

（1）根据法律规定，合伙人可以一并诉讼请求判令违约合伙人赔偿损失

《民法典》第577条规定："当事人一方不履行合同义务或者履行合同义务不符合约定的，应当承担继续履行、采取补救措施或者赔偿损失等违约责任。"由此，合伙人因分配协议不能履行而起诉要求解除利润分配协议的，可以一并诉讼请求判令违约合伙人赔偿损失。

（2）损失金额的认定，包括直接损失和可得利益损失

对于损失金额的认定，一般相当于因违约所造成的直接损失，也包括合同履行后可以获得的利益，但不得超过违反合同一方订立合同时预见到或者应当预见到的因违反合同可能造成的损失。

（3）损失金额的认定以利润分配协议解除之日作为损失认定的基准日

例如在本文案例中，陈某与朱某在《确认书》中约定的分红内容为B01商铺、11套住宅及70个车位的60%份额。因此，法院最终以经评估上述不动产的市场价值为标准认定损失金额。至于以何时的市场价值为准，因《民法典》第565条第2款规定："当事人一方未通知对方，直接以提起诉讼或者申请仲裁的方式依法主张解除合同，人民法院或者仲裁机构确认该主张的，合同自起诉状副本或者仲裁申请书副本送达对方时解除。"法院以《确认书》解除之日，即原告朱某起诉之日作为损失认定的时间标准。

案例 十一　名为独资实为合伙：共同经营个人独资企业的财务纠纷

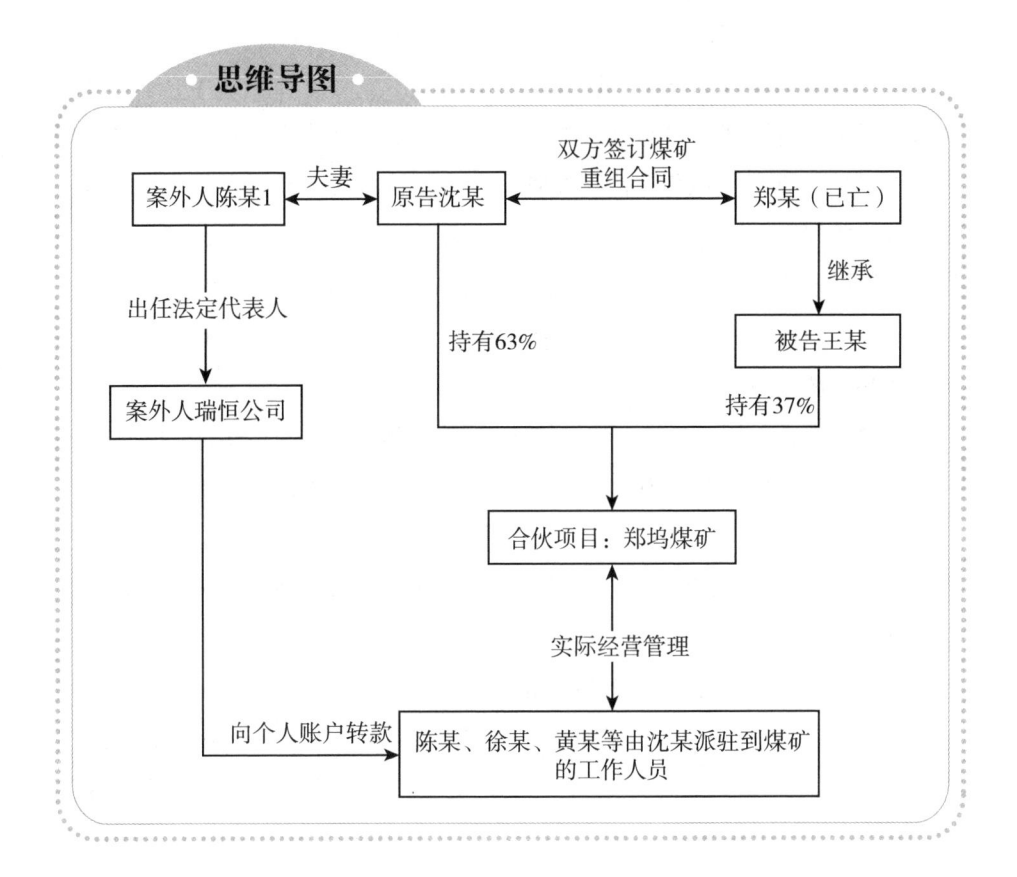

思维导图

```
案外人陈某1 ──夫妻── 原告沈某 ──双方签订煤矿重组合同── 郑某（已亡）
     │                  │                                │
出任法定代表人          持有63%                         继承
     ↓                  │                                ↓
案外人瑞恒公司           │                             被告王某
                        │                                │
                        │                             持有37%
                        ↓                                │
                   合伙项目：郑坞煤矿 ←──────────────────┘
                        │
                   实际经营管理
                        ↓
向个人账户转款 → 陈某、徐某、黄某等由沈某派驻到煤矿的工作人员
```

案例来源

（2020）最高法民申 5370 号、（2020）赣民终 147 号、（2019）赣 11 民初 299 号

不完美的合伙
―― 合伙纠纷27例全景解析

案情简介

郑坞煤矿成立于2002年7月12日，登记类型为个人独资企业，经营范围为原煤开采，投资人现登记为沈某一人。

2008年7月，郑坞煤矿股权人郑某与沈某签订《郑坞煤矿产业扩股重组合同》，约定：(1) 郑某意欲将资产扩大到1000万元，故愿意转让部分煤矿开采权；沈某经招商引资应允参股；双方确认郑某原投资郑坞煤矿目前一切固定资产设备抵值作价650万元；郑某保留240万元出资，其余410万元由沈某支付给郑某，郑某占煤矿股份24%；沈某出资760万元，其中410万元支付给郑某，由郑某收回部分投资，另350万元用于煤矿扩大生产，沈某出资后占有煤矿76%的股份，沈某控股。(2) 扩股后成立合伙企业，双方另行签订合伙协议和章程，并进行合伙企业登记，由沈某为法定代表人；合伙协议和章程以本协议为蓝本，如因行政登记上的巨大成本或者其他困难而难以登记为合伙企业的，则仍登记为个私企业，业主更换为沈某，不妨碍双方按照合伙共负盈亏。

因沈某未全部履行前述合伙协议的出资，双方于2009年6月又签订《补充协议》，约定：(1) 缩小投资规模至730万元，郑某保留270.1万元的出资，郑某占煤矿股份37%；(2) 沈某出资459.9万元，其中379.9万元用于支付给郑某，其余80万元用于投入煤矿生产和安全风险押金，沈某占煤矿股份63%。

自2017年5月起，因煤矿整合等政策要求，政府决定关闭郑坞煤矿，并经多轮协商确定给予郑坞煤矿拆除补偿款749.86万元、产能置换补偿款471.6万元、安全生产保证金65万元，郑坞煤矿因政府关停煤矿能获得各项补偿款共计1286.46万元。

郑某于2017年5月因病去世，王某是郑某的继承人，经诉讼确认王某就郑坞煤矿占股份37%、沈某占煤矿股份63%。后郑坞煤矿关闭，因煤矿债务分摊等原因，沈某以王某为被告提起本案诉讼。

案例十一
名为独资实为合伙：共同经营个人独资企业的财务纠纷

一、实际控制合伙人与合伙项目之间的金钱往来能否认定为借款

沈某认为其共计向郑坞煤矿提供借款本金 7866114.3 元，郑坞煤矿应先清偿对沈某的债务本息后再行向合伙人分配合伙财产，王某对此持有异议，双方产生纠纷。

（一）原告与被告的不同主张

原告（反诉被告）沈某主张，其通过瑞恒公司账户或沈某个人账户向陈某、徐某、黄某等人提供了 8666133.88 元出借款（沈某在其民事诉状中主张的出借款为 7866114.3 元），且陈某、徐某、黄某等人系沈某派驻郑坞煤矿的负责人，相关出借款也用于支付郑坞煤矿职工工资、煤矿三级达标、达标设备、钻井、拌煤、钻矿道、风险保证金等支出。据此，沈某在本案诉讼中要求确认郑坞煤矿的合伙债务本金 7866114.3 元及利息 3632173.24 元（本息合计 11498287.54 元）由沈某、王某承担，并请求郑坞煤矿取得的补偿款及风险保证金在偿还上述合伙债务后，由沈某按 63%、王某按 37% 的比例分配。

被告（反诉原告）王某主张：第一，沈某主张郑坞煤矿向其借款的持续时间长达 8 年、借款金额累计高达 7511415.88 元，但既无借款合同又无银行直接汇款的凭证予以证明，且借款 8 年来没有任何催还款记录予以证明。第二，沈某主张郑坞煤矿向其借款的主要依据是瑞恒公司汇款给沈某聘用人员的几十张银行汇款凭证，但上述银行汇款凭证中载明为"货款""往来款"，并无任何一张凭证中载明为"借款"，更未载明"沈某支付给郑坞煤矿的借款"等相关内容。第三，瑞恒公司曾以前述汇款凭证起诉郑坞煤矿要求郑坞煤矿偿还借款，经审理法院判决驳回瑞恒公司的诉讼请求，且沈某本人全程参加该案一审和二审的庭审，其从未提及该笔款项是郑坞煤矿向其个人的借款。现沈某以同样的汇款凭证起诉被告王某要求确认债权，沈某本案主张与前案判决确认事实相矛盾。沈某作为郑坞煤矿的实际控制人，利用其控制的郑坞煤矿公章伪造的一份郑坞煤矿欠瑞恒公司借款的《借条》，与本案沈某

· 159 ·

主张其对郑坞煤矿享有债权的事实相矛盾。第四，郑坞煤矿只有两个合伙人，八年来沈某从未向另一合伙人提到过郑坞煤矿对外借款的事情且沈某主张的借款无任何合伙决议同意对外借款的文件。第五，沈某主张的一百多笔借款，无一笔借款交付到郑坞煤矿的账户，相关款项接收人与沈某存在其他金钱往来关系，相关往来款与郑坞煤矿无关联，不应作为郑坞煤矿的对外借款。

（二）法院观点

1. 现有证据难以支持沈某主张的借款成立

从借款发生的过程来看，沈某主张的借贷持续八年，次数频繁，数额巨大，却没有签订借款合同约定借款数额、借期、还款时间和利息等事项，从未对款项进行结算，其间沈某亦未主张还款，而是在郑坞煤矿被当地政府决定关停以后，由郑坞煤矿向瑞恒公司出具《借条》，将所有汇款均确认为郑坞煤矿向瑞恒公司的借款，不符合民间借贷的常理和交易习惯。从借款数额来看，沈某在本案一审起诉状主张借款本金7866113.88元，并提供《郑坞煤矿原始凭证复印件（总册）》中的付款清单及相关凭证予以证明，根据一审查明的事实，其起诉主张与上述证据所载明的借款本金数额并不一致，沈某对此未能给出合理的解释，其提供的证据无法支持其借款数额，法院无法确认其主张的具体借款数额。从款项的流向和用途来看，沈某主张借钱给郑坞煤矿系由沈某或通过瑞恒公司打给陈某、徐某个人，汇款凭证载明"往来""往来款""货款"，对此，法院认为，上述款项未明确载明"借款"，亦未打入郑坞煤矿公账，导致陈某、徐某个人账户与郑坞煤矿公账资金难以区分。而对打入陈某、徐某账户的款项沈某仅笼统主张用于支付职工工资、煤矿改造等费用，未提供证据证明打入陈某、徐某账户的款项与煤矿各项经营支出的对应关系。因此，沈某提供的证据无法证明沈某个人或通过瑞恒公司打给陈某、徐某账户的款项系对郑坞煤矿借款，也无法证明用于煤矿经营。

2. 两合伙人就煤矿对外借款事项没有达成任何协议

郑坞煤矿为沈某和郑某两人合伙，双方按照合伙比例共负盈亏、共担风险，在重大合伙事务上亦应享有共同决策权。沈某作为郑坞煤矿的实际控制人，如郑坞煤矿确因经营需要拆借巨额资金，应得到另一合伙人郑某同意或确认，否则会严重损害郑某的利益，本案沈某未提供证据证明得到郑某同意或确认。再者，从二审庭审双方陈述来看，郑某不参与经营，煤矿由沈某实际经营和控制，双方未对煤矿进行过清算，也未分配过利润。故沈某主张要抵扣以其实际控制的煤矿名义出具的借条所称欠瑞恒公司的款项（实际是欠其自己出借的款项），于法无据，于理不符。

3. 以相同事实、相同证据主张存在借款关系的诉讼已有生效判决予以驳回

在另案瑞恒公司起诉郑坞煤矿借款纠纷案件中，瑞恒公司主张郑坞煤矿偿还借款7866113.88元及利息，并提供了汇款凭证、后期补制的郑坞煤矿账册及出借人为瑞恒公司并加盖郑坞煤矿公章的《借条》作为证据，经另案法院审理，以不能确定款项性质为借款的理由驳回诉讼请求。现本案沈某更换瑞恒公司为自己作为原告，依据与此前案件相同事实、相同证据再次起诉郑坞煤矿主张相同债权。对此，法院认为，瑞恒公司的法定代表人陈某1系沈某妻子，沈某作为瑞恒公司的实际控制人，此前案中以瑞恒公司为债权人的主张与本案中以自己为债权人的主张相互矛盾，违反了诚实信用原则。且此前案件生效判决驳回诉讼请求的理由并非因原告主体不适格，而是对该事实作出了不能确定款项性质为借款的认定。

综上所述，沈某在本案中提供的证据不足以证明案涉款项系郑坞煤矿的借款，法院对沈某要求确认郑坞煤矿的合伙债务本息合计11498287.54元的主张不予支持。

（三）律师分析及建议

1. 在无借条、借款合同等证据的情况下，出借人能否通过法院诉讼确认双方借贷法律关系成立并要回借款

根据《民间借贷司法解释》第16条"原告仅依据金融机构的转账凭证提起民间借贷诉讼，被告抗辩转账系偿还双方之前借款或者其他债务的，被告应当对其主张提供证据证明。被告提供相应证据证明其主张后，原告仍应就借贷关系的成立承担举证责任"的规定，出借人可仅依据转款凭证（如银

行转账、微信支付宝转账记录等）起诉借款人要求偿还借款。从法律条文的内容看，如果出借人仅有转账凭证的，出借人首先可以按民间借贷向法院起诉要求借款人还钱，关键是看下一步借款人如何抗辩。因为转账可以存在于各种法律关系中，例如买卖、租赁、投资等都可能会产生转账。

在最高人民法院民事审判第一庭主编的《最高人民法院新民间借贷司法解释理解与适用》一书中，最高人民法院对前述司法解释条文作了进一步的理解和释明：在诉讼中，原告（出借人）作为主张双方之间民间借贷关系存在的一方，虽然没有能够提交借款合同作为直接证据，但提交了款项实际支付的相应证据，即应当认为其对与被告之间存在借贷关系的事实完成了初步举证。此时，被告（借款人）如果提出双方之间款项支付的其他事实基础，则须对其主张予以举证证明。相应地，在被告提供了相应证据的情况下，由于原告对双方之间存在其所主张的借款关系负有举证责任，因而原告应当进一步针对被告主张提供其他证据以证明其主张。在原告不能提供更充分的证据证明其主张的情况下，对于法官来说，即面临对原告所主张的借款事实是否存在不能确定的问题，此时的结果责任仍应归于原告，由原告对此承担相应的不利后果。

2. 实践中，转款人以银行转账方式向另一方转款的，可在银行回单用途一栏载明款项用途，如"借款""投资款"等，这样标注可明确表达出双方就该次转款的真实意思，以此可避免转款、收款双方在日后产生纠纷时就该次转款的用途和性质出现约定不明和扯皮现象

若转款目的为投资款，转款人在银行转账凭证中载明为投资款，则收款人更应注意其收款后的风险隐患。因投资必然面临亏损的风险，故作为收款人务必要签署书面投资协议或者合伙协议，明确约定投资风险的分担以及投资收益的分享，避免由于约定不明使投资款变成了借款，承担本不应该由收款方承担的市场风险。

若转款目的是借款，出借人因碍于情面或其他原因没有让收款人出具借条的，可以做如下操作：

（1）出借人可在银行转账回单用途一栏载明"借款"。

（2）出借人将转款凭证通过微信方式发给收款人。

（3）可锦上添花地填上一句：该笔借款已转过去，请注意查收和按时归还。

3. 实践中，公司公户转款给相关自然人账户的行为并非法律禁止行为，但需要提供相应的合同或证明，合理说明转账原因，以及合规处理公转私的税务问题

首先，公司公户和股东及管理人员私户之间常会有一些资金往来，但这种"公转私"，如不具备合法合理的证明材料，很可能会存在税务、民事与刑事责任等风险，例如：

（1）偷税漏税的涉税风险。

（2）挪用公款的职务侵占罪、挪用资金罪、洗钱罪的刑事责任风险。

（3）因公司与股东之间出现财务混同，而导致股东突破有限责任对公司负债承担无限连带责任的民事责任风险。

其次，公司公户向自然人转款的行为，并非法律禁止行为，如以公转私行为就是国家允许的转账行为：

（1）发工资行为，公司将每月的工资通过公户发到每个员工的个人卡上。

（2）支付给个人的劳务报酬。

（3）向个人采购物资并支付货款的行为，或向个人房东支付租金的行为。

（4）归还个人借款，或公司向个人支付赔偿金。

（5）公司员工差旅费等费用的报销。

（6）公司向股东分配利润、公司分红行为。

4. 合伙企业或合伙关系中对外借款，须经全体合伙人同意，且在合伙财产无法清偿全部债务时，合伙人对合伙债务承担无限连带责任

以是否进行工商登记为准，合伙可以分为两种：企业型合伙关系与合同型合伙关系（原《民法通则》适用期间又称为个人合伙）。企业型合伙要进行工商登记为合伙企业，并领取营业执照。企业型合伙由《合伙企业法》调整。合同型合伙不需要登记，只要有共享利益、共担风险的合伙行为或合伙协议即可。现行的合同型合伙主要依据《民法典》中的合伙合同章节规定内

容进行调整。

合伙人依据合伙合同实施合伙事务而未登记设立合伙企业的，根据《民法典》第 973 条"合伙人对合伙债务承担连带责任。清偿合伙债务超过自己应当承担份额的合伙人，有权向其他合伙人追偿"的规定，合伙人对合伙债务承担连带责任。若合伙人依据合伙合同登记设立合伙企业的，依据《合伙企业法》第 39 条"合伙企业不能清偿到期债务的，合伙人承担无限连带责任"的规定，合伙人对合伙企业债务承担无限连带责任。

因此，实务中若合伙人经合伙授权以个人名义对外借款，且款项用于合伙事务，则该借款属合伙债务。一旦合伙财产无法清偿合伙债务时，则由全体合伙人连带承担还款责任。

5. 同一事项应避免重复起诉，且即便不构成重复起诉，前案诉讼中已查明事实及审理结果也会对后案产生直接影响，故在起诉时需要全面、审慎考虑起诉内容、纠纷背景、诉讼目的等情况，避免造成诉讼中一步错步步错的结果

（1）基于同一事项提起诉讼，可能因重复起诉而被法院驳回起诉

根据《民事诉讼法司法解释》第 247 条的规定，当事人就已经提起诉讼的事项在诉讼过程中或者裁判生效后再次起诉，同时符合下列条件的，构成重复起诉：①后诉与前诉的当事人相同；②后诉与前诉的诉讼标的相同；③后诉与前诉的诉讼请求相同，或者后诉的诉讼请求实质上否定前诉裁判结果。法律上的重复起诉，结果是：当事人重复起诉的，裁定不予受理；已经受理的，裁定驳回起诉。我国民事诉讼法对重复诉讼予以规制的目的，在于防止不同法院对同一案件作出相互矛盾的裁判，维护司法权威，以及有效利用司法资源，实现诉讼经济的目的。

（2）根据《民事诉讼法司法解释》第 93 条第 1 款的规定，已为人民法院发生法律效力的裁判所确认的事实，当事人无须举证证明

例如本文案例中，沈某在前案以瑞恒公司名义起诉郑坞煤矿请求法院确认双方之间成立借贷法律关系及郑坞煤矿欠付瑞恒公司借款的事实，但因前案查明借贷关系不成立并驳回瑞恒公司诉讼请求后，沈某再以相同证据材料起诉郑坞煤矿要求确认郑坞煤矿欠付沈某借款未偿还。显然前后两个案件针

对相同转账记录以及相同证据材料，仅变更了起诉主体，则即便法院未认定为重复起诉，后案的裁判也必然受前案裁判确认不存在借贷关系事实的影响，故法院判决驳回了沈某要求确认债权成立的诉讼请求。

二、未经清算确定外债前，合伙人能否直接分配合伙财产

本案中，就合伙事项在未经清算前能否直接将郑坞煤矿补偿款及安全生产保证金分配给合伙人的问题，双方产生争议。

（一）原告与被告的不同主张

原告（反诉被告）沈某在一审时主张，要求分割郑坞煤矿补偿款及安全生产保证金。沈某一审时提出的诉讼请求："郑坞煤矿取得的补偿款及风险保证金在偿还上述合伙债务后，由沈某按63%、王某按37%的比例分配。"即沈某在一审时的诉讼主张为要求分割郑坞煤矿补偿款及安全生产保证金。

原告（反诉被告）沈某在二审时主张，郑坞煤矿未经清算确定外债前两合伙人不应进行分配。

原告（反诉被告）沈某在最高人民法院再审审理时主张，本案应为合伙清算纠纷，应当按照法定程序对郑坞煤矿进行注销清算。根据《民法典》第969条第2款"合伙合同终止前，合伙人不得请求分割合伙财产"的规定，本案诉争的补偿款等款项实际是合伙财产，在合伙协议终止前，本案所涉合伙财产，各合伙人不得直接分配。本案应在清算完成后，若有盈余，再由合伙人按照比例进行分配。

被告（反诉原告）王某主张，不经清算直接按照合伙人持股比例分配郑坞煤矿的补偿款及安全生产保证金。王某在一审反诉时提出的反诉请求中明确："请求法院确认郑坞煤矿关停后所得补偿款及相关部门返还的保证金不应扣除沈某主张其在郑坞煤矿的应收债权，应直接按照沈某占有63%、王某占有37%的比例进行分配。"即王某主张不经清算直接按照合伙人持股比例分配郑坞煤矿的补偿款及安全生产保证金。

（二）法院观点

1. 江西省高级人民法院就争议问题认为，沈某在一审时的诉讼主张及自认内容与其二审的主张相矛盾，且其二审时申请鉴定结合案件事实不符合鉴定条件，故驳回其鉴定申请，认定双方之间可以分配郑坞煤矿的补偿款和安全保证金

根据法律规定，合伙人对合伙债务须承担无限连带责任，如存在合伙债务，债务人可以以合伙人为被告要求承担连带清偿责任。沈某作为郑坞煤矿的实际控制人，对郑坞煤矿是否存在对外债务应是清楚的，其在一审自认郑坞煤矿除案涉债务不存在其他对外债务，要有也是小额债务，且没有案外人要求过参与案涉补偿款及保证金的分配。因此，即使不经清算分配财产，也不会影响其他债务人的利益。沈某二审庭审时还提出对郑坞煤矿账册进行鉴定，确定是否存在亏损，由双方分担亏损后再行分配。对此，法院认为，一审沈某和王某均提出诉讼请求要求直接分配案涉补偿款及保证金，并一致同意在不进行合伙清算的情况下进行分配。是否组织合伙清算的决定权在当事人，沈某一审并未提出对郑坞煤矿的债权债务进行司法鉴定的书面申请，二审庭审时才提出对此进行鉴定的申请，超出一审的诉讼请求范围，且王某以账目系单方制作、未经合伙人同意、也未入公账户为由不同意鉴定，故对沈某的鉴定申请法院不予审理。据此，沈某和王某可以对郑坞煤矿的补偿款和安全生产保证金进行分配。

2. 最高人民法院就争议问题认为，本案属于合伙合同案件，而非合伙企业纠纷案件，故不应适用《合伙企业法》关于分割合伙财产的限制性规定

虽然郑某将郑坞煤矿登记为个人独资企业，但沈某入伙后，暂无证据表明双方重新进行过合伙企业登记。因此，两人在事实上共同组成了个人合伙而非合伙企业。由于郑坞煤矿、沈某未主张目前存在关于对个人合伙清算程序的法律规定，其主张适用《合伙企业法》第21条"合伙人在合伙企业清算前，不得请求分割合伙企业的财产"的规定，与事实不符。原判决未将本案法律关系定性为合伙清算纠纷而定性为合伙协议纠纷并无不当。

(三) 律师分析及建议

1. 合伙清算纠纷与合伙协议纠纷有何不同，为何沈某要一直强调本案为合伙清算纠纷案件

在讨论合伙清算纠纷与合伙协议纠纷之前需要先明晰合伙合同与合伙企业之间的关系，根据《民法典》第967条"合伙合同是两个以上合伙人为了共同的事业目的，订立的共享利益、共担风险的协议"的规定，合伙合同实质是合伙人之间订立的一个合同关系，合伙人按照合同约定履行合伙事务，并不一定要设立公司或合伙企业。

例如在本文案例中，沈某之所以一直强调本案应为合伙清算纠纷是因为想将本案拉入《合伙企业法》的规制范围，并依据《合伙企业法》第21条"合伙人在合伙企业清算前，不得请求分割合伙企业的财产"的规定，利用合伙企业的特殊性以及其实际控制合伙企业的便利条件，一方面阻止其他合伙人分配合伙财产，另一方面将合伙企业对外负债进行确认将可分配给其他合伙人的合伙财产进行冲抵和稀释。

2. 合伙企业中合伙关系与合伙合同形成的合伙关系的区别

合伙企业中合伙关系与合伙合同形成的合伙关系的区别，主要体现在以下几点。

(1) 关于是否需要书面合同的要求不同

合伙合同可以订立口头的合伙协议也可以订立书面合伙协议；合伙企业则必须有书面的合伙协议。

(2) 合伙人承担责任的方式略有不同

合伙企业可分为普通合伙企业和有限合伙企业，普通合伙企业的合伙人对合伙企业债务承担无限连带责任，有限合伙企业中的普通合伙人对合伙企业债务承担无限连带责任，有限合伙企业中的有限合伙人以其认缴的出资额为限对合伙企业的债务承担责任；合伙合同关系中全体合伙人对合伙债务承担无限连带责任。

(3) 出资方式不同

合伙合同以非货币资产出资的，没有规定必须要办理财产权转移手续，

但是合伙企业不一样，如果是以非货币出资，则须按照法律规定办理财产权转移手续。

（4）利润、亏损分配不同

合伙合同是共同出资、共同经营、共享收益、共担风险的关系，相关利润分配、亏损分担、清算财产分配等均须各方在合伙协议中明确约定。而合伙企业可根据《合伙企业法》中的相关规定进行利润分配、亏损分担。

3. 关于《民法典》与原《民法通则》衔接问题，《民法典》内容显然对本案中沈某的主张更有利，然而本文案例中并未适用《民法典》的规定

（1）根据《民法典时间效力规定》的规定，《民法典》施行前已经终审的案件，当事人申请再审或者按照审判监督程序决定再审的，不适用《民法典》的规定

我国《民法典》是在2020年5月28日公布的，自2021年1月1日起开始生效实施。根据《民法典时间效力规定》第1条、第5条的规定，《民法典》施行前的法律事实引起的民事纠纷案件，适用当时的法律、司法解释的规定；《民法典》施行前的法律事实持续至《民法典》施行后，该法律事实引起的民事纠纷案件，适用《民法典》的规定。《民法典》施行前已经终审的案件，当事人申请再审或者按照审判监督程序决定再审的，不适用《民法典》的规定。本案因二审判决（终审）作出时《民法典》并未生效施行，故最高人民法院就沈某再审申请中要求适用《民法典》的主张并未予以支持。

（2）因《民法典》施行前的原《民法通则》关于"个人合伙"的规定中不存在未经清算不得分配合伙财产的禁止性规定，故法院依据原《民法通则》的规定并未支持原告沈某的要求先清算公司债务的主张

本文案例中，适用《民法典》之前的原《民法通则》内容，因原《民法通则》第2章有关个人合伙的规定中不存在未经清算不得分配合伙财产的禁止性规定，故一审法院认为，本案双方一致确认郑坞煤矿没有进行过合伙清算，但是，关于合伙清算程序，我国法律对个人合伙中的清算程序未予规定。根据原《民法通则》第35条第2款的规定，合伙人对合伙的债务承担连带责任。因此，个人合伙未经清算而对财产予以分割处置，不影响合伙人对合伙债务对外承担连带清偿责任，进而不足以确认个人合伙中的财产分割必然

会对案外债权人的实际利益造成损害。据此，本案一审法院采纳了双方一致要求分割郑坞煤矿补偿款及安全生产保证金的诉讼主张。

（3）因《民法典》与原《民法通则》对合同型合伙规定内容的不同，适用不同法律可能会引发不同的结果

《民法典》合同编第二分编中关于合伙合同的规定扩大了原《民法通则》中个人合伙的适用范围，不再局限于只有两个公民以上自然人可以成立个人合伙，而是任何主体均可以签订合伙合同。同时，《民法典》第969条第2款规定："合伙合同终止前，合伙人不得请求分割合伙财产。"将合伙合同中合伙项目的财产分割与《合伙企业法》规定的财产分割程序同步。此时，若再考虑《民法典时间效力规定》第3条："民法典施行前的法律事实引起的民事纠纷案件，当时的法律、司法解释没有规定而民法典有规定的，可以适用民法典的规定"的规定，如果本案中原告沈某的起诉时间若稍晚些，本案适用《民法典》的规定内容，可能会有对原告沈某更有利的结果。

4. 实践中，若在诉讼时不断变化诉讼主张，会影响法官的基础判断，不利案件后续走向

例如本文案例中，原告沈某在一审时明确表示同意在未经清算的情况下仍继续进行补偿款等财产分割，故即便郑坞煤矿未经合伙清算，一审、二审法院均认为本案亦不再考虑是否以合伙清算为分割诉争款项的前提条件。可理解为法院认为沈某在一审时的诉讼主张是分割合伙财产，基于原被告均同意分割合伙财产，故在无法律明确禁止的情形下，法院同意原被告双方就分割合伙财产的主张。

即便在再审申请中原告沈某以《民法典》第969条的有利规定，主张本案诉争的补偿款等款项实际是合伙财产，在合伙协议终止前，本案所涉合伙财产，各合伙人不得直接分配。最高人民法院对于沈某的该项再审申请主张，特意强调：由于郑坞煤矿、沈某未主张目前存在关于对个人合伙清算程序的法律规定，而《合伙企业法》又不适用本案，且本案一审、二审时《民法典》尚未生效，不能直接作为裁判依据，故最终驳回了沈某的诉讼主张。

综上所述，诉讼发起方在提起诉讼时须提前、全面考虑起诉证据材料、诉讼请求内容、被告选择、庭审表述内容等，避免诉讼过程中前后主张不一

致导致矛盾而引起的不利结果。

三、合伙人能否按分配比例直接向有关部门申领煤矿补偿款和保证金

本案中，诉争关停煤矿补偿款和安全生产保证金属于合伙财产，双方就合伙人能否跳过合伙主体郑坞煤矿而直接向有关部门申领前述款项问题，产生争议。

（一）原告与被告的不同主张

原告（反诉被告）沈某主张，本案所涉补偿款及保证金的所有权主体为郑坞煤矿，该些款项均属于郑坞煤矿的资产，理当用于煤矿的负债，不应由煤矿股东直接向相关部门领取。

被告（反诉原告）王某则在反诉请求中主张，请求判决王某有权按照股份比例直接向××市相关部门申领补偿款及保证金。

（二）法院观点

本案双方对沈某占有63%、王某占有37%的比例分配并无异议，故郑坞煤矿补偿款及安全生产保证金应当直接按照沈某占有63%、王某占有37%的比例分割。王某要求确认其有权直接向相关部门申领其应得部分的补偿款及保证金，不违背法律规定，一审法院予以采纳。

二审时，江西省高级人民法院认为，因双方已就补偿款及安全生产保证金的分配产生纠纷，如以郑坞煤矿名义申领补偿款和保证金后再行分配，由于郑坞煤矿由沈某实际控制，王某的利益难以得到保障。因此，认定王某有权按照合伙份额37%比例直接向××市相关部门申领补偿款及保证金。

（三）律师分析及建议

1. 实践中关于合伙财产的认定问题，合伙财产是否必须独立于合伙人的个人财产，应区别合同型合伙与企业型合伙的不同合伙形式

根据《民法典》第969条第1款的规定，合伙人的出资、因合伙事务依

法取得的收益和其他财产,属于合伙财产。合伙合同中合伙财产有别于合伙企业的合伙财产,因合伙企业具有独立的民事主体资格,故合伙企业财产所有权均归属于合伙企业,如本文案例中若双方基于合伙协议设立郑坞煤矿,双方分别登记持股,则该合伙项目有明确民事主体即郑坞煤矿,则郑坞煤矿对其自身的收益及负债享有独立自主的处分权,本文案例诉争的补偿款等款项的取得主体将会是郑坞煤矿而非合伙人。

然而,本文案例并没有做合伙企业合伙人身份登记,也没有代持等约定,故无法认定郑某与沈某合伙约定是双方共同成为郑坞煤矿的合伙人,这也体现了原《民法通则》关于"个人合伙"的规定以及现《民法典》关于合伙合同章节内容的价值。实践中,这类合伙但不成立具体合伙企业或公司的合伙形式很多,出现纠纷即可参照前述合伙合同等法律规定进行处理。

2. 因政策性要求关停煤矿的,煤矿企业依法有获得相应补偿款的权利,一般由煤矿企业作为申领主体向当地政府部门申领

地方政府基于安全生产、环境保护和产业政策优化调整等政策要求作出关停某一处煤矿决定的,该政府关停煤矿行为,既不是由于行政许可所依据的法律、法规、规章修改或者废止或客观情况发生重大变化而由颁发行政许可机关撤回行政许可的行为,也并非地方政府对于违反安全生产、环境保护相关法律法规而作出的责令关停煤矿的行政处罚行为,而是属于具体行政行为。因此,对于关停煤矿的标准和程序,需要依法进行,且因政策性关停煤矿的煤矿企业也有权获得相应补偿款。

3. 基于合伙项目实际控制人对于合伙项目的影响,实际控制人能否欺负其他合伙人不给其分配资产

合伙人基于合伙合同共同实施合伙项目而未登记设立公司或合伙企业的,相对合伙事项的决策机制、决策执行机制、违约情形及赔偿标准应在合伙合同中作明确约定,届时各方按照合伙合同的约定履行即可。这类操作的注意要点就是要在合伙前形成一份适宜的合伙合同。

合伙人基于合伙合同又登记设立合伙企业或公司的,要根据不同情况妥善处理好以下事宜。

(1) 其中设立公司的,按照《公司法》的相关规定,做好公司章程约

定,分配好各合伙人出任公司董监高及法定代表人等要职身份,以及管理公司财务的会计和出纳人选。

因设立公司后有明确的公司章程及公司法的规制,相应在出现纠纷后即便合伙合同中没有明确的约定,按照公司章程和《公司法》及其司法解释的规定也能处理得很好。设立公司后,合伙人作为股东与合伙项目之间会有道隔离墙,即有限公司的独立法人主体身份,股东财产与公司财产依法应是相互独立,股东无权直接取舍公司财产,股东分红、决策等须符合《公司法》的要求。

(2)签订合伙合同后设立合伙企业的,又可分设立有限合伙企业与设立普通合伙企业两种合伙企业类型。

有限合伙企业中有普通合伙人(GP)与有限合伙人(LP)两种合伙人,其中普通合伙人负责合伙企业的日常管理并享有合伙企业的经营权,执行事务合伙人也必须是普通合伙人,但因权责一致的基本原则,普通合伙人对合伙企业债务承担无限连带责任,有限合伙人则仅以其认缴的出资金额承担有限责任。而普通合伙企业则全部由普通合伙人组成,合伙人推选出一位或几位执行事务合伙人来管理合伙企业日常经营,出现合伙企业负债且资不抵债时,全体合伙人对合伙企业债务承担无限连带责任。

四、合伙人在二审时才书面提出对合伙财产进行审计能否获得法院支持

本案中,实际控制合伙人沈某在二审时提出对合伙期间的债权债务进行审计的书面申请,二审法院未予采纳,各方对此产生争议。

(一)原告与被告的不同主张

原告(反诉被告)沈某主张,其在一审时虽未提出书面申请,但其当庭明确表态可以审计,人民法院为查清本案事实,有权依职权委托司法审计,且二审时沈某明确提出了审计申请,账目不合规,账目稍显凌乱不是不予审计的理由,审计单位对有争议的账目本身可以披露,不影响整体审计,审计至少可以初步明确郑坞煤矿的债权债务,减少双方争议的范围。

被告（反诉原告）王某主张，账目是沈某单方制作、未经其他合伙人同意、也未入公账户，故不同意沈某鉴定（审计）申请。

（二）法院观点

最高人民法院就沈某的再审申请，经审理认为：原判决未同意沈某于二审庭审时提出的鉴定申请并无不当。理由如下：

第一，沈某在一审阶段并未明确以书面形式提交审计申请，现其主张曾在一审庭审中口头作出该意思表示，也未提供证据证明。

第二，沈某和王某一审时均要求直接分配案涉补偿款及保证金，并未要求必须进行合伙清算。沈某在二审上诉时提出进行鉴定，用来进行合伙清算，超出了一审诉讼请求的范围。

第三，沈某一审确认郑坞煤矿除案涉债务以外不存在其他对外债务，即使有，也是小额债务，且没有案外人要求过参与案涉补偿款及保证金的分配。

第四，王某主张用以鉴定的账目是单方制作、未经合伙人同意，故不同意鉴定。郑坞煤矿、沈某未能提供相反证据证明上述事项不成立。

（三）律师分析及建议

1. 实践中，若一审未提出书面鉴定（审计）申请，二审时能否提出对相关证据材料进行鉴定（审计）

（1）关于鉴定（审计）申请的提出期限问题

根据《民事证据规定》第31条第1款的规定，当事人申请鉴定，应当在人民法院指定期间内提出。根据《民事诉讼法司法解释》第121条的规定，当事人申请鉴定，应在举证期限届满前提出。

（2）关于逾期不鉴定（审计）的法律后果问题

根据《民事证据规定》第31条第2款的规定，对需要鉴定的待证事实负有举证责任的当事人，在人民法院指定期间内无正当理由不提出鉴定申请或者不预交鉴定费用，或者拒不提供相关材料，致使待证事实无法查明的，应当承担举证不能的法律后果，即举证不能的败诉后果。

（3）关于当事人在二审或者再审中申请鉴定的问题

在案件进入二审或者再审程序的情况下，对于是否应当通过鉴定方式查明相关事实，法官除了审查该鉴定申请是否与查明案件基本事实有关以及该相关问题是否为必须鉴定才能作出判断等条件外，还需要增加审查一个重要事项，即原审法院是否就相关待查明事实需要鉴定的问题向当事人做过释明。如果原审法院就相关专门性问题的查明予以充分关注，并对负有申请责任的举证责任一方当事人做过释明，但该当事人经过释明后仍明确放弃司法鉴定或者未按照要求预交鉴定费用，此时，就需要对当事人放弃鉴定是否有正当理由作专门的询问和审查。我们认为，如果当事人无正当理由未在原审法院指定的期间内申请鉴定，或者申请后未按照要求预交鉴定费用，则可以推定该当事人对相关待证事实的举证权利作了处分，一般可以不再对当事人在二审或者再审中提出的鉴定申请予以准许。[①]

综上所述，虽然申请鉴定（审计）属于当事人应有的诉讼权利，法律并未规定一审未申请鉴定（审计）的当事人不能在二审提出鉴定申请，但若一审法院已就相关鉴定（审计）事项予以专门的释明且当事人不同意鉴定（审计）的，则该当事人二审时再提出鉴定（审计）申请，二审法院一般不予支持。

2. 实践中的打官司证据很重要，但在一堆混乱复杂的材料中以法律逻辑梳理出有利的证据链条则更显重要

俗话讲"打官司就是打证据"，足可体现证据的重要性。整个民事诉讼过程都是围绕证据展开，当事人一方提出诉讼主张和另一方作出抗辩都是要在证据基础上再结合相关法律法规表达己方观点。法院也要以证据作为基础来认定案件事实，进而依法正确裁判。

证据包括当事人陈述、书证、物证、视听资料、电子数据、证人证言、鉴定意见和勘验笔录等八种类型，因民事活动并不是模板化，实践中的诉讼纠纷所涉证据往往夹杂着烦乱的信息和混合着半真半假的事实内容，因此，在一堆混乱复杂的材料中以法律逻辑梳理出完整待证事实证据链条就显得尤为重要。

---

① 参见最高人民法院民事审判第一庭编著：《最高人民法院新民事诉讼证据规定理解与适用》（上），人民法院出版社2020年版，第394页。

3. 实践中，当事人对于在庭审中重要的申请和表意，应注意记入笔录，避免后续无法证明

例如在本文案例中，沈某主张其虽在一审阶段并未明确以书面形式提交审计申请，但其曾在一审庭审中口头作出该意思表示。因未在一审的庭审笔录中有过记录，且沈某也未提供其他证据证明，故最高人民法院对于沈某的主张未予认可。通过本文案例内容，我们提醒读者在参加庭审时，需要注意在庭审中重要的申请和表意，这些都应记录在庭审笔录中，并在庭后查阅和再次确认庭审笔录中有无完整记录自己的表达内容，若没有完整记录还须提请笔录记录人员完成补充。

五、签合伙协议而未做合伙企业登记的，是否受《合伙企业法》的影响

关于本案应否适用《合伙企业法》第 21 条规定的"合伙人在合伙企业清算前，不得请求分割合伙企业的财产"的问题，各方产生争议。

（一）原告与被告的不同主张

原告（反诉被告）沈某主张，本案法律关系定性为合伙协议纠纷是错误的，本案应为合伙清算纠纷，应适用《合伙企业法》的相关规定。

被告（反诉原告）王某主张，本案并不必须先经清算，王某有权要求被告分配合伙财产。

（二）法院观点

王某的丈夫郑某与沈某签订《郑坞煤矿产业扩股重组合同》，对各自的出资数额、盈余分配等事项进行了约定，故郑某与沈某形成了个人合伙的法律关系。

虽然郑某将郑坞煤矿登记为个人独资企业，但沈某入伙后，暂无证据表明双方重新进行过合伙企业登记。因此，两人在事实上共同组成了个人合伙而非合伙企业。由于郑坞煤矿、沈某未主张目前存在关于对个人合伙清算程

序的法律规定,其主张适用《合伙企业法》第 21 条"合伙人在合伙企业清算前,不得请求分割合伙企业的财产"的规定,与事实不符。原判决未将本案法律关系定性为合伙清算纠纷而定性为合伙协议纠纷并无不当。

(三) 律师分析及建议

1. 相较原《民法通则》关于"个人合伙"的规定,《民法典》有关合伙合同的规定扩大了民事合伙的主体适用范围

原《民法通则》就"个人合伙"作了定义,根据原《民法通则》第 30 条的规定,"个人合伙"是指两个以上公民按照协议,各自提供资金、实物、技术等,合伙经营、共同劳动。《民法典》将前述"两个以上公民"的主体限制进一步进行了扩展,根据《民法典》第 967 条的规定,合伙合同是两个以上合伙人为了共同的事业目的,订立的共享利益、共担风险的协议。因此,关于两个以上合伙人基于共享利益共担风险的合伙意思形成的合伙合同,适用《民法典》关于合伙合同的相关规定。

2. 实践中,如何认定《民法典》规定的合伙人请求分割合伙财产的限制

根据《民法典》第 969 条第 2 款的规定,合伙合同终止前合伙人不得请求分割合伙财产。关于合伙合同的终止,实践中一般包括的终止类型为:

(1) 合伙合同被解除。

(2) 合伙期限届满或合伙合同约定的解散事由出现。

(3) 合伙人死亡、丧失民事行为能力或终止的。因此,在合伙期间合伙人不可以申请分割合伙财产,在申请分割合伙财产时需要前置或至少同时提出合伙合同终止的请求。

3. 实践中,合伙人在合伙期间能否申请分割合伙财产

合伙人在合伙中途要求分割合伙财产或退伙是常有发生的事情,关于合伙人请求分割合伙财产,因《民法典》第 969 条第 2 款关于分割合伙财产应先终止合伙合同的限制规定,故合伙人在签署合伙合同时应注意明确约定合同条款,提前避免陷入无休止的纠纷中。

具体须注意的合伙合同条款内容包括:

（1）合伙人的出资方式、数额和缴付期限。

（2）利润分配、亏损分担方式。

（3）合伙事务的执行。

（4）入伙与退伙。

（5）争议解决办法。

（6）合伙事项的解散和清算。

（7）违约责任。

六、合伙人死亡后的继承问题

在本案立案前，关于前合伙人郑某逝世后其配偶王某能否继承其合伙份额问题，双方产生争议。

（一）原告与被告的不同主张

原告（反诉被告）沈某主张，郑坞煤矿系其个人独资企业，其他人不应分配份额。

被告（反诉原告）王某主张，因其丈夫郑某逝世，王某作为郑某唯一合法继承人，郑某与沈某系合伙关系，应享有郑坞煤矿37%股份份额及收益分配发生。

（二）法院观点

经人民法院主持调解，并制作《民事调解书》，确认工商登记在沈某名下的郑坞煤矿，王某（郑某继承人）占该煤矿股份37%，沈某占该煤矿股份63%。

（三）律师分析及建议

1. 实践中，若合伙人死亡，其继承人继承合伙份额是否必须经其他合伙人同意

（1）关于合伙企业中合伙人死亡

根据《合伙企业法》第50条第1款的规定，合伙人死亡或者被依法宣

告死亡的,对该合伙人在合伙企业中的财产份额享有合法继承权的继承人,按照合伙协议的约定或者经全体合伙人一致同意,从继承开始之日起,取得该合伙企业的合伙人资格。

(2)关于合同型合伙(合伙人签订合伙合同后未就合伙项目登记设立其他民事主体)中合伙人死亡

根据《民法典》第 977 条的规定,合伙人死亡的,合伙合同终止;但是,合伙合同另有约定或者根据合伙事务的性质不宜终止的除外。因此,合同型合伙中合伙人死亡能否由继承人继续继承合伙份额以及继承人基于何种程序完成合伙份额的继承,需要根据合伙合同的约定,若合伙合同无约定,基于全体合伙人的同意可以完成继承,但若不能实现全体合伙人的同意,则合伙合同终止。

2. 合伙人死亡其继承人可否放弃合伙份额而转为要求分配合伙份额对应的金钱对价

(1)关于合伙企业中合伙人死亡

死亡合伙人的继承人有权放弃合伙份额而要求分配合伙份额对应的金钱对价。根据《合伙企业法》第 50 条第 2 款的规定,继承人不愿意成为合伙人的,合伙企业应当向合伙人的继承人退还被继承合伙人的财产份额。

(2)关于合同型合伙中若合伙人死亡

若死亡合伙人的继承人不愿意继承合伙份额,则在没有其他特殊合伙合同约定的情形下,合伙合同终止。合伙合同终止后将面临合伙财产的清算,死亡合伙人的继承人有权就清算后分割给被继承人的财产进行主张,该继承人有权分配到合伙份额对应的金钱对价。

案例	隐名投资人显名化：法院认定合伙人身
十二	份却不支持分配利润

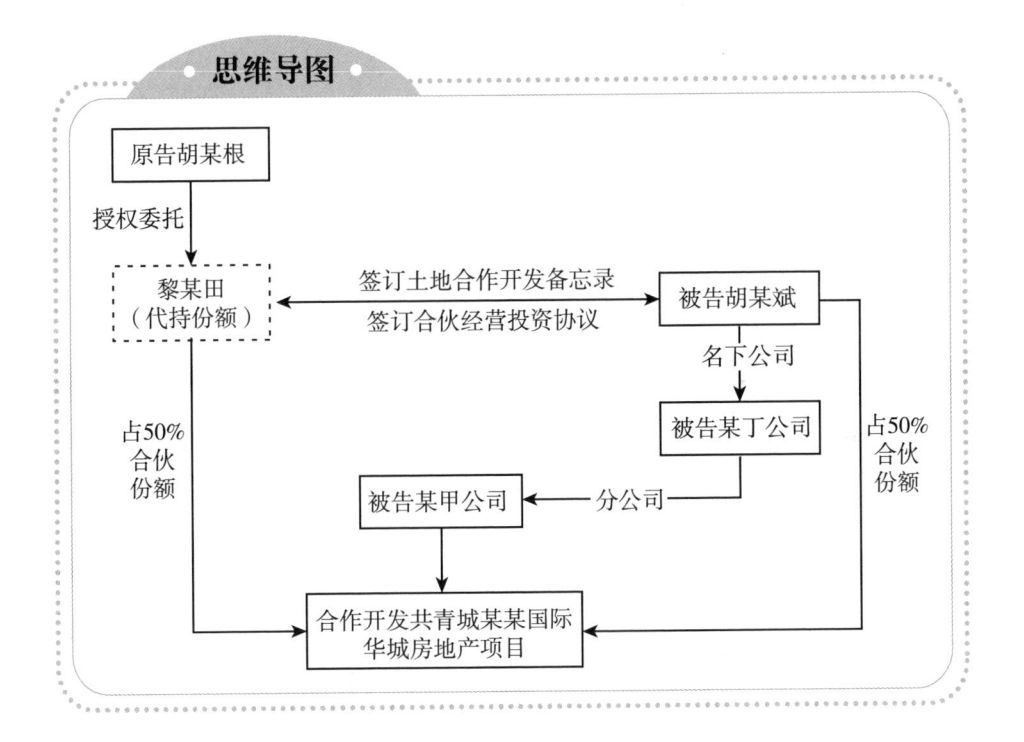

思维导图

```
原告胡某根
   │ 授权委托
   ▼
┌─────────┐   签订土地合作开发备忘录   ┌─────────┐
│ 黎某田   │◄───────────────────────►│ 被告胡某斌│
│(代持份额)│   签订合伙经营投资协议     └─────────┘
└─────────┘                              │ 名下公司
   │                                     ▼
   │占50%                           ┌─────────┐     占50%
   │合伙                            │被告某丁公司│    合伙
   │份额                            └─────────┘     份额
   │                                     │
   │              ┌─────────┐  分公司    │
   │              │被告某甲公司│◄────────┘
   │              └─────────┘
   │                   │
   ▼                   ▼
┌──────────────────────────────┐
│  合作开发共青城某某国际       │
│  华城房地产项目               │
└──────────────────────────────┘
```

案例来源

（2024）赣民终 67 号、（2021）赣 04 民初 186 号

案情简介

2008 年 3 月 10 日，胡某斌与黎某田签订《关于购买共青城土地合作备忘录》，后双方又于 2018 年 3 月签订《备忘录》，约定事项是双方购买土地

· 179 ·

并合作开发共青城房地产项目。

2008年3月31日,胡某斌与黎某田就合伙投资经营共青城房地产开发项目签订《合伙投资经营协议书》,约定以胡某斌具有开发资质的某丁公司设立分公司(某甲公司)作为双方的合伙企业,合伙投资经营70亩土地面积的商住房开发建设项目。

2017年5月5日,委托人黎某田、受托人胡某根签署《授权委托书》,载明双方签订《合伙投资经营协议书》设立的某甲公司,委托人将其所有权利和义务全部授权委托给真正的权利人亦即受托人胡某根享有和承担。胡某斌在合伙人一栏签名捺印。同年6月,胡某根与胡某斌签订《会议纪要》,主要载明项目账目审计及项目清算相关工作安排。

胡某根以胡某斌、某甲公司、某丁公司为被告起诉至法院,请求对合伙项目进行清算,并判令被告按约定的50%的比例向胡某根分配共青城某某国际华城的合作利润。(暂估应分得的合作利润为3000万元,以最终确认的清算结果为准)

胡某根向一审法院申请对项目财务状况进行司法审计,但因双方当事人均未能提供审计机构所需鉴定资料,鉴定程序终止。后本案重审期间,胡某根申请对项目清算进行司法审计,因案涉合伙项目外债、税款尚未清算,税款未缴纳,暂不具备清算审计条件,故法院驳回了胡某根清算审计申请。

一、名义合伙人书面确认隐名投资人的实际出资人身份,其他合伙人签字确认,是否完成了隐名投资人显名化

《合伙投资经营协议书》的签约人黎某田于2017年5月5日出具《授权委托书》后,黎某田又于2019年3月29日出具《关于共青城某某国际华城某某项目有关事项的声明》,载明:(1)黎某田与胡某斌签订的《合伙投资经营协议书》,黎某田是受胡某根同意和授权签订。(2)案涉合伙项目中黎某田名下全部出资的实际出资人为胡某根,在经营过程中所有经济往来和费用都经胡某根同意和授权。(3)胡某根是案涉70亩土地的实际出资人和控

制人，是该宗土地的实际使用权人。（4）黎某田在 2017 年已将上述项目日常管理工资向胡某根交接，由胡某根自行经营管理。

（一）原告与被告的不同主张

原告胡某根主张，其是案涉合伙项目的实际投资人。

被告胡某斌主张，胡某根非《合伙投资经营协议书》签约方，基于合同相对性原则，其原告主体身份不适格，无权提起本案诉讼。

（二）法院观点

关于胡某根是否案涉合伙的投资人问题：

首先，从案涉合伙合同签订到截至 2017 年 5 月 5 日前的履行情况看，案涉《合伙投资经营协议书》签订方和合伙投资方是黎某田，此时，胡某根是隐藏在黎某田身后的隐名投资人，其权利只能通过黎某田主张。2017 年 5 月 5 日，黎某田作为委托人在出具给胡某斌的《授权委托书》中明确其签订的合伙协议真正权利人为原告胡某根，由胡某根享有合伙协议的一切权利义务。该授权委托书除黎某田和胡某根签名外，胡某斌在合伙人处签名确认。在本案审理过程中，胡某斌对其在授权委托书中签名真实性不持异议，其所称系受胁迫签名，缺乏证据支持，法院不予采纳。

其次，该案原由江西省南昌市中级人民法院审理，该院向黎某田所作的询问笔录反映，黎某田确认授权委托书属实，并称其代表胡某根与胡某斌合作，案涉项目利益归属于胡某根。对上述笔录真实性，胡某根与胡某斌均不持异议。

综上所述，基于上述事实和理由，根据《民法典》第 926 条的规定，可以认定《授权委托书》其实质为胡某根隐名投资人显名化的法律文件，可以据此确认胡某根为案涉合伙的实际投资人身份，黎某田系代表胡某根与胡某斌签订合伙协议，胡某根为该《合伙投资经营协议书》的实际权利义务人，可向《合伙投资经营协议书》的相对方胡某斌行使合同权利，黎某田在胡某根显名前履行合伙事务行为的法律后果由原告胡某根承受。因此，胡某根作为实际投资人，且在本合伙合同纠纷案中主体身份适格，有权提起本案诉讼。

（三）律师分析及建议

1. 实践中，隐名投资人是否显名，对其主张权利有何影响

隐名投资人在未显名前，其权利主张只能通过名义投资人代为实施，如本文案例中，在原告胡某根显名前，胡某根是隐藏在黎某田身后的隐名投资人，其权利只能通过黎某田主张。

隐名投资人显名后，隐名投资人可以更直接地主张自己的股东权利，包括利润分配、返还投资款、参与经营、参与表决、查阅财务账目等，这对于保护隐名投资人的权益至关重要。同时，显名化有助于解决因股东（合伙人）身份不明确而引发的法律纠纷。

2. 实践中，若隐名投资人选择显名，需要哪些必要程序

隐名投资人选择显名，从隐名投资人转为显名投资人。若是有限责任公司隐名股东选择显名，则需要：

（1）通知公司其他股东。名义股东需要将股权拟转让给实际投资人，事先通知其他股东（在新《公司法》之下，不需要其他股东同意），其他股东放弃优先购买权，代持的股权才能转到隐名股东名下。由于涉及优先购买权，如定价太低，其他股东或许或主张优先购买权，或者不认可转让价格，可能发生争议。在某种程度上，虽然法律不要求，但现实中可能还是需要其他股东的某种配合。

（2）签订股权转让协议。名义股东与实际投资人（隐名股东）之间需要签订股权转让协议，明确股权转让的条款。尽管是显名，但在法律程序上，一般还是要按照股权转让进行操作。当然在转让协议中，可写明对价已经支付。

（3）履行公示程序。书面通知公司，请求变更股东名册，将实际投资人登记到股东名册；请求公司将股东的姓名或者名称及其出资额向公司登记机关公示登记。

（4）缴纳相关税费。在股权转让过程中，可能涉及税费的缴纳，如所得税、印花税等。实际投资人和名义股东应按照税法规定，依法纳税。如果股权转让价与原始出资额相同，不需要缴纳所得税，但最终需要税务机关认可才可以。

案例十二
隐名投资人显名化：法院认定合伙人身份却不支持分配利润

若是在合伙企业中隐名投资人选择显名，参照前述程序，还必须经全体合伙人一致同意，并依法订立书面入伙协议。

3. 实践中，合伙份额代持的法律风险有哪些

在合伙关系中，合伙人之间的合作建立在对彼此高度信赖的基础之上，故合伙事业具有高度的人合性。比如，合伙人的债权人不得代位行使合伙人的权利；合伙人死亡、丧失民事行为能力或者终止的，合伙合同终止，而非合伙人的资格或财产份额可以继承。

基于合伙事业高度强调人合性，在合伙关系中，无论是合同型合伙还是企业型合伙，一般不存在隐名合伙人的情形。若出现实际投资人隐名的情形，其一般不容易直接以合伙人身份主张权益。因此，实际投资人既需要保存好有关代持约定的相关协议、实际出资证明等文件，也需要做好准备以应对在无法显名的情况下，可能导致合伙终止或仍要原名义投资人继续配合履行权益。

例如在本文案例中，名义投资人黎某田作为委托人在出具给胡某斌的《授权委托书》中明确其签订的合伙协议真正权利人为原告胡某根，由胡某根享有合伙协议的一切权利义务。该授权委托书除黎某田和胡某根签名外，胡某斌在合伙人处签名确认。说明合伙关系中全体合伙人均认可胡某根为实际合伙人，《授权委托书》的实质为胡某根隐名投资人显名化的法律文件，基于上述原因，法院才最终认定了原告胡某根的投资人身份。

二、各方合伙人均要求清算审计，法院为何不予支持

原告胡某根的诉讼请求之一是请求判令双方依法对合伙项目进行清算并分配利润，双方对此产生争议。

（一）原告与被告的不同主张

原告胡某根主张，其与被告对于案涉项目销售总收入、未售房产总面积、大部分成本开支均已达成一致，案涉项目可仅对双方争议较大部分单独审计。且在本案原被告均要求审计的情况下，法院理应对案涉项目进行审计，至于

合伙项目税务问题可向税务局核实，合伙项目具备清算审计的条件，应进行清算审计。

被告胡某斌主张，其一直同意进行债务清算，但法院未组织清算的主要原因是双方之间的土地税没有进行清缴，利润无法计算。土地税没有计算出的最主要原因是某甲公司的负责人变动，其负责人缺席，公司资产清算无法进行。

（二）法院观点

1. 就分配合伙利润，法律规定的前提是合伙财产在清缴合伙所欠税款等费用以及清偿合伙债务后有剩余的，才能分配给合伙人

《民法典》第978条规定："合伙合同终止后，合伙财产在支付因终止而产生的费用以及清偿合伙债务后有剩余的，依据本法第九百七十二条的规定进行分配。"第972条规定："合伙的利润分配和亏损分担，按照合伙合同的约定办理；合伙合同没有约定或者约定不明确的，由合伙人协商决定；协商不成的，由合伙人按照实缴出资比例分配、分担；无法确定出资比例的，由合伙人平均分配、分担。"上述条款明确规定分配合伙利润的前提是合伙财产在清缴合伙所欠税款等费用以及清偿合伙债务后有剩余的，方能分配给合伙人。

2. 合伙合同就合伙终止后资产清偿顺序是：合伙债务—欠付工资—返还出资—分配盈余

案涉《合伙投资经营协议书》第8条"盈余分配和债务分担"约定：合伙企业营业总收入减去成本和税收为盈余，盈余按合伙人的财产份额比例分配。合伙企业的债务应以合伙企业的财产进行清偿，不足部分各合伙人应按财产份额比例承担连带清偿责任。第10条"合伙的终止"约定：合伙企业清算程序为：（1）清偿合伙债务；（2）结清未付工资；（3）返还出资；（4）分配盈余。

3. 本案合伙项目清算资产范围能够确认，合伙人亦有权申请对合伙项目清算审计，但因项目资产债权债务未清理、税款未确认，故尚不具备清算条件

本案中，胡某根、胡某斌双方合作开发房地产，借用了某丁公司的房地

产开发资质,成立了某某项目公司(某甲公司)进行项目开发,项目部不具有独立法人资格,双方关系仍为合伙合同关系。鉴于本案合伙体的特殊性,可将清算项目公司——某甲公司及合作项目下土地、房屋及其附属设施等合伙经营财产,作为本案合伙项目清算范围。由于本案双方合伙人均已收回合伙投资,对合伙项目开发成本、债权债务、库存房屋的价值、盈亏的清算,在合伙双方存在争议较大的情形下,当事人一方有权申请进行合伙项目清算审计。

由于案涉项目剩余财产(包括剩余房屋)涉及债权债务未清理,难以确定清偿债务后剩余可供分配财产价值;案涉合伙项目土地增值税未清算缴纳完毕,亦无法确定应纳税额,无法确定清缴税款后剩余可供分配财产价值、项目盈亏。如提前分配,将导致国家税收发生流失的重大风险。综上所述,本案目前尚不具备清算条件。

(三) 律师分析及建议

1. 实践中,合伙人请求分配合伙利润的,需如何操作

(1) 合同型合伙关系中,根据《民法典》第972条的规定,合伙利润的分配,需要按照合伙合同的约定办理,若合伙合同没有约定或约定不明的,由全体合伙人协商决定。若协商不成的,可以由合伙人按照实缴出资比例分配。若无法确定出资比例时,可以选择由合伙人平均分配。

(2) 企业型合伙关系中,合伙企业中的合伙人想分配合伙利润,根据《合伙企业法》第33条、第69条的规定,相关分配事项与前述合同型合伙关系中的分配方式一致,只是普通合伙企业明确禁止在合伙协议中约定将全部利润分配给部分合伙人。而在有限合伙企业中,该项禁止不是强制性规定,有限合伙企业在合伙协议无约定的情形下,不得将全部利润分配给部分合伙人。

2. 实践中,若诉讼中的原被告均同意审计的情况下,法院是否一定要进行清算审计

例如在本文案例中,法院认为因双方对合伙项目开发成本、债权债务、库存房屋的价值、盈亏的清算存在较大争议,当事人一方有权申请进行合伙

项目清算审计。但是根据查明的事实，案涉项目剩余财产涉及债权债务双方未清理及案涉合伙项目土地增值税未清算缴纳完毕，最终无法确定清理债权债务和清缴税款后项目的实际盈亏和剩余可供分配财产的价值，提前分配将存在国家税收发生流失的重大风险，本案目前尚不具备清算条件。因此，尽管原被告均同意对项目进行清算审计，但法院最终未同意对合伙项目进行清算审计。

3. 实践中，在合同型合伙终止后若进行清算的，其清算注意事项有哪些

（1）进行财务对账或财务审计，列出合伙项目的所有债权债务，形成资产负债表。

（2）核查企业税款欠付情况，并完成税款的缴清。

（3）通知已知债权人合伙项目清算事宜，并进行清偿债务。

（4）清偿合伙项目欠付的所有债务之后，开始返还投资款，并按照合伙合同约定的比例分配合伙利润。

（5）在不考虑其他用途的情形下，注销因本次合伙注册的所有企业、银行账户等。

4. 实践中，合伙企业进行清算的法定程序

实践中，若合伙企业拟进行清算，则更须按照法定程序进行，其清算程序如下。

第一，确定清算人。清算人的确定可参照如下规则：（1）清算人由全体合伙人担任。（2）未能由全体合伙人担任清算人的，经全体合伙人过半数同意，可自合伙企业解散后15日内指定1名或数名合伙人，或委托第三人担任。（3）自解散事由出现之日起15日内未确定清算人的，合伙人、其他利害关系人可以申请法院指定。

第二，通知和公告债权人。公告时注意事项是：（1）确定清算人后10日内通知债权人并于60日内公告。（2）债权人在接到通知书30日内，未接到通知书的在公告45日内申报债权，清算人负责登记。（3）清算期间合伙企业主体资格仍存续，但不得开展与清算无关的经营活动。

第三，确定财产清偿顺序。清偿顺序是：（1）清算费用。（2）合伙企业

所欠职工工资和劳动保险费。（3）合伙企业所欠税款。（4）普通债务。（5）返还合伙人的出资款。

第四，清算完结并完成企业的注销登记。申请注销企业时的注意事项是：（1）清算结束后，清算人应编制清算报告，经全体合伙人签章后15日内报送登记机关，申请注销合伙企业。（2）注销登记后，合伙企业消灭，但原普通合伙人对合伙企业存续的债务仍应承担无限连带责任。（3）合伙企业不能清偿到期债务的，债权人也可以申请其破产，普通合伙人仍要承担无限连带责任。

三、合伙项目尚未清算，合伙人能否要求分配合伙利润

原告提起本案诉讼并要求清算合伙项目，其主要目的是判令被告按照约定的50%比例向原告支付合伙利润，利润金额暂估应分得的合作利润为3000万元，以最终确认的清算结果为准，双方对此产生争议。

（一）原告与被告的不同主张

原告胡某根主张，其根据被告在庭审中提供的数据，初步核算案涉项目存在1.3亿元左右的利润，根据双方签订的《合伙投资经营协议书》，胡某根要求对上述1.3亿元按照50%的比例进行分配于法有据，理应得到法院支持。

被告胡某斌主张，土地税没有计算出的最主要原因是某甲公司的负责人变动，其负责人缺席，导致公司资产清算无法进行，故同意对债务进行清算，但不认可其应向原告支付任何款项。

（二）法院观点

《民事诉讼法司法解释》第90条规定："当事人对自己提出的诉讼请求所依据的事实或者反驳对方诉讼请求所依据的事实，应当提供证据加以证明，但法律另有规定的除外。在作出判决前，当事人未能提供证据或者证据不足以证明其事实主张的，由负有举证证明责任的当事人承担不利的后果。"如前所述，案涉合伙项目盈亏尚不能确定，胡某根提出要求被告按约定的50%

的比例分配共青城某某国际华城的合作利润（暂估应分得的合作利润为3000万元，以最终确认的清算结果为准）的诉讼请求，无事实依据，应予驳回。待合伙项目债权债务清理、税款清算缴纳后，合伙项目确实存在盈利，胡某根仍有权依据合伙协议主张分配合伙项目利润。

经原审法院审判委员会讨论决定，依照《民法典》第972条①、第978条②、《民事证据规定》第31条第2款③，《民事诉讼法司法解释》第90条的规定，判决驳回胡某根的诉讼请求。

（三）律师分析及建议

1. 为何原告请求分配项目利润，法院未予支持

本文案例中，法院认定项目合伙人有权申请对合伙项目的清算审计，但法院又认为，基于合伙项目的债权债务未清理以及项目土地增值税未清算缴纳，基于此，法院认为如果按照原告的诉讼请求在税务缴纳完毕前对项目利润进行分配，将会使国家税收发生流失的重大风险。因此，法院认为案件所涉合伙项目不具备进行利润分配的条件。

2. 实践中，若项目不能清算，合伙人将该如何取得项目分红

例如在本文案例中，人民法院在驳回原告胡某根清算合伙项目及分配利润的诉讼请求的同时，指出了一条原告权利救济的道路，即待合伙项目债权债务清理、税款清算缴纳完毕后，如合伙项目确实存在盈利，胡某根可依据合伙协议另行主张分配合伙项目利润。

因此，合伙人可先处理合伙项目运营主体的税务问题，然后再对合伙项目应收进行财务审计，审计之后合伙项目的盈余亏否就清晰明确了，届时，再行起诉按照盈余分配比例请求分配利润。

---

① 《民法典》第972条规定："合伙的利润分配和亏损分担，按照合伙合同的约定办理；合伙合同没有约定或者约定不明确的，由合伙人协商决定；协商不成的，由合伙人按照实缴出资比例分配、分担；无法确定出资比例的，由合伙人平均分配、分担。"

② 《民法典》第978条规定："合伙合同终止后，合伙财产在支付因终止而产生的费用以及清偿合伙债务后有剩余的，依本法第九百七十二条的规定进行分配。"

③ 《民事证据规定》第31条第2款对需要鉴定的待证事实负有举证责任的当事人，在人民法院指定期间内无正当理由不提出鉴定申请或者不预交鉴定费用，或者拒不提供相关材料，致使待证事实无法查明的，应当承担举证不能的法律后果。

3. 合伙人约定以具有开发资产的丁公司的分公司作为项目运营主体，分公司财务及运营能否脱离总公司

第一，分公司不具有法人资格，根据《公司法》第 13 条第 2 款的规定，分公司的民事责任由总公司承担。

第二，根据《民事诉讼法》第 51 条及《民事诉讼法司法解释》第 52 条的规定，依法设立并领取营业执照的分公司可以作为独立的民事诉讼主体。这意味着分公司在参与诉讼时，可以以分公司自己的名义进行，但其最终的民事责任可能需要由总公司承担。

第三，分公司的税务申报责任通常由总公司承担。在实际操作中，如果总公司与分公司位于同一地区，通常由总公司统一进行税务申报。如果总公司和分公司位于不同地区，则根据属地原则，分公司需要在其所在地单独进行税务申报。

综上所述，分公司具有一定的主体身份，具有一定程度的独立经营能力，但不能独立承担民事责任。本文案例中约定以具有开发资质的房地产公司的分公司作为合作项目的运营载体，目的是进行合作开发房地产，双方在合伙合同及相关备忘录中对于合伙项目的资产范围约定较为清晰，因此，在诉讼中并未就合伙资产范围产生纠纷。原被告双方在解决项目的涉税问题后，仍可以进行项目财务审计及清算，并分配盈余利润。

案例十三 执行事务合伙人霸占合伙经营权，普通合伙人不能参与合伙事务，无奈诉讼请求解除合伙协议

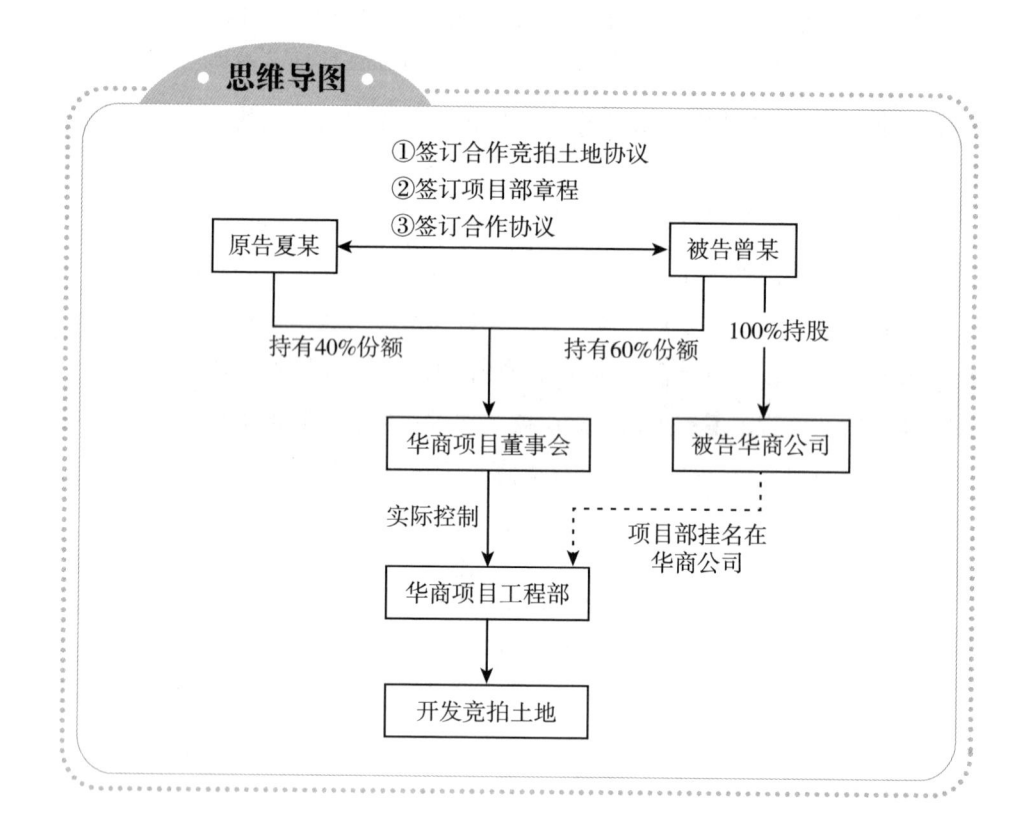

思维导图

原告夏某 ←→ 被告曾某
- ①签订合作竞拍土地协议
- ②签订项目部章程
- ③签订合作协议

- 原告夏某：持有40%份额
- 被告曾某：持有60%份额
- 被告曾某：100%持股 → 被告华商公司

华商项目董事会 —实际控制→ 华商项目工程部 → 开发竞拍土地

项目部挂名在华商公司

案例来源

（2020）最高法民终722号、（2015）湘高法民三终字第134号

|案例十三|

执行事务合伙人霸占合伙经营权，普通合伙人不能参与
合伙事务，无奈诉讼请求解除合伙协议

案情简介

曾某个人独资开办华商公司并担任法定代表人。为进行房地产开发，2009年12月，夏某（乙方）与曾某（甲方）签订了《合作、竞拍协议书》，双方约定以华商公司名义参与案涉土地的竞拍、夏某为举牌人，后双方作为联合竞买人以5550万元竞得案涉土地。2010年3月3日，华商公司、夏某作为土地使用权人取得案涉土地使用权证。

2010年1月27日，曾某和夏某依据《合作、竞拍协议书》成立了华商项目工程部，并签署项目部《章程》，约定项目开发、报建等事项均以华商名义进行，并就项目后期运营等事项也做了约定。依据章程内容，曾某、华商公司与夏某于2011年12月26日又签订了《合作协议》。

2012年5月16日，华商项目董事会作出决议，内容包括：第一，华商项目一期、二期工程施工建设由董事长曾某一人主持，施工过程中的人、财、物及资金由曾某统筹安排并实行一支笔签字审批；第二，第一期工程所需建设资金不需要华商项目出资人再投入建设资金，以工商银行贷款为建设资金。全体董事（曾某、夏某等）均在该决议案上签字。

案涉土地使用权证中"土地使用权人"原为"华商公司、夏某"，后"夏某"被涂去，在被涂改部分加盖有"邵阳市人民政府土地登记专用章"。华商公司以修改后的案涉土地使用权证在工商银行某支行抵押贷款，并办理了土地抵押登记。2012年，华商公司就案涉项目在工商银行某支行共计贷款7200万元。夏某陆续向华商公司账户支付了贷款利息。在该项目进行过程中，曾某、夏某因人员任用、工程建设增加费用、贷款使用等问题发生争议，产生矛盾。且在2014年3月21日，华商项目召开董事会，会议就华商项目一期的营销费用额度暂定720万元，按6∶4的比例分摊，40%股方夏某应出资288万元。同月25日，夏某将288万元转入华商公司账户。

2014年8月6日，曾某、华商公司向夏某发出《催促出资通知书》，要求夏某将2800万元出资及其他费用打入华商公司账户，夏某函复认为，按照《合作协议》《章程》的约定，贷款建设资金必须进共管账户，付款应按拨付款流程付款，夏某要求应成立共管账户并进行财务对账。

2014年8月12日，华商公司、曾某向夏某发出《退还营销费用出资通

知书》,认为夏某拒绝出资,系严重违约,退还夏某营销费用出资款 288 万元。夏某复函,认为华商公司、曾某单方违约。8 月 27 日,华商公司、曾某向夏某发出《解除合同关系通知》。

2014 年 8 月,夏某以曾某、华商公司为被告起诉至法院,请求:(1)确认夏某、曾某、华商公司合伙关系成立;(2)确认夏某对案涉土地使用权享有 40% 的份额。曾某与华商公司提出反诉,请求解除双方当事人签订的《合作、竞拍协议书》、《章程》及《合作协议》。经一审、二审法院审理,湖南省高级人民法院作出(2015)湘高法民三终字第 134 号二审民事判决:(1)确认夏某与曾某之间合伙关系成立;(2)驳回夏某对案涉土地使用权享有 40% 份额的诉讼请求;(3)驳回曾某、华商公司要求解除双方当事人签订的《合作、竞拍协议书》、《章程》及《合作协议》的反诉请求。该案后,曾某继续对华商项目进行开发,并对外销售商住房,且双方矛盾并未缓解。2016 年 4 月,夏某以曾某、华商公司为被告提起本案诉讼,请求解除合伙关系、清算合伙项目并分配合伙收益。

一、两自然人借用公司名义共同投资开发房地产项目,合伙关系如何认定

在夏某起诉解除合伙协议之前,夏某曾经于 2014 年 8 月以曾某、华商公司为被告起诉至法院,请求确认夏某、曾某、华商公司合伙关系成立,曾某与华商公司则提出反诉,请求解除双方当事人签订的《合作、竞拍协议书》、《章程》及《合作协议》。

(一)原告与被告的不同主张

原告夏某主张,其与曾某、华商公司之间系合伙关系,应共享项目收益。

被告曾某、华商公司主张,华商公司是企业法人,故曾某、华商公司与夏某之间不是个人合伙关系。登记是合伙企业成立的必要条件,但曾某、华商公司与夏某均未办理合伙企业登记手续,故曾某、华商公司与夏某并未成立新的合伙企业。因此,曾某、华商公司与夏某之间既不是个人合伙,也没有成立合伙企业,三方之间不是合伙关系。

| 案例十三 |
执行事务合伙人霸占合伙经营权，普通合伙人不能参与
合伙事务，无奈诉讼请求解除合伙协议

（二）法院观点

1. 基于《合作、竞拍协议书》《章程》《合作协议》约定，夏某与曾某共同竞拍土地使用权，共同投资开发房地产项目，共同参与经营，共享收益，共担风险，夏某与曾某也均是依据上述协议实际履行合伙义务，具有个人合伙的主要特征，故夏某与曾某之间系合伙关系

就法律概念而言，合伙是指两个以上的按照协议，各自提供资金、实物、技术等，合伙经营、共同劳动、共负盈亏。合伙的主要特征是共同出资、共同经营、共负盈亏、共担风险。合作则是个人与个人、群体与群体之间为达到共同目的，彼此相互配合的一种、方式。

在本案中，从夏某与曾某所签订的系列合同来看，首先是曾某、夏某个人签订《合作、竞拍协议书》约定共同出资参与竞拍诉争土地使用权以用于今后的房地产开发，协议约定了双方的竞拍出资金额、出资比例，竞拍主体为华商公司，竞拍成功后以该公司名义对外进行业务活动和开发经营该项目，单独成立项目开发部，采取项目负责制，该项目开发过程中的决策事宜，双方商议决定。此后，在以华商公司、夏某名义取得诉争土地使用权后，曾某、夏某又依据《合作、竞拍协议书》的约定，成立华商·新外滩项目工程部，由曾某担任该项目部董事长，夏某任副董事长，董事会组成人员由曾某方三人、夏某方二人组成，并由曾某和夏某共同签署了该项目部《章程》，制定了关于该项目部投资、管理机构、财务、会计与审计、解散、清算的相关规定；2011年12月26日，曾某、华商公司与夏某再次签订合作协议，对合作期限、项目名称、股权比例、项目费用的承担等进行了明确。上述系列协议明显具有合伙协议的共同出资、共同经营、共负盈亏、共担风险等主要特征，系合伙协议，夏某与曾某之间系合伙关系。

2. 根据夏某与曾某签署的协议约定以及查明的事实，在合伙过程中，为了方便土地竞拍、取得开发报建手续，进行房地产项目的实际开发，合伙双方仅是借用了曾某担任法定代表人的华商公司的名义，华商公司并非实际的合伙人，实际合伙人应为曾某与夏某

华商公司系曾某投资设立的独资公司，因房地产开发要求主体必须是具

有房地产开发经营资质的法人,故双方当事人约定以该公司名义开展相关的合伙业务,但合伙事项的具体操作掌握在合伙人曾某、夏某手中。该公司系曾某与夏某用于实现合伙经营的载体,该公司下属华商项目工程部系曾某及夏某共同成立用于合伙经营的具体机构。从双方当事人均认可的《投入资金明细表》、被告方曾某在庭审时所提交的《华商项目总投入资金明细表》来看,投资人也分别是曾某与夏某个人。

(三) 律师分析及建议

1. 原《民法通则》规定的个人合伙与《民法典》规定的合伙合同之间有何关联,如何进行区分和适用

(1) 自2021年1月1日《民法典》开始实施后,个人合伙的概念和规定发生了显著变化

根据原《民法通则》第30条的规定,个人合伙被定义为两个以上公民按照协议,各自提供资金、实物、技术等,合伙经营、共同劳动。而《民法典》则将合伙合同作为一种有名合同单独予以规定,不再直接涉及个人合伙的组织性内容。详言之,《民法典》合同编第27章对合伙合同进行了规定,明确了合伙合同是两个以上合伙人为了共同的事业目的而订立的共享利益、共担风险的协议。

《民法典》对于合伙合同的定义更侧重于合伙人之间的意思表示和协议内容,而不再强调合伙经营和共同劳动的实体形式,比如,一方出钱、一方出力的常见合作模式也可以在司法实践中被妥善地认定为合伙合同关系,即合同型合伙关系。

(2) 《民法典》下的合伙合同关系相较于原《民法通则》下的个人合伙,更加强调合伙人之间的内部关系和合伙合同的法律约束力

《民法典》的这种变化使合伙关系的认定和合伙合同的执行更加规范化和法治化,合伙关系的认定相较《民法典》施行前的认定门槛也会低一些,《民法典》下的合伙行为具有三个明显特征:①经营共同事业;②共享利益;③共担风险。

| 案例十三 |

执行事务合伙人霸占合伙经营权，普通合伙人不能参与合伙事务，无奈诉讼请求解除合伙协议

2. 《民法典》施行后，就合同型合伙关系的认定不再限于主体是否为公民，其他主体或自然人之间也可以成立合同型合伙关系

根据《民法典》第967条"合伙合同是两个以上合伙人为了共同的事业目的，订立的共享利益、共担风险的协议"的规定，合同型合伙关系不再局限于自然人之间成立的法律关系，企业与自然人之间也可以成立合同型合伙关系。例如本文案例中，被告曾某、华商公司主张华商公司是企业法人，因此，曾某、华商公司与夏某之间符合个人合伙的成立条件。对此，人民法院在二审时也认同被告的观点。但从另一角度来看，因合伙双方仅是借用华商公司的名义，华商公司并非实际的合伙人，故最终认定夏某与曾某之间的合伙关系，而否定了夏某与华商公司之间的合伙关系。

3. 实践中，若被告有意在被起诉后提起反诉，则人民法院对反诉的提出时间和交费有何要求

根据《民事诉讼法》第54条的规定，在民事诉讼中被告有权提起反诉。反诉是被告对原告提出的一项独立的诉讼请求，通常用于抵消或推翻原告的诉讼请求。提出反诉需要满足以下条件。

（1）时间要求

根据《民事诉讼法司法解释》第232条的规定，反诉必须在本诉案件受理后、一审法庭辩论结束前提出。根据《民事诉讼法司法解释》第251条的规定，二审裁定撤销一审判决发回重审的案件也可以提出反诉。

（2）当事人特定性

根据《民事诉讼法司法解释》第233条第1款的规定，反诉的当事人应当限于本诉的当事人的范围，即反诉的被告通常是原告，反诉的原告则是本诉中的被告。

（3）牵连关系

根据《民事诉讼法司法解释》第233条第2款的规定，反诉与本诉的诉讼请求应当基于相同法律关系或相同事实，两者之间存在因果关系。这意味着反诉请求应当与本诉请求有直接的联系，可以是同一法律关系下的相反请求，或是基于同一事实的不同请求。

（4）管辖问题

根据《民事诉讼法司法解释》第233条第3款的规定，反诉应由其他人民法院专属管辖，如果反诉不属于本诉法院的管辖权范围，本诉的法院将无法合并审理反诉与本诉。

（5）独立诉讼请求

反诉是一个独立的诉讼请求，具有独立的诉讼请求、事实和理由，其目的在于通过法院的裁判来抵消或推翻本诉的请求。反诉具有一定独立性，根据《民事诉讼法司法解释》第239条的规定，即便本诉原告撤诉了，也不影响反诉的继续审理。

（6）诉讼费收取

根据《诉讼费用交纳办法》第2条的规定，当事人进行民事诉讼，应当交纳诉讼费用。如前所述，反诉原告提起反诉，同样需要预缴案件受理费给法院。但是，根据《诉讼费用交纳办法》第18条的规定，人民法院决定合并审理的，可以减半交纳案件受理费。

二、合伙开发房地产项目，合伙人能否依据合伙份额40%主张对土地使用权享有同等份额

在夏某起诉解除合伙协议之前，夏某曾经于2014年8月以曾某、华商公司为被告起诉至法院，请求确认夏某对案涉土地使用权享有40%的份额。双方就夏某是否对案涉土地使用权享有40%的份额产生争议。

（一）原告与被告的不同主张

原告夏某主张，双方合伙分为四个阶段，第一阶段是竞拍土地使用权，《合作、竞拍协议书》约定夏某占有土地使用权的40%，夏某出资也达到了上述比例，并办理了国有土地使用权证。在之后的项目贷款、施工建设、房屋销售阶段，夏某对土地使用权仍然是占有40%的份额。夏某认为其在合伙关系中占有40%的合伙份额，故请求确认其对案涉土地使用权享有40%的份额。

被告曾某主张，《合作、竞拍协议书》约定的不是土地使用权份额，而

| 案例十三 |

执行事务合伙人霸占合伙经营权，普通合伙人不能参与
合伙事务，无奈诉讼请求解除合伙协议

是开发项目的股份比例。而且，股份比例最终应以实际投入资金为准，而并非就是6∶4的比例。开发项目2014年仍在投入，夏某的投入资金并未达到40%。此外，案涉土地已经开发一部分，销售商品房近200套，对应的土地使用权已经出让给业主，此时若判令夏某对案涉土地使用权享有40%的份额不仅与项目实际建设情况不符，也违背了地随房走的原则。

（二）法院观点

1. 《合作、竞拍协议书》《章程》《合作协议》等所有的协议和纪要均未约定夏某对案涉土地使用权享有40%的份额

《合作、竞拍协议书》第1条约定"土地竞拍成功后所需全部开发资金按比例占股，即曾某占股60%，夏某占股40%，但最后以实际到位资金为准"。从该条内容来看，双方是对合伙份额的约定，而不是对土地使用权比例的约定。之后的土地拍卖成交确认书及办理的土地使用权证上也均只记载夏某是共有人，但未明确夏某占有多少份额。相反，《章程》《合作协议》则明确约定夏某是对合伙享有40%的份额。

2. 合伙人投入的财产，应由合伙人统一管理和使用

本案中，即使夏某在土地竞拍成功后对案涉土地使用权享有40%的份额，但这40%份额的土地使用权和另外60%份额的土地使用权投入合伙后，其性质已经发生变化，均属于合伙财产，应由合伙人共同管理、使用，夏某此时已无权单独对该土地使用权主张40%的份额。而且，案涉土地使用权已经有部分投入开发并出售，客观上也无法再单独确认夏某的土地使用权份额并进行分割。

3. 夏某对于合伙财产享有的份额，只能在对包含土地使用权在内的所有合伙财产进行清算后，按照合同约定的最后实际投入进行计算。目标项目尚未进行清算，故现无法确定双方的份额

合伙人对合伙享有的份额既包括合伙财产，也包括合伙债务，不能仅对合伙财产享有份额。本案中如果合伙清算后出现亏损，案涉土地使用权还应用于偿还债务，如现单独确认夏某对涉案土地使用权享有40%份额，将损害债权人的利益。

4. 案涉土地已被全部抵押，若再分比例将损害抵押权人的利益

案涉土地使用权被抵押给银行时，案涉土地使用权证上登记的土地使用权人只有华商公司，如现确认夏某对案涉土地使用权享有40%份额，将减少抵押物的价值，间接影响银行的利益。

综上所述，曾某和华商公司关于不予确认夏某对案涉土地使用权享有40%份额的答辩理由成立，人民法院予以支持。

（三）律师分析及建议

1. 合伙财产与合伙人财产要注意区分，合伙人的出资及因合伙事务取得的资产均属于合伙资产，不得随意分割

关于合伙人投入的财产与合伙财产的区分，新法与旧法的规定有所不同，原《民法通则》第32条规定了合伙人投入的财产，由合伙人统一管理和使用；合伙经营积累的财产，归合伙人共有。自2021年1月1日开始施行的《民法典》规定得更加明确，《民法典》第969条规定了合伙人的出资、因合伙事务依法取得的收益和其他财产，属于合伙财产。且在合伙合同终止前，合伙人不得请求分割合伙财产。

因此，在2021年1月1日之后，对于合同型合伙关系中的合伙人的出资款或其他投入的资产，均属于合伙财产，且在合伙关系终止前，合伙人无权请求分配合伙财产。

2. 在合同型合伙关系中，合伙人想要分割合伙财产需要符合哪些条件

根据《民法典》第969条第2款的规定，合伙合同终止前，合伙人不得请求分割合伙财产。因此，合伙人请求对合伙财产进行分割需要以"合伙合同终止"作为前提条件，结合实务中的风险防范，分割合伙财产需要注意满足以下事项。

（1）合伙关系的终止

合伙财产的分割通常需要在合伙关系终止后进行，这包括合伙期限到期、合伙目的的实现或无法达成、合伙人协商一致决定解除合同解散合伙等情况。

（2）合伙人的退伙

若合伙人因特定原因退伙，如达到约定的退伙时间或完成约定的退伙事

| 案例十三 |

执行事务合伙人霸占合伙经营权，普通合伙人不能参与
合伙事务，无奈诉讼请求解除合伙协议

由，也可能引起财产分割的结果。此外，法定退伙事由如合伙人死亡或丧失民事行为能力时，也可能需要分割合伙财产。

（3）合伙财产的清算

在分割合伙财产之前，通常需要进行清算。清算过程包括清理合伙企业财产、处理未了结的事务、清缴税款、清理债权债务等。清算后，剩余财产才能根据合伙人的出资比例等情况进行分配。

综上所述，再结合《民法典》第969条第2款的规定："合伙合同终止前，合伙人不得请求分割合伙财产。"分割合伙财产需要具备合伙关系的终止、合伙人的退伙或合伙企业的清算等条件。在处理合伙财产的分割事宜时，应确保遵循法律规定的程序和原则，以保护各合伙人的合法权益。

3. 实践中，合同型合伙中合伙人对合伙项目的负债承担什么责任，与合伙企业中普通合伙人、有限合伙人承担责任的方式有何不同

（1）合同型合伙的合伙人对合伙债务承担连带责任

根据《民法典》第973条的规定，合同型合伙的合伙人对合伙债务承担连带责任，这意味着每一位合伙人都对合伙债务拥有全额清偿的义务，债权人可以要求任何一位合伙人清偿全部合伙债务。合伙人对外承担的是无限连带责任，这是一种法定责任，合伙人应当以其个人财产对合伙债务承担责任。同时，各合伙人不能通过合伙合同约定免除，即便约定免除，也不得以此对抗外部债权人。

（2）不同类型的合伙企业及部分身份的合伙人，承担责任的方式不同

根据《合伙企业法》第2条第2款、第3款的规定，普通合伙企业由普通合伙人组成，合伙人对合伙企业债务承担无限连带责任。有限合伙企业由普通合伙人和有限合伙人组成，普通合伙人对合伙企业债务承担无限连带责任，有限合伙人以其认缴的出资额为限对合伙企业债务承担责任。

综上所述，合同型合伙关系中合伙人统一对外承担的是无限连带责任，这一点与合伙企业中的普通合伙人责任承担方式一致，而有限合伙企业中的有限合伙人则是以其认缴的出资额为限对合伙企业债务承担有限责任。

三、因合伙人矛盾不能参与经营决策，合伙人能否要求解除合伙协议

在夏某起诉解除合伙协议之前，曾某与华商公司曾在2014年的诉讼中提出反诉，请求解除双方当事人签订的《合作、竞拍协议书》、《章程》及《合作协议》，法院经审理认为该案不符合原《合同法》第94条有关合同法定解除的情形，故法院未予支持曾某与华商公司提出的解除合同的诉讼请求。此后，在2017年夏某作为原告，又以曾某、华商公司为被告起诉至法院，起诉请求判令解除夏某、曾某和华商公司签订的合伙协议并终止合伙关系，并责令曾某、华商公司进行清算，分配合伙利润。双方就对方违约及《合作、竞拍协议书》、《章程》以及《合作协议》应否解除产生争议。

（一）原告与被告的不同主张

原告夏某主张，曾某滥用大股东权利，导致其在合伙经营中的权益未得到保障，案涉合同目的无法实现，《合作、竞拍协议书》、《章程》以及《合作协议》应予解除。

被告曾某主张，其不存在滥用大股东权利及侵害夏某权利的情形，夏某在案涉合伙项目经营过程中，拒不按照相关合作协议约定进行出资，拒不出席相关经营决策会议及办理相关用款手续，同时安排人员对合伙经营事项进行阻挠，并要求单方面退伙、撤回出资，严重影响了合伙项目的正常运营，已构成严重违约。

（二）法院观点

1. 曾某作为案涉合伙项目的主要经营者，应诚实守信、善意地行使权利和履行义务，向其他合伙人如实告知案涉工程项目的经营状况。但曾某并没有向夏某通报财务收支情况，并拒绝保障夏某参与经营的权利

夏某与曾某、华商公司签订的《合作、竞拍协议书》《章程》《合作协议》对夏某、曾某的出资比例、开发内容、合作期限，以及其他权利义务等

| 案例十三 |
执行事务合伙人霸占合伙经营权，普通合伙人不能参与
合伙事务，无奈诉讼请求解除合伙协议

内容均做了明确约定，同时，曾某与华商公司有关人员曾多次就项目资金使用出具承诺，各方当事人理应按约定和承诺履行。根据查明的事实，夏某投入项目资金超过 3000 万元，在可认定的实际投入中占股比例超过了 40%，达到了约定的出资比例，履行了约定的出资义务，理应享有相应的民事权利。因案涉华商项目依照约定采取由曾某承包经营的方式，具体负责开发的华商公司系曾某的独资公司，案涉项目的工程建设亦由曾某独自承包。曾某在享受开发、经营案涉项目权利的同时，应尽职尽责履行义务，向夏某告知经营情况，案涉项目的重大事项应征得夏某的同意，保障夏某参与经营、对财物收支等及时进行监督的权利。

2. 一审法院多次要求曾某提交财务账册和有关凭证，但其长时间拒不提交，应承担举证不能的结果

曾某不仅未保障夏某参与经营的权利，拒绝其下属工作人员和小股东到办公场所开展日常工作，还不向其通报财务收支情况，导致发生纠纷。湖南省高级人民法院为查明事实，多次要求曾某提交财务账册和有关凭证，但曾某与华商公司长时间拒不提交，导致案件审理难以正常进行。

根据已查明的事实，夏某一方难以参与到经营中，无法行使决策、监督的权利。曾某在未征得夏某同意的情况下，自行从案涉项目的款项中支取了 8900 余万元的利息，且不能合理说明其向案涉项目借款的正当理由，也未提供借款到账时间和用途，其提供的证据亦不能证实曾某向华商项目建设借贷了资金。同时，曾某、华商公司及其委托诉讼代理人对上述利息的性质和开支目的用途等的陈述前后矛盾，且在湖南省高级人民法院要求其说明时，拒不到场做出合理说明。曾某、华商公司的上述行为，不仅违背了当事人之间签订的协议，违反了诚实信用原则，明显侵犯了夏某的合法权益，还妨碍了正常诉讼活动的开展。故夏某诉称曾某滥用大股东权利，导致其在合伙经营中的权益未得到保障的诉讼理由成立。

3. 合伙双方已无信任基础，合伙合同的目的不能实现

曾某虽主张夏某拒不按照案涉协议约定出资，拒不出席相关经营决策会议及办理相关用款手续。但曾某拒绝履行合同主要义务，从案涉纠纷中双方所主张的内容看，案涉合伙关系赖以存在的信任基础已不复存在，合伙关系

所希望达成的目的已经不能实现。

综上所述,根据原《合同法》第94条第4项的规定,当事人一方迟延履行债务或者有其他违约行为致使不能实现合同目的,当事人可以解除合同,故人民法院判令解除案涉《合作、竞拍协议书》、《章程》以及《合作协议》。

(三) 律师分析及建议

1. 实践中,关于合同法定解除的可能情形有哪些

关于合同法定解除的内容,根据《民法典》第563条、第533条、第33条,《民法典总则编司法解释》第11条,《民法典合同编通则司法解释》第19条以及《九民会议纪要》第38条、第42条的规定,存在十种合同的法定解除情形,分别为:

(1) 因不可抗力致使不能实现合同目的。

(2) 在履行期限届满前,当事人一方明确表示或者以自己的行为表明不履行主要债务。

(3) 当事人一方迟延履行主要债务,经催告后在合理期限内仍未履行。

(4) 当事人一方迟延履行债务或者有其他违约行为致使不能实现合同目的。

(5) 以持续履行的债务为内容的不定期合同,当事人可以随时解除合同,但是应当在合理期限之前通知对方。

(6)《民法典》第533条规定了在情势变更的情形下,当事人协商变更合同内容不成的,人民法院或者仲裁机构应当结合案件的实际情况,根据公平原则变更或者解除合同。

(7)《民法典》第33条、《民法典总则编司法解释》第11条规定事前约定监护人可解除的情形,即具有完全民事行为能力的成年人与其近亲属、其他愿意担任监护人的个人或者组织事先协商,以书面形式确定自己的监护人后,协议的任何一方在该成年人丧失或者部分丧失民事行为能力前请求解除协议的,人民法院依法予以支持。

(8)《民法典合同编通则司法解释》第19条规定了无权处分合同解除的情形,即"因未取得真正权利人事后同意或者让与人事后未取得处分权导致

| 案例十三 |

执行事务合伙人霸占合伙经营权，普通合伙人不能参与
合伙事务，无奈诉讼请求解除合伙协议

合同不能履行，受让人主张解除合同并请求让与人承担违反合同的赔偿责任的，人民法院依法予以支持"。

（9）《九民会议纪要》第38条规定了因另一方不履行报批义务合同解除情形，即"一方因另一方不履行报批义务，请求解除合同并请求其承担合同约定的相应违约责任的，人民法院依法予以支持"。

（10）《九民会议纪要》第40条规定了报批后未获得批准的合同解除情形，即行政机关没有批准，合同不具有法律上的可履行性，一方请求解除合同的，人民法院依法予以支持。

2. 实践中，就合伙合同的解除，可适用的法律依据有哪些

（1）合伙人协商一致解除

《民法典》第562条第1款规定："当事人协商一致，可以解除合同。"

（2）合伙合同有约定解除权

合伙合同有约定解除权的，合伙人可以行使约定解除权。《民法典》第562条第2款规定："当事人可以约定一方解除合同的事由。解除合同的事由发生时，解除权人可以解除合同。"

（3）存在法定解除情形

存在法定解除情形的，合伙人可以行使法定解除权。《民法典》第563条第1款有关合同法定解除情形的规定。

（4）不定期合伙合同

不定期合伙合同的，合伙人随时有权解除。《民法典》第976条第3款规定："合伙人可以随时解除不定期合伙合同，但是应当在合理期限之前通知其他合伙人。"

3. 实践中，解除合伙合同的方式有哪些

（1）有解除权的一方向合同另一方送达解除通知

根据《民法典》第565条第1款的规定，解除合同的通知到达对方时解除。

（2）经诉讼或仲裁程序确认解除

根据《民法典》第565条第2款的规定，未通知对方，直接以提起诉讼或者申请仲裁的方式依法主张解除合同，人民法院或者仲裁机构确认该主张的，合同自起诉状副本或者仲裁申请书副本送达对方时解除。

4. 实践中，解除合同后会有哪些法律后果，合伙合同的解除又有哪些注意事项

（1）关于合同解除后的法律后果问题

根据《民法典》第 566 条的规定，合同解除后，尚未履行的部分终止履行，已经履行的部分根据履行情况和合同性质，当事人可以请求恢复原状或者采取其他补救措施；合同如因一方违约解除的，守约方可以请求违约方承担违约责任。主合同解除后，担保人对债务人应当承担的民事责任仍应当承担担保责任，但是担保合同另有约定的除外。

（2）对于合伙合同的解除，合伙财产及负债需要进行整理清算，并按照法律规定进行分配或分担

例如，在（2017）最高法民再 316 号案件中，最高人民法院认为：第一，合伙协议解除后，合伙各方应对合伙项目的成本及费用、投资、收入、债权债务等各项进行清算后计算项目的节余数额，并按照合伙协议的约定或法律的规定分配节余数额。第二，合伙协议解除后，合伙终止，因合伙协议已经履行，合伙人投入合伙事务的资金已经转化为合伙财产，由合伙各方共同共有，在全体合伙人未对合伙财产及合伙债权债务清算前，合伙人不能主张由其他合伙人退还其原投入合伙事务的资金。

5. 在本文案例中，被告在前案中已通过提出反诉的方式请求解除合伙协议，法院未予支持，那么在原告夏某再次请求解除合伙协议，是否构成重复起诉

根据《民事诉讼法司法解释》第 248 条的规定："裁判发生法律效力后，发生新的事实，当事人再次提起诉讼的，人民法院应当依法受理。"该规定系一事不再理原则的例外情形，即当事人再次提起诉讼的条件为发生新的事实。

例如在本文案例中，夏某与曾某（华商公司）因签订《合作、竞拍协议书》、《章程》以及《合作协议》而成立合伙关系，该合伙关系的建立和存在基于双方之间存在的信赖基础。但双方在合作经营案涉项目的过程中产生较大矛盾，互不信任，致使双方建立的合伙关系难以为继。虽然前案民事判决驳回曾某、华商公司要求解除案涉《合作、竞拍协议书》、《章程》以及《合作协议》的反诉请求，但本文案例的当事人在合作经营过程中出现新的事

实，故夏某提起本案诉讼不属于重复诉讼。

四、合伙项目尚未完成，合伙协议提前解除，合伙人能否要求退还投资款及分配利润

原告夏某以曾某、华商公司为被告，起诉请求法院判令曾某、华商公司给付合伙投资款和合伙利润6000万元（具体数额最终以法院委托的中介机构的清算结论为依据）。一审诉讼中，经原告夏某的申请，法院委托评估机构对案涉华商项目已修建房产及尚未开发的土地市场价值进行价值评估，以及委托造价鉴定机构对华商项目工程造价进行鉴定，经评估和工程造价鉴定，截至2019年3月，案涉项目夏某、曾某投入71562110元；案涉项目收入为225875103.19元；案涉项目已产生的支出287096884.95元，另尚欠土地出让价款7806858元；案涉项目未出售资产247927100元（已建房屋资产评估价值178072300元，未开发土地价值69854800元）。因案涉项目尚未完全完成，无法完成土地增值税和企业所得税的清算，无法彻底进行清算，但从已查明的事实可知，案涉项目尚余资产，案涉项目并未亏损，账面资产处于盈利状态。双方对应否退还投资款及支付合伙利润产生争议。

（一）原告与被告的不同主张

原告夏某主张，其已支付投资款，且合伙项目尚有盈余，故要求被告返还投资款及支付合伙利润。

被告曾某主张，其向夏某出具借条的200万元借款，以及已经全额退还的288万元营销费用，均不应计入夏某的投入款。且在未对案涉项目的投入、支出、债务、税费等进行清算的情况下，不能超出原告请求范围直接判令向夏某退还投资款及按照月利率8‰的标准支付利息。

（二）法院观点

1. 本案一审法院认定夏某投入案涉项目资金为31556080元，且综合考虑营收情况并参照贷款利率确定被告向原告返还的项目利润标准

在曾某阻止夏某参与经营决策、进行监督的情况下，夏某的盈余分配

权难以实现,故应当以夏某的投入、当前案涉项目的收支情况和账面资产等为依据,并考虑尚有税费未缴纳,开发尚未完成等因素,按略高于中国人民银行公布的同期同类贷款基准利率的标准,由曾某向夏某支付一定利润。

2. 二审法院在审理时认为,合伙经营产生的利润应按照一定比例向合伙人进行分配,一审法院认定的利息利率较为公允

对于合伙经营中产生的利润,合伙人按照约定或者实际出资比例,享有实际的盈余分配的权利。对于合伙人退伙或者合伙关系终止时,合伙人可以请求返回合伙时投入的财产。

案涉合伙项目因没有完成经营建设,故无法彻底进行清算;但当前案涉项目并非亏损,账面资产处于盈利状态。故从现有证据看,曾某关于案涉项目实际处于亏损状态的主张,与本案查明的事实不符。又因案涉合伙项目还存在土地增值税、企业所得税的缴纳等问题,且双方在合伙关系中已丧失互信基础,故对夏某主张的给付合伙投资款和经营利润的问题,一审法院综合考虑现有账面资产情况、案涉项目的收支、经营合伙关系中双方的过错程度等因素,判令曾某、华商公司向夏某返还投资款 31556080 元,并以该数额为基数分别自投入之日起按月利率 8‰向夏某支付案涉合伙关系终止后的合伙经营利润,并无不当,亦符合本案实际情况,较为公允。

3. 关于是否应以现金方式向原告返还投资款和利息的问题,二审法院认为一审法院以"金钱支付"形式进行分配并无不当

本案中,在双方约定"有钱分钱、有物分物"分配原则的基础上,综合考虑双方合伙经营中已丧失互信,客观上无法就案涉合伙财产分割形成一致意见等因素,一审法院作出以"金钱给付"形式分配合伙财产的处理意见,并无不当。

4. 两被告华商公司与曾某共同承担向原告夏某支付款项的责任

华商公司系曾某的独资公司,虽不是自然人,但实际由曾某控制,且从本案查明事实看,华商公司与曾某在主体和财务上存在高度混同,故华商公司也应承担返还款项的民事责任。

（三）律师分析及建议

1. 原告起诉要求被告给付合伙投资款和合伙利润，法院判令被告返还投资款及利息是否超出诉讼请求范围

根据《民事诉讼法》（2021年修正）第13条第2款的规定，当事人有权在法律规定的范围内处分自己的民事权利和诉讼权利。据此，所谓超诉讼请求判决，其实就是指人民法院超出当事人的诉讼请求或者诉讼主张范围进行审理并作出判决，实质上侵犯了当事人的处分权。

然而，在本文案例中，夏某的诉讼请求为"判令曾某、华商公司给付合伙投资款和合伙利润6000万元（具体数额最终以法院委托的中介机构的清算结论为依据）"，其中就包括支付返还投资款、经营利润等内容，因此，被告曾某、华商公司关于一审法院超出夏某的诉讼请求，裁判明显主张不当，与本案实际审理情况不符，二审法院未予支持。

2. 合同型合伙与企业型合伙中关于分割合伙财产的规定不同，在实际操作中会存在一定差异

关于合同型合伙，是指《民法典》第967条规定的"两个以上合伙人为了共同的事业目的，订立的共享利益、共担风险的协议"。在这种合伙关系中，合伙人并不以合伙协议登记设立合伙企业或有限责任公司。而企业型合伙，是指合伙人基于《合伙企业法》的规定设立合伙企业进而形成的合伙关系。

根据《民法典》第969条第2款的规定，合伙合同终止前，合伙人不得请求分割合伙财产。其中"合伙合同终止"表现在合伙上，即合伙解散。[①] 而根据《合伙企业法》第21条第1款的规定，合伙人在合伙企业清算前，不得请求分割合伙企业的财产。因此，合同型合伙相较企业型合伙就合伙财产分割问题上的适用尺度会稍宽松些。

例如在本文案例中，人民法院对于合伙合同解除后判令被告曾某向原告返还投资款及以月利率8‰计算利息时，着重强调：因案涉项目尚未完全完

[①] 最高人民法院民法典贯彻实施工作领导小组主编：《中华人民共和国民法典合同编理解与适用》，人民法院出版社2020年版，第2770页，关于《民法典》第978条的条文理解。

成,无法完成土地增值税和企业所得税的清算,无法彻底进行清算,但从已查明的事实可知,案涉项目尚余资产,案涉项目并未亏损,账面资产处于盈利状态。在曾某阻止夏某参与经营决策、进行监督的情况下,夏某的盈余分配权难以实现,故应当以夏某的投入、当前案涉项目的收支情况和账面资产等为依据,并考虑尚有税费未缴纳,开发尚未完成等因素,按略高于中国人民银行公布的同期同类贷款基准利率的标准,由曾某向夏某支付一定利润。

3. 合同型合伙关系中,合伙财产如何认定

根据《民法典》第969条的规定,合伙财产来源可分为以下三种。

(1) 合伙人的出资

合伙人按照合伙合同的约定履行出资责任,包括货币或其他财产性权益,例如,合伙人以知识产权进行出资,或合伙人以房屋使用权进行出资,合伙人以房屋使用权、占有权等出资的,房屋所有权仍为合伙人持有。

(2) 因合伙事务依法取得的收益

合伙成立后,凡是为实现合伙事业目的而取得的一切合法收益均属于合伙财,例如,合伙的营业收入、购买的各类财产等。

(3) 因合伙事务依法取得的其他财产

合伙项目根据法律、行政法规等规定合法取得的其他财产,例如,因他人侵权而获得损害赔偿或者合法接受赠与的财产等。

案例十四　退伙协议未经全体合伙人签字确认，退伙金返还困难重重

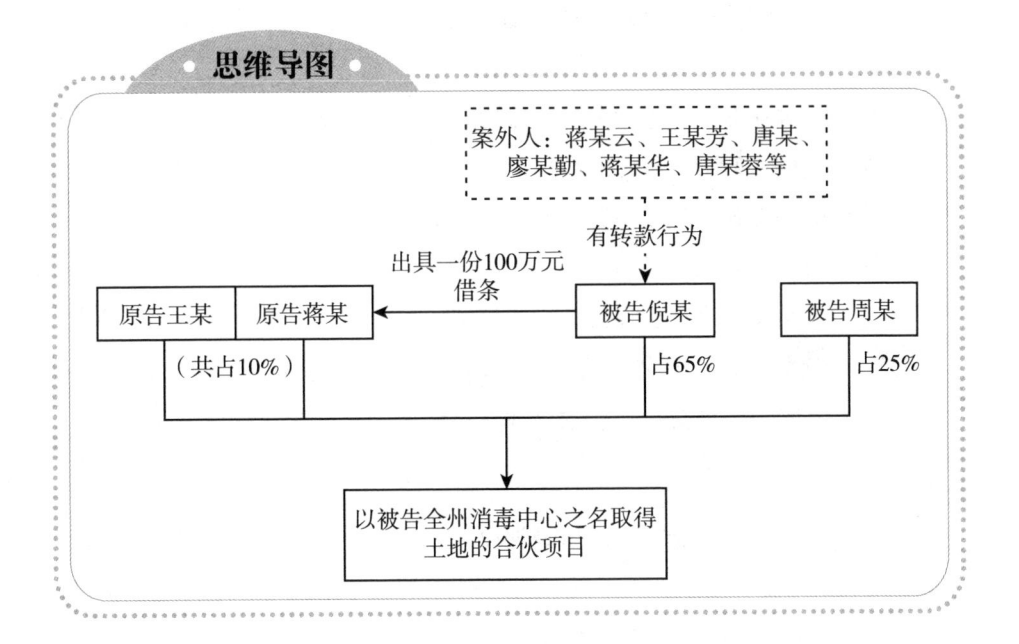

思维导图

案外人：蒋某云、王某芳、唐某、廖某勤、蒋某华、唐某蓉等

- 原告王某、原告蒋某（共占10%）
- 被告倪某（占65%）——出具一份100万元借条→原告王某、原告蒋某
- 案外人有转款行为→被告倪某
- 被告周某（占25%）
- 以被告全州消毒中心之名取得土地的合伙项目

案例来源

（2023）桂民再32号

案情简介

王某、蒋某与倪某、周某四人于2008年7月签署《股东协议》，约定以全州消毒中心的名义向村民小组征用红砖厂处约70亩土地，项目合伙份额分为：周某占25%股份，蒋某和王某共占10%股份，倪某占65%股份，且倪某作为项目的主要负责人，并有权对外让出10%项目股份。

· 209 ·

2012年8月，王某、蒋某与倪某签订《撤股协议》，约定王某、蒋某退股，其股份由倪某所有，倪某在三个月内向该二人支付原入股金185万元，且若不能按期支付，则按照月利率2.5%支付利息。同时，倪某以借条的形式出具了100万元的借条，载明：倪某今借到王某、蒋某100万元，于2012年10月底归还。此后，倪某按照《撤股协议》和借条约定履行，并支付部分退股款。2015年5月，倪某向王某、蒋某出具欠条，载明倪某欠付王某、蒋某退股款255万元，月利率2.5%，并应在2015年12月31日前还清本息，未能还清的，继续计算利息。上述《撤股协议》和欠条并未告知周某，周某不知情。

倪某在支付一部分本息后未再继续履行。王某、蒋某于2019年4月起诉倪某要求其支付欠款255万元及利息（以下简称"前案"），法院认为《撤股协议》未经另一合伙人周某确认，故《撤股协议》以及相对应的借条、欠条均为无效行为，法院判决驳回王某、蒋某的诉讼请求。

王某、蒋某又以倪某、周某、全州消毒中心为被告提起本案诉讼，请求：（1）解除合伙关系；（2）依法清算合伙账目；（3）请求判令倪某、周某、全州消毒中心共同向原告支付合伙款（预估200万元，以清算结算为准）。

一、隐名合伙人未参加合伙纠纷的诉讼程序，法院程序是否错误

（一）原告与被告的不同主张

原告王某、蒋某主张，本案中合伙人就是四人，股东协议等合伙相关证据可以证实，周某也认可本案只有四个合伙人，没有遗漏其他合伙人，故法院审理过程中不存在遗漏当事人的程序问题。

被告倪某主张，在审理本案合伙纠纷中，遗漏了合伙人蒋某云、王某芳、唐某、廖某勤、蒋某华、唐某蓉，上述合伙人未进入本案作为当事人审理，原审判决遗漏了必要的诉讼参与人，程序违法。

（二）法院观点

关于本案是否遗漏必要的诉讼参与人的问题，再审法院观点具体如下。

1. 本案合伙合同所涉合伙人仅有四人，即王某、蒋某、倪某、周某

关于合伙关系的认定，有书面协议约定的，应以书面协议为准。本案已查明事实：2008年7月27日，王某、蒋某与倪某、周某四人签订《股东协议》一份，其中第二条约定：本项目经协商确定为100股，其中周某占25%的股份，蒋某和王某共占10%的股份，倪某占65%的股份。显然，该《股东协议》明确约定了合伙项目的合伙人为王某、蒋某、倪某、周某四人以及各自所占的合伙份额，合伙份额累计为100%。

2. 在合伙人未同意的情况下，其他与倪某存在投资关系的案外人不能认定为合伙项目的合伙人，故本案不存在遗漏必要共同诉讼人的情形

从倪某提供的合伙入股金出资收款单据（蒋某云、廖某勤、唐某等）以及出庭作证的廖某勤、唐某的证人证言来看，载明的收款人均是倪某，而并不是全州消毒中心，说明是有案外人向倪某出资，购买了倪某的合伙份额的一部分权益，但王某、蒋某、周某既不知情，也不认可出资的案外人为本案合伙项目的合伙人，应当认定是倪某与案外人的内部投资关系，由此，原审判决认定王某、蒋某、倪某、周某为本案合伙项目的合伙人正确，不存在遗漏必要的诉讼当事人的情形。

（三）律师分析及建议

1. 根据《民事诉讼法》关于提请再审条件的规定，其中应当参加诉讼的当事人因非本人原因未参加诉讼的，人民法院对案件应当再审。然而，在实践中，就应当参加诉讼的当事人和非归责于本人事由的论证，常成为案件能否再审的争议焦点问题

根据《民事诉讼法》第211条的规定："当事人的申请符合下列情形之一的，人民法院应当再审：……（八）无诉讼行为能力人未经法定代理人代为诉讼或者应当参加诉讼的当事人，因不能归责于本人或者其诉讼代理人的事由，未参加诉讼的……"其中无诉讼行为能力人无法定代理人参与诉讼的问题，根据《民法典》关于民事行为能力的规定，主要指两类人，其一，不满八周岁的未成年人；其二，不能辨认自己行为的成年人和八周岁以上的未成年人。

实践中，最为困难的是对某当事人应否必须参加诉讼而未参加诉讼的认定问题，本书就符合应参加诉讼当事人的可能情形，总结如下。

（1）共同诉讼的原告和被告

根据《民事诉讼法》第135条以及《民事诉讼法司法解释》第73条的规定，必须共同进行诉讼的当事人没有参加诉讼的，人民法院应当通知其参加诉讼。例如，涉及特定财产权益的多人争议，所有相关权益人应共同参与诉讼。

（2）有独立请求权的第三人

根据《民事诉讼法》第59条第1款以及《民事诉讼法司法解释》第81条的规定，如果第三人对原被告之间的诉讼标的拥有独立的请求权，该第三人有权提起诉讼或申请参加诉讼以保护自己的权益。

例如，在遗产继承案件中，除原被告以外其他认为自己也有权分得遗产的人，可以作为有独立请求权的第三人参与诉讼。第一审程序中未参加诉讼的第三人，申请参加第二审程序的，人民法院可以准许。

（3）无独立请求权但与案件处理结果有法律上利害关系的第三人

根据《民事诉讼法》第59条第2款以及《民事诉讼法司法解释》第81条的规定，此类第三人虽然没有独立的请求权，但该第三人的合法权益可能会因案件结果而受到影响，因此在案件审理中，人民法院可以依职权将其追加为诉讼当事人，该类第三人也应当参与诉讼。

例如，在借款合同或买卖合同纠纷中，相应担保方可能会受到判决结果的影响，该担保方可以作为无独立请求权的第三人参与诉讼。第一审程序中未参加诉讼的第三人，申请参加第二审程序的，人民法院可以准许。

2. 诉讼程序中遗漏的必要共同诉讼人，如何进行权利救济

根据《九民会议纪要》第121条关于必要共同诉讼漏列的当事人申请再审的相关内容，《民事诉讼法司法解释》对必要共同诉讼漏列的当事人申请再审规定了两种不同的程序，两者在管辖法院及申请再审期限的起算点上存在明显差别，在处理相关案件时应予注意以下几点。

（1）该当事人在执行程序中以案外人身份提出异议，异议被驳回的，根据《民事诉讼法司法解释》第421条的规定，其可以在驳回异议裁定送达之

日起 6 个月内向原审人民法院申请再审。

（2）该当事人未在执行程序中以案外人身份提出异议的，根据《民事诉讼法司法解释》第 420 条的规定，其可以根据《民事诉讼法》第 211 条第 8 项的规定，自知道或者应当知道生效裁判之日起 6 个月内向上一级人民法院申请再审。当事人一方人数众多或者当事人双方为公民的案件，也可以向原审人民法院申请再审。

此外，被遗漏的共同诉讼当事人若同时符合提起第三人撤销之诉和案外人申请再审的两种救济程序条件的，该当事人只能选择其中一种而不能两者兼选，例如，被遗漏的当事人作为案外人先启动执行异议程序的，对执行异议裁定不服，认为原裁判内容错误损害其合法权益的，只能向作出原裁判的人民法院申请再审，而不能提起第三人撤销之诉。但若遗漏的当事人先启动了第三人撤销之诉，即便在执行程序中又提出执行异议，也只能继续进行第三人撤销之诉，而不能依《民事诉讼法》第 238 条申请再审。

3. 实践中，在遇到纠纷时，隐名合伙人的法律地位很难被确认，且隐名合伙人要求显名的难度一般也较大，因此，投资人在签署合伙合同时需要提前考虑相应投资风险

隐名合伙人通常指的是，在合伙关系中实际出资，但不在合伙协议、工商登记等文件中显名的合伙人。这种合作关系在实践中较为常见，但因隐名合伙人不参与实际经营，其身份对第三方保持隐秘，故隐名合伙人的合伙身份具有隐蔽性，在出现纠纷时就隐名合伙人的合伙身份的认定，往往存在极大难度。

例如在本文案例中，因蒋某云、王某芳、唐某、廖某勤、蒋某华、唐某蓉等人的合伙人身份并未进行公示、公开，其他合伙人也对此不知情，故法院并未认定上述人员的合伙人身份，基于此，人民法院就诉讼中是否遗漏必要共同诉讼人问题的认定，并未支持倪某的诉讼主张。

4. 隐名合伙其本质是一种特殊合同关系，隐名合伙人主张其权利的对象只能是合同相对方即出名人

所谓隐名合伙其本质是一种特殊合同关系，隐名合伙人与出名人之间就合伙出资、利益分配、代持约定以及权责约束等进行的是合同约定，基于合

同的相对性原则,在无其他证据能够证明其合伙人身份的情形下,隐名合伙人主张其权利的对象只能是合同相对方即出名人。因此,建议隐名合伙人在进行隐名合伙投资时,寻求专业的法律咨询,以确保其权益得到有效的保障。

二、在二审时退伙协议被追认有效的情形下,法院可否直接判令双方履行退伙协议

原告王某、蒋某提起本案诉讼,在一审败诉后,二审审理期间2022年5月,周某对《撤股协议》予以认可,即追认了《撤股协议》的效力,但认为利息不应超过年利率24%。

(一)原告与被告的不同主张

原告王某、蒋某主张,前案法院驳回原告诉讼请求系因案由错误,前案法院认为原告起诉法律关系非借贷法律关系而应是合伙法律关系,故原告以合伙纠纷案由提起本案诉讼不属于违反一事不再理原则。同时,本案二审期间全部合伙人均同意《撤股协议》,因此二审法院判令各方履行《撤股协议》不违反法律规定。

被告倪某主张,法院应当依照当事人诉讼请求的范围进行审理,不应当超越当事人诉讼请求的范围对案件判决,更不应该变相违背一事不再理的原则,实质推翻了已生效的前案判决内容。

(二)法院观点

关于本案二审法院是否存在超出当事人诉讼请求审理的程序违法情形的问题,再审法院观点具体如下。

1. 基于本案案件事实,一审法院判决对被告倪某执行合伙事务期间的财务进行审计后,原告未上诉而被告倪某提起上诉,二审期间原告与被告倪某签订的《撤股协议》得到了全体合伙人的认可,《撤股协议》至此才被认定为合法有效合同

本案中,王某、蒋某的一审诉讼请求为:(1)依法解除合伙关系;(2)依

| 案例十四 |
退伙协议未经全体合伙人签字确认,退伙金返还困难重重

法清算合伙账目;(3)请求判令倪某、周某、全州消毒中心共同向王某、蒋某支付合伙款(预估200万元,以清算结算为准);(4)本案诉讼费用由倪某、周某、全州消毒中心共同承担。一审法院经审理,认为王某、蒋某以与倪某签订《撤股协议》的方式退出合伙,未得到合伙人之一的周某的认可,遂作出一审判决:判令对合伙人执行合伙事务期间的财务状况进行审计。

一审判决作出后,王某、蒋某并未提出上诉。倪某不服,上诉请求:撤销一审判决,依法改判驳回王某、蒋某的诉讼请求,或者发回重审。在二审法院审理过程中,合伙人之一的周某追认了《撤股协议》,也就是追认了王某、蒋某的退股行为。由此,王某、蒋某与倪某签订的《撤股协议》得到了全体合伙人的认可,则合法有效。

2. 因本案原告在相关联的前案中已提出如果法院认定《撤股协议》有效则应当按照协议约定退还退股金及利息,被告及其他合伙人对退还金额提出异议,《撤股协议》在前案中被判令无效,而在本案二审审理阶段《撤股协议》才被认定有效。因此,从减少当事人诉累的角度出发,二审法院直接判令由被告倪某按照《撤股协议》的约定支付相应的退股本金及利息

二审法院在庭审中查明,王某、蒋某已经在二审庭审中提出如果法院认定《撤股协议》有效则应当按照退股金255万元及月利率2.5%来计算的主张(王某、蒋某在2019年4月18日的前案中所提出的诉讼请求),而倪某则仅同意按照退股金185万元及月利率2%计算的利息,周某也表示按照退股金185万元计算但月利率应不超2%。由此,二审法院基于王某、蒋某已在前案中提出要求倪某退还退股金255万元及按月利率2.5%计算利息的诉讼请求,《撤股协议》在前案中被判令无效,而到了本案二审审理阶段被认定有效,全体合伙人已经达成按《撤股协议》的约定来处理王某、蒋某退股事宜的一致意见,从减少当事人诉累的角度出发,直接判令由倪某按照《撤股协议》的约定来支付相应的退股本金及利息,虽然程序上略有瑕疵,但实体上处理并无不当,再审法院予以维持。由此,倪某认为二审法院超出当事人的诉讼请求,程序严重违法的理由不能成立,再审法院不予支持。

· 215 ·

3. 基于原告在前案中主张过利息，在本案二审期间法院直接判令被告倪某向原告按法定要求支付退股金的利息

首先，就案涉退股金应否支付利息的问题，经查明，王某、蒋某在双方就退股金发生纠纷以来，已经在前案中提出要求倪某支付255万元的退股金及按月利率2.5%计算的利息，且在本案二审庭审阶段也提出了如果认定《撤股协议》有效，则应该由倪某支付255万元退股金及按月利率2.5%计算利息的主张，因此，倪某认为王某、蒋某未提出利息主张，不应该判令其向王某、蒋某支付退股金利息的理由不能成立。

其次，关于案涉利息利率是否过高的问题，王某、蒋某主张应按月利率2.5%计算利息，倪某的代理人在二审庭审中回答主审法官认为利息应当如何计算时，明确回答"利息按2分也行"，即已经同意按照月利率2%计算利息。合伙人周某也要求调整退股金的利息不超过月利率2%。本案一审起诉时间为2021年9月29日，二审法院根据2020年8月20日起施行的《最高人民法院关于审理民间借贷案件适用法律若干问题的规定》的有关规定，进行分段计算利息，即2020年8月19日之前的退股金按年利率24%计算，2020年8月20日起的退股金则按四倍一年期贷款市场报价利率标准计算至给付之日，已经低于倪某其代理人主张的按2%利息计算的标准，倪某在法院再审阶段仍提出利率过高要求调整的主张，无事实和法律依据，再审法院不予支持。

（三）律师分析及建议

1. 关于民事上诉案件的审理范围问题，一般情况下二审法院应以上诉请求范围为限进行审理

根据《民事诉讼法》第175条的规定，第二审人民法院应当对上诉请求的有关事实和适用法律进行审查。根据《民事诉讼法司法解释》第321条的规定，第二审人民法院应当围绕当事人的上诉请求进行审理。当事人没有提出请求的，不予审理，但一审判决违反法律禁止性规定，或者损害国家利益、社会公共利益、他人合法权益的除外。

基于上述法律和司法解释的规定，第二审人民法院的审理范围应当围绕

当事人的上诉请求内容为限进行审理，人民法院在上诉请求之外可以依职权审查的范围，仅限于违反法律禁止性规定或者为了国家利益、社会公共利益和案外人合法权益的情形。二审审理范围一般仅限于上诉请求的范围内，同时上诉请求应当限于一审诉讼请求和审理范围之内，在一审中没有提出的诉讼请求，上诉时提出的，不属于二审审理范围。

因此，当事人在提起一审诉讼之前，应充分考虑诉讼请求内容，并在不确定合同效力的情形下，审慎考虑是否采用选择性诉讼请求的诉讼策略等方式对冲诉讼风险。

2. 就法院审理范围和避免当事人各方陷入诉累的问题，一般情况下法院仍会按照诉讼请求范围进行审理，但本文案例的特殊情况是基于原被告双方就同一事实已经多次启动诉讼程序，二审法院为避免各方诉累、一次性解决纠纷，才直接改判

关于诉讼请求范围的理解，需要先理解不告不理原则，即法院按照当事人诉讼请求的范围进行案件审理。根据《民事诉讼法》第13条第2款的规定，当事人有权在法律规定的范围内处分自己的民事权利和诉讼权利，基于此，人民法院在审理案件时一般是在当事人的诉讼请求范围内进行审理，并作出支持与否的裁判结论，故原告在提起诉讼时应注意诉讼请求范围的准确、全面。

然而，就本文案例再审法院所论证的"从减少当事人诉累的角度出发"的论理，也是基于对一次性解决纠纷的惠民追求，以此避免各方当事人反复陷入诉累之中。关于避免诉累更多的是一种政策表达，真正体现在民商事相关法律法规上的，可以参看《九民会议纪要》第36条的规定："在双务合同中，原告起诉请求确认合同有效并请求继续履行合同，被告主张合同无效的，或者原告起诉请求确认合同无效并返还财产，而被告主张合同有效的，都要防止机械适用'不告不理'原则，仅就当事人的诉讼请求进行审理，而应向原告释明变更或者增加诉讼请求，或者向被告释明提出同时履行抗辩，尽可能一次性解决纠纷。"

3. 关于借款合同纠纷案件所涉利息问题的法律法规

关于借款合同纠纷案件所涉利息的相关问题，近些年颁布实施了多个法

律法规对利息进行调整，可归纳总结为如下内容。

实践中，就借款合同纠纷所涉利息，一般可分为：借期内利息、逾期利息和迟延履行期间的债务利息。此外，就借款利息约定上限的限制性规定，此前还区分年化利率24%和36%的不同分类和法律后果，现就2020年8月20日之后成立的借款合同，根据《民间借贷司法解释》第25条"出借人请求借款人按照合同约定利率支付利息的，人民法院应予支持，但是双方约定的利率超过合同成立时一年期贷款市场报价利率四倍的除外"的规定，借款利息的上限则统一适用一律不得超过LPR的四倍。

4. 债务人部分清偿债务的，应按照先息后本的计算方式进行抵扣债务

根据《民法典》第561条"债务人在履行主债务外还应当支付利息和实现债权的有关费用，其给付不足以清偿全部债务的，除当事人另有约定外，应当按照下列顺序履行：（一）实现债权的有关费用；（二）利息；（三）主债务"的规定，如果债务人支付的款项不足以清偿全部债务，且当事人没有特别约定，则应按照先还利息再还本金的顺序进行清偿，即先息后本的偿债顺序。

案例十五　自然人挂靠房地产公司合伙经营房地产项目，退伙后却要求分得公司股权

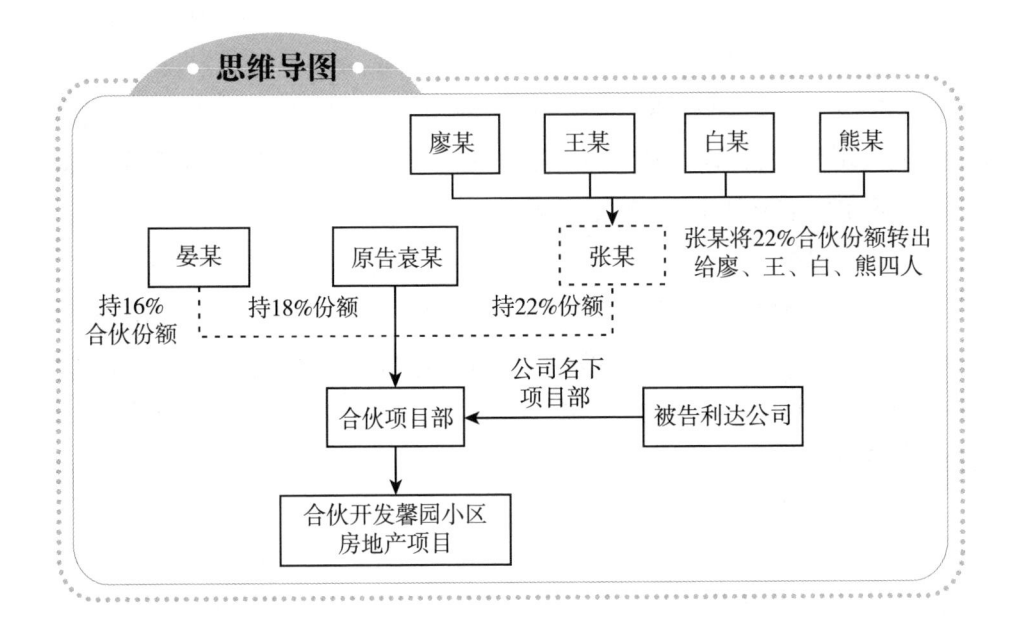

思维导图

```
廖某    王某    白某    熊某
          ↓
        张某          张某将22%合伙份额转出
                     给廖、王、白、熊四人

晏某      原告袁某         
持16%    持18%份额    持22%份额
合伙份额
   ↓        ↓           
   合伙项目部 ← 公司名下  ← 被告利达公司
              项目部
              ↓
          合伙开发馨园小区
          房地产项目
```

案例来源

（2019）最高法民申 1016 号、（2018）赣民终 243 号、（2017）赣 09 民初 165 号之二

案情简介

本案原告与他人合伙借用被告房地产公司资质成立项目部经营开发房地产项目，经营过程中原告欲退出合伙，遂签订协议将自己名下的合伙份额转让给房地产公司，双方因协议履行产生冲突，因此涉诉。

不完美的合伙
——合伙纠纷27例全景解析

被告利达公司成立于2007年，张某为利达公司持股40%的股东。2008年，张某与晏某等人约定挂靠利达公司合伙开发馨园小区房地产项目。2008年1月至2009年12月，原告袁某通过张某分8次向馨园小区项目投资共计918万元。2013年2月，张某、袁某、晏某等人签订《项目合作协议书》成立新的合伙，约定挂靠利达公司成立的项目部，合伙开发馨园小区房地产项目，并明确袁某出资540万元占比18%、晏某出资480万元占比16%、张某出资660万元占比22%。后张某退出利达公司并将馨园小区项目合伙份额对外转让，合伙人变更为袁某、晏某、廖某、王某、白某、熊某，其中原告袁某在合伙项目中占比18%。

2013年10月，原告袁某决定退出合伙，袁某作为甲方与廖某、王某、白某三人作为乙方签订《股权转让协议书》，约定袁某将其持有的馨园小区项目18%的股权转让给乙方，转让价款为6500万元。一年后，袁某作为甲方、利达公司作为乙方、廖某、王某、白某三人作为丙方签订《协议书》，约定甲、丙双方签订的《股权转让协议》中丙方的权利义务全部转让至乙方，由乙方承担《股权转让协议》中丙方的还款责任。上述协议履行期间，因履行协议争议问题，袁某与利达公司多次发生冲突，协议约定的股权转让款项并未全部支付。

袁某以利达公司为被告向法院提起本案诉讼，请求：（1）确认袁某为利达公司的股东，持有利达公司18%的股份，并责令利达公司在10个工作日内完成袁某股东身份及持股比例的登记工作；（2）若上述诉讼请求不能得到支持，则请求判令利达公司支付拖欠袁某的股权转让款1013.39万元、利息719.51万元，合计1732.9万元，并请求责令利达公司向袁某支付该1732.9万元的相应利息；（3）本案诉讼费由利达公司承担。

一、原告在起诉时提出两个相矛盾的诉讼请求是否合法

本案原告袁某一审起诉时提出两个相矛盾的诉讼请求，如第一项请求不被支持则请求支持第二项，被告利达公司因此提出再审认为原告的诉讼请求不符合法律规定，应予驳回，双方对此产生争议。

案例十五
自然人挂靠房地产公司合伙经营房地产项目，退伙后却要求分得公司股权

（一）原告与被告的不同主张

被告利达公司申请再审主张，二审判决适用法律确有错误，本案应驳回袁某的诉讼请求。本案袁某的诉讼请求包括两个方面：（1）请求确认股东身份，确认持有18%股权，并完成登记；（2）如上述诉讼请求得不到支持，则请求支付股权转让款及利息。第1项诉讼请求是确认之诉，第2项是给付之诉，是两个不同的法律关系，诉讼请求不明确具体，且相互矛盾，鉴于一个诉讼只能解决一个法律关系。因此，应当要求袁某明确诉讼请求，对于相矛盾的诉讼请求在一案审理结束后另行提起诉讼。

原告袁某辩称，其提出的第2项诉讼请求是在第1项诉讼请求不能获得法院支持情况下，而提出的预备性诉讼请求，符合法律规定。

（二）法院观点

最高人民法院再审认为，关于袁某提出的诉讼请求是否符合法律规定的问题，经查，袁某一审提出的诉讼请求为：（1）请求确认袁某为利达公司的股东，确认袁某持有利达公司18%的股份，并责令利达公司在10个工作日内完成袁某股东身份及持股比例的登记工作；（2）若上述诉讼请求不能得到支持，则请求判令利达公司支付拖欠袁某的股权转让款1013.39万元、利息719.51万元，合计1732.9万元，并请求责令利达公司向袁某支付该1732.9万元的相应利息。

据此可见，袁某提出的第2项诉讼请求是在第1项诉讼请求不能获得法院支持情况下的预备性诉讼请求，在诉讼法学理论上称为预备合并之诉，并不违反我国民事诉讼法的相关规定。原审法院在认为袁某第1项诉讼请求不能成立的情况下对第2项诉讼请求予以审理并作出裁判，符合诉讼便利和经济的原则，也有利于法院对当事人争议裁判的协调统一，并无不当。利达公司认为本案应当驳回袁某诉讼请求的再审申请理由不能成立。

（三）律师分析及建议

1. 当事人提出两个或两个以上诉讼请求，并要求如在第1项诉讼请求不能得到支持则继续审理第2项诉讼请求，法院应按当事人诉求进行审判

实践中有些当事人为了降低败诉风险同时提出两个诉讼请求，明确如第

一诉求不能得到支持则请求支持第 2 项诉讼请求,这类诉讼请求在学理上成为"预备的诉的合并"或"补充性诉讼请求":

(1)最高人民法院第二巡回法庭 2020 年第 3 次法官会议纪要中载明:"预备的诉的合并,又称为假设的诉的合并。顾名思义,实际上是原告为防止诉讼遭受败果,在起诉时一并提起两个诉请准备。在第一个诉请不被支持之后,请求支持第二个诉请。"

(2)《重庆市高级人民法院关于当前民事审判若干法律问题的指导意见》第 52 条也指出:"补充性诉讼请求,又称预备性诉讼请求,是指当事人提出两个或两个以上的诉讼请求,为了防止第一位的主要请求不被承认,事先就提出如果第一位的主要请求不被承认就要求审理第二位次要请求,如果第一位的主要请求被承认就不用审理第二位次要请求的情形。人民法院应当允许当事人提出补充性诉讼请求,在未评议确定第一个请求能否支持前,对当事人的多个请求均应予以审理。诉讼中不必要求原告必须选择一个请求提交法院审判,但判决必须确定具体。"

综上所述,虽然我国法律没有明确规定,但司法实践中,考虑到避免司法资源浪费、节约诉讼成本等因素,法院并不排斥当事人提出的补充性诉讼请求。

2. 根据补充性诉讼请求的适用条件,合理制定诉讼请求,能够一定程度上降低诉讼风险

制定合理的诉讼请求能够降低诉讼风险、提高胜诉后的执行效率,对此笔者在《诉讼执行一体化:以执行视角优化诉讼策略》一书第二章"制定合理、明确、可执行的诉讼请求"中已有专章论述。具体到本文案例中涉及的补充性诉讼请求,合理运用也可以减少诉累、增加胜诉可能性、保障执行效率。因此,我们提醒当事人在下列情形下可以选择提出补充性诉讼请求。

(1)当事人对同一法律行为定性存在争议,且不同定性将引发不同的法律后果

正如本文案例中原告袁某认为《股权转让协议书》及《协议书》转让标的是公司股权,而被告利达公司主张转让标的是合伙份额,如袁某只诉讼请求确认股东身份,则该诉讼请求若不被法院支持,袁某就彻底败诉;但因袁

案例十五
自然人挂靠房地产公司合伙经营房地产项目，退伙后却要求分得公司股权

某增加了要求按约定支付转让款的第 2 项诉讼请求，法院在判定不予支持第 1 项诉讼请求后，又继续审理第 2 项诉讼请求，并最终判决利达公司支付剩余股权转让款。对袁某来说是最大限度挽回了损失。

（2）当事人虽认为胜诉概率较大，但担心胜诉判决难以执行

此种类型最常见的是在返还原物请求权的诉讼中，原告如对诉讼标的物的现状不能完全掌握，可以在要求返还原物的诉讼请求后面，增加一项：如无法返还原物，则按照某某标准折价赔偿。

3. 实践中，在制定补充性诉讼请求时，应注意符合的条件

实践中，在制定补充性诉讼请求时，应当注意符合以下条件：

（1）两个诉讼请求系基于相关联的事实和法律关系产生的，这一点很好理解，若诉讼请求在法律上毫无牵连，则没有必要一起审理。

（2）两个诉讼请求之间应有明确的先后顺序，明确只有在第 1 项诉讼请求未得到支持时，才审理第 2 项诉讼请求。反之，若不明确先后顺序则等同于同时提出两个相互矛盾的诉讼请求，如经法庭释明当事人仍无法明确顺位，则有被法院裁定驳回起诉的可能性。

（3）两个诉讼请求必须相互排除，否则将导致与重复起诉类似的法律后果。最常见的是当事人前后两个诉讼请求分别要求对方承担违约责任和侵权责任，除非在个别案件中违约责任和侵权责任可以同时成立，否则法院也将释明要求当事人明确选择其一。

二、为开发项目专门成立公司，项目合伙人能否主张具有公司股东身份

本案原告袁某起诉时案由为股权转让纠纷，主张袁某为利达公司隐名股东，一审法院经审查认为本案系合伙纠纷，否定了袁某的股东身份，将案由定为合伙协议纠纷，袁某不服，上诉至江西省高级人民法院，双方对此产生争议。

（一）原告与被告的不同主张

原告袁某上诉主张：（1）本案的案由是股权转让纠纷，原判决错误认定

为合伙协议纠纷。袁某之前系利达公司隐名股东，其持有的是利达公司18%的股权，而非仅其中某个项目的股权。（2）本案中，利达公司就是因开发宜馨园小区等项目而专门成立的。利达公司于2007年8月成立，袁某自2008年1月开始投资入股，至2009年已在该公司投入了918万元，持有利达公司18%的股份，系隐名股东身份。（3）原审庭审已经查明，馨园小区是利达公司专属的开发项目，项目没有独立的财务核算，这显然不具备袁某持有项目股份的基础条件。

为证明上述主张，袁某出具证据如下：其一，《致利达房产公司函》《回复函》各1份。拟证明：袁某于2016年1月向利达公司发出《致利达房产公司函》一份，要求利达公司在2016年1月16日前付清全部股权转让款项，否则要求恢复袁某在利达公司持有的18%原始股份；2016年5月前后，利达公司向袁某发送了一份《回复函》，称没有按协议向袁某支付退股款，现有其他股东没有人愿意出资，对恢复袁某的股权无异议，故正式通知袁某恢复在利达公司处的原始股份。其二，《股权转让协议书》《协议书》各1份，证明：协议书"本协议转让之股权为甲方所拥有的目标公司股份的18%"等内容均可以证明袁某曾经持有利达公司18%的股份。其三，利达公司自2008年1月至2009年12月分8次出具给袁某的总计918万元的收据存根，均加盖利达公司财务专用章，证明：袁某所投资金系投入利达公司，而非公司的个别项目。

被告利达公司主张，原审法院将本案案由确定为合伙协议纠纷并无不当。张某等人仅是以利达公司的名义，邀集一些人合伙房地产开发事宜，投资人之间的纠纷应是合伙人之间的纠纷。

对袁某提交的证据，利达公司发表质证意见如下：（1）《致利达房产公司函》内容为袁某单方意思表示；《回复函》的真实性、合法性及关联性均有异议，该回复函是袁某事先拟好，雇请社会闲散人员到公司闹事，逼迫利达公司法定代表人熊某在上面盖章，且该回复函上没有日期。（2）袁某提交的《股权转让协议》中的股权是指馨园小区项目的股权，就是项目的合伙份额，袁某一直不是利达公司的股东，也不存在公司股权转让之说。因此，原审法院认定本案案由为合伙协议纠纷是正确的。（3）对于袁某提交的918万元收据存根,上诉人混淆了股东和股权的概念,在袁某投资前的 2007 年利达公司已成立,要成为公司的股东只有利达公司已有的股东将自己的股份转让给袁某,其才是股东。因此袁某只是合伙项目的股东。

(二) 法院观点

关于本案的基础法律关系是股权转让纠纷还是合伙协议纠纷,即袁某持有的 18% 的股权是利达公司的股权还是项目股权的问题。

江西省高级人民法院二审认为,根据袁某作为甲方与廖某、白某、王某三人作为乙方签订的《股权转让协议书》的内容,袁某拥有的 18% 的股权系该协议中合作项目的股权,而该协议明确了合作项目为利达公司馨园小区项目。二审中袁某提交的利达公司对其投入资金的收据亦可佐证袁某投入的资金不是利达公司的股本金,而是利达公司所属项目的投资款。二审中袁某亦未提供与利达公司股东签订的股权转让协议。因此,上述股权转让协议认定为当事人之间的合作项目股权转让,符合协议目的,本案定性为合伙协议纠纷正确。

(三) 律师分析及建议

1. 实践中,需要注意:投资公司名下的房地产项目、获得项目合伙人身份不等同于成为公司股东

判断是否具有公司股东身份应考虑公司章程、股东名册记载、登记机关登记、出资协议与出资证明书等各种形式要件,还要从是否参加股东会、是否具有知情权和收益权等实质角度综合判断。若仅是参加了公司名下的某个项目,获得了公司项目的投资权益,则不能认定为公司股东。

例如在本文案例中,原告袁某依据自己在馨园小区项目的合伙份额主张在利达公司的股东资格,实质上是混淆了合伙份额和股权,依据本案法院最终判决,即便如袁某所主张的,利达公司系专门为案涉项目而设立,也不能依据袁某在项目中所占份额认定其具有公司股东身份。

2. 实践中,须注意的是,"合伙人"与"股东"属于不同法律概念,即便当事人签订"股权协议""股东协议",合同性质也应综合合同内容进行判断,不能仅依据合同名称认定股东身份

实践中,经常遇到当事人将"合伙人"和"股东"两个法律概念混为一

谈的情况，特别是在合伙创业中签订的各种协议中经常出现"股东协议""股权""股东会"等词语，正如本文案例中袁某转让的是合伙份额，但签订的文件名称却为《股权转让协议书》，文件内容也出现"转让目标公司股份的18%"的表述，袁某据此向法院主张自己是利达公司股东，转让的是利达公司的股权。但是法院并未采纳袁某的主张，而是通过文字表述审查当事人的真实意思。

因此，我们提醒各位创业者应正确区分"合伙人"和"股东"两个不同概念，如仅是一起合伙做生意，并未登记设立公司，则各方之间为合伙人关系，应签订《合伙协议》，即便在合伙关系中签订协议约定"股东""股权"等内容，也不能因此获得真正意义上的股权，反而可能因为表述不明引发一系列不必要的纠纷。

三、转让合伙份额未经过全体合伙人同意，但合同已经实际履行，合同效力如何认定

本案原告袁某先后向廖某、王某、白某三人以及利达公司转让自己名下的全部合伙份额，并为此签订《股权转让协议书》及《协议书》，但上述两份协议书中均没有项目合伙人晏某、熊某二人的签字。一审、二审过程中双方并未对协议效力提出争议，法院依据上述协议判决被告利达公司应支付剩余转让款及利息。二审判决作出后，被告利达公司申请再审，主张上述两份协议无效，双方对此产生争议。

（一）原告与被告的不同主张

被告利达公司申请再审主张，二审判决适用法律确有错误，本案应按合同无效处理本案。案涉《股权转让协议书》实为退伙协议，但没有全体合伙人的签名，根据《合伙企业法》第22条、第43条、第46条的规定，该《股权转让协议书》因违反法律和行政法规的强制性规定而无效，由此产生的法律后果为返还财产、折价补偿、赔偿损失。案涉《协议书》因是对《股权转让协议书》的变更，亦应认定为无效。

原告袁某辩称，原审法院认定正确，案涉《股权转让协议书》《协议书》合法有效，利达公司应履行合同约定义务。

（二）法院观点

关于案涉《股权转让协议书》及《协议书》的法律性质及效力问题。

最高人民法院再审认为，根据原审查明的事实，袁某与晏某、廖某、王某、白某、熊某等人系共同借用利达公司的资质，以个人之间合伙形式共同投资馨园小区项目的房地产开发。因此，袁某签订《股权转让协议书》及《协议书》转让的实为其在该项目中的合伙份额。

尽管袁某转让合伙份额的《股权转让协议书》以及《协议书》未经全体合伙人签名，但是自2013年、2014年签订协议至今，并无证据表明签订案涉协议之外的其他两名合伙人对袁某转让合伙份额提出异议，且利达公司已经依照协议约定实际履行了大部分的付款义务，现利达公司以袁某转让合伙份额未经过其他合伙人同意为由主张案涉协议无效，缺乏相应的事实与法律依据，法院不予支持。

（三）律师分析及建议

1. 实践中，除了合伙协议另有约定外，合伙人对外转让合伙份额需要经其他合伙人一致同意

合伙人转让合伙份额是否需要经其他合伙人同意，要根据受让方是不是原合伙体成员来区分。

（1）合伙人向其他合伙人转让份额，即向合伙内部转让

因转让后不会导致新合伙人的加入、不会破坏原有合伙人之间的信任关系，因此通知其他合伙人即可。

（2）向合伙以外的人转让合伙份额，即向合伙外部转让

根据《民法典》第974条的规定："除合伙合同另有约定外，合伙人向合伙人以外的人转让其全部或者部分财产份额的，须经其他合伙人一致同意。"例如在本文案例中，馨园小区项目各合伙人并未签订正式合伙协议，对合伙份额的转让不存在特别约定，而利达公司本身不是项目合伙人，其受让袁某的合伙份额属于新合伙人的加入，根据上述法律规定应当经过全体合

伙人一致同意。

2. 实践中，合伙人对外转让合伙份额需要其他合伙人一致同意，但此处同意也包括默示的同意，即其他合伙人虽未明确同意，但也未明确表示反对，可认定同意转让合伙份额

例如在本文案例中，原告袁某签订《股权转让协议书》及《协议书》均没有全体合伙人签字，依据上述法律规定该协议本应无效。但是，案涉协议签订至本案诉讼，时间已长达两年，在此期间其他合伙人均未提出过反对意见，合伙份额受让方利达公司也已经支付了大部分转让款，其他合伙人的行为可以认定为默示同意。因此，法院最终认定案涉协议有效。

四、法院依据被保全人申请裁定变更保全标的物，是否需要经申请保全人同意

本案原告袁某在诉讼过程中申请了财产保全，法院裁定冻结利达公司名下银行账户及部分房产，具体包括：（1）冻结利达公司14×××10银行账户存款2000万元（实际冻结43662.71元）；（2）冻结利达公司14×××89银行账户存款2000万元（实际冻结52654.93元）；（3）查封利达公司房产共计26套（处），其中住房1套、别墅9栋、商铺16处。后经利达公司申请法院于2019年12月12日作出变更保全标的物的裁定书，裁定变更查封利达公司名下两处房产，解除对原保全财产的查封。裁定书作出同日，袁某向法院提交了《诉讼财产保全异议申请书》，10日后又提出本案复议申请，双方对此产生争议。

（一）原告与被告的不同主张

被告利达公司提出异议称，法院查封利达公司上述财产属于严重超标的查封，请求变更保全标的物，申请以利达公司名下博麓小区商业1号、面积为975.38平方米的商业用房和83幢83-1号、面积为512.39平方米的别墅作为保全的标的物，上述房产总价值为2847万元。

原告袁某复议称：（1）袁某申请财产保全，请求冻结利达公司银行存款

2000万元，或查封、扣押、冻结同等价值的其他财产，并提供了2000万元等额的充足担保。2017年12月1日，法院查封了利达公司名下的银行账户及部分房产。但在2017年12月12日，法院突然裁定将上述已保全的财产全部解封、变更查封标的物，导致被保全的财产价值大大减少，变现执行更加困难，必将对之后的执行造成不利，且事先未征求过袁某的意见，更未得到袁某的同意。依照《民事诉讼法司法解释》第167条的规定，人民法院变更财产保全的前提是被保全人提供其他等值担保财产且有利于执行，而本案显然不是，属于明显故意曲解法律。（2）根据《最高人民法院关于人民法院办理财产保全案件若干问题的规定》第20条第2款的规定："被保全人请求对作为争议标的的被保全财产自行处分的，须经申请保全人同意。"综上所述，袁某特提起复议，请求人民法院恢复原财产的保全措施。

（二）法院观点

对于袁某的复议申请，法院有以下意见。

1. 袁某申请复议的期限已超过法定期限

（1）根据法律文件签收时间，确定原告通过其代理人已于2017年12月19日收到165号民事裁定书

法院于2017年12月12日作出变更财产保全标的物的165号民事裁定，并于2017年12月19日通过微信向袁某的委托诉讼代理人发送了上述裁定书，该代理人在收到该民事裁定书后，遂表示"我方已提出异议，不行还要复议"。袁某于2017年12月19日向法院提交了《诉讼财产保全异议申请书》，对法院变更财产保全措施提出书面异议，请求法院恢复原财产保全措施。2017年12月27日，袁某的委托诉讼代理人在上述165号民事裁定书送达回证上补签字。故袁某已于2017年12月19日收到165号民事裁定书。

（2）袁某依据民事诉讼法关于执行异议的规定提出执行异议，并不符合保全期间的异议救济程序，救济方法错误

法院在收到袁某的书面异议后，经审查发现，袁某系依据《民事诉讼法》第225条（2023年《民事诉讼法》第236条）"当事人、利害关系人认

为执行行为违反法律规定的，可以向负责执行的人民法院提出书面异议。当事人、利害关系人提出书面异议的，人民法院应当自收到书面异议之日起十五日内审查，理由成立的，裁定撤销或者改正；理由不成立的，裁定驳回。当事人、利害关系人对裁定不服的，可以自裁定送达之日起十日内向上一级人民法院申请复议"的规定，提出书面异议。但该规定系关于在案件执行程序中对执行行为提出书面异议的程序规定，而165号民事裁定书系在案件诉讼程序中的财产保全裁定，并非执行程序中的执行裁定，法院依据165号民事裁定书采取的是财产保全措施，故不能适用《民事诉讼法》第225条（2023年《民事诉讼法》第236条）规定的异议程序。

（3）袁某再次提出复议的时间已经超过法定的救济时间

对民事裁定不服，应于收到裁定书之日起五日内申请复议，袁某于2017年12月19日收到165号民事裁定当日提出书面异议不符合法律规定，其于2017年12月29日提出复议申请，已超过《民事诉讼法司法解释》第171条规定的申请复议的期限。

2. 利达公司提出变更保全标的物的申请符合法律规定

法院作出165号民事裁定后，对利达公司的财产采取了相应保全措施，实际冻结两个银行账户资金共计96317.64元，查封房产共计26套（处），其中住房1套、别墅9栋、商铺16处。利达公司向法院提出已严重超标的查封的异议，并申请以其总价值为2847万元的房产变更保全标的物。法院认为，袁某在本案中申请财产保全的金额为2000万元，法院已采取保全措施的财产价值已远超出了2000万元的财产保全金额，利达公司提供的上述两处房产的价值亦足以满足本案保全金额，故利达公司的异议成立，其申请变更保全标的物符合法律规定。

3. 法院针对利达公司的异议和变更保全标的物的申请，作出变更保全标的物的民事裁定，程序合法

根据《财产保全规定》第20条第2款"被保全人请求对作为争议标的的被保全财产自行处分的，须经申请保全人同意"和第22条"财产纠纷案件，被保全人或第三人提供充分有效担保请求解除保全，人民法院应当裁定准许。被保全人请求对作为争议标的的财产解除保全的，须经申请保全人同

意"的规定,上述规定的"须经申请保全人同意"的情形,均系指该财产是案件争议的标的物。而本案保全的上述财产与本案股权转让争议本身并无关系,本案争议的系股权的确认或股权转让款的给付,上述保全财产不属于本案争议标的的财产。因此,上述规定不适用于本案财产保全,袁某关于变更保全须经其同意的主张不能成立。

（三）律师分析及建议

1. 财产被采取保全措施后,被保全人可以申请变更保全标的物,满足"等值"和"有利于执行"两个条件的,法院可以裁定变更保全标的物,无须保全申请人同意

《民事诉讼法司法解释》第 167 条规定:"财产保全的被保全人提供其他等值担保财产且有利于执行的,人民法院可以裁定变更保全标的物为被保全人提供的担保财产。"该条规定从保障被保全人的合法权益及善意执行的执行理念出发,赋予被保全人申请变更保全标的物的权利。但同时,为了防止被保全人恶意提出申请损害申请保全人的利益,该规定对被保全人申请变更保全标的物提出两个限制条件,即"等值"和"有利于执行"。

其中,对于"等值"标准,实践中各法院裁判观点不一。

（1）实践中,部分法院认为用于置换的财产价值应与原保全标的物的价值相等

例如,在（2024）鄂委赔监 1 号案件中,湖北省高级人民法院认为"法院根据善意文明执行理念,虽可依职权解除银行账户冻结,但应对置换的担保物进行严格的司法审查,确保所置换的标的与原被查封冻结的财产等值"。

（2）也有法院认为用于置换的财产价值与应保全申请金额相等

例如在本文案例中,法院就以被保全人申请置换的财产价值足以满足本案保全金额为由,裁定变更保全标的物。

我们认为,判断置换财产究竟是应与申请保全金额相等还是与原保全财产相等,应首先考虑原保全财产是否存在明显的超标的查封的情形,[①] 如被

[①] 关于"超标的"查封的认定及相应法律后果,笔者在《保全与执行实务精要》一书中有专章论述,读者可按需查阅。

保全人能够举证证明存在超标的查封，则再要求被保全人提供与原查封财产等值的财产予以置换明显不合情理，此时只要求置换财产价值与申请保全金额相当即可；反之，如不存在明显超标的查封，则原查封财产与申请保全金额基本相当，也就不存在两者择其一的问题。

2. 实践中，对于"有利于执行"标准，主要从标的物种类和是否便于处置两个角度考虑

通常来讲，现金（银行账户）是最容易执行的标的物，因此，被保全财产是现金（银行账户）的，只能用同类财产置换，"等值"现金原则上可以置换所有其他种类的被保全标的物，被保全人提供等值现金担保的，无论申请解除保全还是保全置换，通常都能获得法院支持。而某些机械设备、装置即便本身价值较大，但只能在特定场景下使用，则属于变现难度较大、不利于执行的财产。此外，即便是同类财产，其变现的便宜程度也不尽相同。例如，同样是房产，不同的位置、户型、产权性质，是否存在租赁等因素均会导致价格和变现难度存在较大差异。

3. 实践中，关于法院裁定变更保全财产，可能并不必须经保全申请人同意

例如，在（2021）最高法民终848号案件中，最高人民法院明确表述："人民法院裁定变更保全财产的条件是被保全人提供其他等值且有利于执行的财产，并不以保全申请人同意为前提。"

4. 实践中，需要注意：若当事人对于保全裁定不服，应于收到裁定之日起五日内提出复议申请，违反法律规定或超期提出申请的均不能获得法院支持

例如在本文案例中，袁某在收到法院变更保全裁定的同日向法院提交了《诉讼财产保全异议申请书》，该异议书援引《民事诉讼法》第225条（2023年修正《民事诉讼法》第236条）的规定提出书面异议。但是上述条款是对于法院执行程序中作出的执行行为提出异议的法律规定，而本案法院作出变更保全裁定不属于执行行为，其性质仅为诉讼程序中的财产保全裁定。而对于保全裁定不服的，当事人应依据《民事诉讼法司法解释》第171条的规

定，自收到裁定书之日起 5 日内向作出裁定的人民法院申请复议。

因此，袁某提交的《诉讼财产保全异议申请书》混淆了执行程序中的执行行为和诉讼程序中的保全裁定，对保全裁定提出执行异议，显然不符合法律规定。虽然袁某后面重新向法院提出了本案复议申请，但提出时间已是在收到裁定 10 日之后，时间超过了法定期限，也因此法院对其复议申请未予支持。

案例十六　以"债转股"入伙，以"股转债"退伙，一进一出获得4500万元债权引争议

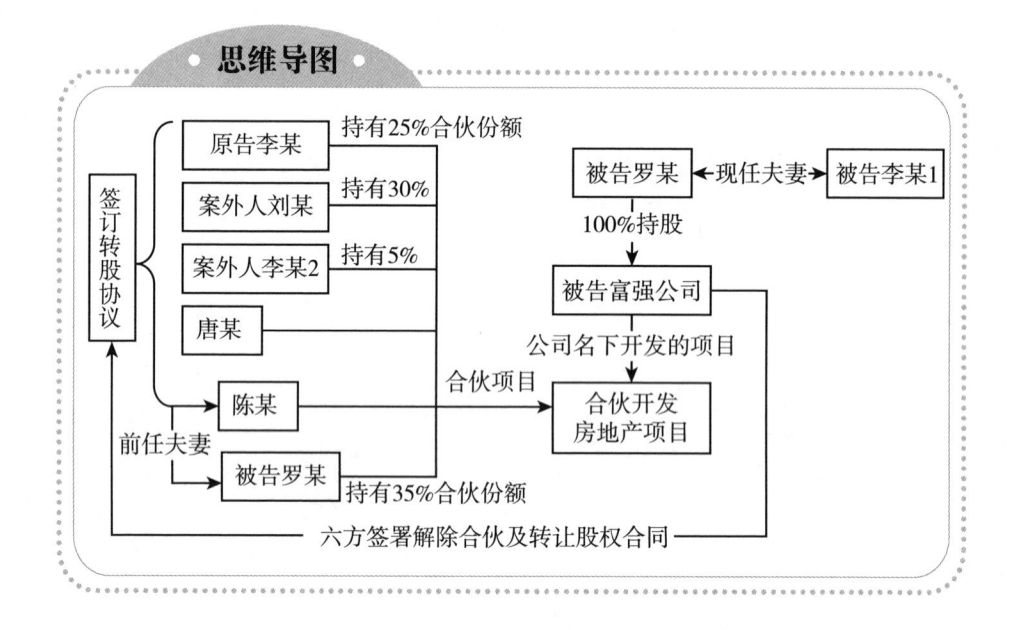

思维导图

（思维导图内容）

签订转股协议：
- 原告李某　持有25%合伙份额
- 案外人刘某　持有30%
- 案外人李某2　持有5%
- 唐某
- 陈某（前任夫妻）
- 被告罗某　持有35%合伙份额

被告罗某（现任夫妻）被告李某1
被告罗某100%持股被告富强公司
公司名下开发的项目→合伙开发房地产项目
陈某 合伙项目→合伙开发房地产项目
六方签署解除合伙及转让股权合同

案例来源

（2021）最高法民申7848号、（2021）湘民终105号、（2020）湘10民初188号、（2021）湘1028民初1041号

案情简介

富强公司系罗某一人出资设立的公司，罗某妻子李某1负责公司财务并参与公司经营管理。2011年3月9日，富强公司作为甲方与乙方李某、案外人刘某签订《龙溪湖项目开发前期合作协议》，约定：富强公司房地产开发

· 234 ·

案例十六

以"债转股"入伙，以"股转债"退伙，一进一出获得4500万元债权引争议

需要资金，向李某等人融资 2000 万元用于项目土地摘牌等前期运作，如摘牌成功，李某等人可以选择投资回报或以所注入的资金（含计算的前期回报）作股本同富强公司合作开发该项目，回报额计算方式为对投入的资金按照月息 2% 计算（所得税由富强公司承担），无论项目运作是赢利还是亏损，富强公司将保证按时偿还李某等人本金及利息的支付。后双方又签订《补充协议 1》及《补充协议 2》，李某等人分两期共追加融资共 2250 万元，且为保障债权人资金安全，约定对富强公司名下商服房产租金及销售款账户实行双控共管。

2013 年 3 月 16 日，罗某、李某、案外人刘某签订《合作意向协议》，约定由富强公司摘牌取得土地，并结算各方已投入资金确定各方合伙占股比例，其中确认李某前期投入本息共计 2383 万元，占有合伙份额 30%，罗某占股 40%。同年 8 月，因增加其他合伙人，全体合伙人又签订《龙溪生态城项目管理办法》，约定项目开发实行合伙人会议制度，重新确认各方占股比例：罗某占股 40%、李某占股 25%、案外人刘某占股 30%、案外人李某 2 占股 5%。李某担任董事并兼财务总监，参与合伙运作及管理项目的事务。此后，又增加了两名合伙人唐某、陈某参与合伙事务。

2017 年 6 月 3 日，富强公司作为甲方与乙方李某、案外人刘某、案外人李某 2、唐某、陈某、丙方罗某签订《解除原有合作开发协议确立转让股权合同》，经各方结算确认李某原股比为 25%，前期实际投资总金额为 4523.1654 万元，并约定乙方将五人的股权全部转让给甲方富强公司，转让价款 11142.62 万元，其中李某的转让价款为 4523.1654 万元，该转让价款自动成为乙方与甲方的债权债务关系。签订上述合同的同日，富强公司、罗某向李某出具了股权资本转让证，载明富强公司按约定还款计划向李某支付 4523.1654 万元股权转让款，此后李某所有相关出资收据作废。

此后，富强公司未按约定的还款计划向李某支付股权转让款，相关银行账户未有效双控共管，故李某以富强公司、罗某、李某 1 为被告起诉至法院，要求连带支付项目股份转让款本金及利息。

一、投资款"债转股"之后又"股转债","股转债"协议的性质、效力应如何认定

在二审审理期间,项目另一合伙人陈某(罗某前妻)以其签字非本人签字为由,以富强公司等六位合伙人为被告,起诉至某县法院,请求确认《解除原有合作开发协议确立股权转让合同》未成立,且在本案二审判决后,该县法院也作出一审判决:《解除原有合作开发协议确认转让股权合同》未成立,对陈某与富强公司之间不具有法律约束力。后富强公司以该县法院判决书作为足以推翻原审判决的新证据,向最高人民法院申请就本案进行再审,本案双方对此产生争议。

(一)原告与被告的不同主张

原告李某主张,《解除原有合作开发协议确立股权转让合同》成立且生效,各方应按照合同约定履行,现被告未履行转让款的支付责任,应判令其履行并承担违约责任。

被告富强公司、罗某、李某1则主张,《解除原有合作开发协议确立股权转让合同》约定合同经盖章签字后生效,但合伙人唐某未在该协议上签字,另一合伙人陈某的签字非其本人签字,故主张合同未生效。且李某的出资金额、股权转让协议中的出资金额与客观事实不符,出资额中包含了高额的利息,高额的利息不受法律的保护,所以应该据实认定李某的出资金额。

(二)法院观点

1. 一审法院认为《解除原有合作开发协议确立转让股权合同》性质为合伙结算文件,且合同内容不违反法律规定,应属有效合同

《解除原有合作开发协议确立转让股权合同》系罗某、李某等六个龙溪湖项目合伙人对合伙进行清算(结算),在确定了各合伙人在合伙体中出资额后,李某等五个合伙人将在合伙项目中的份额经平等协商后全部转让给富

强公司，该合同系双方的真实意思表示，内容不违反法律和行政法规强制性规定，合法有效。

2. 二审法院基于富强公司等被告就转让股权合同遗漏一个合伙人签字应属未生效合同的主张，二审法院基于合同已实际履行认定合同应属有效

富强公司、罗某、李某1上诉称《解除原有合作开发协议确立转让股权合同》约定全体合伙人签字或盖章之日起生效，但该协议并未经合伙人唐某签字，故未生效。二审法院认为，原《合同法》第44条规定："依法成立的合同，自成立时生效。法律、行政法规规定应当办理批准、登记等手续生效的，依照其规定。"本案中，2017年6月3日的《解除原有合作开发协议确立转让股权合同》，虽未经全体合伙人签字，但李某转让股权的受让方是富强公司而非唐某，且李某在《解除原有合作开发协议确立转让股权合同》签订之后退出了合伙，项目由富强公司独立经营。富强公司在经营过程中，按照合同约定自2018年12月4日至2019年12月6日向李某支付了1058万元，这说明双方放弃了对合同效力条件的约定。因此，即使双方签订合同时有相应的约定，但在合同签订之后，双方均按照合同约定的内容实际履行，故该合同事实上对双方当事人产生法律约束力。富强公司、罗某、李某1的上诉理由不能成立，二审法院不予支持。

3. 就富强公司的再审申请，最高人民法院认为转让合同已实际履行，且富强公司在法定除斥期间内未提出异议，相应不利后果应由富强公司承担。因此，转让合同事实上对李某、富强公司产生法律约束力，故富强公司的再审申请不予支持

原审法院查明，《解除原有合作开发协议确立转让股权合同》虽未经全体合伙人签字，但李某转让股权的受让方是富强公司而非唐某，且李某在《解除原有合作开发协议确立转让股权合同》签订之后退出了合伙，案涉项目由富强公司独立经营。富强公司在经营过程中，按照合同约定自2018年12月4日至2019年12月6日向李某支付了1058万元。原审法院遂据此认为双方当事人均按照合同约定的内容实际履行，故该合同事实上对双方当事人

产生法律约束力，具有事实依据，并无不当。

《解除原有合作开发协议确立转让股权合同》明确约定李某原股份占25%，实际出资总额4523.1654万元（首次出资3133.1万元＋前期投资640.0654万元＋办证出资750万元）。原审法院综合考虑通常份额转让价值的评估范围应以截至转让协议签订之日的合伙实际资产状况为事实基础，若转让对价按照合伙出资情况确定合伙转让价值，明显违背交易常理；双方当事人在《解除原有合作开发协议确立转让股权合同》中强调投资总额是通过各方确认无争议，即由甲方（富强公司）开出债务收据、罗某签名加盖公司印章确认；富强公司作为受让方已依约取得李某的股权；结合双方《解除原有合作开发协议确立转让股权合同》已经得以实际履行、富强公司未在法定除斥期限内请求撤销等案件情况后，法院认为应由富强公司自行承担相应的不利后果，理据充分，并无不当。富强公司、罗某虽主张原审法院认定基本事实错误以及对案涉基本事实未予认定错误、推定《解除原有合作开发协议确立转让股权合同》效力适用法律错误、原判决导致高利贷等违法收入合法化等，但未能提供充分证据予以证明，故再审法院不予支持。

富强公司、罗某申请再审期间向法院提交相关法律文书、陈某在安仁县法院起诉材料及庭审笔录、审计报告等证据材料。根据《民事诉讼法司法解释》第385条①的规定，前述证据材料无法证明原判决认定的基本事实或者裁判结果错误，再审法院不予采纳。

（三）律师分析及建议

1. 关于《合同法》与《民法典》的适用，根据《民法典时间效力规定》的规定，以法律事实发生在2021年1月1日之前或之后进行区分和分别适用

原《合同法》在《民法典》施行后即已废止，原《合同法》相关内容

---

① 《民事诉讼法司法解释》第385条规定："再审申请人提供的新的证据，能够证明原判决、裁定认定基本事实或者裁判结果错误的，应当认定为民事诉讼法第二百零七条第一项规定的情形。对于符合前款规定的证据，人民法院应当责令再审申请人说明其逾期提供该证据的理由；拒不说明理由或者理由不成立的，依照民事诉讼法第六十八条第二款和本解释第一百零二条的规定处理。"

已收录到《民法典》合同编中，其中原《合同法》第 44 条内容对应《民法典》第 502 条的内容，即："依法成立的合同，自成立时生效，但是法律另有规定或者当事人另有约定的除外。"

2. 一般情况下，合同自成立时生效，本文案例中被告反复强调案涉合同未经全体合伙人签字应属合同不成立的主张，有何玄机

案涉合同名称为《解除原有合作开发协议确立转让股权合同》，包括解除原有合作协议和确认股权转让两部分内容，而其中解除合作协议内容因涉及解除合伙合同内容、合伙资产清算内容和合伙人投入的股本金额的确认，因此，根据《民法典》第 970 条第 1 款的规定，合伙人就合伙事务作出决定的，除合伙合同另有约定外，应当经全体合伙人一致同意。

同时，案涉《解除原有合作开发协议确立转让股权合同》的合同签约方甲方为富强公司，乙方为包括李某、唐某、陈某在内的五个合伙人，既然已经将全部合伙人列为签约主体，但又未经全部签约主体签字，根据《民法典》第 490 条第 1 款"当事人采用合同书形式订立合同的，自当事人均签名、盖章或者按指印时合同成立"的规定，被告富强公司以唐某未在合同上签字、陈某签字为伪造为由主张案涉合同未成立，以实现合同不成立无须履行的目的。

综上所述，本文案例中就合同是否成立问题产生很大争议，鉴于此，建议读者在签署合同时应注意避免把合同内容和签约主体弄得太复杂，如果需要全体人员签字的合同，应尽量督促现场签字并监督合同所列主体全员签字或盖章，避免出现事后相关遗漏人员主张合同不成立或合同无效。

3. 本文案例中涉及未签字合伙人唐某补签合同的问题，这种情况下补签合同的效力应如何认定

在本文案例二审期间，陈某以其签名系伪造为由向县级人民法院起诉要求确认《解除原有合作开发协议确立转让股权合同》合同不成立，在该诉讼中，罗某辩称，签订合同时，陈某和唐某未在现场签字。唐某后来在七份《解除原有合作开发协议确立转让股权合同》合同中的两份中进行了补签。因此，唐某对合同的补充签名的行为表明其已追认认可《解除原有合作开发协议确立转让股权合同》约定内容，故该合同约定内容对唐某具有法律约束力，其有义务按照合同约定进行履行。

4. 本文案例中涉及陈某合同上的签名为他人伪造，已起诉确认合伙不成立事项，为何没有影响到最高人民法院最终的判决结果

就陈某另行起诉确认合同不成立案件，该县级人民法院的判决论理内容为："当事人采用合同书形式订立合同的，自双方当事人签字或者盖章时合同成立。案涉合同在协商签订时原告陈某未在场，且无证据证明案涉合同中陈某的签字系其本人所签。故案涉合同未成立，对原告陈某与被告富强公司之间不具有法律约束力。至于案涉合同对其他被告是否成立不是本案的审理范围。"根据上述法院的理论内容，就陈某起诉确认合同不成立请求，该法院仅审理了合同对于陈某不成立以及对陈某与富强公司之间不具有法律约束力，然而对于合同对其他合伙人是否成立，该法院并未审理。因此，不能以陈某起诉案件影响到本文案例中原告李某与被告富强公司等之间的权利义务关系。

结合本文案例中一审、二审及最高人民法院关于《解除原有合作开发协议确立转让股权合同》中原告李某、富强公司等合同双方之间权利义务的实际履行，以及最高人民法院最终避开对于《解除原有合作开发协议确立转让股权合同》是否成立的评价，仅论述该合同事实上对原被告双方当事人产生法律约束力。

综上所述，在原告已经一审胜诉的情况下，其他相关人员想通过另行起诉关联案件达到目的，面对这类局面，原告最好的方法是通过程序法规定，如重复起诉、中止审理等，想办法暂停另诉案件的审理，避免另诉案件的审理结果直接影响，甚至颠覆已取得胜诉的判决结果。

5. 实践中，合伙关系解除是否需要全体合伙人一致同意

虽然合伙关系依合伙合同形成，但合伙关系的解除并不一定要符合原《合同法》《民法典》中关于解除合同的规定，根据《民法典》第976条的规定，合伙人可以随时解除不定期合伙合同，但是应当在合理期限之前通知其他合伙人。因此，基于合伙的人合性特征，无须各合伙人协商一致才可解除合伙关系。在多数合伙人均主张解除合伙关系，如三个合伙人中仅一名合伙人不同意解除合伙关系的情况下，亦可解除合伙关系。但反过来，若三个以上合伙人中，仅有一名合伙人主张解除合伙关系的，应认定为退伙，其他合

伙人之间的合伙关系并未解除。

6. 实践中，除斥期间应如何注意，为何过了除斥期间相应权益就不被法律保护

除斥期间是权利人享有的追认权、撤销权、解除权等实体民事权利的存续期间，超过权利存续期间，则权利消灭。除斥期间的起算时间，一般自权利人知道或者应当知道权利产生之日起计算，除斥期间不发生中止、中断和延长，一旦起算除斥期间，不能像诉讼时效可以中止、中断和延长。除斥期间届满，权利消灭，所以它也叫"不变期间"。

如《民法典》第541条规定，撤销权期限为当事人知道或者应当知道撤销事由之日起一年内行使，但如果自行为发生之日超过五年，权利人才知道撤销事由，也不能再行使撤销权。《民法典》第464条规定，法律规定或者当事人约定解除权行使期限，期限届满当事人不行使的，该权利消灭。法律没有规定或者当事人没有约定解除权行使期限，自解除权人知道或者应当知道解除事由之日起一年内不行使，或者经对方催告后在合理期限内不行使的，该权利消灭。

综上所述，权利主张是有保质期的，过期的权利将会丧失相应的救济机会，因此，权利人面临权利受损时，应合法、及时地主张己方权利，避免躺在权利上睡觉、错过救济期限。

二、合伙人转让合伙份额退伙，转让款金额应如何认定

依据原被告双方签订的《解除原有合作开发协议确立股权转让合同》的约定，富强公司受让原告全部合伙份额，富强公司分批次向原告支付转让价款45231654元，合同第8.1条约定，如富强公司未按照约定足额履行支付义务或有单方面改变由李某参与监控的银行账号（含印鉴）时，李某有权要求富强公司提前支付转让价款的本金及利息，且自2017年6月8日起利息按照月息2分计算。

（一）原告与被告的不同主张

原告李某主张，《解除原有合作开发协议确立股权转让合同》约定：李

某将案涉龙溪湖生态小城建设项目25%份额全部转让给富强公司，富强公司按5年（2017年至2021年）分批次向李某支付转让价款45231654元，利息按年息10%计付，故被告应按照约定向原告支付项目股份转让款4523.1654万元，利息2379.6057万元（利率按月息2分，从2017年6月8日暂计算至2020年8月8日，后段利息按月息2分利率继续计算至本金偿还之日止）。

被告富强公司、罗某、李某1主张，李某共计投入合伙资金不超过1358万元，《解除原有合作开发协议确立股权转让合同》不成立未生效，合同中载明的4523.1654万元与事实不符，应按实际情况认定李某投资金额。

（二）法院观点

关于应如何认定李某转让款金额的问题，法院有以下观点。

1. 原被告双方就合同中认定的出资总额是否为现实出资款问题，均未举证证明，被告以合同中认定原告出资总额与实际出资不一致、合同中约定金额不合理的主张，无证据支持，故被告应承担举证不足的不利后果

法院认为，《解除原有合作开发协议确立股权转让合同》系双方当事人的真实意思表示，未违反法律和行政法规强制性规定，合法有效，双方均应遵照执行。

《解除原有合作开发协议确立股权转让合同》明确约定李某原股份占25%，实际出资总额4523.1654万元（首次出资3133.1万元+前期投资640.0654万元+办证出资750万元），李某亦未就4523.1654万元中所包含的3133.1万元、640.0654万元和750万元举示证据以证明该出资的情况，且在一般情形下，份额转让价值的评估范围，应以截止到转让协议签订之日的合伙实际资产状况为事实基础，若转让对价按照合伙出资情况确定合伙转让价值，明显违背了交易常理。

此外，罗某也未提供证据证明《解除原有合作开发协议确立股权转让合同》约定其占股份35%、实际出资总额6158.3280万元（首次出资4386.3400万元+前期投入571.9880万元+办证出资1200万元）均是其以现实出资为前提，以此推断李某出资总额为4523.1654万元不合理，故应承担

该不利后果。

2. 被告的主张实质上是对合同约定金额的不认可，但富强公司已依合同约定取得李某的合伙份额，且被告未在法定期限内主张撤销合同，因此，应视为被告主动放弃对合同的异议，故被告应承担其行为的后果

鉴于双方在《解除原有合作开发协议确立股权转让合同》中强调投资总额是通过各方确认无争议，由甲方开出债务收据罗某签名加盖公司印章确认，富强公司作为受让方已依约取得李某的股权，双方《解除原有合作开发协议确立股权转让合同》已经得以实际履行。

富强公司上诉认为李某合伙资金不超过1358万元，实质上是对《解除原有合作开发协议确立股权转让合同》约定的李某实际投资总额的异议，其未在法定除斥期限一年内请求撤销，该不利后果应自行承担。因此，富强公司的上诉理由不成立，富强公司应向李某支付转让款本金4523.1654万元、截至2020年8月8日的利息2379.6057万元，2020年8月9日以后的利息按年利率15.4%计算至本金清偿之日止。

3. 就原告主张按照月利率2%计算利息的请求，法院根据民间借贷新规将利息调整为LPR的四倍

一审法院认为，为平衡各方当事人的利益，参照2020年8月18日《最高人民法院关于审理民间借贷案件适用法律若干问题的规定》，对2020年8月9日之后的利息参照2020年度一年期贷款市场报价利率四倍即年利率15.4%计算至本金偿还完毕之日止，故对李某该段利息按照合同约定月息2分计算的主张予以调整，调整为2020年8月9日以后的利息按年利率15.4%计算至本金清偿之日止。

（三）律师分析及建议

1. 近年来关于民间借贷利息上限的规定有哪些变化

（1）此前利息年化利率24%上限的规定已经不再适用

根据2015年9月1日至2020年8月19日施行的《民间借贷司法解释》（2015年）第28条第2款的规定，借款人在借款期间届满后应当支付的本息之和，不能超过最初借款本金与以最初借款本金为基数，以年利率24%计算

的整个借款期间的利息之和。出借人请求借款人支付超过部分的，人民法院不予支持。

（2）现行有效的规定是借款利息的利率包括逾期利息、罚息等总和不应超过借款合同成立时一年期 LPR 利率的四倍

根据 2021 年 1 月 1 日开始实施的《民间借贷司法解释》第 27 条第 2 款的规定，借款人在借款期间届满后应当支付的本息之和，超过以最初借款本金与以最初借款本金为基数、以合同成立时一年期贷款市场报价利率四倍计算的整个借款期间的利息之和的，人民法院不予支持。

2. 借贷合同发生在 2020 年 8 月 20 日之前的借款，利息计算有何不同

2020 年 8 月 20 日之后新受理的一审民间借贷案件，借贷合同成立于 2020 年 8 月 20 日之前，原告请求适用当时的司法解释（利息上限按照 24%）计算自合同成立到 2020 年 8 月 19 日的利息部分的，人民法院应予支持；对于自 2020 年 8 月 20 日到借款返还之日的利息部分，适用起诉时《最高人民法院关于审理民间借贷案件适用法律若干问题的规定》规定的利率（LPR 四倍）保护标准计算。

3. 本文案例中法院在论理时反复阐释被告应承担不利后果，到底是哪些不利后果，诉讼中又应如何避免

（1）承担举证责任的一方未能举证或举证不足的，应承担举证不能的不利后果

根据《民事诉讼法》第 67 条第 1 款的规定，当事人对自己提出的主张，有责任提供证据。《民事诉讼法司法解释》第 90 条的规定，当事人对自己提出的诉讼请求所依据的事实或者反驳对方诉讼请求所依据的事实，应当提供证据加以证明。在人民法院作出判决前，当事人未能提供证据或者证据不足以证明其事实主张的，由负有举证证明责任的当事人承担不利的后果。

因此，我国民事诉讼法中确定的"谁主张，谁举证"的举证原则，其含义并非等同于谁提出诉求，谁就要举证。该原则应理解为：主张法律关系存在、变更、消灭或者权利受到妨害的当事人，应当对上述基本事实承担举证证明责任。若当事人无法证明前述基本事实，则由其承担该事实处于真伪不明状态时的不利后果。

案例十六
以"债转股"入伙，以"股转债"退伙，一进一出获得4500万元债权引争议

（2）诉讼期限的规定，超过法定期限则相应权利不受法律保护

如诉讼时效的规定，《民法典》第188条第1款规定向人民法院请求保护民事权利的诉讼时效期间为三年。《民法典》第192条第1款规定，诉讼时效期限届满的，义务人可以提出不履行义务的抗辩。因此，在权利人超过三年诉讼时效向人民法院提起诉讼的，作为被告义务人有权利不履行相应义务，且对此法院不会强制判令被告履行。

又如，除斥期间的规定，根据《民法典》第199条的规定，法律规定或者当事人约定的撤销权、解除权等权利的存续期间，除法律另有规定外，自权利人知道或者应当知道权利产生之日起计算，不适用有关诉讼时效中止、中断和延长的规定。存续期间届满，撤销权、解除权等权利消灭。例如在本文案例中，被告就《解除原有合作开发协议确立股权转让合同》约定内容不合理或有悖事实的，其并未在法定的期限内提出撤销该合同，故其撤销权已消灭，此后被告也再无权主张撤销《解除原有合作开发协议确立股权转让合同》。

三、一人有限公司与股东财产混同，公司债务人能否要求股东配偶承担连带责任

被告罗某于2007年与前妻陈某离婚后，一人出资成立富强公司，罗某现任妻子李某1负责公司财务，并参与富强公司的共同经营和管理。

（一）原告与被告的不同主张

原告李某主张，富强公司是罗某独资投资的房地产公司，是罗某与其妻子李某1夫妻共同财产投资的房产公司，故罗某与李某1应该对富强公司欠付的转让款承担连带责任。

被告富强公司、罗某、李某1主张，富强公司在2009年9月11日到2016年6月20日是普通的有限责任公司，并非一人有限责任公司，罗某不应对富强公司债务承担连带责任。李某1不是富强公司股东，不是股权转让的受让人，也不是本案的债务人，所以不应认定为夫妻共同债务，李某1不应

承担连带责任。

(二) 法院观点

1. 一审法院认为,富强公司为一人有限公司,且股东罗某不能证明其与富强公司财产独立,故应对富强公司债务承担连带责任。同时,李某1与罗某为夫妻关系,公司的财产实质上与罗某、李某1夫妻的家庭共同财产混同,故李某1亦承担连带责任

一审法院认为,《公司法》(2018 年修正)第 63 条①规定:"一人有限责任公司的股东不能证明公司财产独立于股东自己的财产的,应当对公司债务承担连带责任。"本案中,富强公司为罗某一人的有限责任公司,从《合作意向协议》《转让股权合同》的内容来看,罗某的个人财产乃至家庭财产与富强公司属于混同状态,《解除原有合作开发协议确立股权转让合同》、股权资本转让证的事实表明,罗某与富强公司的权利义务也是混同的,依据法律的规定及合同的约定,罗某应对本案的债务承担连带支付责任。李某1与罗某系夫妻关系,与罗某一起经营富强公司并在公司从事财务工作,公司的财产实质上与罗某、李某1夫妻的家庭共同财产混同,李某1应对富强公司的对外债务与罗某一起共同承担连带偿还责任。

2. 二审法院认为,罗某应对富强公司债务承担连带责任,李某1与罗某虽是夫妻关系,但李某1非富强公司股东,故李某1不应对富强公司债务承担连带责任

二审法院认为,从本案《合作意向协议》《解除原有合作开发协议确立股权转让合同》等文件来看,富强公司系罗某一人有限责任公司,罗某的个人财产与富强公司财产属于混同状态。根据《公司法》(2018 年修正)第 63 条关于"一人有限责任公司的股东不能证明公司财产独立于股东自己财产的,应当对公司债务承担连带责任"的规定,罗某应对富强公司的债务承担连带责任。李某1与罗某虽是夫妻关系,李某1在富强公司从事财务工作,

---

① 2024 年 7 月 1 日开始实施的新公司法《公司法》(2023 年修订)已将该条文内容调整至第 23 条第 3 款,其内容为:"只有一个股东的公司,股东不能证明公司财产独立于股东自己的财产的,应当对公司债务承担连带责任。"

但李某1并非富强公司的股东,不应对富强公司之债务承担连带责任。一审判决李某1对本案承担连带清偿责任错误,二审法院予以纠正。

(三) 律师分析及建议

1. 实践中,连带责任有何特殊意义

根据《民法典》第178条的规定,对于承担连带责任的义务人,权利人有权要求某一个或某几个连带责任人承担全部债务责任。事后,实际承担责任超过自己责任份额的连带责任人可向其他连带责任人追偿。因此,一旦认定二人以上责任人对债务承担连带责任的,则权利人的债权更能获得保障,权利人有权要求任意债务人或全部债务人偿还全部债务。

2. 实践中,一人有限公司与多股东有限公司在责任承担上有何不同

第一,有限公司全称为有限责任公司,根据《公司法》第4条第1款的规定,有限责任公司的股东以其认缴的出资额为限对公司承担责任。因此,无论公司对外部承担多少债务,该公司股东只要履行了出资责任,则该股东一般不对公司对外负债承担任何责任。

第二,有限责任公司由一个以上五十个以下股东出资设立,其中只有一个股东的公司又称为一人有限公司,根据《公司法》第23条第3款的规定,只有一个股东的公司,股东不能证明公司财产独立于股东自己的财产的,应当对公司债务承担连带责任。这是一种举证责任倒置的规定,即股东需要证明个人财产与公司财产是独立的,不能证明时,则推定混同,并承担连带责任。然而,两个股东以上的有限责任公司,则需要公司外部债权人承担证明公司与股东之间存在财产混同的举证责任。

3. 实践中,应如何认定夫妻共同债务

根据《民法典》第1064条的规定,夫妻双方共同签名或者夫妻一方事后追认等共同意思表示所负的债务,以及夫妻一方在婚姻关系存续期间以个人名义为家庭日常生活需要所负的债务,属于夫妻共同债务。夫妻一方在婚姻关系存续期间以个人名义超出家庭日常生活需要所负的债务,不属于夫妻共同债务;但是,债权人能够证明该债务用于夫妻共同生活、共同生产经营或者基于夫妻双方共同意思表示的除外。

例如在本文案例中，涉及的是因夫妻共同生产经营形成的债务，一审法院认定为是夫妻共同债务，但二审法院认为李某1与罗某虽是夫妻关系，李某1在富强公司从事财务工作，但李某1并非富强公司的股东，不应对富强公司之债务承担连带责任。该案中有个容易被忽略的问题，即本案的直接债务人是富强公司而非夫妻配偶的一方，罗某仅系因公司与股东之间财产混同而被认定为应承担连带责任。因此，二审法院在认定本文案例中李某1是否应承担责任的问题上并未讨论夫妻共同债务认定问题，而是论证李某1应否作为对富强公司债务承担连带责任的主体。若本文案例中的直接责任人是罗某，则会有罗某所负债务应否为夫妻共同债务以及李某1应否承担共同偿还责任问题的争议。

四、因转让合伙份额发生纠纷，其他合伙人是否必须参加诉讼

签订《解除原有合作开发协议确立股权转让合同》的同日，富强公司、罗某向李某出具了股权资本转让证，该转让证相关内容为：根据《解除原有合作开发协议确立转让股权合同》相关条款，富强公司将李某股权转让款4523.1654万元拟入支付计划，富强公司将严格按照转让股权合同约定的还款方式履行还款义务，股权资本转让证与转让股权合同合并使用有效，此前的所有相关收款收据均作废。因《解除原有合作开发协议确立股权转让合同》涉及全体合伙人，故原告、被告双方就其他合伙人是否应参加本案诉讼产生争议。

（一）原告与被告的不同主张

原告李某主张，案涉项目的其他合伙人并非本案必要共同诉讼参与人。

被告富强公司、罗某、李某1主张，案涉合伙项目的六位合伙人均为本案共同诉讼参与人，但其他合伙人未参加本案诉讼，一审程序违法。且在二审程序中法院未采纳陈某的证人证言，也未收集其他合伙人的证人证言，二审程序违法。

（二）法院观点

1. 二审法院认为原告依据合同起诉被告单独主张债权并未使其他合伙人利益受损，故本案并未遗漏必要共同诉讼参与人

二审法院认为，虽然案涉项目有六位合伙人，但各方签订的《解除原有合作开发协议确立股权转让合同》中第 1 项"股权资本确定"中载明：本项目合作开发期间，已分担的债务按分担表各自履行。本案中，富强公司向李某单独出具了股权资本转让证，各合伙人和富强公司之间因《解除原有合作开发协议确立股权转让合同》而产生的债权债务具有独立性，故李某依据《解除原有合作开发协议确立股权转让合同》向富强公司单独主张债权，并未导致其他合伙人的利益受损，案涉项目的其他合伙人并非本案必要共同诉讼参与人。富强公司、罗某、李某 1 的上诉理由不能成立，法院不予支持。

2. 再审法院认为案涉项目各合伙人和富强公司之间因《解除原有合作开发协议确立股权转让合同》而产生的债权债务具有独立性，案涉项目的其他合伙人并非本案必要共同诉讼参与人

《民事诉讼法司法解释》第 105 条规定："人民法院应当按照法定程序，全面、客观地审核证据，依照法律规定，运用逻辑推理和日常生活经验法则，对证据有无证明力和证明力大小进行判断，并公开判断的理由和结果。"原审法院综合考虑李某依据案涉《解除原有合作开发协议确立股权转让合同》向富强公司单独主张债权并未导致其他合伙人的利益受损以及案涉《解除原有合作开发协议确立股权转让合同》第 1 项"股权资本确定"中明确载明"本项目合作开发期间，已分担的债务按分担表各自履行"的内容、富强公司向李某单独出具股权资本转让证等全部案件事实后认为，案涉项目各合伙人和富强公司之间因《解除原有合作开发协议确立股权转让合同》而产生的债权债务具有独立性，因此，案涉项目的其他合伙人并非本案必要共同诉讼参与人，事实和法律依据充分，法院予以认可。

此外，二审法院明确指出"根据本案案情，即使采信该证据和证人证言，或准许其他证人到庭作证，亦不能达到其所证目的"。显然，富强公司、罗某主张的内容与本案原审法院的实际审理情况不符。因此，富强公司、罗

某关于案涉必要的共同诉讼参与人未参加诉讼的主张,再审法院不予支持。

(三) 律师分析及建议

1. 实践中,诉讼程序中遗漏了必要共同诉讼参与人,会有什么后果

(1) 一审诉讼程序中遗漏必要共同诉讼参与人,二审法院可撤销一审判决,发回重审

根据《民事诉讼法》(2017年修正)第170条第1款的规定:"第二审人民法院对上诉案件,经过审理,按照下列情形,分别处理:……(四)原判决遗漏当事人或者违法缺席判决等严重违反法定程序的,裁定撤销原判决,发回原审人民法院重审。"

(2) 以遗漏必要共同诉讼参与人为由向再审法院申请再审的,该被遗漏的当事人可以申请再审

根据《九民会议纪要》第121条关于必要共同诉讼漏列的当事人申请再审的规定,《民事诉讼法司法解释》对必要共同诉讼漏列的当事人申请再审规定了两种不同的程序,两者在管辖法院及申请再审期限的起算点上存在明显差别,人民法院在审理相关案件时应予注意。

第一,该当事人在执行程序中以案外人身份提出异议,异议被驳回的,根据《民事诉讼法司法解释》第421条的规定,其可以在驳回异议裁定送达之日起6个月内向原审人民法院申请再审。

第二,该当事人未在执行程序中以案外人身份提出异议的,根据《民事诉讼法司法解释》第420条的规定,其可以根据《民事诉讼法》第211条第8项的规定,自知道或者应当知道生效裁判之日起6个月内向上一级人民法院申请再审。当事人一方人数众多或者当事人双方为公民的案件,也可以向原审人民法院申请再审。

2. 实践中,常见的必要共同诉讼情形有哪些

(1) 以挂靠形式从事民事活动,当事人请求由挂靠人和被挂靠人依法承担民事责任的,该挂靠人和被挂靠人为共同诉讼人。

(2) 在劳务派遣期间,被派遣的工作人员因执行工作任务造成他人损害的,以接受劳务派遣的用工单位为当事人,主张劳务派遣单位承担责任的,

该劳务派遣单位为共同被告。

（3）营业执照上登记的经营者与实际经营者不一致的，以登记的经营者和实际经营者为共同诉讼人。

（4）在诉讼中，未依法登记领取营业执照的合同型合伙的全体合伙人为共同诉讼人。

（5）企业法人分立的，且因分立前的民事活动发生的纠纷，以分立后的企业为共同诉讼人。

（6）借用业务介绍信、合同专用章、盖章的空白合同书或者银行账户的，出借单位和借用人为共同诉讼人。

（7）无民事行为能力人、限制民事行为能力人造成他人损害的，无民事行为能力人、限制民事行为能力人和其监护人为共同被告。

（8）在继承遗产的诉讼中，部分继承人起诉的，人民法院应通知其他继承人作为共同原告参加诉讼，被通知的继承人不愿意参加诉讼又未明确表示放弃实体权利的，人民法院仍应将其列为共同原告。

（9）共有财产权受到他人侵害，部分共有权人起诉的，其他共有权人为共同诉讼人。

（10）赔偿权利人起诉从事住宿、餐饮、娱乐等经营活动或者其他社会活动的安全保障义务人的，应当将侵权人作为共同被告。

（11）原用人单位以新的用人单位和劳动者共同侵权为由向人民法院起诉的，应将新的用人单位和劳动者列为共同被告。

（12）道路交通事故损害赔偿诉讼中，侵权人和承保交强险的保险公司应当列为共同被告，但该保险公司已经在交强险责任限额范围内予以赔偿且当事人无异议的除外。当事人请求将承保商业三者险的保险公司列为共同被告的，人民法院应予准许。

3. 实践中，在法庭上面对证人证言证据时，应如何应对

证人证言属于言词证据，是民事证据的八种法定形式之一，不同于其他实物证据，言词证据具有主观性、易捏造性，证言是否采纳与诉讼当事人的利害关系、诚信与否等多方因素有关。诉讼中，当事人双方对证人证言证据的举证质证，可以从以下几点入手。

（1）证人未出庭，证言直接不予采信。无正当理由未出庭的证人以书面等方式提供的证言，不得作为认定案件事实的根据。证人出庭确有困难，可申请书面、视听资料等方式作证，但应向法院提交申请书。未向法院说明具体原因，庭审时仅出示录音、视频等资料，法院最终会因证人未出庭接受询问，而对其证言直接不予采信。

（2）判断证人与当事人之间是否存在利害关系。较为紧密的关系如存在近亲属、雇佣、合作等关系，较为间接的关系如存在远亲、同事等关系。法律规定：具有利害关系的证人所作证言不宜单独作为定案证据。

（3）判断证人证言的前后连贯性。虚假陈述的证人是无法对具体的案情进行全面的准备，因此，诉讼参与人可多准备些细节性的问题发问，找出证人的发言漏洞，即可戳破证人的谎言。

（4）人民法院也会审查证人证言的真实性并综合判断。根据《民事证据规定》（2019年修正）第96条的规定，人民法院认定证人证言，可以通过对证人的智力状况、品德、知识、经验、法律意识和专业技能等的综合分析作出判断。

五、诉讼中律师费、保全费、保全保险费应否由被告承担

《解除原有合作开发协议确立转让股权合同》第8.1条约定，乙方李某等合伙人为实现债权的诉讼费、律师费等全部费用由甲方富强公司负责承担。2020年10月19日，李某为实现债权提起本案诉讼，与湖南省某律师事务所签订民事案件委托代理合同，约定代理费为60万元，审理时李某已支付20万元，投保诉讼财产保全保险费62100元，申请诉讼保全受理费5000元。双方就上述费用的承担问题产生争议。

（一）原告与被告的不同主张

原告李某主张，李某为实现债权的诉讼费、律师费等全部费用由富强公司承担，罗某对该债务承担连带保证责任。

被告富强公司、罗某、李某1主张，诉讼费由法院裁判，律师费、财产

保全费及保险费不应由被告承担。

（二）法院观点

由于富强公司违约，在告知、催促支付和协商无果的情况下，李某为了实现债权，维护自身的合法权益，聘请律师代理本案诉讼并申请诉讼财产保全和购买了财产保全险，依据《解除原有合作开发协议确立转让股权合同》第8.1条的约定，律师费、财产保全费、保险费应由富强公司承担，李某与湖南省某律师事务所的委托代理合同约定代理费为60万元，而实际支付代理费为20万元，对于已经实际支出的20万元，应予支持。

富强公司辩称财产保全费5000元及保险费62100元不应由富强公司全额负担，因富强公司该主张与事实和法律的规定不符，不予支持。

（三）律师分析及建议

1. 实践中，哪些情形由败诉的被告方承担律师费

本文案例中法院判决被告支付律师费，主要原因是合同中有明确的律师费承担约定。实践中，除双方另有约定外，原则上法院对于合同纠纷诉讼中支付律师费的主张是不予支持的。但也有以下例外规定（即便没有双方约定，败诉的被告方也应支付胜诉的原告因诉讼所支出的律师费用），具体包括以下几个方面。

（1）实现担保物权案件

根据《民法典》第389条的规定，"担保物权的担保范围包括主债权及其利息、违约金、损害赔偿金、保管担保财产和实现担保物权的费用。当事人另有约定的，按照约定"。当事人在实现担保物权时所花费的律师费需要债务人来承担。

（2）著作权纠纷案件

根据《最高人民法院关于审理著作权民事纠纷案件适用法律若干问题的解释》（2020年修正）第26条第2款的规定，"人民法院根据当事人的诉讼请求和具体案情，可以将符合国家有关部门规定的律师费用计算在赔偿范围内"。

（3）专利侵权纠纷案件

根据《最高人民法院关于审理专利纠纷案件适用法律问题的若干规

定》（2020年修正）第16条的规定，"权利人主张其为制止侵权行为所支付合理开支的，人民法院可以在专利法第六十五条确定的赔偿数额之外另行计算"。

（4）商标侵权纠纷案件

根据《最高人民法院关于审理商标民事纠纷案件适用法律若干问题的解释》（2020年修正）第17条第2款的规定，"人民法院根据当事人的诉讼请求和案件具体情况，可以将符合国家有关部门规定的律师费用计算在赔偿范围内"。

（5）合同纠纷中债权人行使撤销权诉讼案件

根据《民法典合同编通则司法解释》第45条第2款的规定，债权人行使撤销权所支付的合理的律师代理费、差旅费等费用，可以认定为《民法典》第540条规定的"必要费用"。

（6）合同纠纷中债权人行使代位权诉讼案件

《民法典》第535条第2款规定，"代位权的行使范围以债权人的到期债权为限。债权人行使代位权的必要费用，由债务人负担"。

（7）仲裁案件

仲裁案件，可对律师费由败诉方承担的仲裁请求予以支持。

2. 实践中，为实施财产保全购买的保全保险费用，应否由败诉的被告方承担

实践中，就财产保全保险费应否由被告方承担的问题仍存在很大争议，其中主流观点认为原告为避免保全错误承担损害赔偿责任而购买的保险产品，并不属于《诉讼费用交纳办法》规定的诉讼费用范围，也非必要支出。因此，除非双方在合同中有特别约定，否则一般情况下，这笔费用应由原告自行承担。

当然，也有一部分法院认为原告可以通过保险公司出具保函的形式为其申请的财产保全提供担保，而非必须以自己的财产或他人财产提供担保。原告为此向保险公司交纳的诉讼保全担保保险费系其支出的合理必要费用，属于其损失部分，应由败诉的被告方承担。

案例十七　借名合伙：落马公职人员的退伙款讨要之路

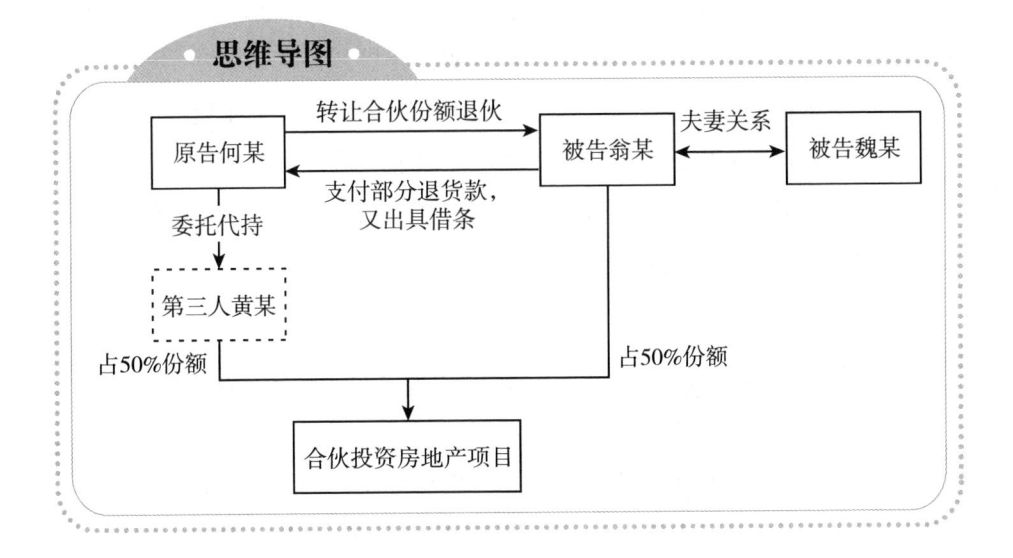

思维导图

```
原告何某 ←—转让合伙份额退伙—— 被告翁某 ←—夫妻关系—→ 被告魏某
    |         支付部分退货款，
  委托代持       又出具借条
    ↓
 第三人黄某
    |                              |
 占50%份额                      占50%份额
    ↓                              ↓
         合伙投资房地产项目
```

案例来源

（2020）最高法民申542号、（2019）赣民终227号、（2017）赣民再22号

案情简介

本案原告借第三人名义与被告签订合作开发房地产协议，原告退伙后被告并未直接支付退货款而是出具相应金额的借条，因被告拒不支付全部款项形成本案诉讼。

原告何某与被告翁某达成合伙投资房地产项目意向，因何某系国家公职人员，遂由第三人黄某代持合伙份额，以黄某名义与被告翁某签订《合伙协

· 255 ·

议书》，约定投资比例、利润分配及亏损承担比例均为50%。协议签订后，原告何某先后以案外人代为转账及现金方式向被告翁某支付465万元，翁某向何某出具了收到黄某投资款的收条七张，金额共计465万元。双方在合作开发过程中发生分歧，何某在项目基本完工时退出合伙。后何某因受贿被判刑，出狱后要求翁某支付退伙款，翁某及其妻子魏某共向何某支付140.8万元后再未继续支付。

何某再次向翁某讨要退伙款，双方结算确定合伙退伙款为1500万元。由于翁某暂无法支付，遂向何某出具五张分别为300万元的借条，共计1500万元。借条内容由何某书写，每张借条均载明：今借到何某300万元整，按月息2%（月息2分）。翁某在借条上签字、捺印。翁某及其妻子魏某等向何某支付了900万元后未再继续履行，何某因此以翁某、魏某为被告，以黄某为第三人提起本案诉讼，请求：（1）判决翁某偿还借款本金1500万元及利息；（2）魏某承担连带清偿责任。

一、隐名合伙人能否直接主张合伙人身份及合伙权益

本案双方当事人首先对被告翁某是与原告何某成立合伙关系还是与第三人黄某成立合伙关系产生争议。上饶市中级人民法院一审、江西省高级人民法院二审均认定何某与翁某之间存在合伙关系，黄某仅是为何某代持合伙份额，被告翁某对此不服，向最高人民法院申请再审。

（一）原告与被告的不同主张

原告何某主张，本案一开始就是何某与翁某合伙投资南城房地产项目，黄某仅是代持合伙份额。为证明上述主张，何某提交以下证据：（1）翁某向何某出具的收条七张，收条内容为"收到黄某投资款"，七张收条金额共计465万元；（2）翁某签字、捺印的五张借条，金额共计1500万元；（3）案涉项目法律顾问赵某的证人证言、调查笔录，黄某的自述笔录。

被告翁某主张：（1）本案唯一能证明合伙关系的《合伙协议书》的签订主体是黄某与翁某，翁某仅与第三人黄某存在合伙关系，与何某不存在任何

法律关系，何某没有任何证据证明与翁某存在合伙关系，在合伙关系都无法证明的情况下，不存在翁某与何某进行1500万元的结算。（2）二审判决采信何某单方虚假陈述不当。与翁某合伙的是黄某，假定合伙关系存在内部转让或被代持情形，依法也不得对抗翁某。

第三人黄某述称，黄某就本案合伙项目没有出资也从未参与任何管理，也没有拿过任何回报或合伙积累所得。黄某是基于其与何某是邻居，何某当时担任××县土地管理局局长，不方便作为出资人出现，所以黄某代持合伙股份。

（二）法院观点

最高人民法院再审认为，合伙关系是民事主体之间依据协议而形成的共同出资、共同经营、共享收益、共担风险的民事法律关系。

根据本案已经查明的事实，案涉《合伙协议书》由翁某与黄某签订，但以黄某名义投资的465万元均系何某实际投入，翁某向何某出具了收到黄某投资款的收条；后双方在合作开发过程中发生分歧，2006年，翁某向何某妻子支付了20万元；2008年11月10日至2011年5月30日；翁某、魏某先后向何某支付140.8万元；2011年6月1日翁某与何某进行结算，双方确定何某应得退伙款1500万元，因翁某暂无法支付，遂向何某出具五张分别为300万元的借条，翁某、魏某等向何某支付了部分款项后未再继续履行，遂成本案纠纷；黄某作为名义投资人明确认可其未出资，仅是代何某代持权益份额。

据此，二审判决认定"案涉《合伙协议书》虽然系翁某与黄某之间签订，但现有证据可以证明翁某与黄某合作的项目初期出资资金465万元是由何某投入，根据翁某出具的借条和后面支付款项的行为及黄某一直认可翁某实际与何某合伙的情况，可认定黄某在《合伙协议书》中的权利和义务，由何某实际享有和承担"，并无不当。

（三）律师分析及建议

1. 实践中，若在合伙内部纠纷中，隐名合伙人符合共同出资、共享利益、共担风险的合伙三要素，且其他合伙人明知其为隐名合伙人的，可以认定与其他合伙人成立合伙关系

（1）关于合伙份额代持的合法性，我国法律并没有明确规定，从已有判

例来看，合伙份额代持协议的效力可类比股权代持的相关规定。

根据《公司法解释（三）》（2020年修正）第24条第1款的规定："有限责任公司的实际出资人与名义出资人订立合同，约定由实际出资人出资并享有投资权益，以名义出资人为名义股东，实际出资人与名义股东对该合同效力发生争议的，如无法律规定的无效情形，人民法院应当认定该合同有效。"实践中，只要不存在法律规定的无效情形，法院一般尊重当事人的意思自治，认定合伙份额代持协议有效。

（2）至于隐名合伙人能否直接主张合伙人身份，即隐名合伙人的显名条件，因合伙具有高度的人合性，一般认为隐名合伙人显名除符合一般合伙人的特征以外，还需要其他合伙人的同意。

例如，在（2022）鄂08民终1007号案件中，法院认为："隐名合伙人，在未获得其他合伙人同意显名之前，与其他合伙人之间不存在合伙关系。"这里的同意也包括默示的同意，最常见的默示同意方式为认可隐名合伙人在合伙内部文件中以合伙人名义签字、与隐名合伙人清算、向隐名合伙人支付合伙利润等，如（2020）黑民申100号案件中，法院认为，案涉《合伙协议》乙方签字处有孙某的签名，孙某在乙方处签字应当认定其在该合伙中有投资行为并得到合伙人的认可。出让方周某、孙某与受让方陈某签订合伙份额转让协议时，陈某对孙某合伙人亦未提出异议，故陈某认为孙某在由隐名合伙人经法定程序确认为显名合伙人之前不能以合伙人的身份提起诉讼要求退伙的理由不能成立。

（3）本文案例中合伙协议由被告翁某与黄某二人签订，其中黄某自认代原告何某持有合伙份额，因此，何某仅须证明翁某明知且同意即可主张合伙人身份。

从本案事实来看，翁某多次从何某处收取合伙投资款并直接向何某出具投资款收条、合伙结束后向何某支付退伙款、与何某进行清算等事实均说明翁某对黄某代何某持有合伙份额系明知且同意的，即翁某同意何某的合伙人身份，因此，法院认定原告何某与被告翁某之间存在合伙关系，翁某关于其系与黄某合伙的主张，法院不予支持。

2. 实践中，原则上只有显名合伙人才以个人财产对合伙债务承担无限责任，而隐名合伙人只以其出资额为限承担有限责任

隐名合伙人以显名合伙人的名义持有合伙份额，对外不具有合伙人身份，对外直接与第三人交易的通常是显名合伙人。因此，一旦合伙体对外负债，除非债权人对合伙份额代持事项知情，否则显名合伙人作为名义上的合伙人应承担无限连带责任。而隐名合伙人并不直接对外担责，其损失最多只是已经投入合伙的全部资产，故隐名合伙人有时也是另一种"有限合伙人"。

二、退伙清算后，一方合伙人因不能支付全部退伙款而出具借条，原合伙关系是否转为借贷关系

本案历经两次一审、二审及再审程序，审理过程如此复杂的主要原因是对原被告之间的法律关系认定存在困难。原告何某起诉时是以借贷关系提起诉讼，请求判令被告翁某偿还借款本金及利息，第一次一审及二审程序中，法院均按照借贷关系审理本案，最终判决翁某偿还何某借款本金1500万元及利息。因翁某向江西省高级人民法院申请再审，江西省高级人民法院再审认为本案应按合伙纠纷审理，因此裁定将案件发回江西省上饶市中级人民法院重审。案件重审时，何某依然依据借条主张借贷关系，但法院一审认定该借条不能证明官方存在借贷关系，为此何某先后提出上诉及再审申请。

（一）原告与被告的不同主张

原告何某上诉主张：（1）一审认定案涉五张借条所对应的款项为何某退伙清算所得到合伙盈余及何某与翁某之间并没有发生真实的借贷关系是错误的。翁某欠何某1500万元是双方对之前合伙盈余的结算款，翁某未及时支付，双方确定该1500万元转为借贷法律关系。根据原《物权法》第25条（现《民法典》第226条）"动产物权设立和转让前，权利人已经依法占有该动产的，物权自法律行为生效时发生效力"和原《合同法》第210条（现《民法典》第679条）"自然人之间的借款合同，自贷款人提供借款时生效"的规定，翁某已事先占有了何某1500万元，何某与翁某就移转该笔1500万

· 259 ·

元的所有权达成借款合同时，即视为何某向翁某提供了1500万元的借款，应认定是双方真实的意思表示，是真实的借贷关系。（2）双方约定该1500万元以借条形式确定债权债务关系，且每张借条约定利率都未超过年利率24%，完全合法。何某与翁某之间借贷合同依法成立，当属合法有效，在当事人之间应当具有法定的拘束力。（3）出具借条的翁某不能提供有关证据，证明其在合伙清算时出具借条的行为具有法律上规定的可变更或者可撤销的情形，则案涉借条的内容就是何某与翁某之间真实的意思表示，双方就应当受到利率约定的约束。

被告翁某、魏某主张：（1）翁某仅与第三人黄某存在合伙关系，与何某不存在任何法律关系，何某没有任何证据证明与翁某存在合伙关系，在合伙关系都无法证明的情况下，不存在翁某与何某进行1500万元的结算。（2）翁某签名的五张《借条》系何某书写并在翁某醉酒状态下形成，翁某有书写能力，能区分借条与合伙结算的法律意义，该借条并非翁某真实意思表示。

（二）法院观点

关于案涉借条的性质及本案基本法律关系，江西省高级人民法院二审认为，翁某出具的1500万元借条性质为合伙债权债务结算后形成的欠款……翁某出具的1500万元借条因翁某未能举证证明不是其真实意思表示，对1500万元借条应确认合法有效，翁某、魏某依法应予履行，但鉴于何某实际仅投入465万元，也没有参与合伙事务，且翁某已支付给何某1060.8万元，现有证据亦无法对合伙账目进行清算。故一审法院以借条1500万元的金额为基数，按照中国人民银行同期同类贷款利息，先还利息再计本金的方法进行处理并无不当。

最高人民法院再审认为，基于翁某与何某系合伙关系，翁某向何某出具五张借条是合伙债权债务结算后形成的欠款，而不是借款，一审、二审据此判决翁某向何某继续偿付尚未支付的款项（扣除已付款项），并将约定的月息2分调整为按照中国人民银行同期贷款利率计息，有相应的事实依据，并无不当。

(三) 律师分析及建议

1. 实践中，在合伙关系中因退伙形成的借条，不一定能证明存在借贷关系

合同型合伙经营中，一方合伙人要求退伙，其他合伙人因暂时不能支付全部退伙款项而出具"借条"的情形并不罕见，但是，如其他合伙人不能履行支付义务，退伙的合伙人能否依据"借条"主张民间借贷关系？

对于这一问题，多数法院持肯定观点。

（1）例如，在（2020）皖民申4172号案件中，安徽省高级人民法院认为："刘某与曹某原系合伙关系，因刘某退伙，曹某在结算后将其应退还给刘某的退伙款转为借款，并向刘某出具借条，意思表示真实，不违反法律、行政法规的强制性规定，应为合法有效，刘某与曹某之间的合伙关系已经转变为借款关系。"

（2）例如，在（2021）鄂民申2608号案件中，湖北省高级人民法院认为："柯某、程某、黄某三人合伙经营网吧，此后因程某退伙而进行清算，柯某、黄某对清算结果向程某出具62万元《借条》。因本案当事人已通过清算达成债权债务协议，故原判决认定本案借贷关系成立适用法律正确。柯某在原审中认可借条系其所签，其作为完全民事行为能力人，应当知晓签署借条的法律后果，原判决依据该借条认定本案借贷事实亦无不当。"

但是，本文所引案例中法院认定与上述法院裁判观点正好相反，原告何某依据退伙后翁某出具的借条主张借贷关系，原再审法院认为案件应按照纠纷审理，因此裁定发回重审。重审中法院将案由从"民间借贷纠纷"改为"合伙合同纠纷"，且最高人民法院再审认定，"案涉借条是合伙债权债务结算后形成的欠款，而不是借款"，明确否定了何某依据案涉借条主张的借贷关系。

2. 同样是退伙后取得借条、依据借条起诉要求支付款项，法院对于基本法律关系却存在两种截然相反的认定，那么合伙人依据退伙后形成的借条究竟该主张借贷关系还是合伙关系

笔者认为要根据以下几个因素综合考虑。

（1）合伙人退伙时是否存在明确的退伙清算，具体来说即各合伙人是否就退伙款项金额达成一致意见。

（2）双方当事人是否认可借条的法律效力。

（3）借条所涉款项是否涉及合伙过程中的其他争议事项。

前述（2020）皖民申4172号及（2021）鄂民申2608号案件中，合伙人退伙时都经过合伙清算程序明确了退伙款金额，退伙的合伙人由此获得了明确的债权，其他合伙人因不能清偿该债务而签订借条，借条所载款项也不涉及其他合伙相关纠纷。因此，法院认定出具借条时合伙关系转为借贷关系。

但本文案例中，原被告之间没有明确的退伙清算程序，在签订借条之前也有数次支付退伙款的行为，不能证明借条所载金额与退货款相等，且被告翁某对借条的法律效力及所载金额均有异议。因此，双方并未达成借款合意，不能认定合伙关系转为借贷关系。又因被告翁某不能提供财务账册导致无法清算，法院最终认定借条内容为对退伙款项的确认，翁某应当按照借条载明的金额继续向何某支付剩余欠款。

3. 借款合同法律性质上属于实践性合同，仅以借条等债权凭证提起民间借贷诉讼有法律风险

《民法典》第679条规定："自然人之间的借款合同，自贷款人提供借款时成立。"据此，借款合同为实践性合同，只有完成了借款的交付借款合同才成立。同时，《民间借贷司法解释》第14条第1款规定："原告以借据、收据、欠条等债权凭证为依据提起民间借贷诉讼，被告依据基础法律关系提出抗辩或者反诉，并提供证据证明债权纠纷非民间借贷行为引起的，人民法院应当依据查明的案件事实，按照基础法律关系审理。"

（1）司法实践中，原告以双方民间借贷关系为由提起诉讼，并提供借据、收据、欠条等债权凭证的，即已初步证明了双方之间系民间借贷关系，被告如对双方的基础法律关系提出抗辩，应当提供证据加以证明。

（2）关于证明标准，《民事诉讼法司法解释》第108条第1款规定："对负有举证证明责任的当事人提供的证据，人民法院经审查并结合相关事实，确信待证事实的存在具有高度可能性的，应当认定该事实存在。"第2款规定:"对一方当事人为反驳负有举证证明责任的当事人所主张事实而提供的证据,人民法院经审查并结合相关事实,认为待证事实真伪不明的,应当认定该事实不存在。"因此,被告对双方基础法律关系的性质提出抗辩的,只需要提供证据证明原告所主张的双方之间的债权债务纠纷系由民间借贷行为引起这一事实并不确定即可。至于双方之间究竟系何种法律关系,则由人民法院综合双方提供的证据加以认定。

(3)变更案由的情形,根据《民事证据规定》第53条的规定:"诉讼过程中,当事人主张的法律关系性质或者民事行为效力与人民法院根据案件事实作出的认定不一致的,人民法院应当将法律关系性质或者民事行为效力作为焦点问题进行审理。但法律关系性质对裁判理由及结果没有影响,或者有关问题已经当事人充分辩论的除外。存在前款情形,当事人根据法庭审理情况变更诉讼请求的,人民法院应当准许并可以根据案件的具体情况重新指定举证期限。"据此,如法院经审查认为当事人之间确实不存在民间借贷关系,也不能简单驳回当事人的诉讼请求,通常法院会向当事人释明,如果原告不同意变更案由,法院将以借贷关系不成立为由判决驳回诉讼请求;如果原告同意变更案由,则按照新认定的案由继续审理。

综上所述,仅以借条等债权凭证提起民间借贷诉讼要求偿还借款有法律风险:第一,如果不能证明所借款项已经交付,则借款合同不能成立;第二,如果对方当事人提供证据证明存在其他基础法律关系,则原告需要变更案由,否则法院可能直接以无借贷合意、借贷关系不成立为由判决驳回诉讼请求。

三、醉酒状态下签订的借条效力如何

本案原告何某依据《借条》要求被告偿还借款,诉讼中,被告主张借条系在醉酒状态下签订,由此双方当事人对借条的效力产生争议。

(一)原告与被告的不同主张

原告何某主张,翁某在五张《借条》上签字时没有受到威逼,没有重大误解等依法可申请撤销的情形,且早已过了一年申请撤销的除斥期间,翁某主张"醉酒状态下签字"既没有事实依据,也没有法律依据。

被告翁某主张:(1)翁某签名的五张借条系何某书写,趁翁某醉酒之时让翁某签名(该事实与黄某再审的庭审回答相印证),该借条不具备真实性。(2)翁某有书写能力,能区分借条与合伙结算的法律意义,该借条并非翁某真实意思表示,不具有民事法律行为效力,依法不产生民事法律后果。

(二)法院观点

江西省高级人民法院认为,翁某提出出具的1500万元的借条,是其在醉酒状态下形成的,但并未提供相关证据予以证明,且当事人在醉酒情形下的行为并不当然免除其民事责任,故翁某上诉主张其出具1500万元的借条,不是其真实意思表示,其行为不产生民事法律后果的理由不能成立。

(三)律师分析及建议

1. 实践中,醉酒状态签订法律文件原则上不影响文件的法律效力,醉酒不能成为免除民事责任或否定真实意思表示的理由

当事人主张自己签订法律文件时处于醉酒状态,以此否定文件的法律效力,这种情形在民间借贷案件中十分常见,但是,大多数当事人像本文案例中的被告一样,不能提供证据证明合同系在醉酒状态下签订。退一步讲,即便当事人能够提供证据证明醉酒状态,从法院裁判观点来看,也均认为醉酒状态并不影响法律文件的效力。

例如,在(2015)最高法民提字第68号案件中,最高人民法院认为:"张某对借条的真实性和内容没有异议,只是辩解称是其在醉酒状态下所写。这个理由没有法律上的意义。醉酒不能成为行为人免除民事责任或否定真实意思表示的理由,亦不能导致举证责任之再转移于艾某。"实务中,多数法院采取上述观点,认为醉酒状态并不影响法律文件的效力,不能以醉酒状态为由主张免除民事责任或否定真实意思表示。

因此,我们提醒当事人在签署法律文件应当谨慎,做到"签约不喝酒,喝酒不签约",酒后签字和酒后驾驶一样属于危险行为,即便是在醉酒后签订的文件,也要承担相应法律责任。

2. 实践中，即便当事人主张合同相对方故意利用醉酒状态签订显失公平的合同，向法院申请撤销合同也可能不会被支持

《民法典》将"乘人之危"与"显失公平"一同规定在第151条："一方利用对方处于危困状态、缺乏判断能力等情形，致使民事法律行为成立时显失公平的，受损害方有权请求人民法院或者仲裁机构予以撤销。"实践中，也有当事人主张在醉酒状态下被欺骗签订了显失公平的合同，依据上述法律规定向法院或者仲裁机构请求撤销合同。

但是，最高人民法院民事审判第一庭编著的《民事审判实务问答》一书中，对"请求人民法院撤销公司法定代表人于醉酒之际签订的合同能否得到支持"这一问题有明确回答："我们认为，即使甲公司与乙公司所签合同确实明显不利于甲公司，甲公司请求人民法院撤销其与乙公司签订的购销合同的理由也是不能成立的。首先，甲公司的法定代表人胡某作为完全民事行为能力人，应当对自己的行为承担民事责任。其在代表公司履行职务时能否饮酒，自己可以饮多少酒，胡某应当并且能够预见，因此，不能支持其将自己过量饮酒造成的后果诿过于人。甲公司指责乙公司乘人之危，使法定代表人胡某在违背其真实意思表示下签订合同，不能得到法院的支持。"

综上所述，以醉酒状态主张显失公平要求撤销合同的，也大概率不会得到法院支持。当然，如果是极端情况，如醉酒导致行为人完全丧失意识或不能正常作出意思表示，且对方当事人明知其醉酒状态，该行为可能被认定为可撤销或无效。这种情况下，醉酒人需要承担举证责任，证明其因醉酒而无法有效认识行为的后果和性质，也需要证明所签合同存在重大误解、显失公平等可撤销情形。

四、合伙清算后，合伙人配偶通过自己账户向其他合伙人支付部分退伙款，剩余退伙款能否认定为夫妻共同债务

本案原告何某系与被告翁某合伙开发房地产，被告妻子魏某并非合伙人，但原告因被告未支付全部退伙款而提起本案诉讼时，将被告之妻一并作为被

告进行起诉，要求确认案涉债务为夫妻共同债务、魏某与翁某承担连带清偿责任。一审法院支持了该项诉讼请求，翁某及魏某不服，先后提起上诉及再审申请。

（一）原告与被告的不同主张

被告翁某、魏某主张，本案不宜认定为夫妻共同债务，魏某没有在借条上签字，也不是案涉房地产项目的合伙人，没有共同承担责任的法律依据。

原告何某主张，一审法院查明"根据翁某提供的证据显示，魏某自2008年至2014年，先后以现金给付或通过其银行账户转账的方式向何某支付款项十余次，金额近400万元"。一审法院认定"翁某的妻子魏某承担共同还款责任"正确。

（二）法院观点

二审法院认为，魏某系翁某的妻子，多次用自己的账户向何某支付款项，可以认定魏某对何某与翁某合伙的情况知悉并参与，本案债务应当认定为夫妻共同债务，魏某应当承担本案欠款及利息的连带清偿责任。翁某出具的1500万元借条因翁某未能举证证明不是其真实意思表示，对1500万元借条应确认合法有效，翁某、魏某依法应予履行。

最高人民法院再审认为，魏某作为翁某的妻子，对案涉合伙情况知悉并参与其中，一审、二审判决认定案涉债务属于夫妻共同债务，魏某应当承担还款责任，并无明显不当。

（三）律师分析及建议

1. 夫妻一方在合伙经营中所负债务，如果能够证明其配偶参与合伙事务或对债务有追认行为等情形，可以主张夫妻共同债务，要求合伙人配偶承担还款的连带责任

《民法典》第1064条规定："夫妻双方共同签名或者夫妻一方事后追认等共同意思所负的债务，以及夫妻一方在婚姻关系存续期间以个人名义为家庭日常生活需要所负的债务，属于夫妻共同债务。夫妻一方在婚姻关系存续期间以个人名义超出家庭日常生活需要所负的债务，不属于夫妻共同债务；

但是，债权人能够证明该债务用于夫妻共同生活、共同生产经营或者基于夫妻双方共同意思表示的除外。"据此，认定构成夫妻共同债务需要满足以下条件之一：

（1）基于共同意思负债，即共同签名或者配偶事后追认，追认的方式包括通过电话、微信追认，也包括偿还债务等行为的追认，例如本案中魏某偿还退伙款的行为。

（2）负债用于日常家庭生活，例如借钱买房、买车，或用于其他家庭支出。

2. 实践中，若债权人主张欠款系夫妻共同债务的几个入手角度

实践中，若债权人主张欠款系夫妻共同债务的，可以从以下几个角度入手：

（1）证明夫妻双方共同经营、管理合伙事务。

（2）证明合伙人配偶知悉、参与合伙事务。

（3）证明合伙产生债务系用于夫妻日常生活。

（4）证明合伙人配偶对于合伙产生的债务有追认行为或债务加入的意思表示。

例如在本文案例中，魏某虽不是合伙人、未参与合伙事务的经营管理也未在《借条》上签字，但在何某退伙后，魏某曾多次以现金给付或通过其银行账户转账的方式向何某支付款项十余次，金额近400万元。通过魏某上述支付款项的行为，可以确认其对何某与翁某合伙一事知悉，其作为翁某的妻子获得了合伙收益，并用自己的行为对合伙形成的债务作出事后追认。因此，法院认定本案债务为夫妻共同债务，判决魏某承担案涉退伙款及利息的连带清偿责任。

3. 被告为自然人时，应考虑列其配偶为共同被告的可能性，以提高胜诉后的执行效率

（1）有些债权人在提起诉讼时遗漏共同被告，导致执行困难

最常见的就是以自然人为被告时忽略了夫妻共同债务的可能性，仅列夫妻一方为被告，给债务人利用离婚析产等方式转移财产的可乘之机，导致执行阶段被执行人名下无财产可供执行；或者在执行过程中，被执行人配偶提

出执行异议拖延、阻碍执行程序。如果遇到上述阻碍，债权人执行只能再另行提起诉讼，确定案涉债务为夫妻共同债务，拿到生效判决后再申请执行债务人配偶名下资产。如此一波三折，耗时耗力，也大大增加了执行中的不确定因素。

（2）在起诉自然人为被告时，需要考虑将被告配偶列为共同被告的可行性

例如在本文案例中，原告何某在提起诉讼时就将债务人翁某及其配偶魏某一并列为共同被告，并依据魏某曾多次直接向何某支付退伙款的事实主张案涉债务为夫妻共同债务，最终法院判决魏某承担连带责任，直接在诉讼阶段杜绝了执行过程中遇到前述阻碍的可能性，提高了执行效率。

因此，我们建议当事人在起诉时完整地列明所有被告，例如，在被告为自然人时，应考虑列其配偶为共同被告、主张夫妻共同债务的可能性；在公司负债时，可考虑列公司股东、实际控制人等为共同被告；公司股东负债，可考虑列发起人、实际出资人、高级管理人员等为共同被告等。[①]

五、当事人申请再审期限能否因故延长

本案二审判决作出后，翁某、魏某与何某均提出再审申请，但何某提出再审申请的时间因故超过法定期限，对何某的再审申请法院是否应当予以审查？双方对此发生争议。

（一）原告与被告的不同主张

原告何某主张，何某延误申请再审系由于2020年1月陪其妻子至上海就诊所致，请求延长再审申请期限。

被告翁某、魏某主张，不同意何某的理由，本案已超过法定再审申请的期限，故应予驳回再审申请。

---

① 参见《诉讼执行一体化：以执行视角优化诉讼策略》一书第三章"结合执行中追加债务人难度，考量诉讼中列共同被告的可能性和合理性"。

（二）法院观点

最高人民法院认为，《民事诉讼法》（2017 年修正）第 205 条规定："当事人申请再审，应当在判决、裁定发生法律效力后六个月内提出；有本法第二百条第一项、第三项、第十二项、第十三项规定情形的，自知道或者应当知道之日起六个月内提出。"就本案而言，何某于 2019 年 8 月 14 日收到二审判决，2020 年 2 月 21 日向法院邮寄再审申请书；经核查其申请再审事由，不存在《民事诉讼法》第 200 条第 1 项、第 3 项、第 12 项、第 13 项规定的情形，故何某应当在二审判决发生效力后六个月内，即 2020 年 2 月 15 日前申请再审。

由此，何某申请再审时已经超期，其在法院一并提交的说明中对此亦明确自认，只是提出延误申请再审系由于 2020 年 1 月陪其妻子至上海就诊所致。但申请再审的期限系不变期间，不存在中断或者中止的问题，且何某主张的延期申请再审事由亦不足以影响其在法定期限内申请再审权利的行使。法院对何某的再审申请事由，不予审查。

（三）律师分析及建议

1. 我国《民事诉讼法》规定的再审期间为 6 个月，属于除斥期间，不适用诉讼时效中止、中断、延长的规定

《民事诉讼法》第 216 条明确规定了再审申请的期限，即："当事人申请再审，应当在判决、裁定发生法律效力后六个月内提出；有本法第二百一十一条第一项、第三项、第十二项、第十三项规定情形的，自知道或者应当知道之日起六个月内提出。"

根据上述规定，当事人申请再审期限为 6 个月，该期限为除斥期间，不适用诉讼时效中止、中断、延长的规定，仅有起算时间的不同，原则上从原审判决生效后起算，但下列四种情况下应从知道或应当知道之日起计算。

（1）有新的证据，足以推翻原判决、裁定的。

（2）原判决、裁定认定事实的主要证据是伪造的。

（3）据以作出原判决、裁定的法律文书被撤销或者变更的。

（4）审判人员审理该案件时有贪污受贿，徇私舞弊，枉法裁判行为的。

但是，无论是何种起算时间点，该六个月期限均为不变期间。

因此，本文案例中原告何某申请再审时超过法定六个月期限，又不属于上述四种特别起算时间的情形，无论有何理由，何某申请再审均超过法定期限，故对其再审事由法院不予审查。

2. 实践中，若超过再审期限的，当事人可以向检察院申请检察监督，也有启动再审程序的可能性

根据《人民检察院民事诉讼监督规则》第27条的规定，当事人申请再审超过法定期限的，检察院不予受理，但有不可归责于其自身原因的除外。据此，如果当事人能够提供未在法定期限内申请再审的"不可归责于其自身原因"，例如，因法院送达问题导致未能收到裁判文书而导致逾期申请，检察院可以受理检查监督申请。

此外，《人民检察院民事诉讼监督规则》第19条规定，当事人认为民事审判程序中审判人员存在违法行为的，可以向人民检察院申请监督。第37条第1款规定："人民检察院在履行职责中发现民事案件有下列情形之一的，应当依职权启动监督程序：（一）损害国家利益或者社会公共利益的；（二）审判、执行人员有贪污受贿，徇私舞弊，枉法裁判等违法行为的；（三）当事人存在虚假诉讼等妨害司法秩序行为的；（四）人民法院作出的已经发生法律效力的民事公益诉讼判决、裁定、调解书确有错误，审判程序中审判人员存在违法行为，或者执行活动存在违法情形的；（五）依照有关规定需要人民检察院跟进监督的；（六）具有重大社会影响等确有必要进行监督的情形。"当事人向检察院申请检察监督，检察院发现存在上述情形的，应当启动监督程序，由法院对案件重新审理。

综上所述，当事人在超过法定再审申请期限后，如能证明超期"不可归责于其自身原因"或者民事审判存在上述重大错误或违法情形的，还可以通过向检察院申请检察监督的方式启动再审。

案例十八　合伙项目未实际开展，合伙人要求直接退还投资款

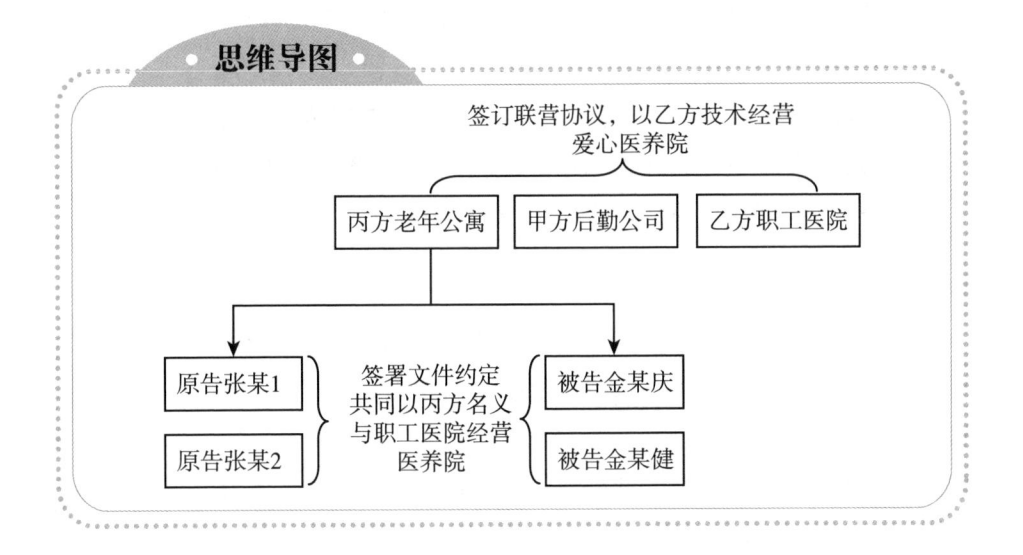

思维导图

签订联营协议，以乙方技术经营爱心医养院

- 丙方老年公寓
- 甲方后勤公司
- 乙方职工医院

原告张某1、原告张某2：签署文件约定共同以丙方名义与职工医院经营医养院

被告金某庆、被告金某健

案例来源

（2023）甘民再71号、（2022）甘民申1945号、（2021）甘01民终5192号、（2021）甘0104民初474号、（2020）甘01民终3823号、（2019）甘0104民初89号

案情简介

甲方后勤服务公司、乙方机器厂职工医院、丙方老年公寓签订《联合经营协议》及补充协议，三方约定：共同投资经营爱心护理院（以实际注册的名称为准），甲方提供经营用地、乙方提供医疗支持、丙方使用乙方单位资

· 271 ·

质负责日常经营。

原告张某1、张某2与被告金某庆、金某健签署《职工医院丙方合作三方谈话纪要》及《董事会会议纪要》，约定四自然人与机器厂职工医院共同投资经营"情暖夕阳爱心医养院"（暂定）项目，四人各占股22.5%，余留10%的股份作为专业技术骨干配股（待分配）。前述协议签订后，原告张某1、张某2向被告转入投资款共计170万元。但因当事人之间存在内部矛盾、医院资质到期未能续办等原因，案涉合伙项目并未完成设立。本案诉讼发生时，前述《联合经营协议》及补充协议均已终止，乙方机器厂职工医院已注销。

原告张某1、张某2以金某庆、金某健为被告向法院提起诉讼，请求：（1）二被告向原告连带偿还170万元债务；（2）二被告向原告连带赔偿原告因设立合作项目所造成的经济损失307764.26元。

一、合伙关系虽已成立但合伙事务未实际开展，投资款能否要求退还

本案中，双方就原告向被告转款的170万元投资款是否属于合伙财产，以及原告能否要求退还的问题产生争议。

（一）原告与被告的不同主张

原告张某1、张某2主张，其除支付出资款时被被告经常催促外，其他合伙协议约定的权利均无法行使，从数次庭审查明的事实来看，没有证据支持其参与了合伙事务。原告虽然完成出资，但出资款并未使用到约定的合伙事项中，不属于合伙资金，被告应予返还。

被告金某庆、金某健主张，其提供的证据足以证明原告的投资款均用于合伙项目；合伙项目已经启动，原告充分参与了合伙事务；《职工医院丙方合作三方谈话纪要》于2015年7月15日签订，《董事会会议纪要》签订于2015年10月27日，而联营协议于2018年7月1日解除，在此期间，合伙项目在持续运营。因此，原告已经投入的170万元属于合伙资金，应在合伙项

目清算后按双方合伙份额进行分配,原告无权要求被告返还投资款。

(二) 法院观点

1. 合伙人的出资款属合伙财产

虽然原告向被告的转款行为使得被告实际占有并控制合伙财产,但从性质上来看,其是以合伙事务执行人的身份代表合伙人占有和控制合伙财产,原告转入被告的 170 万元投资款系原告基于投资协议向合伙项目投入的投资款。原告作为项目合伙人,其出资的 170 万元投资款已经构成合伙财产。

2. 分割合伙财产时应对合伙期间债权债务进行清算

合伙人在合伙关系终止时,不仅要对合伙时投入的财产和利润进行分割,还应对合伙期间的债务承担无限连带责任。因此,分割合伙财产时,应对合伙时投入的财产、合伙期间积累的财产以及合伙期间的债权债务等进行清算。诉讼期间合伙项目"情暖夕阳爱心医养院"的合伙人均负有对合伙财产进行清算的义务,但至今并未清算,导致剩余合伙财产无法确定,故原告关于返还投资款的主张无事实和法律依据,法院予以驳回。

(三) 律师分析及建议

1. 合伙关系形成后,合伙人向合伙事务执行人支付投资款,投资款即构成合伙财产,合伙人无权要求退还投资款,仅有权要求分配合伙财产

根据《民法典》第 970 条第 2 款关于合伙事务执行人的规定,合伙事务由全体合伙人共同执行。按照合伙合同的约定或者全体合伙人的决定,可以委托一个或者数个合伙人执行合伙事务;其他合伙人不再执行合伙事务,但是有权监督执行情况。因此,执行合伙事务的合伙人代表全体合伙人对外执行合伙事务。

根据《民法典》第 968 条"合伙人应当按照约定的出资方式、数额和缴付期限,履行出资义务"以及第 969 条"合伙人的出资、因合伙事务依法取得的收益和其他财产,属于合伙财产"的规定,合伙人以推进合伙事务、履行出资义务为由向合伙事务执行人转入投资款的行为,应视为该合伙人履行出资义务,转入的投资款应属合伙财产。在合伙合同终止前,合伙人不得请求分割合伙财产。

2. 签订合伙协议与设立合伙企业之间的关系一般是时间上的前后关系，但合伙人签署合伙协议后并不必然成立合伙企业，因此，合伙协议能够灵活地确认合伙人之间是否成立合伙关系

（1）关于合伙企业，根据《民法典》第102条的规定，合伙企业属于非法人组织，所谓非法人组织是不具有法人资格，但是能够依法以自己的名义从事民事活动的组织，包括有限合伙企业和普通合伙企业。

（2）关于合伙协议，根据《民法典》第967条关于合伙合同定义的规定，合伙合同是两个以上合伙人为了共同的事业目的，订立的共享利益、共担风险的协议。

（3）2021年1月1日起开始正式实施的《民法典》第27章新增了"合伙合同"章节，该合伙合同内容与此前既已实施的《合伙企业法》在适用上存在交叉竞合与差异，例如，在设立"公司""合伙企业"之外，行为人可通过签订合伙协议的方式明确合作事项、合作方权利义务、确定各方的合伙关系，而不必须设立合伙企业，故相对设立登记合伙企业而言，合伙协议显得更机动灵活。

综上所述，若合伙人按照合伙协议约定设立公司或合伙企业的，相关公司或合伙企业的经营管理按照《公司法》或《合伙企业法》的相关规定进行规制；若合伙人仅依照合伙协议履行合伙约定而未设立任何项目主体的，则合伙过程中产生的纠纷按照《民法典》关于合伙合同的相关规定进行规制。

3. 合同型合伙就分割合伙财产以合伙合同终止为前置条件，否则合伙人无权请求分割合伙财产

根据《民法典》第969条的规定，合伙人的出资、因合伙事务依法取得的收益和其他财产，属于合伙财产。合伙合同终止前，合伙人不得请求分割合伙财产。其中关于合伙合同终止的一般表现形式是对合伙事务进行清算，若合伙人之间设立合伙企业，按照《合伙企业法》第21条"合伙人在合伙企业清算前，不得请求分割合伙企业的财产"的规定，合伙企业中合伙人请求分割合伙财产则以合伙企业清算为前置程序。具体到本文案例中，各合伙人在诉讼过程中均未申请对合伙事务进行清算，合伙人亦未要求清算，因此，法院最终认为合伙人无权请求分割合伙财产。

4. 合伙人就合伙期间债务是否承担连带责任

根据《民法典》第973条的规定，合伙人对合伙债务承担连带责任。清偿合伙债务超过自己应当承担份额的合伙人，有权向其他合伙人追偿。

二、一方以对方欺诈、隐瞒合伙事务为由要求返还投资款，如何避坑

本案中，原告认为被告在合伙事项洽谈时故意隐瞒对合伙事务不利的事实，导致其产生错误认识及作出错误的合伙意思，故要求被告返还投资款及赔偿损失，双方就此发生争议。

（一）原告与被告的不同主张

原告张某1、张某2主张，其因二被告隐瞒了被告与《联合经营协议》另外两方后勤服务公司、老年公寓之间已有矛盾以及机械厂职工医院资质快到期的事实，而上述事实直接影响合伙项目的落地，故原告认为被告的隐瞒事实行为导致二原告作出了错误的意思表示，因此原被告双方达成合伙约定的行为是一个无效的民事法律行为。原告基于无效的民事法律行为要求二被告返还出资、承担损失赔偿责任。

被告金某庆、金某健主张，《职工医院丙方合作三方谈话纪要》于2015年7月15日签订，《董事会会议纪要》签订于2015年10月27日，而联营协议于2018年7月1日解除，在此期间，合伙项目在持续运营。同时，被告提交某卫生服务中心资质一份作为证据，以证明合伙项目使用资质不仅包括机器厂职工医院资质，还包括某卫生服务中心资质，截至起诉时，某卫生服务中心资质仍正常使用，即使机器厂职工医院资质到期也不影响合同的履行。

（二）法院观点

1. 合伙协议系双方真实意思表示，且内容不违反强制性规定，合法有效，各方应依约履行

本案中，2015年7月28日，甲方后勤公司、乙方机械厂职工医院与丙

方老年公寓签订《联合经营协议》补充协议，约定：《联合经营协议》自2015年1月15日起生效，根据甲乙丙三方签订的《联合经营协议》的约定，丙方使用乙方单位资质（机器厂职工医院、某卫生服务中心）用作日常经营。2015年7月15日，被告与原告经协商一致签订《职工医院丙方合作三方谈话纪要》《董事会会议纪要》，约定：二被告与二原告共同投资经营机械厂职工医院"情暖夕阳爱心医养院"（暂定），在与机械厂职工医院合作经营中，丙方由原被告中的三人组成，各占30%股权，其余10%作为共同预留股，并按此投资承担相应责任。丙方三位投资人完全承认与甲方、乙方签订的《联合经营协议》及《联合经营协议的补充协议》全部条款内容。2015年10月27日，原被告又签订《董事会会议纪要》，商定医养院合作及启动事宜，约定了占股比例等事项。因此，案涉《职工医院丙方合作三方谈话纪要》《董事会会议纪要》系双方真实意思表示，内容不违反法律、行政法规强制性规定，合法有效，双方当事人应当按照合同约定履行各自的义务。

2. 各方通过投资行为已实际履行合伙约定，合伙关系已然成立，合伙协议应属有效合同

合同签订后，被申请人依约向被告转入投资款170万元，已经实际履行了合伙投资义务，合伙关系已然成立。此时，机械厂职工医院的医疗许可证资质尚未到期，原告主张因被告隐瞒与机械厂合作情况、医疗资质等重要信息，导致其作出错误意思表示以及涉案谈话纪要及董事会纪要属无效合同，但其提供的证据不足以证明原告对合伙事项不知晓、完全未参与合伙事务以及投资款项未用于合伙事务等事实。涉案合同不符合法律规定的合同无效的情形。

3. 原告主张其被欺诈但未按照法定期限行使撤销权，其撤销权已经消灭

原告自2018年6月知道与机械厂合作的真实情况后认为被告存在欺诈，未在法律规定的时间内及时行使撤销权，撤销权已经消灭，且涉案合同不符合法律规定的合同无效的情形，故原告要求被告返还投资款的诉讼请求无事实及法律依据。

(三) 律师分析及建议

1. 关于一方以对方欺诈、隐瞒合伙事务为由要求返还投资款问题，本文案例中因投资方错过法定期限而丧失撤销权，故后续再以撤销合同之事由起诉要求确认合同无效的，法院不予支持

根据《民法典》第148条有关民事法律行为中欺诈的规定，一方以欺诈手段，使对方在违背真实意思的情况下实施的民事法律行为，受欺诈方有权请求人民法院或者仲裁机构予以撤销。根据《民法典》第152条第1款第1项有关撤销权消灭期限的规定，当事人自知道或者应当知道撤销事由之日起一年内没有行使撤销权，撤销权消灭。

具体到本文案例中，原告与被告合伙关系的基础系双方签订的谈话纪要以及董事会纪要，二原告诉称因被告隐瞒与机械厂合作情况的重要事实，导致其作出错误的意思表示而签订了谈话纪要以及董事会纪要，二被告欺骗二原告签订纪要，因此按照原告的诉讼理由，二被告的此行为系欺诈，二原告应当自知道之日起一年内行使撤销权。原告在2018年6月已经知道二被告存在欺诈行为，但直至2019年9月原告第一次起诉之日，二原告并未行使撤销权，撤销权已经消灭，原告与被告之间签订纪要的行为也不符合民事法律行为无效的法定情形。因此，原告基于民事法律行为无效请求二被告返还出资、赔偿损失的诉讼请求，法院不予支持。

2. 合同无效情形

合同签订后，无特殊情况时合同通常是成立且生效，而关于合同无效的情形，结合《民法典》等法律法规有关无效民事法律行为的规定，可归纳为以下几种情形。

根据《民法典》第144条、第146条、第153条、第154条的规定，无效的民事法律行为包含以下几种法定情形。

（1）无民事行为能力人实施的民事法律行为无效。

（2）行为人与相对人以虚假的意思表示实施的民事法律行为无效。

（3）违反法律、行政法规的强制性规定的民事法律行为无效。

（4）违反公序良俗的民事法律行为无效。

（5）行为人与相对人恶意串通，损害他人合法权益的民事法律行为无效。

3. 合同可撤销情形

根据《民法典》及相关司法解释的规定，合同可撤销的相关情形包括以下几种类型。

（1）基于重大误解签订的合同可撤销

根据《民法典》第147条的规定，基于重大误解实施的民事法律行为，行为人有权请求人民法院或者仲裁机构予以撤销。

（2）以欺诈手段签订的合同可撤销

根据《民法典》第148条的规定，一方以欺诈手段，使对方在违背真实意思的情况下实施的民事法律行为，受欺诈方有权请求人民法院或者仲裁机构予以撤销。

（3）基于第三人欺诈而签订的合同可撤销

根据《民法典》第149条的规定，第三人实施欺诈行为，使一方在违背真实意思的情况下实施的民事法律行为，对方知道或者应当知道该欺诈行为的，受欺诈方有权请求人民法院或者仲裁机构予以撤销。

（4）以胁迫手段签订的合同可撤销

根据《民法典》第150条的规定，一方或者第三人以胁迫手段，使对方在违背真实意思的情况下实施的民事法律行为，受胁迫方有权请求人民法院或者仲裁机构予以撤销。

（5）显失公平的合同可撤销

根据《民法典》第151条的规定，一方利用对方处于危困状态、缺乏判断能力等情形，致使民事法律行为成立时显失公平的，受损害方有权请求人民法院或者仲裁机构予以撤销。

（6）限制民事行为能力人签订的合同善意相对人可撤销

根据《民法典》第145条第2款的规定，相对人可以催告法定代理人自收到通知之日起30日内予以追认。法定代理人未作表示的，视为拒绝追认。民事法律行为被追认前，善意相对人有撤销的权利。撤销应当以通知的方式作出。

（7）无权代理人签订的合同可撤销

根据《民法典》第171条第2款的规定，相对人可以催告被代理人自收到通知之日起 30 日内予以追认。被代理人未作表示的，视为拒绝追认。行为人实施的行为被追认前，善意相对人有撤销的权利。撤销应当以通知的方式作出。

（8）赠与合同在赠与财产转移之前以及受赠人实施违法行为的，赠与人可撤销赠与合同

《民法典》第 658 条第 1 款规定："赠与人在赠与财产的权利转移之前可以撤销赠与。"第 663 条第 1 款规定："受赠人有下列情形之一的，赠与人可以撤销赠与：（一）严重侵害赠与人或者赠与人近亲属的合法权益；（二）对赠与人有扶养义务而不履行；（三）不履行赠与合同约定的义务。"第 664 条第 1 款规定："因受赠人的违法行为致使赠与人死亡或者丧失民事行为能力的，赠与人的继承人或者法定代理人可以撤销赠与。"

4. 起诉要求撤销合同与诉讼请求确认合同无效的适用条件不同，将两者混淆适用将导致诉讼败诉的风险

结合前述分析，《民法典》及相关司法解释就撤销权之诉、确认合同无效之诉的适用规定了不同适用情形，因此，在实务运用中需要结合具体案件的案情、证据、期间等情况综合考量，选择适用。

同时，根据《九民会议纪要》第 42 条有关撤销权的行使的规定，撤销权应当由当事人行使。当事人未请求撤销的，人民法院不应当依职权撤销合同。一方请求另一方履行合同，另一方以合同具有可撤销事由提出抗辩的，人民法院应当在审查合同是否具有可撤销事由以及是否超过法定期间等事实的基础上，对合同是否可撤销作出判断，不能仅以当事人未提起诉讼或者反诉为由不予审查或者不予支持。一方主张合同无效，依据的却是可撤销事由，此时人民法院应当全面审查合同是否具有无效事由以及当事人主张的可撤销事由。当事人关于合同无效的事由成立的，人民法院应当认定合同无效。当事人主张合同无效的理由不成立，而可撤销的事由成立的，因合同无效和可撤销的后果相同，人民法院也可以结合当事人的诉讼请求，直接判决撤销合同。

综上所述，结合本文案例的案情及裁判结果，尽管《九民会议纪要》就法院应全面审查案件作了规定，但就关于撤销之诉与确认合同无效之诉的诉

讼角度选择问题，当事人还应在起诉前作出准确判断，并选择正确的诉讼主张及法律依据，避免因错过诉讼期限或错误选择诉讼角度而遭受败诉损失。

三、原审时已经存在但未提交的证据，再审时能否提交

本案中，双方就被告在再审中提交的证据能否作为认定案件事实依据的问题发生争议。

（一）原告与被告的不同主张

被告金某庆、金某健在再审期间提交了四组证据，证据名称及证明内容见表2。

表2　本案证据名称与证据内容

证据名称	证明内容
某卫生服务中心资质	以证明合伙项目使用资质不仅包括机器厂职工医院资质，还包括某卫生服务中心资质，截至目前，某卫生服务中心资质仍正常使用，即使机器厂职工医院资质到期不影响合同的履行
爱心护理院实收资本明细分类账、其他应付款明细分类账、爱心护理院关于原被告投资款会计凭证及收据若干、银行交易流水等	1. 截至2017年12月，被告向爱心护理院共计投入274.93万元，其中向装修公司支付142.4万元。 2. 原告将140万元投资款打入被告账户，30万元投资款直接向装修公司支付用于偿还合伙项目装修款。 3. 被告收到投资款后分别于当日或次日将98.5万元投资款打入装修公司账户，用于偿还爱心护理院装修款，将35万元支付给机器厂用于支付爱心护理院管理费用，将31.5万元支付给案外人用于偿还爱心护理院借款，将13万元支付给医疗设备公司用于医疗设备供氧系统费用。 4. 被告并未将投资款据为己有，该投资款虽系被告支付，但均用于合伙项目启动及运营，合伙项目会计凭证亦记载该款项为原告的投资款
32份报销凭证、原告审批签字的劳务费发放表及工资表各一份	以证明原告按照合伙纪要及董事会决议约定参与了合伙项目爱心护理院的实际经营。也间接反映二审法院认定的原告未参与经营的事实错误

续表

证据名称	证明内容
《解除联营协议书》、机器厂职工医院设备物品移交表、被告银行对公账户交易明细、关于合伙项目解散后的其他费用支出情况表、费用报销凭证、拖欠工资支付凭证及工资表、3份通话录音	1. 被告于2019年1月4日收到联营协议中甲方后勤服务公司补偿款170万元，2019年1月7日、1月14日分别向装修公司支付50万元、10万元装修款，2020年6月29日支付装修款442011元，人民法院强制执行装修公司诉爱心护理院装饰装修合同一案扣划57988.8元，共计偿还装修款1099999.2元。 2. 用于合伙项目爱心护理院费用支出52187元。 3. 用于补发拖欠员工工资503882元。 4. 结算补偿款全部用于弥补合伙项目爱心护理院的亏损。 5. 原告全程参与了合伙项目的解散事宜，对合伙项目的解散及结算完全知晓，足以说明二审判决认定事实错误。

原告张某1、张某2主张，被告在再审期间提交的证据均不属于非客观原因无法提交的情形，不属于新证据，不应采纳。其中对前述四组证据的质证意见如下：

1. 对第一组证据的真实性无异议，但对证明目的有异议，其从未见过该资质，而且该资质属非营利性医疗机构，无法成为双方设立医养院的部分，也证明了被告隐瞒合作的重要资质条件及性质，涉案联营协议及补充协议无效。

2. 对第二组证据的真实性及证明目的均有异议，上述证据系被告单方制作，无法确认其真实性，且与合伙事务无关联性，被告在实际投资与支出方面存在明显欺诈。

3. 对第三组证据，因与合伙事务无关联性，不能证明原告实际履行了合伙事务。

4. 对第四组证据的真实性无法核实，因为原告从未参与也不了解，但对被告收到200万元补偿款、实际收到170万元的事实认可；被告支付装修款及拖欠工资等与履行合伙事务无关。

(二) 法院观点

被告在再审期间提交的证据系在原审中已经存在而被告并未提交，但确在原审中未曾出现，且与本案待证事实有关，故法院将结合在案其他证据综合予以考量。

1. 关于原告是否参与合伙事务相关事实的认定，法院虽未明确支持被告再审时提交的合伙事务相关财务资料的证据及证明目的，但法院以原告就未参与合伙事务举证不足为由驳回了原告的诉讼主张

法院观点：原告主张因被告隐瞒与机械厂合作情况、医疗资质等重要信息，导致其作出错误意思表示以及涉案谈话纪要及董事会纪要属无效合同，但其提供的证据不足以证明原告对合伙事项不知晓、完全未参与合伙事务以及投资款项未用于合伙事务等事实。

2. 关于原告要求被告返还投资款的诉讼主张，因被告再审时提交的证据中有关合伙事务财务资料证明合伙事务并未进行清算，故法院以原告未要求清算为由驳回原告要求被告返还投资款的诉讼请求

法院观点：再审庭审中，被告提交爱心医养院实收资本明细分类账册及相关凭证等证据，原告以涉案两份纪要无效、无须鉴定为由不要求清算，故其关于返还投资款的主张无事实和法律依据，应予以驳回。

（三）律师分析及建议

1. 关于再审时能否提交原审时既已存在而未提交的证据问题，实务中若证据与待证事实有关，法院一般会受再审时提交证据的影响

例如本文案例中，再审法院就被告在再审阶段提交的证据，虽然在案件事实认定及举证质证阶段，法院并未给出明确的认可态度，仅表述为"法院将结合在案其他证据综合予以考量"。

然而，在法院判决论理部分，再审法院还是受到了被告提交证据的影响，认为：再审庭审中，被告提交爱心医养院实收资本明细分类账册及相关凭证等证据，原告以涉案两份纪要无效、无须鉴定为由不要求清算，故其关于返还投资款的主张无事实和法律依据，应予以驳回。

因此，对于再审时能提交的证据尽量提交。对于再审时提交的证据，法院一般会结合该证据是否在原审中出现过以及是否与案件待证事实有关等因素，并结合在案其他证据，在作出案件裁判时综合予以考量。

2. 关于证据提交的期限问题，有明确的法律法规对举证期限进行规定，但就逾期提交的证据，法院若认为与案件待证事实有关联，则一般也会对逾期提交的证据予以采纳，即在实际上弱化了举证期限的限制

关于举证期限的规定，根据《民事诉讼法》第 68 条第 2 款的规定，人民法院根据当事人的主张和案件审理情况，确定当事人应当提供的证据及其期限。当事人在该期限内提供证据确有困难的，可以向人民法院申请延长期限，人民法院根据当事人的申请适当延长。当事人逾期提供证据的，人民法院应当责令其说明理由；拒不说明理由或者理由不成立的，人民法院根据不同情形可以不予采纳该证据，或者采纳该证据但予以训诫、罚款。根据《民事证据规定》第 51 条第 3 款的规定，举证期限届满后，当事人提供反驳证据或者对已经提供的证据来源、形式等方面的瑕疵进行补正的，人民法院可以酌情再次确定举证期限，该期限不受前款规定的期间限制。

根据《民事诉讼法司法解释》第 101 条第 1 款的规定，当事人逾期提供证据的，人民法院应当责令其说明理由，必要时可以要求其提供相应的证据。根据该司法解释第 102 条第 1 款、第 2 款的规定，当事人因故意或者重大过失逾期提供的证据，人民法院不予采纳。但该证据与案件基本事实有关的，人民法院应当采纳，并依照《民事诉讼法》第 68 条、第 118 条第 1 款的规定予以训诫、罚款。当事人非因故意或者重大过失逾期提供的证据，人民法院应当采纳，并对当事人予以训诫。

3. 关于证据提交问题，律师建议：应充足准备并尽早提交

如前所述，对于如本文案例中当事人在再审期间提交证据以及其他逾期提交证据等情形，虽然人民法院就与案件基本待证事实有关联的证据会予以采纳，但毕竟就逾期提交证据有明确的禁止及惩戒规定，故暂不讨论实务中法官对于逾期举证的容忍程度问题，仅就有利案件结果角度考虑，在当事人能按期提交证据的情况下，应尽量提前对案件做充足准备、提前梳理所有在案证据材料。

案例十九 合伙人向本合伙企业"出借"1.4亿元用于认购股票，系列协议被判全部无效

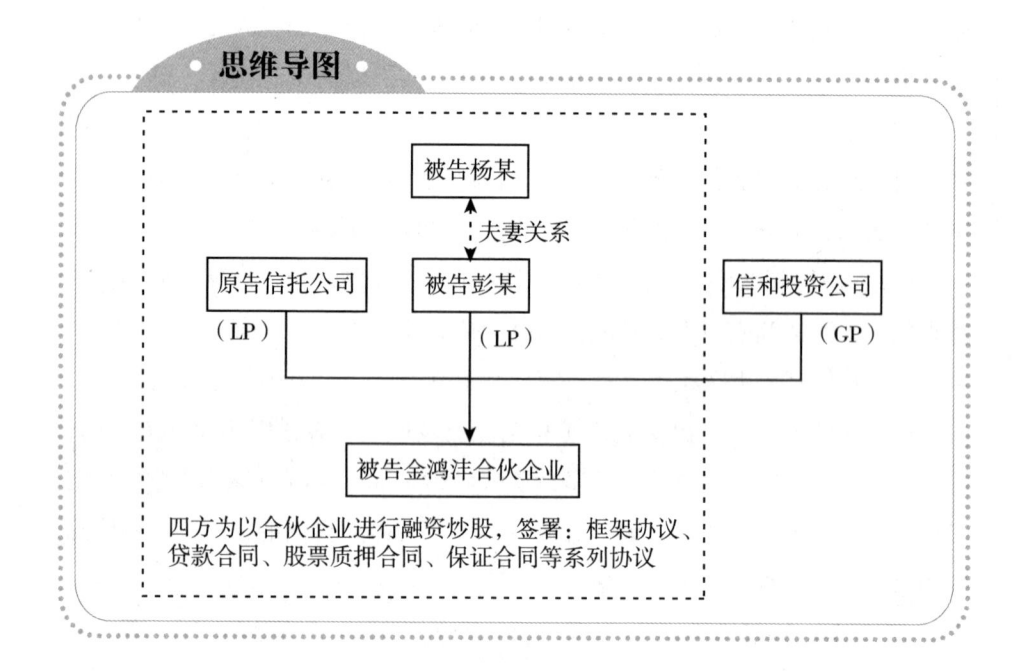

思维导图

```
                    被告杨某
                      ⋮
                    夫妻关系
                      ⋮
原告信托公司        被告彭某         信和投资公司
   （LP）           （LP）             （GP）
      │              │                  │
      └──────────────┼──────────────────┘
                     │
              被告金鸿沣合伙企业

四方为以合伙企业进行融资炒股，签署：框架协议、
贷款合同、股票质押合同、保证合同等系列协议
```

案例来源

（2022）京民申6839号、（2021）京民终403号、（2019）京04民初803号、（2020）京民辖终54号

案情简介

本案是信托公司作为合伙企业的合伙人，与合伙企业以借款为名签订一系列协议，将信托资金用于炒股牟利，从而引发一系列纠纷。

案例十九
合伙人向本合伙企业"出借"1.4亿元用于认购股票，系列协议被判全部无效

原告信托公司持有金融机构许可证。2016年2月，原告信托公司与被告金鸿沣合伙企业、被告杨某、被告彭某（杨某之妻）签订《框架协议》《贷款合同》《股票质押合同》《保证合同》等一系列协议，约定由原告信托公司向被告金鸿沣合伙企业提供1.4亿元融资，用于认购目标股票，信托公司收取利息668万元，并可收取股票分红、回购款等其他收益。杨某、彭某为上述《贷款合同》项下全部债务提供连带责任保证。协议中特别约定，贷款的放款先决条件之一是金鸿沣合伙企业已增加信托公司或其指定第三方为普通合伙人及执行事务合伙人，且在合伙协议中明确信托公司或其指定第三方对于合伙事务管理以及合伙财产及收益分配的一票否决权，同时金鸿沣合伙企业须将所有印章、印鉴、证照及银行账户转交由信托公司或其指定第三方监管。

上述协议签订当月，原告信托公司与被告彭某、案外人信和投资公司重新签订被告金鸿沣合伙企业《合伙协议》，约定信和投资公司为普通合伙人、执行事务合伙人，信托公司、彭某为有限合伙人，并办理了工商变更登记。

2019年，原告信托公司以金鸿沣合伙企业、杨某、彭某为共同被告提起诉讼，请求：（1）判令金鸿沣合伙企业偿还剩余贷款本金54495957.19元及其利息；（2）判令金鸿沣合伙企业按照《贷款合同》约定向信托公司支付违约金；（3）判令金鸿沣合伙企业按照《股票质押合同》约定向信托公司支付相当于主债权金额0.3%的违约金（482801.64元）；（4）判令金鸿沣合伙企业向信托公司赔偿律师费损失25万元；（5）判令杨某、彭某对前述第1项至第4项债务向信托公司承担连带保证责任；（6）判令杨某、彭某按照《保证合同》之约定向信托公司支付相当于主债权金额10%的违约金（16093388.24元）。

一、名为有限合伙人但却实际控制合伙企业，合伙人身份如何认定

本案原告信托公司为被告金鸿沣合伙企业登记的有限合伙人，但庭审中双方对信托公司的合伙人身份产生争议，被告杨某、彭某主张信托公司实际

上为金鸿沣合伙企业的普通合伙人，一审法院经审查认为信托公司完全掌控了金鸿沣合伙企业，应认定为金鸿沣合伙企业事实上的普通合伙人、对金鸿沣合伙企业的全部债务承担无限连带责任，且其与金鸿沣合伙企业的交易也属于违法交易，甚至涉嫌虚假诉讼。原告信托公司不服，提出上诉，双方就此产生争议。

（一）原告与被告的不同主张

原告信托公司上诉主张，一审判决认定信托公司为金鸿沣合伙企业的普通合伙人，存在事实认定错误。信托公司对金鸿沣合伙企业采取的一系列风险控制措施，均由各方在案涉交易发生之前由相关各方协商一致并以协议进行约定，金鸿沣合伙企业完全具有其独立的意思表示，信托公司完全按照协议约定实施风险管控行为并与金鸿沣合伙企业开展后续交易行为，也就是完全遵循了金鸿沣合伙企业自己的意愿，而非按照信托公司的意志。一审判决将风控措施与实际控制混为一谈，错误地认定信托公司为事实上的普通合伙人，没有考虑交易背景，忽视了当事人的真实意思表示。金鸿沣合伙企业并非由信托公司实际控制，信托公司持有金鸿沣合伙企业的有限合伙人份额系让与担保，最终金鸿沣合伙企业的98%权益属于被告杨某、彭某，最终受益人是被告杨某、彭某。

被告彭某主张，本案交易是由信托公司主导、谋划，达到利用金鸿沣合伙企业炒股牟利的目的，信托公司是合伙企业的实际控制人和最终受益人。信托公司实际控制金鸿沣合伙企业并垄断金鸿沣合伙企业对外作出意思表示的全部渠道，在《合伙协议》中关于信托公司作为有限合伙人虽然有书面约定，但信托公司的真实意思，还包括成为金鸿沣合伙企业的普通合伙人，信托公司原本设计增加或变更其他机构取得普通合伙人身份，后来发现控制金鸿沣合伙企业的证章照、委派自己的员工担任执行事务合伙人的代表，并通过对合伙事务享有一票否决权就足以实现对金鸿沣合伙企业的实际控制，且由于金鸿沣合伙企业是定增发行对象，管理人进行变更存在相当难度，就不再费心操作，而是保持现状。

（二）法院观点

1. 根据双方的框架协议约定内容，可以发现信托公司追求对金鸿沣合伙企业进行有效控制

根据《框架协议》的约定，过桥贷款的放款先决条件之一是金鸿沣合伙企业已增加信托公司或信托公司指定第三方为普通合伙人及执行事务合伙人，且在合伙协议中明确信托公司或其指定第三方对于合伙事务管理以及合伙财产及收益分配有一票否决权，同时金鸿沣合伙企业已将所有印章、印鉴、证照及银行账户转交由信托公司或其指定第三方监管。

2. 事实上，信托公司实质上行使了作为普通合伙人对金鸿沣合伙企业的管理权

从事实上，信托公司承认金鸿沣合伙企业执行事务合伙人委派代表确系信托公司指定的主体，即信托公司的员工吴某，且金鸿沣合伙企业所有印章、印鉴、证照自2016年3月16日至今都由信托公司保管。在此期间，在信托公司与金鸿沣合伙企业之间的资金流转、质押股票的处置变现等行为，均在信托公司控制下完成。此外，金鸿沣合伙企业工商档案显示，2016年3月9日，金鸿沣合伙企业的合伙人变更为信和投资公司（无限责任）、彭某（有限责任）、信托公司（有限责任），认缴出资额分别为100万元、1400万元、3500万元，占比分别为2%、28%、70%。根据上述事实可以认定，信托公司认可并实质上行使了作为普通合伙人对金鸿沣合伙企业的管理权，在信托公司享有金鸿沣合伙企业70%的出资份额的情况下，信托公司与金鸿沣合伙企业之间在管理权、财产权上已经趋于混同，并实质上控制了金鸿沣合伙企业。信托公司系金鸿沣合伙企业事实上的普通合伙人，应当承担普通合伙人的法律责任，对主债务人金鸿沣合伙企业的债务承担无限连带责任。

（三）律师分析及建议

1. 对合伙企业来说，合伙人身份类型并不是判断企业控制权的唯一标准

一般情况下，合伙企业的有限合伙人不参与企业经营和管理，其地位类似于投资人，仅享有一些保护性权利，以隔离企业经营风险。但是，在一些特殊情况下，合伙企业也可能由有限合伙人实际控制。

例如，在本文案例中，原告信托公司虽然被登记为有限合伙人，但是从合伙人权利上看，信托公司在合伙企业中享有对合伙事务管理以及合伙财产及收益分配的一票否决权，且能够掌管企业证鉴印章，合伙企业登记的执行事务合伙人委派代表也是信托公司的员工。因此，法院综合上述因素认定信托公司实际控制合伙企业。由此，我们在判断有限合伙企业的实际控制人时，不能单凭登记的合伙人类型，而应从合伙人类型、合伙协议约定、表决权、证章管理、企业治理结构、投资关系等多个角度进行综合考虑。

2. 实践中，若有限合伙人实际上控制着合伙企业，可能会被法院认为是合伙企业事实上的普通合伙人

普通合伙人与有限合伙人的最大区别在于对合伙企业债务承担不同，普通合伙人对合伙企业债务承担无限连带责任，而有限合伙人仅以其认缴的出资额为限对合伙企业债务承担有限责任。因此，判断合伙企业控制权归属仅是第一步，在控制权归属的基础上变更合伙人身份类型才是关键。

本文案例的典型意义在于：法院在认定有限合伙人实际掌控合伙企业的基础上，进而认定该名义上的有限合伙人系合伙企业事实上的普通合伙人，应当承担普通合伙人的法律责任，对合伙企业的债务承担无限连带责任。

这里需要强调的是，判断合伙企业控制权、进而认定事实上的普通合伙人需要从多角度综合判断，仅掌握合伙企业的某一项权力，并不能被认定为合伙企业的控制人。例如，在（2021）甘民终259号案件中，合伙企业的债权人以有限合伙人管理合伙企业资产为由，主张该有限合伙人实际控制了合伙企业，应认定为事实上的普通合伙人。但该案二审法院认为，仅从单纯管理财产的行为来看，该有限合伙人不能视为普通合伙人。

二、合伙人与合伙企业为共同炒股签订金融借款合同，法律关系如何认定

本案原告信托公司起诉时确定的案由是金融借款纠纷，原告诉讼请求也是要求金鸿沣合伙企业偿还借款本金、支付违约金，要求保证人承担保证责

案例十九
合伙人向本合伙企业"出借"1.4亿元用于认购股票，系列协议被判全部无效

任等，可见原告信托公司是以双方之间的金融借款关系作为法律基础提起诉讼。但在本案审理过程中，一审法院对双方当事人之间的法律关系产生疑问，认为双方之间并非简单的金融借款合同关系，双方签订的一系列合同均属于通谋虚伪意思表示，最终判决案涉合同全部无效并驳回原告信托公司的全部诉讼请求。信托公司不服一审判决，先后提出上诉及再审申请。

（一）原告与被告的不同主张

原告信托公司上诉主张，案涉合同系当事人真实意思表示，且不违背法律法规、社会公共利益，合法有效。《框架协议》在整体上对涉案交易的交易结构、融资安排、各方权利、义务，收益分配等方面做出了约定，该合同系框架性投资协议；其后签署的案涉贷款合同及保证合同等一系列协议，系框架性协议安排内的具体执行内容，属于明确的融资法律关系。无论在合同履行过程中还是在诉讼过程中，各方当事人均坦陈通过新借信托资金偿还旧有过桥资金以达到融资购买股票这一基本融资目的与融资事实，不存在所谓的通谋虚伪意思表示，即本案没有虚假意思表示下隐藏行为的事实存在。一审判决引用原《合同法》第196条关于借款合同是借款人向贷款人借款、到期返还借款并支付利息的合同的规定，以信托公司获取超额收益即判定信托公司与金鸿沣合伙企业之间不是借贷关系，定义为投机活动，存在适用法律错误、事实认定错误、因果关系认定错误的问题。

被告杨某二审主张，一审已经查明，本案中信托公司除收取贷款利息以外，还可以获得与股价涨幅直接挂钩的超额收益，并通过股票收益权转让及回购交易直接锁定400万股啤酒花股票价格翻倍的全部收益，还能以金鸿沣合伙企业合伙人的身份参与投资分红，其谋取的利益显然已经超出借款合同所应具有的"出借本金、收取利息"的范畴。案涉交易实质是信托公司提供认购资金、金鸿沣合伙企业提供认购资格，双方共同合谋进行的股票投机活动。借款关系并非双方真实意思，案涉合同具有意思表示的虚假性。信托公司自认与金鸿沣合伙企业是合作关系而非借款关系。在其提交的微信聊天记录中，信托公司明确称金鸿沣合伙企业为"合作方"。

被告彭某二审主张，案涉交易是信托公司自己选择并主导的投资项目，

·289·

其与金鸿沣合伙企业之间是合作投资股票的关系，也因此信托公司才愿意在不符合通常风控、监管要求且违反一般市场惯例的情况下，提供高达10倍比例的杠杆资金。

（二）法院观点

1. 北京市高级人民法院二审认为，本案融资交易的目的并不是借款，而是信托公司为了获取保底收益以金鸿沣合伙企业的名义出资认购股票，双成立的是合伙关系

本案无论是过桥资金贷款还是此后的信托贷款，其目的均是为由信托公司向金鸿沣合伙企业提供14000万元融资款，用于认购啤酒花股票。

根据信托公司的诉讼请求，其向金鸿沣合伙企业、杨某、彭某主张款项的计算方式是根据金鸿沣合伙企业名下股票扣除与案外人相关的400万股后的比例确定，并非按照《贷款协议》的约定向金鸿沣合伙企业、杨某、彭某全额主张未还贷款及相应担保责任。可见，信托公司的诉讼请求与各方实际享有股票权益是密切相关的。因此，本案融资交易的目的并不是借款，而是信托公司为了获取保底收益以金鸿沣合伙企业的名义出资认购股票，本案中信托公司实质上进行的是购买股票的行为。对此，信托公司是明知且积极履行的，其与金鸿沣合伙企业形成的是合伙关系，共同炒股谋取高额收益。

2. 北京市高级人民法院再审认为，本案原审法院就原告与被告金鸿沣合伙企业之间成立合伙关系并无不当

本案一审、二审判决认定信托公司在《贷款合同》项下的根本目的并非获取固定利息，而是与金鸿沣合伙企业形成合伙关系，共同炒股谋取高额收益并无不当。

（三）律师分析及建议

1. 实践中，关于合同的性质问题，不能仅依照合同名称来确定，还应根据合同约定的权利义务的实质性内容进行综合认定

（1）纠纷发生后，准确认定当事人之间的法律关系是法院审理案件的前提

实践中经常出现当事人依据合同主张的法律关系与法院经审查认定的法

律关系不一致的情况，正如本文案例中，原告依据《贷款协议》等系列相关联协议要求被告偿还借款并支付违约金、承担保证责任，很明显其主张的是双方之间存在借贷关系。但是，法院在审理过程中综合系列协议的具体内容、双方签订协议的背景及协议履行过程，最终认定本案双方之间系实际上是合伙关系，进而判定案涉系列合同全部无效。

（2）在合同名称与约定内容不符时，法院通常会以合同内容认定合同性质

关于合同名称与内容约定不符时如何确定当事人之间的法律关系，法院的判决思路十分明确，即以合同内容为依据认定合同性质，相似案例可以参考最高人民法院审理的（2023）最高法民申 2925 号案件、（2020）最高法民申 1914 号案件、（2021）最高法民申 2017 号案件。鉴于此，笔者提醒读者，若作为投资人签订投资合同的，不应过分迷信合同名称或者合同中的个别字词，而应更加注重合同的实质性内容，尤其是对双方权利义务的约定内容。

2. 实践中，在发生纠纷后，合伙关系与借贷关系有何不同

（1）合伙关系与借贷关系的主要区别在于是否"共担风险"

关于合伙关系与借贷关系的区分问题，司法实践中经常出现合同一方主张借贷关系，而另一方却抗辩双方系合伙经营。从法律规定上来看，《民法典》第 967 条规定："合伙合同是两个以上合伙人为了共同的事业目的，订立的共享利益、共担风险的协议。"第 667 条规定："借款合同是借款人向贷款人借款，到期返还借款并支付利息的合同。"由此来看，合伙关系与借贷关系的主要区别在于是否"共担风险"。

（2）具体而言，合伙关系的本质是合伙人之间"共担风险、共享利益"，而借贷关系的本质在于借款到期后债务人需要无条件偿还本息

合伙关系中，出资人的收益与合伙事务的经营有密切关系，收益并不保底，有亏损风险；而借贷关系中，贷款人的收益（利息）固定，与借款人的经营收益无关。由此，如果合伙协议中约定某一方收益保底，或者明确约定某一方不承担经营风险，则该合伙协议双方之间很可能被认定为借贷关系；反之，如果双方签订的是借贷合同，但在合同中约定的贷款利息或收益与借

款人的某项经营收益直接挂钩，则法院更倾向于认定双方存在合作经营关系。

例如在本文案例中，双方签订的系列协议中明确信托公司向金鸿沣合伙企业"出借"资金用于认购股票，信托公司除享有贷款利息外，还可以获得股票保证金、回购款项、股票分红、股票收益权回购价款等其他收益，而这些收益都直接与该股票权益密切相关。因此，法院最终认定信托公司实质上进行的是购买股票的行为，其在《贷款合同》项下的根本目的并非获取固定利息，而是与金鸿沣合伙企业形成合伙关系，共同炒股谋取高额收益。

三、合伙人与合伙企业进行交易，交易是否有效

本案原告信托公司是被告金鸿沣合伙企业登记的合伙人，信托公司以自己的名义与金鸿沣合伙企业签订系列合伙炒股协议，本质上是合伙人与合伙企业进行交易，关于这一系列交易的效力（案涉系列合同的效力问题），也是本案审理过程中法院归纳的争议焦点之一。一审法院认为该系列交易违反《合伙企业法》关于普通合伙人不得与本合伙企业进行交易的相关规定，属于依法不得进行的违法交易，由此判决案涉协议全部无效，信托公司不服一审判决，提出上诉，双方就此产生争议。

（一）原告与被告的不同主张

原告信托公司上诉主张，即便一审判决认为信托公司为金鸿沣合伙企业事实上的普通合伙人兼执行事务合伙人，信托公司与金鸿沣合伙企业签订的合同均在信托公司成为金鸿沣合伙人之前即已经签订，即合同签署时信托公司并非金鸿沣合伙企业的合伙人，两者完全独立，不能因为后续信托公司成为合伙人即认定之前签署的合同无效。信托公司与金鸿沣合伙企业、杨某、彭某之间的合作关系并不存在虚假意思表示下的隐藏行为、不存在原《合同法》第52条第4项损害社会公共利益的无效情形，更不存在原《合同法》第52条违反法律行政法规效力性、禁止性规定的无效情形。一审判决关于认定案涉合同无效的错误认定必须予以纠正。

被告杨某主张，案涉《框架协议》《贷款合同》《保证合同》等全部业

务合同均是为了实现信贷资金逃避监管违规流入股市的目的，系以合法形式掩盖非法目的、损害社会公共利益、通过虚假意思表示订立的无效合同。一审查明事实及适用法律正确。国家明令禁止信贷资金违规入市，本案中，《贷款合同》项下信贷资金表面上以补充运营资金的名义进入金鸿沣合伙企业，实际上却用于支付股票认购款，并未真正投入实体经济，根据原《合同法》第 52 条第 4 项的规定，应认定案涉合同全部无效。

（二）法院观点

法院认为，为防范道德风险，《合伙企业法》第 32 条第 2 款规定，除非合伙协议另有约定或者全体合伙人一致同意，普通合伙人不得同本合伙企业进行交易。同时，按照《合伙企业法》第 39 条的规定，普通合伙人对合伙企业到期不能清偿的债务承担无限连带责任。

本案中，一审法院已经认定信托公司系金鸿沣合伙企业事实上的普通合伙人，依法应当承担普通合伙人的法律责任，其与金鸿沣合伙企业签订的所有协议均属于依法不得进行的违法交易，且信托公司须对金鸿沣合伙企业的债务承担无限连带责任。

（三）律师分析及建议

1. 实践中，如何判断合伙人以个人名义与合伙企业的交易是否有效

（1）关于合伙人以个人名义与合伙企业的交易的效力问题，需要根据合伙人身份类型来区分

《合伙企业法》第 32 条第 2 款规定："除合伙协议另有约定或者经全体合伙人一致同意外，合伙人不得同本合伙企业进行交易。"第 70 条规定："有限合伙人可以同本有限合伙企业进行交易；但是，合伙协议另有约定的除外。"据此，关于合伙人能否与合伙企业交易的问题，需要先审查合伙协议中是否有相关约定，如有约定则要严格依据合伙协议处理；如合伙协议没有约定，则应结合合伙人身份类型不同作如下区分。

其一，对于普通合伙人来说，要想与本合伙企业进行交易需要经全体合伙人一致同意，此处的"一致同意"最好形成书面文件、由全体合伙人签名盖章，以保留好证据。

其二，对于有限合伙人来说，在合伙协议没有相反约定的情况下，是可以和合伙企业交易的。

(2) 合伙人与本合伙企业进行交易时，合伙人可能还会因此承担赔偿责任

根据《合伙企业法》第 99 条的规定，合伙人违反限制交易规定与合伙企业交易，产生的收益归合伙企业所有；造成损失的，由该合伙人承担赔偿责任。因此，合伙人与本合伙企业进行交易时要特别注意严格依照法律规定及合伙协议的约定行事，否则不仅无法得到收益，还可能面临赔偿风险。

2. 本文案例中，法院判决系列合同全部无效并不单是因为普通合伙人与合伙企业交易的限制性规定，该系列合同还涉及其他无效事由

在本文案例中，原告信托公司属于银行金融机构，其《贷款协议》项下贷款来源于某信托计划，并非自有资金，也就是说，本案各方当事人是合谋将信托资金用于炒股牟利，该行为违反了《中国银行业监督管理委员会[①]关于进一步防范银行业金融机构与证券公司业务往来相关风险的通知》第 3 条"严格禁止任何企业和个人挪用银行信贷资金直接或间接进入股市"的规定，以及其他等强制性监管规定，也违反了社会公共利益，法院综合以上因素最终判决案涉系列合同全部无效。

四、何种情况下可不经执行程序，直接以公证债权文书向法院提起诉讼

本案被告杨某、彭某在一审提交答辩状期间曾对管辖权提出异议，认为涉案合同已办理强制执行效力公证，信托公司起诉无法律依据，人民法院不应受理本案诉讼。该管辖异议经北京市第四中级人民法院、北京市高级人民法院两级法院审理，最终被裁定驳回。

（一）原告与被告的不同主张

被告杨某、彭某主张，2016 年 6 月 2 日，北京市方圆公证处对涉案《贷

---

① 该机关现已撤销。

款合同》及《贷款合同之补充协议》、《股票质押合同》和《保证合同》分别办理了强制执行效力公证，并相应作出了《公证书》。但本案中，信托公司未提交上述《公证书》，而将《公证书》中的合同文本部分单独作为证据材料，刻意隐瞒办理强制执行公证的事实，而直接向法院提起本案诉讼。因此信托公司本案起诉无法律依据，应当裁定不予受理信托公司的起诉。

原告信托公司主张，在杨某、彭某提出上述异议后，信托公司向北京市方圆公证处申请出具执行证书，北京市方圆公证处经审查作出不予出具执行证书决定书，决定对案涉公证书不予出具执行证书，原告只能向法院提起诉讼解决其与被告之间的纠纷。

（二）法院观点

北京市高级人民法院二审认为，本案中，信托公司基于其与金鸿沣合伙企业、杨某、彭某签订的《贷款合同》、《股票质押合同》以及《保证合同》向法院提起诉讼。虽然涉案《贷款合同》、《股票质押合同》以及《保证合同》中均约定强制执行公证条款，且当事人已经依据合同办理了相应的强制执行公证，但信托公司于本案立案后向北京市方圆公证处申请出具执行证书时，北京市方圆公证处决定不予出具相应执行证书，故杨某、彭某关于本案应驳回信托公司起诉的诉讼主张已无相应法律依据，法院对其该项请求不予支持。

（三）律师分析及建议

1. 具有强制执行效力的公证债权文书的债权人可以不经诉讼或仲裁直接申请强制执行，未经执行程序直接向法院提起诉讼的，法院不予受理，但公证机构不予出具执行证书的除外

根据《涉公证活动民事案件规定》第3条第2款的规定："当事人、公证事项的利害关系人对具有强制执行效力的公证债权文书的民事权利义务有争议直接向人民法院提起民事诉讼的，人民法院依法不予受理。但是，公证债权文书被人民法院裁定不予执行的除外。"具有强制执行效力的公证债权文书的一方当事人不履行的，另一方有权直接申请强制执行，但不得绕过执行程序直接向法院提起诉讼。

不完美的合伙
——合伙纠纷27例全景解析

在本文案例中，双方当事人在案涉合同中约定了强制执行公证条款，也办理了相应的强制执行公证，依照上述法律规定，双方因案涉合同产生争议，信托公司作为债权人可以直接向法院申请强制执行，通过强制执行公证程序解决。但信托公司隐瞒公证事宜直接向法院起诉立案，法院受理后，因被告提出管辖异议发现上述事实，本应裁定驳回起诉。但是，在被告提出管辖异议后，经信托公司申请，公证处决定不予出具执行证书，依据《公证债权文书执行规定》第8条关于"公证机构决定不予出具执行证书的，当事人可以就公证债权文书涉及的民事权利义务争议直接向人民法院提起诉讼"的规定，立案期间的程序性缺陷在管辖权异议审查期间得到了弥补。因此，法院从节约诉讼资源、减少诉累的角度考虑，并未采纳杨某、彭某的主张。

综上所述，当事人若因具有强制执行效力的公证债权文书产生纠纷，直接向法院起诉立案，法院将不予受理。正确的做法是先向公证处申请执行证书，公证处在核查合同履行情况等相关内容后签发执行证书，当事人可依据执行证书直接向法院申请强制执行。如果公证机关不予出具执行证书，或者法院认为公证书有错误不予强制执行的，当事人才能够向法院起诉立案。

2. 实践中，若出现原告虚高诉讼标的以抬高管辖法院级别的，一般会出现什么结果

（1）人民法院对于案件管辖不仅存在地域管辖规定，还有级别管辖规定，若原被告一方对管辖法院有异议的，有权提请管辖权异议。

《最高人民法院关于审理民事级别管辖异议案件若干问题的规定》第1条规定："被告在提交答辩状期间提出管辖权异议，认为受诉人民法院违反级别管辖规定，案件应当由上级人民法院或者下级人民法院管辖的，受诉人民法院应当审查，并在受理异议之日起十五日内作出裁定：（一）异议不成立的，裁定驳回；（二）异议成立的，裁定移送有管辖权的人民法院。"

（2）关于级别管辖争议，被告一方提出管辖权异议的，法院应初步审查诉讼标的额是否具有证据支持、是否缴纳诉讼费等相关因素，据此判断异议理由是否成立。

实践中，关于是否构成"虚高诉讼标的"，一般以诉讼请求金额是否具有初步证据支持为判断标准，如果经初步审查，原告证据明显不足或明显不

| 案例十九 |
合伙人向本合伙企业"出借"1.4亿元用于认购股票，系列协议被判全部无效

能支撑高标的诉讼请求，则法院会认定原告存在主观上虚高金额、抬高级别管辖的意图。例如，最高人民法院在（2017）最高法民辖终120号案件中认为："原告提供的证据明显不符合常理，证据之间存在明显矛盾，其诉请的5亿元诉讼标的额缺乏证据支撑。其主观上虚构诉讼标的额、抬高案件级别管辖的意图明显。一审法院认定本案诉讼标的额不足5亿元，未达到该院管辖标准，并综合考虑本案的社会影响，依法将本案移送至案涉工程所在地的中级人民法院管辖，并无不妥。"

除了初步证据支持外，诉讼费的缴纳也是法院判断原告是否虚高标的起诉的因素之一，因为诉讼费用原则上由败诉方承担，我国的诉讼费制度本身就有防止当事人恶意提高诉讼标的额的作用。因此，如果原告依照起诉金额足额交纳了诉讼费，一般认为其恶意起诉的风险也相应降低。

（3）在本文案例中，被告杨某、彭某主张信托公司故意虚高诉讼标的额、抬高案件级别管辖，提出管辖权异议，法院经审理未支持被告的管辖权异议。

被告杨某、彭某主张信托公司虚高诉讼标的以抬高级别管辖，对此北京市高级人民法院二审认为："信托公司在起诉时就本案诉讼标的提出明确诉讼请求，并提供了初步证据，且依照规定交纳了相应的诉讼费用，故本院在管辖权异议审理阶段，依据当事人所提明确诉讼请求确定本案级别管辖法院。本案当事人之间债务具体数额属于实体争议，应在案件实体审理阶段进行审查。"据此，本文案例中的一审、二审法院，在考虑原告诉求具有初步证据且按照诉讼请求金额交纳了诉讼费这两个因素后，均未支持被告的管辖权异议。

· 297 ·

案例二十　合伙企业将12亿元合伙财产交由有限合伙人管理，是LP还是GP其身份引争议

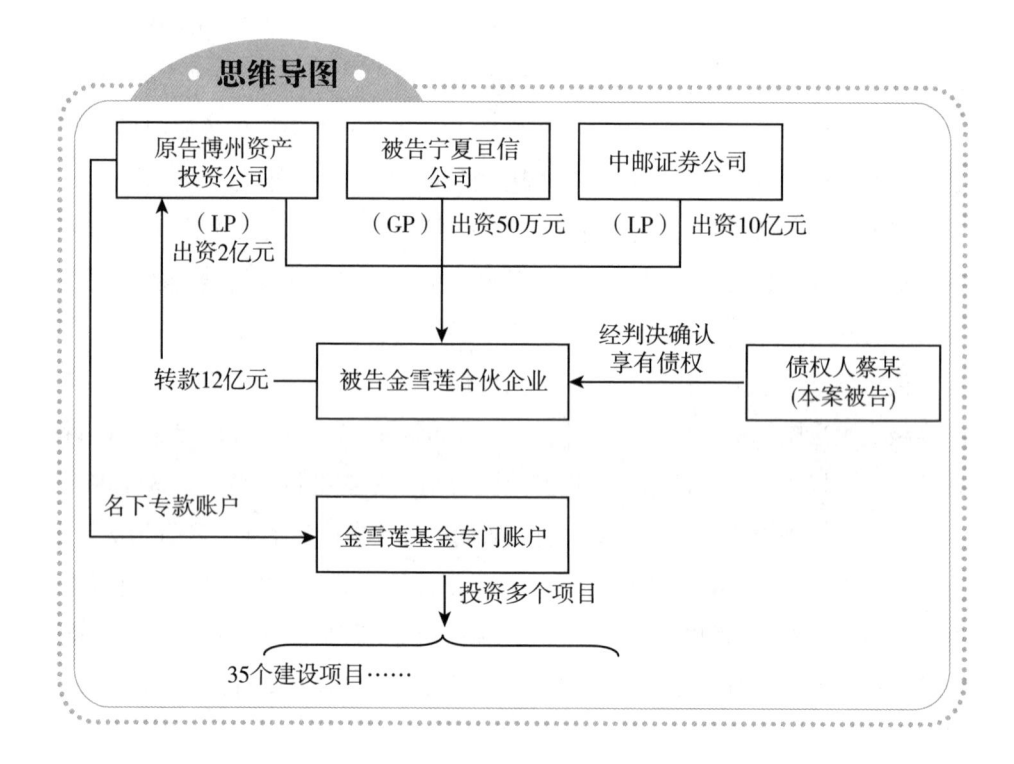

思维导图

```
原告博州资产投资公司　　被告宁夏亘信公司　　中邮证券公司
（LP）出资2亿元　　（GP）出资50万元　　（LP）出资10亿元
            ↓
      被告金雪莲合伙企业 ←─ 经判决确认享有债权 ── 债权人蔡某（本案被告）
            ↓
转款12亿元
            ↓
名下专款账户 → 金雪莲基金专门账户
                    ↓ 投资多个项目
              35个建设项目……
```

案例来源

（2021）最高法民申7544号、（2021）甘民终259号

案情简介

本案是一起因合伙企业不能偿还债务，导致有限合伙人被追加为被执行人而引发的执行异议之诉纠纷。被告金雪莲合伙企业是由宁夏亘信公司（普

· 298 ·

通合伙人，出资50万元）、中邮证券有限责任公司（有限合伙人，出资10亿元）和原告博州资产投资公司（有限合伙人，出资2亿元）三方成立的有限合伙企业，宁夏亘信公司为执行事务合伙人。2017年3月27日，三合伙人先后足额缴纳出资。同日，被告金雪莲合伙企业作出《合伙人会议决议》，决议内容为："为便于实现合伙企业向重大项目工程建设进行投资，以达到资本保值和增值的目的，现全体合伙人会议决议，同意将全体有限合伙人出资12亿元委托博州资产投资公司管理并直接向项目方划款支付……"决议作出当日，金雪莲合伙企业将其银行账户的12亿元转入博州资产投资公司在银行设立的"金雪莲基金专门账户"。

原告博州资产投资公司收到上述款项后，共投资了35个重大项目，投资款直接由博州资产投资公司名下的"金雪莲基金专门账户"向项目建设方支付，12亿元合伙企业资金已全部用于投资。

2019年，金雪莲合伙企业因另案纠纷（621号案件）成为被执行人，案件执行期间，申请执行人蔡某以抽逃出资为由申请追加博州资产投资公司为被执行人，法院裁定追加博州资产投资公司为被执行人，在其抽逃资金12亿元范围内承担责任。

博州资产投资公司遂以蔡某、金雪莲合伙企业为共同被告向法院提起本案诉讼，请求法院判决不得追加博州资产投资公司作为621号案件的被执行人。

一、有限合伙人能否管理合伙企业财产

本案各方对金雪莲合伙企业于2017年3月27日作出的《合伙人会议决议》的效力存在较大争议。一审法院认为该决议决定由有限合伙人管理合伙企业财产违反《合伙企业法》的规定而无效，进而认定原告博州资产投资公司构成抽逃出资，判决驳回原告的诉讼请求。原告博州资产投资公司不服一审判决，提出上诉。双方就原告博州资产公司是否构成抽逃出资产生争议。

（一）原告与被告的不同主张

原告博州资产投资公司上诉主张，合伙人会议决议体现全体合伙人的意

思自治，决议内容并没有违反法律、行政法规的效力性的强制性规定，为有效的合伙人会议决议。根据《合伙人会议决议》，博州资产投资公司接受合伙企业的委托管理合伙企业资金，普通合伙人宁夏亘信公司在合伙人会议决议盖章的行为，也视为普通合伙人宁夏亘信公司同意放弃合伙企业资金管理权。因此，原告博州资产投资公司接受委托管理合伙企业资产的行为有效。

被告蔡某主张，《合伙人会议决议》内容违反了《合伙企业法》第68条"有限合伙人不执行合伙事务，不得对外代表有限合伙企业"的规定。该决议也没有到工商登记部门备案，真实性无法认定。《合伙人会议决议》从法律上来说属无效协议，不能对抗第三人；从实际情况来看，其真实性无任何其他证据相印证，不能作为原告博州资产投资公司合法管理12亿元合伙企业资产的依据。

（二）法院观点

二审法院认为，关于博州资产投资公司作为有限合伙人管理合伙财产的效力问题，《合伙人会议决议》内容虽然不符合《合伙企业法》第68条第1款"有限合伙人不执行合伙事务，不得对外代表有限合伙企业"的规定，但并不属于违反原《合同法》第52条第5项规定导致其行为无效的行为，理由如下：

1. 《合伙企业法》上述规定的实质是基于合伙人承担责任的性质不同，为保护普通合伙人的权益，对不同合伙人赋予了不同的权利，该规定并非"效力性的强制性规定"。

2. 从该规定的表述看，采用了"不执行合伙事务"的表述方式，而非"应当""必须""不得""禁止"等强制性规定的通常表述方式。同时，《合伙企业法》主要针对商事合伙主体，更加尊重合伙人之间的意思自治，加之合伙企业本身具备"人和性"特点，故各合伙人以共同决议的行为赋予有限合伙人执行合伙事务符合各合伙人的真实意思表示。

3. 从《合伙企业法》其他法律规定来看，有限合伙人执行合伙事务并不必然导致无效的法律后果。如第76条规定："第三人有理由相信有限合伙人为普通合伙人并与其交易的，该有限合伙人对该笔交易承担与普通合伙人同样的责任。有限合伙人未经授权以有限合伙企业名义与他人进行交易，给有限合伙企业或者其他合伙人造成损失的，该有限合伙人应当承担赔偿责任。"该条规定仅对有限合伙人被第三人误以为普通合伙人身份或以合伙企业的名义与他人发生交易时，其应承担的相关责任有所规定，并未直接否定交易行为的效力。

综上所述，金雪莲合伙企业的合伙人一致同意由有限合伙人博州资产投资公司管理合伙财产的行为有效。

（三）律师分析及建议

1.《合伙企业法》第68条关于有限合伙人不执行合伙事务的规定并非效力性的强制性规定，合伙人经协商一致可以决定将合伙财产交由有限合伙人管理

根据有关合伙企业的法律规定，对于合伙企业存续期间发生的债务，普通合伙人须承担无限连带责任，而有限合伙人仅以其认缴的出资额为限承担责任，因此，从有利于合伙企业发展、避免合伙企业遭受损失的角度来看，普通合伙人比有限合伙人更适宜执行合伙事务，这也是《合伙企业法》第68条第1款规定"有限合伙人不执行合伙事务，不得对外代表有限合伙企业"的初衷。

但该规定对于有限合伙人执行合伙事务并没有强制性禁止的表述，也即该规定并不是强制性规定。因此，在本文案例中，金雪莲合伙企业的全体合伙人通过合伙协议约定由有限合伙人管理合伙企业财产的行为也不属于《民法典》第153条第1款规定的无效民事法律行为。

2. 对于合伙企业来说，对外代表合伙企业、执行合伙事务并不一定等同于掌握了企业控制权，能够控制合伙人决议才能真正控制合伙企业

例如在本文案例中，虽然《合伙企业法》第68条规定有限合伙人不执行合伙事务，但"不执行合伙事务"并不等于不能控制合伙企业。实质上，对于合伙企业来说，合伙人决议才是各种权力的来源，是执行合伙事务、处理内部争议的法律依据，如《合伙企业法》第29条规定，合伙人分别执行合伙事务，如果发生争议，须依照合伙人决议作出决定。

因此，合伙人决议类似于公司的股东决议，在法律层面享有最高的内部

效力,能够控制合伙人决议的作出等同于控制了合伙企业,即便是有限合伙人也有一定机会可能掌握合伙企业的控制权。基于此,投资人在与合伙企业进行经济交往活动时,不能仅凭合伙人类型判断其在合伙企业中的地位,想当然地认为普通合伙人一定能掌握合伙企业的控制权。

二、合伙人会议决议由有限合伙人管理合伙财产,是否意味着该有限合伙人转为普通合伙人

本案二审法院认为,原告博州资产投资公司作为有限合伙人,已经按期、足额交纳了出资,不应被追加为被执行人。被告蔡某不服,认为博州资产投资公司已经由有限合伙人转为普通合伙人,应对合伙企业的全部债务承担连带责任,因此向最高人民法院申请再审。双方就此产生争议。

(一)原告与被告的不同主张

被告蔡某申请再审主张,金雪莲合伙企业全体合伙人已经一致同意将执行事务合伙人变更为原告博州资产投资公司,根据权利义务相一致的原则,博州资产投资公司的身份也应变更为普通合伙人,故依据《合伙企业法》的规定,原告博州资产投资公司应对金雪莲合伙企业的全部债务承担连带责任。二审判决认定不得追加其为被执行人,系适用法律错误。

原告博州资产投资公司主张,博州资产投资公司不属于普通合伙人,已经完成2亿元的投资,被告蔡某申请追加原告博州资产投资公司为被执行人不符合《最高人民法院关于民事执行中变更、追加当事人若干问题的规定》第14条的规定。

(二)法院观点

最高人民法院再审认为,本案中,博州资产投资公司已经根据《合伙协议》的约定完成出资义务,博州资产投资公司虽为金雪莲合伙企业的有限合伙人,但其对金雪莲合伙企业12亿元资产的管理行为系按照《合伙人会议决议》的内容实施,其他普通合伙人均同意且知情。根据《合伙人会议决议》的内容,博州资产投资公司虽然被赋予了对合伙企业的财产进行管理的执行

权，但并不意味着博州资产投资公司由有限合伙人变更为普通合伙人，故博州资产投资公司作为缴足出资的有限合伙人不应对金雪莲合伙企业的债务承担连带责任。二审法院判决不得追加博州国有资产投资经营公司为案涉执行案件被执行人并无不当。

（三）律师分析及建议

1. 有限合伙人转为普通合伙人需要全体合伙人一致同意，有限合伙人仅受托行使部分合伙权力，不等同于合伙人身份的转变

《合伙企业法》第82条规定："除合伙协议另有约定外，普通合伙人转变为有限合伙人，或者有限合伙人转变为普通合伙人，应当经全体合伙人一致同意。"据此，有限合伙人转变为普通合伙人需要全体合伙人一致同意，依据合伙协议或决议来变更。因此，对合伙企业内部来说，认定合伙人类型的依据为合伙人决议、合伙协议。但是，合伙协议或决议属于合伙人之间的内部约定，不得对抗第三人，合伙企业以外的第三人须依据企业登记信息来区分合伙人类型。

在本文案例中，被告蔡某仅以金雪莲合伙企业的权力分配为参考标准，主张博州资产投资公司的身份变更为普通合伙人、执行事务合伙人，没有法律依据，因此最高人民法院并未支持其再审请求。由此，合伙人身份类型与其在合伙企业中的权力分配并无直接关系，对于有限合伙人，即便合伙企业赋予其管理合伙企业财产等重要权力，也不等同于改变其有限合伙人的身份性质。

2. 实践中，若有限合伙人对合伙企业的控制达到一定程度，也可能在个案中被认定为"事实上的普通合伙人"，最终承担普通合伙人的法律责任

例如，在北京市高级人民法院审理的（2021）京民终403号案件中，因有限合伙人实际管理合伙企业合伙事务、对合伙企业收益分配具有一票否决权，且管理合伙企业印章、印鉴、证照及银行账户，委托员工作为执行事务合伙人的委派代表，北京市高级人民法院据此认为该有限合伙人实质上行使了作为普通合伙人对合伙企业的管理权，最终认定该有限合伙人是合伙企业事实上的普通合伙人，应当承担普通合伙人的法律责任，对合伙企业的债务

承担无限连带责任。

3. 实践中，合伙人身份发生转化后，会承担什么责任

根据《合伙企业法》第83条、第84条的规定，有限合伙人转化为普通合伙人后，对于其作为有限合伙人期间有限合伙企业发生的债务承担无限连带责任。普通合伙人转变为有限合伙人的，仅对其作为普通合伙人期间合伙企业发生的债务承担无限连带责任。

三、如何认定合伙人是否抽逃出资

本案蔡某以抽逃出资为由申请追加博州资产投资公司为被执行人，因此案件核心焦点问题为博州资产投资公司是否存在抽逃出资的行为。对此，一审法院与二审法院的裁判结果截然相反：一审法院认为原告博州资产投资公司抽逃合伙企业出资12亿元，参照适用追加企业法人抽逃出资的出资人为被执行人的相关规定，应当追加为被执行人；二审法院则认为博州资产投资公司为有限合伙人，已经完成全部出资义务，其依据《合伙人会议决议》管理合伙财产的行为不能构成抽逃出资，最终判决不得追加博州资产投资公司为被执行人。被告蔡某不服二审判决，向最高人民法院申请再审。

（一）原告与被告的不同主张

原告博州资产投资公司二审上诉主张，博州资产投资公司依照合伙企业委托将合伙企业资金投资到合伙人一致同意的项目，一审法院仅凭合伙企业向博州资产投资公司转账12亿元的三张转账支票就径自认定博州资产投资公司"抽逃出资"的事实，属于认定事实错误。博州资产投资公司没有抽逃出资的行为，其基于合伙企业的委托进行投资的行为并没有使企业注册资金减少，也没有使企业资产不当减少，合伙企业仍具有物质基础可承担对外的民事责任。为证明其主张，博州资产投资公司提交证据材料如下：(1)《合伙人会议决议》，证明博州资产投资公司系依据协议内容管理合伙企业财产。(2)博州资产投资公司向金雪莲合伙企业出资2亿元的转账支票。(3) 35个博州重大建设项目所对应的证据，证明博州资产投资公司按照约定将合伙企

业财产用于投资项目，所有投资项目均获得发改委立项审批，并通过专门账户支付，资金使用情况透明。

被告蔡某二审答辩意见及再审主张，博州资产投资公司在各出资人于2017年3月27日向金雪莲合伙企业的账户足额缴纳出资后，当日分三次从该账户中共计转出12亿元，此后博州资产投资公司并没有任何款项转入金雪莲合伙企业账户。博州资产投资公司并未提供任何证据证明该笔款项是以金雪莲合伙企业名义用于项目投资的其以自己的名义对12亿元进行支配，也没有任何投资收益转入金雪莲合伙企业，其行为已经构成抽逃出资。二审判决认定其并无抽逃出资、无须对案涉债务承担连带责任，系认定事实和适用法律错误。

（二）法院观点

1. 甘肃省高级人民法院二审认为博州资产投资公司的行为不构成抽逃出资

本案中，博州资产投资公司作为金雪莲合伙企业的有限合伙人，根据《合伙协议》的约定，将2亿元合伙出资通过乌鲁木齐银行转账至金雪莲合伙企业的账户中，其已完成出资义务。而金雪莲合伙企业将12亿元转入博州资产投资公司账户系按照《合伙人会议决议》的内容，由博州资产投资公司管理合伙财产的行为。博州资产投资公司在取得上述合伙财产的管理权后，对需要投资的项目，根据项目资金使用方的申请，通过合伙资产的专用管理账户予以支付。上述专用账户的对账单的资金支付情况与博州资产投资公司所提交的各项目立项申请、博州雪莲城市发展基金资金（一级）支付申请表、乌鲁木齐银行网银转账凭证等内容一一对应，能够证明博州资产投资公司已按照《合伙人会议决议》对合伙资产予以管理，其行为不构成法律意义上的抽逃出资，一审法院认定博州资产投资公司构成抽逃出资证据不足，法院予以纠正。

2. 最高人民法院再审认为博州资产投资公司是按照《合伙人会议决议》对合伙资产予以管理，其行为不构成抽逃出资

博州资产投资公司已经根据《合伙协议》的约定完成出资义务，博州资

产投资公司虽为金雪莲合伙企业的有限合伙人，但其对金雪莲合伙企业12亿元资产的管理行为系按照《合伙人会议决议》的内容实施，其他普通合伙人均同意且知情。博州资产投资公司进行投资时，须根据项目资金使用方的申请，通过合伙资产的专用管理账户予以支付。上述专用账户对账单的资金支付情况与博州资产投资公司所提交的各项目立项申请、博州雪莲城市发展基金资金（一级）支付申请表、乌鲁木齐银行网银转账凭证等内容一一对应，能够证明博州资产投资公司已按照《合伙人会议决议》对合伙资产予以管理，其行为不构成抽逃出资。

（三）律师分析及建议

1. 实践中，合伙企业的有限合伙人也存在抽逃出资的可能性，故需要注意相应风险

《合伙企业法》仅规定了有限合伙人的补缴出资义务，即第65条，该条规定："有限合伙人应当按照合伙协议的约定按期足额缴纳出资；未按期足额缴纳的，应当承担补缴义务，并对其他合伙人承担违约责任。"而对于普通合伙人，因其本身就要对合伙企业债务承担连带责任，因此法律未再特别规定其补足出资的责任。同理，我们在探讨是否存在抽逃出资的可能性时，也仅针对有限合伙人。

《合伙企业法》没有关于合伙人抽逃出资的具体规定，仅在第21条第1款规定："合伙人在合伙企业清算前，不得请求分割合伙企业的财产；但是，本法另有规定的除外。"对于该条款，全国人大常委会法工委在《合伙企业法释义》一书中解释为："与公司股东投资入股一样，合伙人一旦依照协议向合伙企业缴付了出资，也不得随意予以抽回。这是由合伙企业财产性质决定的……这里的分割财产既包括合伙人撤回原始投入的财产，也包括分割由原始投资财产所获收益转化的或其他方面的增量资产。"由此，虽然没有法律的明确规定，但合伙企业的合伙人也不能随意抽逃出资，否则也可能会承担抽逃出资的责任。

2. 实践中，对于有限合伙人抽逃出资的救济途径有哪些

有限合伙人抽逃出资，其他合伙人可以参照《公司法》的相关规定要求有限合伙人返还,并依据合伙协议要求其承担违约责任。而对于合伙企业以外的第三人(通常是债权人),如果发现有限合伙人存在抽逃出资的情况,也可以参照公司股东抽逃出资的相关规定,要求抽逃出资的合伙人在抽逃出资的范围内对合伙企业的债务承担补充赔偿责任。

四、执行程序中,有限合伙人能否被追加为被执行人

一审法院参照适用《变更、追加规定》第18条的规定,认为金雪莲合伙企业财产不足以清偿生效法律文书确定的债务,申请执行人申请追加抽逃出资的有限合伙人博州资产投资公司为被执行人在其抽逃出资范围内承担责任应予准许。博州资产投资公司不服,提出上诉,双方就此产生争议。

(一)原告与被告的不同主张

原告博州资产投资公司上诉主张,一审法院适用《变更、追加规定》第14条、第18条的法律错误。首先,博州资产投资公司不属于普通合伙人,已完成2亿元的投资,其行为不违反《变更、追加规定》第14条的相关规定。其次,合伙企业是非法人组织,并不是企业法人,一审法院适用《变更、追加规定》第18条属于主体错误。

被告蔡某主张,博州资产投资公司所谓"一审法院越权进行法律解释"的上诉理由不能成立。根据《合伙企业法》的规定,有限合伙人以认缴的出资额为限对合伙企业的债务承担责任,故有限合伙企业的有限合伙人抽逃出资的法律后果与有限责任公司的股东抽逃出资的法律后果相同。一审法院裁定追加博州资产投资公司为被执行人,在其抽逃的12亿元范围内承担责任无任何不当。

(二)法院观点

二审法院认为,《变更、追加规定》第14条第2款规定:"作为被执行人的有限合伙企业,财产不足以清偿生效法律文书确定的债务,申请执行人申请变更、追加未按期足额缴纳出资的有限合伙人为被执行人,在未足额缴纳出资的范围内承担责任的,人民法院应予支持。"因博州资产投资公司已

按期、足额完成出资义务，故本案不应适用该规定。

该司法解释第18条规定："作为被执行人的营利法人，财产不足以清偿生效法律文书确定的债务，申请执行人申请变更、追加抽逃出资的股东、出资人为被执行人，在抽逃出资的范围内承担责任的，人民法院应予支持。"金雪莲合伙企业系被执行人，企业性质为合伙企业，而非法人组织，更非"营利法人"，且博州资产投资公司并未抽逃资金，一审法院参照适用该司法解释规定不当，二审法院予以纠正。

（三）律师分析及建议

1. 执行程序中，作为被执行人的合伙企业不能清偿债务时，可否追加合伙企业的普通合伙人为被执行人

根据《变更、追加规定》第14条的规定，作为被执行人的合伙企业，不能清偿生效法律文书确定的债务，申请执行人可以申请追加普通合伙人为被执行人，普通合伙人对合伙企业的债务承担连带责任。须注意此处的"普通合伙人"既包括合伙企业的现任普通合伙人，也包括已经退伙的案涉债务发生时的普通合伙人。

2. 申请执行人可以申请追加未按期足额缴纳出资的有限合伙人为被执行人，但对于抽逃出资的有限合伙人，因没有明确法律规定，实践中追加存在难度

根据《变更、追加规定》第14条的规定，申请执行人可以申请追加未按期足额缴纳出资的有限合伙人为被执行人，有限合伙人在未足额缴纳出资的范围内承担补充赔偿责任。

但对于抽逃出资的有限合伙人，因法律并没有明确规定可以追加抽逃出资的有限合伙人为被执行人，而执行程序中追加被执行人又要严格依照法律规定，因此，司法实践中想以抽逃出资为由要求追加有限合伙人为被执行人存在较大难度。

例如在本文案例中，蔡某以抽逃出资为由申请追加博州资产投资公司为被执行人，执行法院也作出了追加裁定，但博州资产投资公司向法院提起执行异议之诉，请求法院判决不得追加被执行人，虽然一审法院参照适用《变

| 案例二十 |
合伙企业将 12 亿元合伙财产交由有限合伙人管理，是 LP 还是 GP 其身份引争议

更、追加规定》第 18 条的规定判决驳回原告诉讼请求，但在二审阶段博州资产投资公司明确提出一审判决法律适用错误，二审法院认为《变更、追加规定》第 18 条适用对象为营利法人，而金雪莲合伙企业性质为合伙企业，而非法人组织，更非"营利法人"，最终认定一审法院参照适用该司法解释规定不当，最终撤销原判，改判不得追加博州资产投资公司为被执行人。

案例二十一　一人一票还是资本多数决？合伙人会议表决机制约定不明，导致5.7亿元诉讼请求被裁定驳回

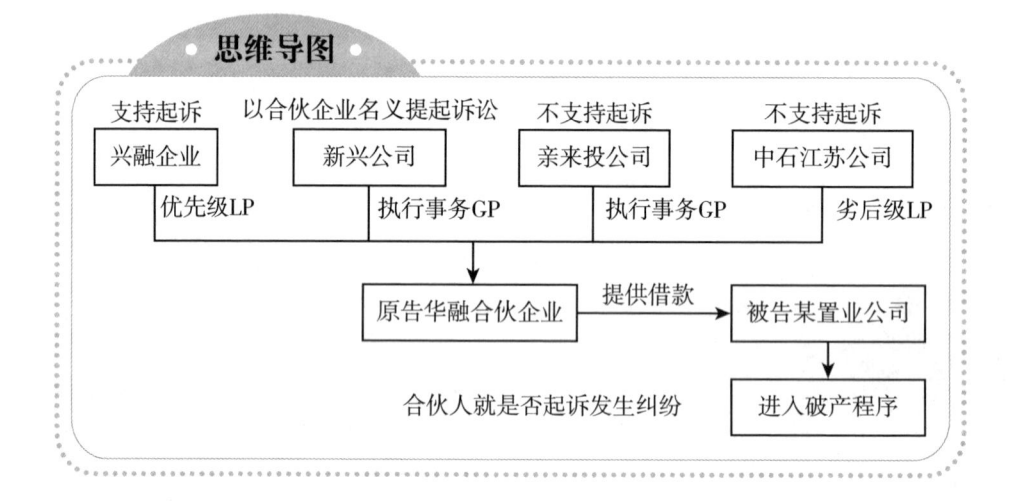

思维导图

```
支持起诉              以合伙企业名义提起诉讼        不支持起诉              不支持起诉
[兴融企业]            [新兴公司]                  [亲来投公司]            [中石江苏公司]
优先级LP              执行事务GP                  执行事务GP              劣后级LP
                              ↓
                     [原告华融合伙企业] ——提供借款——> [被告某置业公司]
                                                              ↓
                     合伙人就是否起诉发生纠纷                 进入破产程序
```

案例来源

（2022）最高法民终145号①

案情简介

华融企业是有限合伙企业，其合伙人为：普通合伙人新兴公司、普通合伙人亲来投公司、优先级有限合伙人兴融企业、劣后级有限合伙人中石江苏

---

① 芜湖华融兴商投资合伙企业（有限合伙）诉黄山市黄山区名人国际艺术家庄园置业有限公司等金融借款合同纠纷案，载《最高人民法院公报》2023年第11期。

· 310 ·

案例二十一

一人一票还是资本多数决？合伙人会议表决机制约定不明，导致5.7亿元诉讼请求被裁定驳回

公司，共同签订了《合伙协议》，约定由新兴公司与亲来投公司共同担任合伙人企业的执行事务合伙人，《合伙协议》第8.3条约定在合伙会议上由全体合伙人按照其各自的实缴出资额比例行使表决权，该协议第8.4条约定的所有事项，必须经全体实缴出资的合伙人同意方可通过合伙人会议。

华融企业因与某置业公司产生借款合同纠纷，新兴公司作为执行事务合伙人以华融企业名义起诉某置业公司，请求判决某置业公司向华融企业支付借款本金57155万元及支付违约金等费用。该案审理期间，亲来投公司就新兴公司代表华融企业提起诉讼事项向一审法院提交了《异议申请》，其他合伙人中石江苏公司亦向一审法院提交了《申请书》，提出华融企业作为本案原告的诉讼主体资格不适格。一审法院责令华融企业召开全体合伙人会议就诉讼事项进行表决决定。

华融企业于2021年10月召开临时合伙人会议，并作出决议：同意并授权执行事务合伙人新兴公司办理诉讼相关事宜。新兴公司、兴融企业投赞成票并在该决议上签字盖章，亲来投公司、中石江苏公司投反对票且均未签字盖章。在华融企业起诉某置业公司诉讼中，华融企业内部合伙人就是否起诉发生纠纷。

一、合伙企业内部决议什么情况下适用一人一票的表决制

在新兴公司以华融企业名义起诉某置业公司的一审期间，该某置业公司被裁定受理破产清算，并指定了破产管理人。就华融企业内部争议，虽然《合伙协议》第6.3条"执行事务合伙人的权限"第18项规定，华融企业的两个执行事务合伙人新兴公司及亲来投公司均有权为合伙企业的利益提起诉讼。但是，在新兴公司以合伙企业名义提起诉讼之后，包括亲来投公司在内的其他合伙人对新兴公司是否有权代表合伙企业提起诉讼提出异议，华融企业召开合伙人会议就是否提起本案诉讼事项作出决议。因此，现该决议的效力问题将直接影响本案是否继续审理或驳回起诉。

（一）原告与被告的不同主张

原告执行事务合伙人新兴公司主张，2021年临时合伙人会议决议应当按

照全体合伙人实缴出资额比例来进行投票表决，不适用一人一票的表决方式。根据少数服从多数的原则，本次合伙人会议决议只须获得实缴出资额占全体合伙人实缴出资额比例过半数的合伙人同意即可通过。鉴于本次合伙人会议决议已获得实缴出资额占比71.43%的合伙人同意，故本次合伙人决议合法有效地通过。

第三人亲来投公司、中石江苏公司则主张，2021年临时合伙人会议决议未通过，新兴公司无权以华融企业名义提起本案诉讼。

（二）法院观点

1. 华融企业内容合伙人之间对是否提起诉讼产生争议，应召开合伙人会议进行决议，该决议应按照《合伙协议》约定的表决办法办理，但若《合伙协议》未约定或者约定不明，则实行合伙人一人一票并经全体合伙人过半数通过的表决办法

亲来投公司作为华融企业的执行事务合伙人之一，就新兴公司代表华融企业提起本案诉讼的事项提出异议，认为华融企业作为本案原告的诉讼主体资格不适格。上述事实说明合伙人之间就合伙事务的执行产生争议。

根据《合伙企业法》第29条第1款的规定，合伙人分别执行合伙事务的，执行事务合伙人可以对其他合伙人执行的事务提出异议。提出异议时，应当暂停该项事务的执行。如果发生争议，依照《合伙企业法》第30条作出决定。合伙人对合伙企业有关事项所作的决议针对的是合伙事务，为充分尊重当事人意思自治，合伙人可以在合伙协议中约定合伙企业有关事项的具体表决办法。根据《合伙企业法》第30条的规定，除法律另有规定外，如果合伙协议对于表决事项及相应的表决办法未约定或者约定不明确，合伙人对合伙企业有关事项作出决议时，实行合伙人一人一票并经全体合伙人过半数通过的表决办法。

2. 《合伙协议》就合伙企业是否就其经营中出现的法律争议事项提起诉讼未约定清楚，且在两个执行事务合伙人对此亦产生争议的情况下，为保护中小投资者的利益以及体现合伙企业的人合性质，不应适用资本多数决方式进行表决

本案《合伙协议》第8.3条约定了合伙人会议的两种表决方式，即"由

| 案例二十一 |

一人一票还是资本多数决？合伙人会议表决机制约定不明，
导致5.7亿元诉讼请求被裁定驳回

全体合伙人按照其各自实缴出资额比例来行使表决权"，以及"第8.4条约定的所有事项必须经全体实缴出资的合伙人同意方可通过合伙人会议"。从《合伙协议》第8.4条的约定来看，其涉及的表决事项具体内容与合伙企业重大利益有关。但是，该条有关须经全体合伙人通过之表决事项的约定并未包括案涉诉讼争议事项。

《合伙协议》第8.3条未约定表决事项的具体内容，本案争议事项是否可以适用《合伙协议》第8.3条约定的表决方式，应当结合《合伙协议》第8.4条约定的内容以及合伙企业的性质进行综合判断。合伙企业是否就其经营中出现的法律争议事项提起诉讼，事关合伙企业较为重大的经营利益，不能简单归为合伙企业经营活动中的日常事务。在合伙企业的两个执行事务合伙人就此发生争议的情况下，其决议适用资本多数决方式进行表决不利于中小投资者利益的保护，亦不能体现合伙企业的人合性质。

因此，本案争议事项的表决方式，不应解释为涵盖在《合伙协议》第8.3条有关"由全体合伙人按照其各自实缴出资额比例来行使表决权"的约定内容之内。

3. 因《合伙协议》约定不明，本案适用《合伙企业法》第30条的规定，即实行合伙人一人一票并经全体合伙人过半数通过的表决办法

鉴于《合伙协议》未就本案争议事项约定具体明确的表决方式，根据《合伙企业法》第30条的规定，应当实行合伙人一人一票并经全体合伙人过半数通过的表决办法。

综上所述，华融企业虽就是否提起诉讼问题召开了合伙人会议，但所作出的决议未经全体合伙人过半数表决通过。因此，认定新兴公司无权单方代表华融企业提起本案诉讼，本案诉讼不应视为华融企业的真实意思表示，故裁定驳回华融企业的起诉。

（三）律师分析及建议

1. 本文案例中《合伙协议》内容为何被认定对诉争事项未进行约定或约定不明

虽然案涉《合伙协议》第5.1条第5项约定合伙人参加合伙人会议时依

其实缴出资额行使表决权，第8.3条约定合伙人会议的表决方式为"由全体合伙人按照其各自实缴出资额比例来行使表决权"。

但是，《合伙协议》第8.3条同时约定"本协议第8.4条约定的所有事项，必须经全体实缴出资的合伙人同意方可通过合伙人会议"。《合伙协议》第8.4条关于合伙人会议的职权第13项约定"法律法规规定应当由合伙人会议决定的其他事项"。按照《合伙协议》第6.3条第18项的约定，华融企业的两个执行事务合伙人新兴公司及亲来投公司均有权为合伙企业的利益提起诉讼，而提起诉讼事项并非合伙企业经营中的日常事务，应属于涉及合伙企业利益的重大问题。

因此，鉴于《合伙协议》对如果两个执行事务合伙人就此发生争议的处理方式没有进行约定，故案涉《合伙协议》约定内容应视为《合伙企业法》第30条第1款规定的"合伙协议未约定或者约定不明确"的情形。

2. 实践中，若发生合伙人就合伙企业是否就经营中发生争议提起诉讼的问题，合伙人发生争议，一般应如何处理

合伙企业是否就经营中发生争议提起诉讼，属于合伙企业较为重大的经营事项，不能简单归为经营活动中的日常事务。因此，《合伙协议》中是否就合伙企业起诉时内部决策机制及权力主体进行明确约定，显得尤为重要。

若《合伙协议》对该事项未约定明确的表决方式，合伙企业的执行事务合伙人就该事项产生争议时，起决议适用资本多数决进行表决不利于保护中小投资者利益，亦不能体现合伙企业的人合性质，应根据《合伙企业法》第30条的规定，即实行合伙人一人一票并经全体合伙人过半数通过的表决办法。

3. 实践中，若债权人合伙企业因内部争议无法实现提起诉讼进行权利主张的，还能怎么办

例如本文案例中，人民法院经审理最终认定新兴公司无权单方代表华融兴商提起本案诉讼，本案诉讼不应视为华融企业的真实意思表示，故裁定驳回华融企业的起诉。

面对被裁定驳回起诉的情形，因裁定驳回起诉案件，一般情况是法院对

案件实体问题未进行审理，裁定驳回起诉后原告在符合起诉条件的情况下，仍可以再行起诉。因此，合伙企业在解决内部争议后还可以再就相同事项提起诉讼。同时，债务人某置业公司已被裁定受理破产清算申请。因此，合伙企业还可以向债务人破产管理人申报债权以此维护自身权益。

二、执行事务合伙人是否有权以合伙企业的名义提起诉讼

《合伙协议》第6.3条关于执行事务合伙人权限的约定中，包括执行事务合伙人为本有限合伙企业的利益提起诉讼、仲裁或应诉，作为执行事务合伙人之一的新兴公司有权提起本案诉讼。但另一执行事务合伙人亲来投公司提出异议的，则新兴公司是否有权以合伙企业名义提起诉讼产生争议。

（一）原告与被告的不同主张

原告执行事务合伙人新兴公司主张，其作为华融企业的执行事务合伙人，其有权以合伙企业华融企业名义提起诉讼。

第三人亲来投公司及中石江苏公司则认为，新兴公司仅考虑优先级合伙人兴融企业的利益，未考虑合伙企业的利益，故对新兴公司代理起诉事项提出异议，认为合伙企业华融企业起诉原告主体身份不适格，新兴公司无权以华融企业名义提起本案诉讼。

（二）法院观点

本案涉及合伙企业的两个执行事务合伙人就是否提起本案诉讼发生的争议，在合伙人会议就案涉争议所作决议未经全体合伙人过半数表决通过的情况下，执行事务合伙人之一新兴公司是否有权以合伙企业华融兴商的名义提起本案诉讼。

上述情形与《合伙企业法》第68条规定的有限合伙人在"执行事务合伙人怠于行使权利时，督促其行使权利或者为了本企业的利益以自己的名义提起诉讼"不同，毕竟本案并不存在新兴公司以自己的名义提起诉讼的情形。华融企业关于一审裁定直接剥夺合伙企业诉权，且与有限合伙人可以提起派生诉讼的精神相违背的主张缺乏依据，二审法院不予支持。

(三) 律师分析及建议

1. 实践中，合伙企业的执行事务合伙人有哪些权利

执行事务合伙人应由普通合伙人担任，为了使执行事务合伙人能够有效管理合伙企业的日常事务，同时保障所有合伙人的知情权和监督权，维护合伙企业的正常运行和全体合伙人的利益，执行事务合伙人享有下列权利：

（1）执行权：执行事务合伙人有权执行合伙企业的具体事务，包括但不限于企业的日常经营管理、商业合同的对接和实施等。

（2）代表权：执行事务合伙人有权代表合伙企业对外进行法律行为，如签署合同、提起诉讼等。

（3）监督和异议权：合伙人分别执行合伙事务的，执行事务合伙人可以对其他合伙人执行的事务提出异议。

（4）报酬请求权：在有限合伙企业中，执行事务合伙人可以按照合伙协议的约定收取执行事务的报酬。

2. 实践中，合伙企业的执行事务合伙人需要承担哪些责任

（1）对合伙企业债务承担无限连带责任

执行事务的合伙人需要以其个人全部财产对企业无法清偿的债务负责，这包括使用其个人资产来满足企业的债务需求，即使这些债务不是由其个人行为直接引起的。

（2）管理和监督责任

作为执行事务的合伙人，他们有责任监督合伙企业的财务和运营，确保企业的运作符合法律规定和合伙协议的约定，防止企业进行任何可能导致债务增加的行为。

（3）执行事务合伙人的报告责任

执行事务合伙人应当定期向其他合伙人报告事务执行情况以及合伙企业的经营和财务状况。

（4）过错赔偿责任

执行事务合伙人在执行业务中所产生的法律后果应由合伙企业承担，但若因故意或重大过失给合伙企业造成损失，执行事务合伙人需要承担相应的

| 案例二十一 |
一人一票还是资本多数决？合伙人会议表决机制约定不明，导致5.7亿元诉讼请求被裁定驳回

赔偿责任。

3. 实践中，执行事务合伙人的选举条件和选举程序如何

（1）选举条件

执行事务合伙人必须是合伙企业的普通合伙人。合伙人之间可以通过合伙协议约定具体的选举条件，但通常包括以下几点：第一，合伙人应具备完全的民事行为能力；第二，合伙人必须是被合伙企业接纳为普通合伙人。

（2）选举程序

执行事务合伙人的选举程序通常由全体合伙人共同参与，具体程序包括：

第一，全体合伙人签署合伙协议。一旦全体合伙人签署合伙协议，通常视为普通合伙人被选定为合伙企业的执行事务合伙人。当然合伙协议也可以对执行事务合伙人的选择做出其他约定。

第二，合伙人会议决定。根据合伙协议的规定，合伙人会议可以决定委托一个或多个普通合伙人担任执行事务合伙人。

（3）执行事务合伙人的更换和除名

执行事务合伙人的更换和除名条件及程序应在合伙协议中明确规定。一般情况下，执行事务合伙人在任职期间不得随意更换，如有更换需求，须经过其他合伙人的一致同意。

案例二十二 有限合伙人起诉要求查阅合伙企业全部财务资料，经法院审理大获全胜

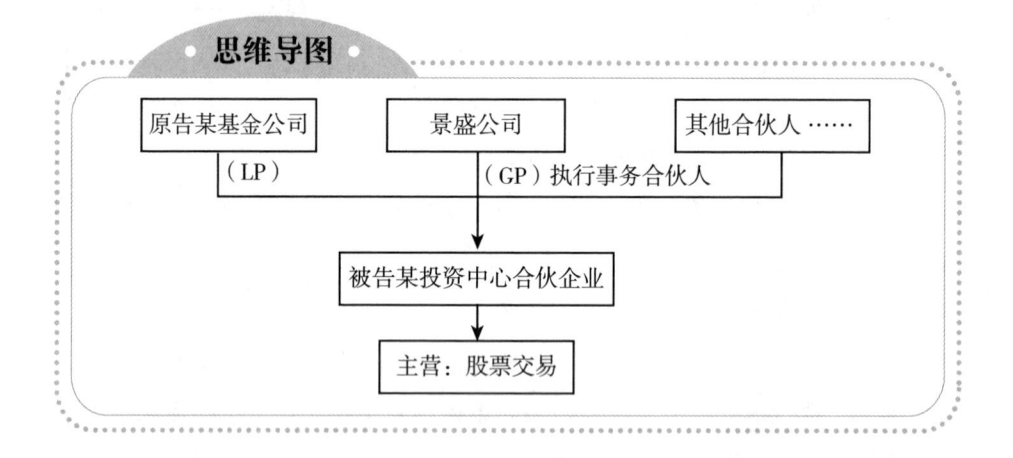

思维导图

原告某基金公司（LP） → 被告某投资中心合伙企业

景盛公司（GP）执行事务合伙人 → 被告某投资中心合伙企业

其他合伙人……

被告某投资中心合伙企业 → 主营：股票交易

案例来源

（2024）京01民终6659号

案情简介

本案是因有限合伙人要求查阅合伙企业全部财务账册引发的合伙人知情权纠纷。被告某投资中心（合伙企业）成立于2012年4月12日，主营业务为管理运作定向增发的某股票，景盛公司为执行事务合伙人。2016年，原告基金公司和景盛公司等签订《合伙协议》，约定某基金公司成为某投资中心的有限合伙人，协议第13条规定："全体合伙人委托合伙人景盛公司为执行事务合伙人，其他合伙人不再执行合伙企业事务。不参加执行事务的合伙人有权监督执行事务的合伙人，检查其执行合伙企业事务的情况，并依照约

· 318 ·

定向其他不参加执行事务的合伙人报告事务执行情况以及合伙企业的经营状况和财务状况,收益归合伙企业。"《合伙协议》签订后,某基金公司实缴出资4900万元。

2022年6月,某投资中心向某基金公司发送清算通知函,记载景盛公司通知所有合伙人召开合伙人会议,讨论合伙解散、清算及清算人确定等相关事宜。某基金公司认为某投资中心存在持有股票数量未如实告知其的情况,先后两次向某投资中心发送回复函,要求查阅会计财务资料,但某投资中心未提供上述资料。

某基金公司遂以某投资中心为被告向法院提起本案诉讼,请求:将某投资中心自2012年4月12日起至实际提供之日止的财务会计报告(包括资产负债表、利润表、现金流量表及相关附表、会计报表附注和财务情况说明书)、会计账簿(包括总账、明细账、日记账和其他辅助性账簿)、会计凭证(包括原始凭证和记账凭证)、银行对账单(以某投资中心名义开具的账户)、证券账户对账单(以某投资中心名义开具的账户)备于某投资中心住所地内,供某基金公司及其委托的一名会计师、一名律师查阅,查阅时间不少于15个工作日。一审法院判决支持了某基金公司的全部诉讼请求。

一、有限合伙人是否有权查阅合伙企业全部财务资料

本案一审法院判决支持了原告某基金公司的全部诉讼请求,某投资中心认为原告某基金公司仅为有限合伙人,一审法院判决的查阅范围超过了法律规定的财务资料范畴,因此提出上诉。

(一)原告与被告的不同主张

被告某投资中心上诉主张,一审判决适用法律错误。根据《合伙企业法》及案涉《合伙协议》约定,有限合伙人仅有权查阅合伙企业的会计账簿等财务资料,会计凭证、银行对账单、证券账户对账单不属于《合伙企业法》及《合伙协议》规定的财务资料的范畴,一审判决扩大了知情权披露范围。

原告某基金公司主张:(1)《合伙企业法》明确规定合伙人有权查阅合

伙企业的所有财务资料，而不仅限于财务会计报告、会计账簿。根据《合伙企业法》第28条，《会计法》第9条、第13条、第15条、第20条等规定，并参照2023年修订的《公司法》的规定，会计账簿中的数据源于会计凭证，亦属于知情权的范围。(2) 双方签订的《合伙协议》和补充说明，某投资中心的唯一主营业务是管理运作案涉定向增发的某公司股票，所以与股票操作相关资料包括但不限于会计凭证、银行对账单、证券账户对账单，均是某投资中心实际经营内容，也是其记账的依据和凭证，因此会计凭证、银行对账单、证券账户对账单，理应属于本案财务资料范畴。(3) 某基金公司有充分理由相信某投资中心存在违反法律和监管规定、合同约定，私自进行股票交易且未告知某基金公司，亦未按照约定进行收益分配等违规、违约行为，故某基金公司要求某投资中心提供前述财务资料具有必要性和合理性。

（二）法院观点

1. 合伙人有权要求查阅合伙企业会计账簿等财务资料

《合伙企业法》第28条规定："由一个或者数个合伙人执行合伙事务的，执行事务合伙人应当定期向其他合伙人报告事务执行情况以及合伙企业的经营和财务状况，其执行合伙事务所产生的收益归合伙企业，所产生的费用和亏损由合伙企业承担。合伙人为了解合伙企业的经营状况和财务状况，有权查阅合伙企业会计账簿等财务资料。"某投资中心《合伙协议》第13条第1款亦约定："不参加执行事务的合伙人有权监督执行事务的合伙人，检查其执行合伙企业事务的情况，并依照约定向其他不参加执行事务的合伙人报告事务执行情况以及合伙企业的经营状况和财务状况。"

某基金公司作为某投资中心的有限合伙人，申请某投资中心提供合伙企业包括财务会计报告、会计账簿、会计凭证、银行对账单、证券账户对账单等财务资料，以了解合伙企业经营情况和财务状况，具有事实和法律依据。

2. 会计凭证应属知情权范围内，合伙人有权查阅会计凭证

会计凭证是会计账簿形成的依据，合伙人需要真正了解合伙企业的经营状况，应当肯定其查阅原始会计凭证的权利，否则，合伙人即使通过法院确认了其查阅公司会计账簿的权利，但是其得到的会计账簿可能并不真实，知情权事实上得不到实质性的保护。因此，一审法院认定能反映合伙企业财务与经营情况的相应会计凭证应属于知情权的范围，并无不当，法院对某投资中心的该项上诉主张不予支持。

3. 因合伙企业主营股票交易业务，银行对账单、证券账户对账单应属知情权范围内，合伙人有权查阅

各方均确认某投资中心的主营业务是股票交易，股票交易情况直接影响某基金公司的收益分配，且基金公司作为合伙人，发现目标公司公示的股东情况与某投资中心持股情况不匹配，在此情况下，某基金公司要求查询某投资中心银行对账单、证券账户对账单，以便确认股票交易情况，具有合理依据。

（三）律师分析及建议

1. 有限合伙人可以查阅与自身利益相关的合伙企业的财务会计账簿等财务资料

《合伙企业法》第28条第2款规定："合伙人为了解合伙企业的经营状况和财务状况，有权查阅合伙企业会计账簿等财务资料。"第68条第2款规定："有限合伙人的下列行为，不视为执行合伙事务：……（五）对涉及自身利益的情况，查阅有限合伙企业财务会计账簿等财务资料……"据此，《合伙企业法》在知情权的权利主体方面并没有特别区分有限合伙人和普通合伙人，仅在有限合伙人行使知情权的目的上限定为"对涉及自身利益的情况"。

例如在本文案例中，被告某投资中心的主营业务为投资股票，某基金公司作为有限合伙人收到清算函后认为某投资中心未如实告知持有股票数量，为此提出要求查阅财务账簿，符合上述法律规定的"涉及自身利益"的条件，因此，某基金公司有权行使知情权。此外，知情权作为合伙人的固有权利，并不因其合伙份额的多少而有明显不同。因此，合伙企业也不能以有限合伙人份额占比较少的理由阻碍其知情权的行使。

2. 合伙人行使知情权无须经过提出书面请求的前置程序

与公司股东的知情权行使条件相比，《公司法》第57条规定："股东要求查阅公司会计账簿、会计凭证的，应当向公司提出书面请求，说明目的。"

《合伙企业法》并没有强制要求合伙人必须提出书面请求的前置程序。当然，合伙人也可以在起诉前先向合伙企业发出正式函件，明确其要求行使知情权的原因、范围、时间、地点、方式。例如在本文案例中，原告某基金公司在提起诉讼前还是先后3次向被告某投资中心发送回复函要求查阅会计财务资料，发出该函件虽不是法定的必要程序，但也可以在诉讼中作为辅助证据帮助查清案件事实。

3. 合伙人知情权的范围

合伙人知情权的范围，即"合伙企业会计账簿等财务资料"的范围，实践中，可查阅的材料范围一般包括以下内容。

《会计法》第14条第1款规定："会计凭证包括原始凭证和记账凭证。"第15条规定："会计账簿包括总账、明细账、日记账和其他辅助性账簿。"据此，关于"合伙企业财务会计账簿等财务资料"的具体范围，实践中法院一般认定包括如下内容：①

（1）会计账簿（含总账、明细账、日记账和其他辅助性账簿）。

（2）会计凭证（含记账凭证、原始凭证及作为原始凭证附件入账备查的有关资料）。

（3）会计报告（含审计报告、资产负债表、利润表、现金流量表及相关附表、会计报表附注和财务情况说明书）。

（4）对于一些从事特殊行业的合伙企业，合伙人可以查阅的财务资料范围还可能进一步扩大。例如，本案因被告某投资中心的主营业务为投资股票，因此法院最终判定的知情权范围包含证券账户对账单。再如，在（2021）浙02民终4793号案件中，法院认为："被告作为一家从事股权投资的合伙企业，其相关股权和股票交易记录、股票交易的交割单等原始财务资料，反映企业真实经营情况，部分合伙人对执行合伙人的相关行为存在异议，故有异议的合伙人有权查阅上述原始财务资料。"

---

① 参见浙江省宁波市中级人民法院民事判决书，（2022）浙02民终2329号；北京市第一中级人民法院民事判决书，（2024）京01民终1850号。

4. 实践中，法院为平衡各方权益，也会限制合伙人过分扩大财务资料范围

例如，在（2023）沪0116民初19657号案件中，原告要求查阅合伙企业的全部银行账户流水，提出须以函证调取银行流水、资金往来等财务信息，对此，法院认为："法律并未明确规定银行流水属于合伙人知情权的范围，《合伙协议》对此也无约定，且如若会计账簿、会计凭证等财务资料内包含银行结算凭证等，原告可以一并查阅，故本院对于原告相应的诉请不予支持。"

再如，在（2023）浙02民终2177号案件中，案涉《合伙协议》中特别约定"合伙人有权了解本企业的经营状况和财务状况，对涉及自身利益的情况查阅本企业会计账簿等财务资料及其他相关经营资料"，原告依据上述约定要求查阅被告基金投资标的（被投企业）的相关材料，对此，法院认为："按照通常的文义解释，《合伙协议》约定的'其他相关经营资料'应为'本企业'的其他经营资料；《合伙企业法》赋予有限合伙人知情权的范围为企业财务会计报告和查阅企业财务会计账簿等财务资料；且被告在'中国证券投资基金业协会官网'上已经就被投企业的投资情况（包括但不限于企业基本信息、所在行业、投资时间、投资金额、退出时间、退出情况等）进行了披露。故未经特别约定，本案有限合伙人的知情权的范围不能扩张至投资标的在上述信息之外其他更加具体或者隐秘的信息。"

二、合伙企业能否以存在同业竞争为由，拒绝合伙人查阅财务资料

本案被告某投资中心认为，原告某基金公司及其关联企业与某投资中心经营范围有重合部分，双方就上述情况能否证明双方存在同业竞争关系及是否影响某基金公司行使知情权产生争议。

（一）原告与被告的不同主张

原告某基金公司主张，《合伙企业法》并没有规定经营范围相似，合伙人行使知情权就具有不正当利益。原告某基金公司是被告某投资中心的有限

合伙人，不参与实际经营管理，不存在通过知情权损害某投资中心利益的可能。仅经营范围重合，不能认定双方存在实质性竞争关系。证券账户对账单是记录已经发生的股票操作，不会对某投资中心未来操作和经营造成实质性影响。

被告某投资中心主张，某基金公司与某投资中心经营范围均涉及投资管理、投资咨询，系具有同业竞争关系的竞争企业；某基金公司及其控股/参股的合伙企业主营业务亦均与某投资中心具有竞争关系，如果任由某基金公司查阅某投资中心财务材料，可能损害某投资中心的合法权益。为此，某投资中心提交某基金公司及其关联公司企业信用信息公示报告，证明主营业务均涉及投资及创业投资咨询服务，双方具有竞争关系。

（二）法院观点

二审法院认为，虽然某基金公司及其关联企业经营范围涉及"投资""投资咨询""投资管理""资产管理"，但是，"投资"本身涵盖的内容、范围十分广泛，某投资中心应当说明并提供证据证明上述企业经营范围中的"投资""投资咨询""投资管理""资产管理"具体对应哪类业务，进而证明该业务与其经营的投资项目存在实质上的竞争关系。仅因经营范围包括"投资""投资咨询""投资管理"字样，不足以认定两者主营业务存在实质性竞争业务关系。

某投资中心现有证据不足以证明基金公司行使知情权存在不正当目的，法院对其该项上诉意见不予支持。

（三）律师分析及建议

1. 实践中，有限合伙人与合伙企业存在同业竞争关系，是否会直接导致合伙人丧失知情权

我国法律并未限制有限合伙人经营与合伙企业相竞争的业务，《合伙企业法》第71条规定："有限合伙人可以自营或者同他人合作经营与本有限合伙企业相竞争的业务；但是，合伙协议另有约定的除外。"因此，实践中有限合伙人自身与合伙企业存在经营范围重合，或者同一主体同时担任多个同业竞争关系的合伙企业有限合伙人的情况时有发生。此时，若有限合伙人要

求行使知情权，合伙企业经常以"存在同业竞争"为由拒绝。

然而，从本文所引案例来看，仅是单纯经营范围重合并不一定能够证明具有实质上的竞争关系。此外，即便双方存在竞争关系，也不一定能作为阻碍有限合伙人行使知情权的正当理由。

例如，在（2024）浙03民终845号案件中，法院认为："原告作为有限合伙人即使确实与被告存在竞业，在被告未提供证据证明其存在恶意竞争行为的情况下，被告以此对抗原告要求对执行事务合伙人执行合伙事务进行监督和了解合伙企业经营状况和财务状况的权利，缺乏事实与法律依据，一审法院未予支持并无不当。"

综上所述，我国法律并不禁止有限合伙人经营与合伙企业相竞争的业务，且经营范围相同也不等于存在同业竞争，不能仅以经营范围重合为由拒绝合伙人行使知情权。此外，即便被告提供证据证明了双方在具体业务领域存在竞争关系，但若有限合伙人是正常经营，不存在恶意竞争行为，其依法要求行使知情权也将得到法院支持。

2. 实践中，当事人可以在合伙协议中对有限合伙人作出限制性约定，明确禁止有限合伙人从事竞争业务并约定违约责任，或合理限制从事竞争业务的有限合伙人行使知情权的范围

合伙具有很强的人合性且高度自治，合伙人可以通过合伙协议约定合伙人之间的权利义务关系，只要合伙协议不违反法律、行政法规强制性规定和公序良俗，合伙人就应当按照合伙协议享有权利、履行义务。因此，如想避免有限合伙人与本合伙企业从事竞争业务，或因从事竞争业务损害合伙企业利益，我们建议可以从以下两个角度入手。

（1）在合伙协议中特别约定禁止有限合伙人从事与合伙企业相竞争的业务并同时明确违约责任，以此避免有限合伙人与合伙企业形成竞争关系

合伙协议履行过程中，若发现有限合伙人违反上述约定，则既可以追究其违约责任，填补合伙企业的损失，也可以具有损害合伙企业利益等不正当目的为由，抗辩阻却违约合伙人知情权的行使。需要注意的是，如前所述特别约定，应当明确"竞争业务"的具体种类、业务范围，避免因表意不清再生争议事项。

（2）可以考虑在合伙协议中约定对从事竞争业务的有限合伙人的知情权进行合理限制，部分禁止其查阅合伙企业的相关资料

参考《公司法》第57条规定："公司有合理根据认为股东查阅会计账簿、会计凭证有不正当目的，可能损害公司合法利益的，可以拒绝提供查阅。"合伙人可在合伙协议中约定如有限合伙人从事与本合伙企业竞争的业务，则限制查阅财务资料的范围，并明确具体限制类型，例如，约定合伙企业可以仅提供审计报告及会计总账簿，对于会计原始凭证、会计明细账、利润表、现金流量表等不予提供查阅。

此外，须注意的是，因知情权是法律赋予合伙人的自益权，通过合伙协议约定限制知情权的效力尚有争议，不能排除被法院认定无效的可能性。但在日常经营中，上述君子条款亦可在一定程度上制约有限合伙人，避免合伙人与合伙企业的恶意竞争。

三、合伙人能否要求查阅其入伙前的财务资料

本案某投资中心设立于2012年，原告某基金公司于2016年入伙，2019年某投资中心决议为某基金公司分立股票账户，一审法院判决某投资中心提供2012年设立之日起至实际提供之日止的财务资料，某投资中心不服提出上诉，二审中双方就某基金公司是否有权要求查阅其入伙前及账户分立后的财务资料产生争议。

（一）原告与被告的不同主张

原告某基金公司主张：（1）《合伙企业法》并未禁止合伙人查阅入伙之前合伙企业的财务资料，并且根据《合伙企业法》第43条、第77条的规定，某基金公司目前仍然是有限合伙人，对入伙前的债务仍须承担责任，根据权利义务对等原则，某基金公司有权要求某投资中心提供自成立至今的所有财务资料。（2）某投资中心在2019年分立股票账户不免除提供财务账簿的义务。

被告某投资中心主张：（1）《合伙企业法》未赋予有限合伙人查阅入

前合伙企业财务资料的权利，基金公司无权要求查阅其入伙前某投资中心财务资料。(2) 提交《合伙人会议决议》、资金对账单、工作推进通知函，证明某投资中心曾于2019年9月召开合伙人会议，明确各合伙人的资产份额，并约定各合伙人资产由各自分别监管，并形成会议决议，某投资中心按照决议内容为某基金公司分立股票账户，还称多次要求某基金公司接管账户，但最终因某基金公司自身管理层变动导致未能及时交接。据此，决议之后某基金公司的相关资产份额从某投资中心剥离，由其自行监管，故某基金公司无权要求某投资中心披露此后任何资料。

（二）法院观点

1. 有限合伙人有权对其成为合伙人之前的相关文件行使知情权

《合伙企业法》第43条第2款规定："订立入伙协议时，原合伙人应当向新合伙人如实告知原合伙企业的经营状况和财务状况。"新合伙人有权了解合伙企业的经营状况和财务状况。且合伙企业经营是一个整体延续的过程，新合伙人加入后，合伙企业的交易、管理、决策均受此前的经营状况所影响，新合伙人在作出与合伙企业有关的决定时，亦难以脱离对其加入合伙企业之前相关信息的了解和掌握，故某基金公司作为有限合伙人依法享有知情权，某基金公司有权对其成为合伙人之前的相关文件行使知情权。

2. 合伙人与合伙企业账户是否分立不影响合伙人行使知情权

至于相关账户是否分立，不影响某基金公司依法行使知情权，亦无证据证明某基金公司实际接收并管理分立账户的事实。某投资中心上诉认为某基金公司无权查阅账户分立后某投资中心账户信息的主张，依据不足，法院不予支持。

（三）律师分析及建议

1. 实践中，有限合伙人一般有权查阅其入伙前的合伙企业财务资料

（1）对于合伙人行使知情权可查阅的财务资料的时间范围，现行法律规定并未限制，且能推定合伙人应有权查阅其入伙前的财务资料

对于合伙人行使知情权可查阅的财务资料的时间范围，法律并无明确规定，但《合伙企业法》第43条第2款规定："订立入伙协议时，原合伙人应

当向新合伙人如实告知原合伙企业的经营状况和财务状况。"据此，合伙企业有义务向新入伙的合伙人告知合伙企业财务状况，合伙人有权查阅入伙前的合伙企业财务资料。

此外，《合伙企业法》第77条规定："新入伙的有限合伙人对入伙前有限合伙企业的债务，以其认缴的出资额为限承担责任。"根据权利义务相统一原则，既然新入伙的有限合伙人也需要对其入伙前的合伙企业债务承担责任，那么也就应该对其入伙前的财务状况享有知情权。

（2）从既有判例来看，法院也均肯定合伙人对入伙前的合伙企业财务资料享有知情权

例如，在（2024）京01民终1850号案件中，法院认为："由于企业经营是整体的、连续的、动态的过程，企业现在的经营管理不可能脱离之前的经营、财务状况，故合伙企业法上述规定的立法本意在于保护合伙人知情权，确保执行合伙人的经营活动、行动目标不能偏离合伙人的预期。若不允许新合伙人查阅成为合伙人之前企业财务资料，新合伙人无法整体、全面了解合伙企业的经营和财务状况，显然不利于合伙人权益保护，亦有悖于合伙企业法上述规定精神。"

2. 新入伙的合伙人知情权的义务主体是合伙企业而非其他合伙人，合伙人起诉要求其他合伙人提供财务资料法院将可能不予支持

实践中，有些合伙人起诉时是以其他合伙人为被告，要求其他合伙人提供合伙企业成立以来的全部财务资料。

例如，在（2024）京01民终1850号案件中，原告将合伙企业和执行事务合伙人刘某作为共同被告，一审法院判决某合伙企业、刘某提供全部财务会计报告，但该案二审法院认为："合伙人知情权相对应的义务主体是合伙企业，虽然执行事务合伙人负有定期向其他合伙人报告事务执行情况以及合伙企业的经营和财务状况的义务，但该报告义务不等同于执行事务合伙人是合伙人知情权的主体，并负有向其他合伙人提供合伙企业财务资料的法定义务。一审法院判决刘某向肖某提供某合伙企业财务会计报告、会计账簿、会计凭证等供肖某查阅，依据不足，本院予以纠正。"

因此，合伙人在要求行使知情权时应以合伙企业为被告，合伙人知情权

的义务主体是合伙企业，其他合伙人即便是执行事务合伙人也没有义务提供财务资料，以其他合伙人为被告提起诉讼要求提供合伙企业财务资料的诉讼请求将可能不会得到法院支持。

四、合伙人能否要求委托律师及会计师共同查阅合伙企业账簿

原告某基金公司起诉要求委托一名会计师、一名律师一同查阅某投资中心财务资料，查阅时间不少于15个工作日，一审法院支持了该诉讼请求。某投资中心提出上诉，双方就是否能够委托专业人士共同查账及查账时间产生争议。

（一）原告与被告的不同主张

被告某投资中心上诉主张，一审判决查阅时间不少于15个工作日具有不确定性及不可执行性，可能干扰某投资中心的正常经营，且一审判决会计师、律师协助查阅财务资料等没有法律依据。

原告某基金公司辩称，一审判决不存在扩大财务资料查阅主体的问题，由于查阅财务资料具有高度的专业性，故有必要委托会计师、律师协助进行查阅。此外，正是因为某投资中心严重侵害基金公司的权益，而某基金公司对某投资中心如何私自进行股票交易、获取多少利益等信息完全不知情，故要求至少15天查阅期间，一审判决并无不当。

（二）法院观点

1. 关于查阅人员范围，合伙人可以聘请会计师和律师协助查阅合伙企业的相关财务资料

法院认为，合伙人查阅合伙企业的财务资料核心内容是合伙企业重要财务信息和经营管理信息，既涉及企业会计事实，也涉及企业管理的合规性，合伙人可能缺乏必要的会计、法律等专业知识，不具备独立查阅企业会计账簿等文件资料的能力，故由会计师、律师辅助进行，可以保障其他合伙人能够依照法律享有对事务执行情况以及合伙企业经营和财务状况的知情权，从而在了解合伙企业事实真相的基础上作出正确的经营决策，行使对执行事务

合伙人有效的监督和制约。某投资中心否认专业第三人辅助合伙人查阅的相关上诉理由，法院不予支持。

2. 关于查阅时间，《合伙企业法》对于合伙人知情权查阅时间并未作限制性规定，法院可酌情确认

《合伙企业法》对于合伙人知情权查阅时间并未作限制性规定，酌情考虑基金公司查阅范围较广，涉及财务会计报告、会计账簿、会计凭证以及银行账户对账单、证券账户对账单等文件，且查阅时间跨度超过十年，一审判决给予某基金公司不少于 15 个工作日的查阅时间，并无明显不当。某投资中心关于查阅时间的上诉主张，法院不予支持。同时，某基金公司应当依法、及时行使知情权，合理、适度安排查阅时间和时限，尽可能减少因查阅行为对合伙企业正常经营管理产生不利影响。

（三）律师分析及建议

1. 实践中，合伙人行使知情权可以要求委托具有专业知识的人员辅助查询合伙企业的财务资料

实践中，合伙人要求委托专业人员共同查账但合伙企业不同意的，法院一般均以查阅资料涉及专业知识、合伙人自身不具备独立查阅能力为由，判定合伙人可以委托律师、会计师等专业人员进行辅助查账。

但是，我们也要提醒各位合伙人，若受委托方辅助查账过程中未能遵守保密规定，泄露合伙企业商业秘密导致合伙企业权益受损的，行使知情权的合伙人应当承担赔偿责任。

因此，合伙人委托专业人士辅助查账时应当与受委托方同时在场，监督受委托方的工作，避免让受委托方单独查账。

2. 合伙人要求查复制合伙企业财务资料的，实践中法院一般不予支持

（1）合伙人行使知情权的同时，又要求复制合伙企业财务资料，对此司法实践中法院基本是消极态度，不支持复制

例如，在（2021）沪 02 民终 8985 号案件中，法院认为："复制和查阅是不同性质的行使知情权的方式，《合伙企业法》明确将有限合伙人行使知情权的方式限定为查阅，而无复制。参照《公司法》对股东知情权中的复制

权作出的限制,合伙企业的有限合伙人可能存在与企业进行交易或同业竞争的情况。若任由有限合伙人复制合伙企业的财务资料,极有可能损害合伙企业的正当权益。故本院认为,在法律无明确规定有限合伙人可复制财务资料的前提下,不可随意对知情权的行使方式进行任意扩大。"

(2)也有少数法院判决部分支持合伙人要求复制财务资料,但判决可复制的内容一般为本身就属于对外公开的企业资料

例如,在(2021)京01民终9418号案件中,法院认为:"一审法院在判决未名公司的查阅范围和方式上有所区分,在会计账簿方面,并没有判决未名公司可'复制',这符合合伙企业法第二十八条、第六十八条的规定,一审法院并没有扩张法律规定;在财务会计报告上,一审法院判决未名公司可以查阅、复制,虽然合伙企业法第二十八条、第六十八条相关表述均为'查阅会计账簿等财务资料',未明确指出财务会计报告可否复制,但依据《会计法》和《企业财务会计报告条例》等相关法律法规,财务会计报告是指企业对外提供的反映企业某一特定日期财务状况和某一会计期间经营成果、现金流量的文件,因此,财务会计报告属于对外公开的企业文件资料,未名公司要求查阅并复制,亦无不当……"

3. 合伙人行使知情权,在提起诉讼时应制定合理、明确的诉讼请求,避免在执行过程中受到阻碍

与股东知情权纠纷一样,合伙人知情权纠纷在执行阶段也很容易遇到执行难的情况,其中部分执行难是由于合伙人在诉讼阶段的诉讼请求内容不够完善,导致作为执行依据的判决书判决主文出现内容不明确、不全面等情况。

为避免上述执行难的发生,我们建议合伙人在起诉要求行使知情权时,应运用"诉讼执行一体化"思维模式制定合理、明确的诉讼请求,[①] 诉讼请求至少应包括如下事项:

(1)请求查阅的资料范围,即具体查阅哪些企业财务资料。

[①] "诉讼执行一体化"思维模式由本书作者吴志强律师正式提出,即以便宜执行的视角、从防控诉前风险到完善诉讼策略的整体法律思维模式,致力于在获得胜诉的同时避免因主观因素造成的执行困难,详见《诉讼执行一体化:以执行视角优化诉讼策略》一书。

（2）请求查阅资料的起止时间，即请求查阅从何时起至何时止的财务资料。

（3）明确查阅资料的时间、地点，时间包括开始查阅的时间以及可以查阅的期间（一般法院判决为15个工作日或20个工作日居多）。

（4）明确查阅资料的人员，即是否要求委托会计师、律师等专业人士辅助查阅。

（5）明确查阅资料的方式，即是仅查阅还是可以复制财务资料。

案例二十三 合伙协议特别约定：未经全体合伙人一致同意的合伙人之间《转让协议》效力之争

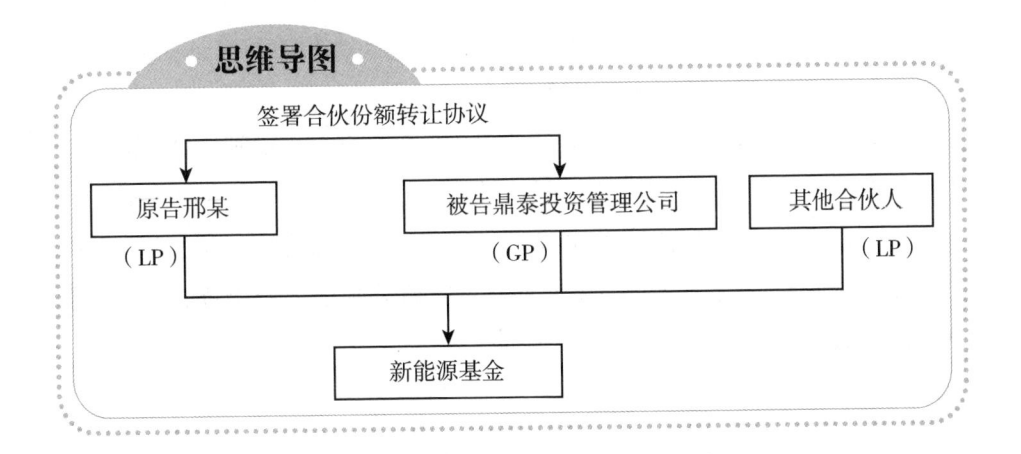

思维导图

```
签署合伙份额转让协议
   ↓              ↓
原告邢某      被告鼎泰投资管理公司      其他合伙人
 （LP）            （GP）               （LP）
                   ↓
                新能源基金
```

案例来源

（2020）最高法民终 904 号[①]、（2021）最高法民申 2253 号、（2019）最高法民辖终 300 号

案情简介

新能源基金全称是某省国家新能源创业投资基金合伙企业（有限合伙），邢某是其中一名有限合伙人，认缴出资额 5000 万元，认缴比例为 19.04%，

[①] 邢某诉北京鼎典泰富投资管理有限公司合伙协议纠纷、合伙企业财产份额纠纷案，载《最高人民法院公报》2021 年第 5 期。

· 333 ·

邢某于 2012 年 11 月完成 5000 万元出资的实缴。在《合伙协议》中，第 27.6 条约定："除另有约定外，以下事项应须经全体合伙人一致同意：……（4）有限合伙人转让或出质财产份额……"第 33 条约定："除非法律另有规定或全体合伙人达成一致同意的书面决定，有限合伙人不能转变为普通合伙人，普通合伙人亦不能转变为有限合伙人。"

2018 年 1 月，邢某（甲方）与新能源基金的普通合伙人鼎泰投资管理公司（乙方）签订《转让协议书》，约定由鼎泰投资管理公司代为寻找邢某持有的 19.04% 合伙份额的买家，且若至 2018 年 12 月 31 日前未有合适第三方受让该财产份额，鼎泰投资管理公司承诺自行或指定第三方直接受让该份额，转让款计算为：5000 万元 × 106% × 实际资金使用天数/365 天（或 5000 万元 × 108% × 实际资金使用天数/365 天）。

因鼎泰投资管理公司未履行转让协议约定，故邢某以鼎泰投资管理公司及其股东为被告起诉至法院，要求被告支付转让款 7467.9452 万元及逾期付款损失。在二审审理期间，新能源基金的其他两位有限合伙人向法院出具书面《情况说明》，均表示不同意邢某向鼎泰投资管理公司转让新能源基金合伙财产份额。

一、现有法律法规对合伙人之间转让合伙份额有无限制性规定

（一）原告与被告的不同主张

原告邢某主张，其与普通合伙人鼎泰投资管理公司签署的《转让协议书》合法有效，双方应遵守履行，被告鼎泰投资管理公司应向其支付转让费。

被告鼎泰投资管理公司主张，《转让协议书》属无效协议，被告不应向原告支付转让款。

（二）法院观点

1. 关于合伙人之间转让财产份额特别约定的效力问题，现有法律法规并无规定，故需要根据案件事实进行判断和论证《转让协议书》是否有效

在《合伙企业法》关于有限合伙企业的法律规定中，并无合伙人之间转

让合伙企业财产份额的规定。《合伙企业法》第 60 条规定："有限合伙企业及其合伙人适用本章规定；本章未作规定的，适用本法第二章第一节至第五节关于普通合伙企业及其合伙人的规定。"《合伙企业法》第 22 条第 2 款对普通合伙中合伙人之间财产份额转让作出规定："合伙人之间转让在合伙企业中的全部或者部分财产份额时，应当通知其他合伙人。"但是，该条款并未规定合伙协议对合伙人之间转让财产份额进行特别约定的效力。

即使是《民法典》合伙合同章中，也未涉及合伙人之间财产份额转让特别约定的效力问题，而在本案当事人之间转让合伙财产份额有特别约定的情况下，需要先对该合伙财产份额转让特别约定的效力进行认定。对此，需要结合合伙经营方式或合伙组织体的性质及立法精神加以判断。

2. 就合伙人之间的财产份额转让而言，如果合伙协议有特别约定且该约定合法有效，则合伙人应予遵守

合伙是两个以上合伙人为了共同的事业目的，以订立共享利益、共担风险协议为基础而设立的经营方式或组织体。合伙人之间的合作建立在对彼此人身高度信赖的基础之上，故合伙事业具有高度的人合性。比如，合伙人的债权人不得代位行使合伙人的权利；合伙人死亡、丧失民事行为能力或者终止的，合伙合同终止，而非合伙人的资格或财产份额可以继承。由于合伙事业高度强调人合性，故应尊重合伙人之间的意思自治。因此，就合伙人之间的财产份额转让而言，如果合伙协议有特别约定，在该约定不违反法律、行政法规的强制性规定，也不违背公序良俗的情况下，则应认定其合法有效，合伙人应严格遵守。

(三) 律师分析及建议

1. 本文案例的具体裁判观点

本文案例系公报案例，其典型性在于就合伙人之间合伙财产份额转让特殊约定的效力问题进行了论理和说明，具体裁判观点如下。

合伙协议就合伙企业财产份额转让的特别约定，在不违反法律、行政法规的强制性规定，亦不违背公序良俗的情况下，应认定其合法有效，合伙人应严格遵守该约定。

合伙协议已经明确约定合伙人之间转让合伙财产份额须经全体合伙人一致同意的，在其他合伙人未同意合伙财产份额转让之前，当事人就合伙财产份额转让签订的转让协议成立但未生效。如其他合伙人明确不同意该合伙财产份额转让，则转让协议确定不生效，不能在当事人之间产生履行力。当事人请求履行转让协议的，人民法院不予支持。

2. 关于合伙人之间转让合伙份额事项，《合伙企业法》和《民法典》有无限制性规定

在《合伙企业法》关于有限合伙企业的法律规定中，并无合伙人之间转让合伙企业财产份额的规定。《合伙企业法》第22条只规定普通合伙中合伙人之间转让合伙份额应通知其他合伙人。关于合伙协议对合伙人之间转让财产份额进行特别约定的效力问题，《合伙企业法》并无相关限制性规定。

同样地，《民法典》关于合伙合同的章节中，也没有合伙人之间财产份额转让特别约定的效力问题的相关限制性规定。因此，实践中若出现合伙协议就合伙人之间转让合伙份额进行特殊约定的情形，需要结合该约定内容对合法性进行审查，在确定不违反法律、行政法规的强制性规定，也不违背公序良俗的情况下，应认定为有效约定。

二、合伙协议严于法律规定的特别约定是否有效

（一）原告与被告的不同主张

原告邢某主张，关于《合伙协议》中对合伙人之间转让财产份额需要"经全体合伙人同意"的约定与《合伙企业法》的规定相悖，该约定客观上限制了《合伙企业法》赋予合伙人依法转让财产份额的法定权利，故对各方不具有约束力，案涉《转让协议书》应属有效。

被告鼎泰投资管理公司主张，《转让协议书》未经其他合伙人同意，且该协议书违反《私募投资基金监督管理暂行办法》第4章第15条关于"私募基金管理人、私募基金销售机构不得向投资者承诺投资本金不受损失或者承诺最低收益"的规定，损害了私募投资基金行业的健康发展，违背公序良

俗，当属无效。

（二）法院观点

1. 案涉《合伙协议》就合伙人之间转让合伙财产份额进行了特别约定，即合伙人之间转让合伙财产份额须经全体合伙人一致同意

案涉新能源基金为有限合伙。《转让协议书》约定的转让标的为有限合伙人邢某所持有的新能源基金19.04%的财产份额。对合伙人之间转让合伙财产份额，案涉《合伙协议》明确约定"需经全体合伙人一致同意"，具体体现为：《合伙协议》第27.6条约定，有限合伙人转让或出质财产份额，除另有约定外，须经全体合伙人一致同意。第33条约定，除非法律另有规定或全体合伙人达成一致同意的书面决定，有限合伙人不能转变为普通合伙人，普通合伙人亦不能转变为有限合伙人；该条针对本案所涉邢某转让有限合伙财产份额给普通合伙人的情形，进一步明确需要经全体合伙人一致同意。而该协议第29.1条则约定，经全体合伙人同意，有限合伙人可以向新能源基金其他有限合伙人，也可以向满足条件的其他自然人或法人转让其在合伙企业中的全部或者部分财产份额，但转让后须满足本协议的有关规定。该约定进一步印证合伙人之间对于合伙财产份额转让的慎重。

因此，根据上述《合伙协议》关于合伙财产份额的约定可以明确，新能源基金之合伙人在订立《合伙协议》时，已经基于合伙经营的人合性属性，明确要求合伙人之间转让合伙财产份额须经全体合伙人一致同意。

2. 关于合伙人之间转让合伙财产份额的特别约定内容，并不违反法律、行政法规的强制性规定，也不违背公序良俗，属合法有效的约定

在《合伙协议》系订约各合伙人真实意思表示的情况下，该协议中关于合伙人之间转让合伙财产份额的特别约定，并不违反法律、行政法规的强制性规定，也不违背公序良俗，合法有效。

邢某关于《合伙协议》中对合伙人之间转让财产份额需要"经全体合伙人同意"的约定与《合伙企业法》的规定相悖，该约定客观上限制了《合伙企业法》赋予合伙人依法转让财产份额的法定权利，故对各方不具有约束力的抗辩主张，于法无据。且前已述及，该理由恰恰与合伙经营方式或组织体

之人合性所强调的合伙人高度自治之精神相悖，故法院对原告邢某的主张不予采纳。

（三）律师分析及建议

1. 实践中，若合伙协议约定合伙人转让合伙财产份额须经全体合伙人一致同意，将会对合伙人产生哪些不利影响

首先，如本文案例中的原告所遇困境，若合伙协议中明确约定了合伙人之间转移合伙份额须经全体合伙人同意，则合伙期间合伙人向外转让合伙份额将会受到阻碍，直接影响就是提现退出将会很困难。

其次，合伙人退伙以及请求分配合伙财产均将受到掣肘。无论是合同型合伙还是企业型合伙，均对分割合伙财产有一定限制性规定，如合伙型合伙关系中合伙人不得在合伙合同终止前请求分割合伙财产；企业型合伙关系中，合伙人在合伙企业清算前，不得请求分割合伙企业的财产。如果合伙人难以退出合伙关系，则其财产利益将不容易变现甚至会被逐步蚕食掉。

2. 实践中，对于合伙协议的风险审查，有哪些需要注意的要点

（1）对合伙主体身份的审查

要知道不是所有实体都能成为合伙人。例如，国有独资公司、国有企业、上市公司以及公益性的事业单位、社会团体通常不能成为普通合伙人。

（2）对出资方式和相关约定的审查

合伙人的出资方式可以是货币、实物、知识产权、土地使用权或其他财产性权利，有限合伙人不得以劳务出资。所有的出资应该是合伙人自有或归自己管理、支配的资金或财产性权利。

（3）对合伙份额转让相关约定的审查

合伙人向合伙人以外的人转让其全部或部分财产份额，需要其他合伙人的一致同意。该内容可以在合伙协议中进行明确约定，以避免不必要的法律纠纷。同时，如本文案例中所遇问题，合伙人需要结合自身需要审查合伙人之间转让合伙份额时的限制性约定，避免为日后纠纷埋下隐患。

（4）对利润分配和亏损承担责任相关约定的审查

合伙协议应明确每个合伙人的利润和亏损分配比例。如果没有明确约定，

通常按照合伙人的出资比例进行分配和承担。若出资比例无法确认的,则可能按照各合伙人平均分配。

(5) 对合伙期限相关约定的审查

合伙协议未约定合伙期限或约定不明确的,视为不定期合伙。不定期合伙允许合伙人随时解除合伙合同,这可能导致经营活动的不稳定。

(6) 合伙事务的决策权

合伙协议应详细规定合伙事务的重大事项,如改变合伙方式、经营范围、主要经营场所等,这些事项的决策应严格按照合伙协议约定的表决办法进行表决决策。

(7) 对入伙和退伙条件的审查

新合伙人的入伙和退伙都应遵守合伙协议的规定。若未进行约定,则需要所有现有合伙人的同意。退伙时,合伙人需要对合伙企业的债务承担无限连带责任,除非合伙协议中有特别规定,同时须考量合伙协议的特别约定内容能否对抗外部债权人。

(8) 对合伙协议的形式进行审查

合伙协议应是书面形式,以便在发生争议时,可以作为重要的法律证据。口头协议很难被法院认可,因此在签订协议时应避免口头约定,若实在不方便双方现场签署纸质合伙协议,可以通过电子邮件或微信、短信等形式,对合伙重要事项进行约定并且双方均明确表态同意约定内容。

3. 如本文案例中,合伙人之间转让合伙份额已困难重重,那么向合伙关系之外的他人转让合伙份额又应如何操作

(1) 在合同型合伙关系中,合伙人向合伙人之外的他人转让合伙份额的,根据《民法典》第974条的规定,除合伙合同另有约定外,合伙人向合伙人以外的人转让其全部或者部分财产份额的,须经其他合伙人一致同意。

(2) 在企业型合伙关系中,合伙人向合伙人之外的他人转让合伙份额的,根据《合伙企业法》第22条的规定,除合伙协议另有约定外,普通合伙人向合伙人以外的人转让其在合伙企业中的全部或者部分财产份额时,须经其他合伙人一致同意。有限合伙人向合伙人以外的他人转让合伙份额,需

要看合伙协议中有无特别限制约定。

因此，无论合同型合伙关系还是企业型合伙关系，合伙人向合伙人以外的第三方转让合伙份额的，均须考虑其他合伙人的意见。

三、《转让协议书》符合法律规定，但未达到《合伙协议》约定条件，协议效力如何

（一）原告与被告的不同主张

原告邢某主张，关于《合伙协议》中对合伙人之间转让财产份额需要"经全体合伙人同意"的约定与《合伙企业法》的规定相悖，该约定客观上限制了《合伙企业法》赋予合伙人依法转让财产份额的法定权利，故对各方不具有约束力。

被告鼎泰投资管理公司则主张，按照《合伙协议》的约定，邢某转让其合伙份额应当经全体合伙人一致同意。案涉《转让协议书》未经全体合伙人一致同意，既违反《合伙协议》的约定，又违反法律的效力性强制性规定，当属无效。

（二）法院观点

1. 存在特别约定时，合伙份额转让协议未取得其他合伙人同意，转让协议不生效

案涉《转让协议书》在邢某与鼎泰投资管理公司之间签订，且系邢某与鼎泰投资管理公司的真实意思表示，依照原《合同法》第25条关于"承诺生效时合同成立"的规定，该《转让协议书》自当事人意思表示一致时即成立。但是，在案涉《合伙协议》已经明确约定合伙人之间转让合伙财产份额须经全体合伙人一致同意的情况下，该《转让协议书》欲生效，尚需要满足全体合伙人一致同意的条件。而在其他合伙人未对该合伙财产份额转让明确同意之前，案涉《转让协议书》属于合同成立未生效的状态。

在本案审理过程中，新能源基金有限合伙人吉林省城建实业有限公司和红佳投资有限公司向法院提交书面《情况说明》，均明确不同意邢某向鼎泰

投资管理公司转让合伙财产份额。此节事实说明，案涉《转让协议书》关于合伙财产份额转让事宜，已经确定不能取得全体合伙人同意，故该《转让协议书》确定不生效，不能在当事人之间产生履行力。

2. 合伙份额转让协议不生效，故原告要求被告履行转让协议无事实基础和法律依据

在本案诉讼中，邢某诉讼请求履行《转让协议书》，系以《转让协议书》合法有效及具有履行力为前提。在案涉《转让协议书》已经确定不生效的情况下，邢某诉讼请求履行该《转让协议书》，缺乏事实基础和法律依据，应予驳回。一审法院认定案涉《转让协议书》合法有效，判决鼎泰投资管理公司继续履行该协议书，违反《合伙协议》约定的合伙财产份额转让需要征得全体合伙人一致同意的共同意思表示，也违反《合伙协议》关于未经全体合伙人一致同意有限合伙不能转变为普通合伙、普通合伙不能转变为有限合伙的共同意思表示，认定事实及适用法律均错误，应予纠正。

3. 法院认定转让协议不生效与被告抗辩主张转让协议无效，在法律后果上相同，故对于被告请求驳回原告诉讼请求的主张予以支持

被告鼎泰投资管理公司主张案涉《转让协议书》无效，而法院认定案涉《转让协议书》不生效及不存在无效事由。从结果上看，合同确定不生效所产生的合同不具有履行力的法律效果，与合同无效所产生的合同不具有履行力的法律效果是相同的，即均产生邢某请求继续履行该《转让协议书》的诉讼请求不能成立的法律后果，故鼎泰投资管理公司关于应驳回邢某继续履行《转让协议书》、支付转让价款诉讼请求的上诉主张，理据充分，法院予以支持。

（三）律师分析及建议

1. 合同不成立、合同生效、合同被撤销、合同解除等合同的不同形式应如何进行区分和理解

在这里，笔者以示意图的形式，展示在不同的时间阶段，合同成立、合同生效、合同解除或撤销的演变过程（详见图1）。

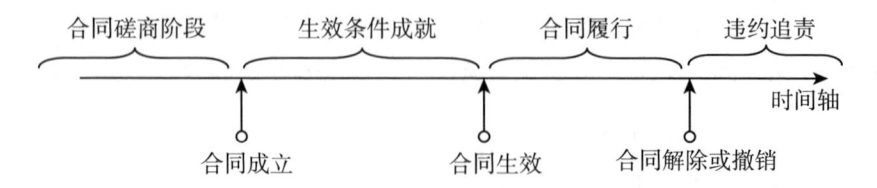

```
合同磋商阶段    生效条件成就    合同履行    违约追责
                                                              时间轴
         合同成立         合同生效      合同解除或撤销
```

图1　合同成立、合同生效、合同解除或撤销的演变过程

由图1可知，在一条时间轴上容易理解合同成立、合同生效、合同解除或撤销的发生演变过程。根据《民法典》第502条第1款的规定，依法成立的合同，自成立时生效，但对于一些附生效条件的合同需要条件成就后合同才发生效力，且在合同生效后还可能因各种原因引起合同被撤销或合同解除，导致合同无法继续履行，合同守约方可基于不同事实和理由追究违约方的违约责任。

2. 本文案例中被告主张转让协议无效，法院认定为协议不生效，其中合同的无效与不生效之间有何不同

合同无效与合同不生效是两个不同的法律概念，两者在法律效果、适用条件以及双方责任承担方面均有着一定差异，具体为以下几点。

（1）合同无效与合同不成立两者虽有不同，但法律效果都是无法强制合同双方按合同约定履行

无效合同：指的是违反法律规定或行政法规的强制性规定，或侵害公共利益和公序良俗的合同，根据《民法典》第155条的规定，无效合同自始不具有法律约束力。

不生效合同：指的是已经依法成立但尚未产生法律效力的合同。不生效合同虽然已经成立，但在特定条件下，如未经必要手续、批准等生效条件，也不会发生合同效力。

（2）形成合同无效与合同不成立两者的原因不同

无效合同：通常是因为合同的内容或目的违法，日常生活中常见的场景如无民事行为能力人签署的合同无效；合同各方基于虚假意思表示行为签署的合同无效；合同内容违反强制性规定的合同无效；合同内容违背公序良俗的合同无效；合同各方恶意串通损害他人权益的合同无效等。

不生效合同：可能是因为合同缺少必要手续如书面形式、登记等，或者

是因为生效条件尚未成就如特定批准程序未完成，以及本文案例中的未经其他合伙人同意等情形。

(3) 合同无效与合同不成立后合同双方承担的责任形式不同

无效合同：可能导致的法律后果是返还财产和赔偿损失，具体责任形式由法院根据法律规定和案件事实进行判定。

不生效合同：通常不涉及返还财产和赔偿损失，因为合同本身未产生法律效力，不涉及权利义务的实际履行。

综上所述，合同无效是指合同从根本上不具有法律效力，而合同不生效是指合同目前尚不具备法律效力，但有可能在未来特定条件下获得效力。在实际操作中，对于不生效的合同，当事人可以通过补充必要手续或成就条件来使合同生效，而无效合同则自始无效，没有法律约束力。

四、合伙企业财产份额转让纠纷案如何确定管辖法院

在原告邢某起诉被告鼎泰投资管理公司合伙企业财产份额转让纠纷案件中，被告鼎泰投资管理公司在案件一审开庭前提出管辖权异议。

（一）原告与被告的不同主张

原告邢某主张，《转让协议书》第5条第2款约定："因履行本协议所发生的或与本协议有关的一切争议，签约双方应通过友好协商解决，如果协商不成，协议任何一方均有权向合伙企业所在地有管辖权的人民法院提起诉讼。"在本案中，新能源基金的住所地为吉林省长春市，鼎泰投资管理公司的注册地为北京市朝阳区，邢某的住所地为吉林省长春市，本案的诉讼标的额在5000万元以上，本案依法应由吉林省高级人民法院管辖。

被告鼎泰投资管理公司则主张，双方在《转让协议书》中并未明确合伙企业的具体名称，导致合伙企业所在地无法确定，故本案应按照合同纠纷案确定管辖法院。本案被告住所地和合同履行地均在北京市朝阳区，且本案标的额超5000万元，故本案应移送至北京市第三中级人民法院管辖。

（二）法院观点

1. 本案为合伙企业财产份额转让纠纷，在有合同约定的情况下，双方应按照约定确定管辖法院

《民事诉讼法》第35条规定："合同或者其他财产权益纠纷的当事人可以书面协议选择被告住所地、合同履行地、合同签订地、原告住所地、标的物所在地等与争议有实际联系的地点的人民法院管辖，但不得违反本法对级别管辖和专属管辖的规定。"原告邢某与被告鼎泰投资管理公司签订的合伙企业财产份额《转让协议书》第5条第2款约定："因履行本协议所发生的或与本协议有关的一切争议，签约双方应通过友好协商解决，如果协商不成，协议任何一方均有权向合伙企业所在地有管辖权的人民法院提起诉讼。"该约定不违反法律规定，合法有效，故本案应以此约定来确定管辖法院。

2. 在确定地域管辖时，双方转让协议约定明确

根据邢某起诉状及合伙企业财产份额《转让协议书》可知，原告邢某与被告鼎泰投资管理公司转让的是邢某所持有的新能源基金财产份额，故双方协议所指合伙企业为新能源，该合伙企业主要经营场所在长春市宽城区。

3. 在确定级别管辖时，根据2015年级别管辖的规定以及本案诉讼请求金额，应确认为省高级人民法院审理

按照《最高人民法院关于调整高级人民法院和中级人民法院管辖第一审民商事案件标准的通知》的规定，吉林省高级人民法院可管辖当事人一方住所地不在受理法院所处省级行政辖区的、诉讼标的额5000万元以上一审民商事案件。本案标的额超过5000万元，且其中三位被告不在吉林省辖区内，故一审法院对本案依法享有管辖权，鼎泰投资管理公司提出的管辖权异议不成立。

（三）律师分析及建议

1. 合伙企业财产份额转让纠纷其本质仍是合同纠纷，故应按照合同纠纷的管辖规定确定管辖法院

根据《民事诉讼法》第24条的规定，合同纠纷案件，由被告住所地或合同履行地法院管辖。该法第35条规定，合同双方可以在合同中约定管辖法

院,但不得违反级别管辖和专属管辖的规定,且合同双方约定的管辖地点,应为与争议有实际联系的地点,如合同约定选择被告住所地、合同履行地、合同签订地、原告住所地、标的物所在地等。

2. 近年来由于经济发展变化,起诉金额所对应的级别管辖有哪些变化

我国诉讼案件审理是四级两审终审制,所谓四级是指四级法院,即区县级基层人民法院、市级中级人民法院、省级高级人民法院和最高人民法院,两审终审是指二审法院作出的判决即为终审判决,诉讼双方即应开始履行判决内容,至于再审申请程序和民事检察监督程序,在无明确撤销二审判决的法律文书作出前,不影响二审判决书的法律效力。其中关于级别管辖的规定,近年来随着社会经济的不断发展,也不断发生了变化。

根据2015年5月1日开始施行的《最高人民法院关于调整高级人民法院和中级人民法院管辖第一审民商事案件标准的通知》的规定,诉讼双方当事人均在受理法院所在同一省内的,中级人民法院管辖的诉讼标的金额一般在3000万元至3亿元,经济发展较发达地区的金额要求会上调、经济发展较缓地区会下调。如本文案例在确定级别管辖时即适用该规定。

此后,又经过几次司法解释的调整变化,现最新颁布实施的是2021年10月1日开始实施的《最高人民法院关于调整中级人民法院管辖第一审民事案件标准的通知》,对于当事人双方均在或者均不在受理法院所处省级行政辖区的,中级人民法院管辖诉讼标的额5亿元以上的第一审民事案件,对于当事人一方不在受理法院所处省级行政辖区的,中级人民法院管辖诉讼标的额1亿元以上的第一审民事案件。

3. 实践中,管辖权异议提出的时间以及法院一般的审理周期有多长

(1) 提出管辖权异议的时间

根据《民事诉讼法》第130条的规定,管辖权异议的提出时间是在提交答辩状期间,具体为被告收到起诉状副本之日起15日内。如果超过这一期限,法院将不再接受管辖权异议,而是视为当事人已放弃这一权利。

(2) 法院审查管辖权异议的期限

此前有明确法律规定,就管辖权的异议审理规定了人民法院应在15日内审查管辖权异议,后来相关法律法规被废止,故现行《民事诉讼法》及《民

事诉讼法司法解释》中并未对管辖权异议一审审理期限作出明确规定。管辖权异议一审之后，当事人可以选择上诉，根据《民事诉讼法》第171条、第183条第2款的规定，管辖权异议裁定送达后，当事人可以在10日内提出上诉，二审法院应在二审立案之日起30内作出终审裁定。

综上所述，当事人一方提起管辖权异议经一审、二审及文件流转时间，一般要3~4个月的时间。

案例二十四　合伙型私募基金：劣后级合伙人退出保底承诺的效力认定

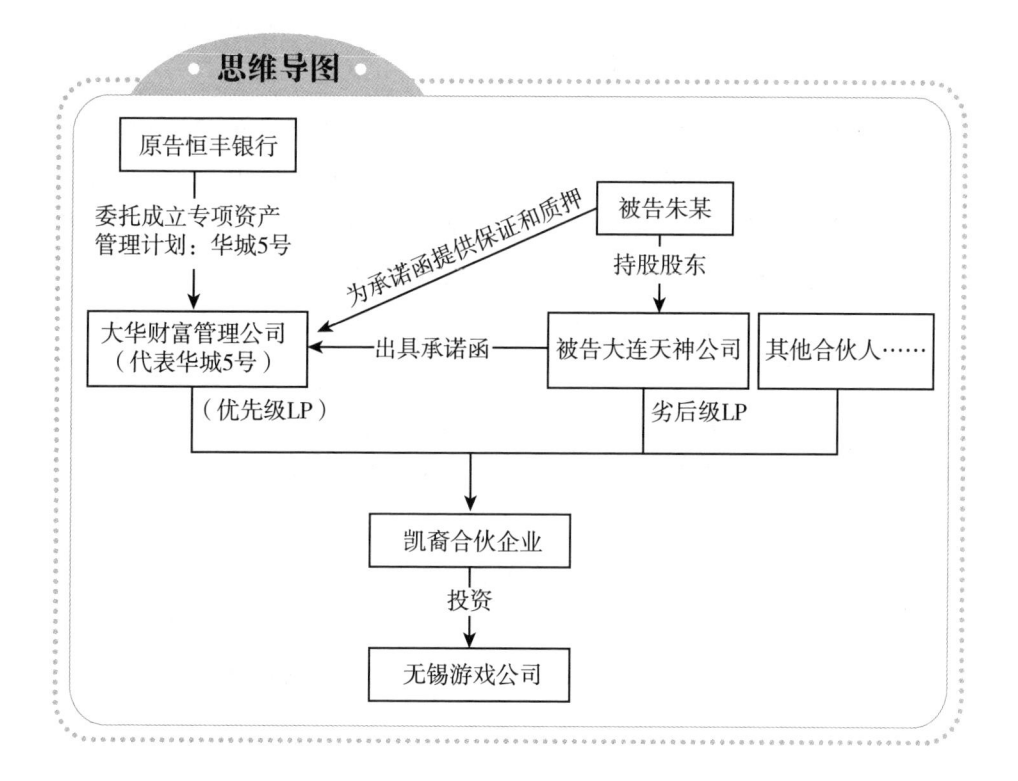

思维导图

```
原告恒丰银行
    │
    │ 委托成立专项资产
    │ 管理计划：华城5号
    ▼
大华财富管理公司          被告朱某
（代表华城5号）           │ 持股股东
（优先级LP）              ▼
    │      ◄── 为承诺函提供保证和质押 ──
    │      ── 出具承诺函 ──►  被告大连天神公司      其他合伙人……
    │                              劣后级LP
    ▼
凯裔合伙企业
    │ 投资
    ▼
无锡游戏公司
```

案例来源

（2021）京民终 442 号、（2020）京 03 民初 243 号

案情简介

2016 年 6 月，恒丰银行作为委托人、托管人与大华财富管理公司作为管

· 347 ·

理人签订了《资产管理合同》，出资 6 亿元成立专项资产管理计划华诚 5 号，计划投资凯裔合伙企业的优先级有限合伙份额。同月，凯裔合伙企业成立，其中大连天神公司（认缴出资 1.5 亿元）为劣后级有限合伙人，大华财富管理公司（代表华诚 5 号）（认缴出资 6 亿元）为优先级有限合伙人，各合伙人共同签署《合伙协议》，约定：共同出资成立凯裔合伙企业，投资无锡游戏公司的 64.1% 股权。

2016 年 6 月 16 日，朱某及大连天神公司向大华财富管理公司（代表华诚 5 号资管计划）出具《承诺函》。大连天神公司承诺，退伙或清算时若凯裔合伙企业财产不足以支付大华财富管理公司（代表华诚 5 号资管计划）（优先级合伙人）的季度收益、投资本金和预期收益的，大连天神公司应按"购买其基金份额；或补足其总投资回报差额"方式向优先级合伙人承担责任。被告朱某在该《承诺函》中同意对大连天神公司的上述承诺承担连带保证责任，并将朱某持有的大连天神公司 100 股股票作为质押，与大华财富管理公司（代表华诚 5 号资管计划）签署《股票质押合同》并办理质押登记。

2019 年 4 月 22 日，大华财富管理公司向恒丰银行发出华诚 5 号资管计划现状分配通知函，大华财富管理公司按照《资产管理合同》约定，在合同终止后将委托财产按照现状形式分配给管理人，并将货币直接交付、非货币形式的委托财产——"《合伙协议》项下大华财富管理公司（代表华诚 5 号资管计划）持有的有限合伙份额"、大连天神公司和朱某对本资管计划出具的《承诺函》，及朱某持有的 100 股大连天神公司股票质押担保权利均交付给恒丰银行。

2019 年 6 月 5 日，恒丰银行以大连天神公司、朱某为被告起诉至法院形成本案诉讼，在本案一审期间，大连天神公司于 2020 年 7 月 31 日被法院裁定进入破产重整程序，此后恒丰银行将本案诉讼请求由给付金钱变更为确认债权。2020 年 8 月 21 日，恒丰银行向大连天神公司管理人申报债权总额为 11.48 亿余元，大连天神公司管理人将恒丰银行债权调整为暂缓确认。

一、委托他人借名签订合伙协议，实际出资人是否具有诉讼主体资格

2016 年 6 月 16 日，大连天神公司向恒丰银行递交《恒丰银行上海分行信贷业务申请书》，申请金额 7 亿元，期限 24 个月，用于收购案涉无锡游戏公司部分股权。2016 年 6 月 22 日，恒丰银行将 6 亿元支付至华诚 5 号资管计划专用账户，华诚 5 号资管计划于同日将 6 亿元支付至凯裔合伙企业。

（一）原告与被告的不同主张

原告恒丰银行主张，在《合伙协议》《承诺函》《股票质押协议》的谈判过程中以及签订时，两被告均知悉恒丰银行委托大华财富管理公司设立华诚 5 号作为凯裔合伙企业的优先级合伙人，凯裔合伙企业优先级份额的实际出资人为恒丰银行，故根据《民法典》第 925 条①的规定，该等协议应直接约束恒丰银行和大连天神公司、朱某，恒丰银行有权直接向两被告主张权利。

被告大连天神公司主张，大连天神公司在订立《合伙协议》时并不知晓恒丰银行系委托人，而只是与恒丰银行沟通过信贷业务，不涉及华诚 5 号的相关业务，大连天神公司不了解恒丰银行与大华财富管理公司的合同关系符合常理。即使大华财富管理公司已将华诚 5 号的权益分配给恒丰银行，但该权益转让也未实际完成。因此，本案中恒丰银行并非适格的起诉主体。

被告朱某主张，恒丰银行并非适格的原告，应当驳回其起诉。在签署《合伙协议》时，大连天神公司与大华财富管理公司均以有限合伙人身份进行洽谈对接，大连天神公司并不知晓实际出资人为恒丰银行，上述信息足以

---

① 《民法典》第 925 条规定："受托人以自己的名义，在委托人的授权范围内与第三人订立的合同，第三人在订立合同时知道受托人与委托人之间的代理关系的，该合同直接约束委托人和第三人；但是，有确切证据证明该合同只约束受托人和第三人的除外。"该条规定内容沿用了原《合同法》第 402 条关于委托人介入权规定的全文内容。

影响大连天神公司当时的出资决定。有关恒丰银行与大华财富管理公司之间的《资产管理合同》，在签约时并未向大连天神公司出示及作出声明。同时，在大连天神公司出具的《承诺函》中明确了仅向大华财富管理公司进行承诺。《合伙协议》仅约束签约方，恒丰银行不能以《资产管理合同》中的委托人身份向大连天神公司主张权利。

（二）法院观点

1. 各方签署《合伙协议》成立凯裔合伙企业目的是投资无锡游戏公司股权，同样，在合伙协议签署前的 2 个月大连天神公司向恒丰银行申请贷款的目的是收购无锡游戏公司股权，显然以合伙企业方式收购目标股权是对大连天神公司前期申请贷款后各方协商形成的具体履行

2016 年 6 月，恒丰银行与大华财富管理公司签订《资产管理合同》，出资设立华诚 5 号资管计划，并以资管计划投资凯裔合伙企业的优先级有限合伙份额，并作为优先级有限合伙人与劣后级有限合伙人大连天神公司等其他合伙人共同签署《合伙协议》出资成立凯裔合伙企业，投资于无锡游戏公司的 64.1% 股权。2016 年 4 月 11 日，大连天神公司参与投资设立并购基金的相关事宜经其董事会审议通过，并公告于巨潮资讯网。2016 年 6 月 16 日，大连天神公司向恒丰银行递交《恒丰银行××分行信贷业务申请书》，申请金额 7 亿元，用于收购无锡游戏公司部分股权。

2. 结合案涉各文件的签署及履行情况证据，能充分证明被告大连天神公司、朱某在订立《合伙协议》时知道大华财富管理公司与恒丰银行之间的代理关系

在《资产管理合同》期满后，大华财富管理公司履行了向委托人恒丰银行分配委托财产利益的责任，将恒丰银行持有的有限合伙份额、大连天神公司、朱某对资管计划出具的《承诺函》及朱某持有的 100 股大连天神公司股票质押担保权利全部移交至恒丰银行。《资产管理合同》、《合伙协议》、大连天神公司公告、《恒丰银行上海分行信贷业务申请书》等一系列证据，形成了完整的证据链，能够证明大华财富管理公司（代表华诚 5 号资管计划）作为恒丰银行的受托人，以自己的名义与大连天神公司等合伙人订立《合伙协

议》,大连天神公司在订立《合伙协议》时知道大华财富管理公司与恒丰银行之间的代理关系,故该合同直接约束恒丰银行和大连天神公司。

综上所述,本案符合《民法典》第 925 条规定的情形,恒丰银行提起本案诉讼,是适格的原告。

(三) 律师分析及建议

1. 实践中的优先级合伙人、劣后级合伙人、中间级合伙人有何区别

实务中所谓优先级、劣后级及中间级合伙人,本质上是各方就其权益进行的合同约定。通常合伙合同中关于不同合伙人的权益约定内容包括以下几个方面。

(1) 优先级合伙人按照合伙协议优先获得收益分配,通常可以获得比较固定的收益。

(2) 劣后级合伙人在产品优先向优先级合伙人分配收益后,获取剩余的收益或承担亏损。

(3) 中间级合伙人位于优先级和劣后级之间,又称夹层合伙人,通常在收益和风险方面介于两者之间。

2. 实践中,对于委托代理关系,若受托人以自己名义与他人订立的合同,何种情况能约束到委托人

根据《民法典》第 925 条和第 926 条的规定,受托人以自己的名义与第三人订立合同时,针对第三人是否知道存在委托代理关系而有所不同。

(1) 第三人知道委托代理关系

受托人以自己的名义,在委托人的授权范围内与第三人订立的合同,第三人在订立合同时知道受托人与委托人之间的代理关系的,该合同直接约束委托人和第三人;但是,有确切证据证明该合同只约束受托人和第三人的除外。

(2) 第三人不知道委托代理关系

第三人不知道受托人与委托人之间的代理关系的,受托人因第三人的原因对委托人不履行义务,受托人应当向委托人披露第三人,委托人因此可以行使受托人对第三人的权利。但是,第三人与受托人订立合同时如果知道该委托人就不会订立合同的除外。

3. 实践中，若被告在诉讼期间已被裁定进入破产重整程序，则案件管辖法院是否应由破产法院管辖

例如在本文案例中，原告在一审期间因被告进入破产程序的变故，变更诉讼请求内容由金钱给付之诉变更为债权确认之诉，该案实质上是破产债权确认之诉。根据《企业破产法》第21条的规定，人民法院受理破产申请后，有关债务人的民事诉讼，只能向受理破产申请的人民法院提起。然而，本文案例是在被告大连天神公司被裁定破产之前即已经提起诉讼且法院已经受理的案件，因此，案件最终并未变更管辖而移送至破产法院管辖审理。

二、劣后级合伙人向优先级承诺退出保底的，该承诺是否有效

2016年4月11日，大连天神公司参与投资设立并购基金的相关事宜经其董事会审议通过，并公告于巨潮资讯网。大连天神公司在其2019年年度报告中，将大华财富管理公司代表的华诚5号资管计划项目列为"其他流动负债"，并注明该款项系并购基金优先级合伙人及中间级合伙人出资份额。

《承诺函》中约定，大连天神公司确认已经取得出具本承诺函所需的公司章程规定的必要的批准程序以及相应的决议，并履行了上市公司的公告程序。大连天神公司在此承诺不以任何理由主张本承诺函无效。在诉讼中，双方对于承诺函的效力问题产生争议。

（一）原告与被告的不同主张

原告恒丰银行主张，大连天神公司在《承诺函》项下的义务是独立的合同义务，不是从债务，不构成大连天神公司对凯裔合伙企业的担保。《承诺函》是劣后级合伙人向优先级合伙人作出的，根据《九民会议纪要》第90条第1款[①]

[①] 《九民会议纪要》第90条第1款规定："【劣后级受益人的责任承担】信托文件及相关合同将受益人区分为优先级受益人和劣后级受益人等不同类别，约定优先级受益人以其财产认购信托计划份额，在信托到期后，劣后级受益人负有对优先级受益人从信托财产获得利益与其投资本金及约定收益之间的差额承担补足义务，优先级受益人请求劣后级受益人按照约定承担责任的，人民法院依法予以支持。"

的规定，应属有效。

被告大连天神公司主张，凯裔合伙企业连续亏损，《承诺函》实际是由合伙企业的部分合伙人承担全部亏损，根据《合伙企业法》第 33 条第 2 款①的规定，应属无效。《承诺函》约定的份额购买或差额补足义务就是大连天神公司向恒丰银行在凯裔合伙企业中名为投资、实为借贷的债权提供的担保。其所担保的主债权即为恒丰银行通过华诚 5 号专项资产管理计划以投资名义借出的借款期限为 24 个月的本金及年化收益率为 7.3% 的固定收益的借贷资金。根据相关规定，该项担保事项未经上市公司股东大会的合法程序审核批准，为无效的担保。

被告朱某主张，大连天神公司出具的《承诺函》因违反法律和监管机构规定、破坏金融监管秩序、损害中小股东利益而无效。

（二）法院观点

1. 被告方出具《承诺函》，原告方接受该《承诺函》，原被告双方之间形成合同关系，双方应予遵守和履行。被告大连天神公司在其公告信息中也披露了部分《承诺函》中的内容，说明被告在签署和履行合伙协议时已考虑过《承诺函》对其经营的影响

本案中，大连天神公司及朱某出具《承诺函》，恒丰银行接受该《承诺函》，即在各方之间形成了合同关系，该合同内容系各方当事人真实意思表示，内容不违反我国法律、行政法规的效力性的强制性规定，不损害社会公共利益，应为有效。各方当事人均应当依约履行各自的权利义务。大连天神公司作为上市公司，其参与投资设立并购基金的相关事宜经其董事会审议通过，并公告于巨潮资讯网。2019 年年度报告中，大连天神公司将大华财富管理公司代表的华诚 5 号资管计划列为"其他流动负债"，并注明该款项系并购基金优先级合伙人及中间级合伙人出资份额，可以认定其已注意到《承诺函》内容对其经营产生的影响。

---

① 《合伙企业法》第 33 条第 2 款规定："合伙协议不得约定将全部利润分配给部分合伙人或者由部分合伙人承担全部亏损。"

2.《承诺函》的内容并不违反法律法规，且关于大连天神公司的约定和关于实际控制人朱某的约定内容，符合《九民会议纪要》中关于劣后级受益人责任承担的规定，《承诺函》内容应属有效约定

（1）关于大连天神公司的承诺内容，该《承诺函》载明，"大连天神公司承诺，自凯裔合伙企业任一有限合伙人出资到位之日起满24个月……若凯裔合伙企业财产不足以支付大华财富管理公司（代表华诚5号资管计划）（即优先级合伙人）的季度收益、投资本金和预期收益的，大连天神公司应按以下方式向优先级合伙人承担责任：购买其基金份额；或补足其总投资回报差额"。该承诺实质上系对"劣后级受益人的责任承担问题"作出的约定，根据《九民会议纪要》第90条"信托文件及相关合同将受益人区分为优先级受益人和劣后级受益人等不同类别，约定优先级受益人以其财产认购信托计划份额，在信托到期后，劣后级受益人负有对优先级受益人从信托财产获得利益与其投资本金及约定收益之间的差额承担补足义务，优先级受益人请求劣后级受益人按照约定承担责任的，人民法院依法予以支持"的规定，本案中，恒丰银行作为优先级受益人要求劣后级受益人大连天神公司按照约定承担责任，具有事实及法律依据，法院予以支持。

（2）关于朱某的承诺内容，该《承诺函》载明"朱某在该函中同意对大连天神公司的上述承诺承担连带保证责任"，其内容符合法律关于保证的规定，应当认定恒丰银行与朱某之间成立保证合同关系。根据《九民会议纪要》第91条"信托合同之外的当事人提供第三方差额补足、代为履行到期回购义务、流动性支持等类似承诺文件作为增信措施，其内容符合法律关于保证的规定的，人民法院应当认定当事人之间成立保证合同关系"的规定，恒丰银行要求朱某对大连天神公司的债务承担连带保证责任，具有事实及法律依据，法院予以支持。

3. 大连天神公司及朱某提出的因《承诺函》未履行相关程序、违反上市公司对外担保规定、侵害公众利益等导致无效的主张，缺乏事实和法律依据，有违诚信原则，法院不予支持

北京市高级人民法院认为，《承诺函》是大连天神公司作为劣后级合伙

人向优先级合伙人大华财富管理公司（代表华诚 5 号资管计划）作出的承诺，并无为其他债务人应承担义务提供履行保障的意思表示，不具备主从关系特征，亦不属于《合伙协议》之外的当事人提供第三方差额补足的情形。故本案中大连天神公司出具《承诺函》并非对外担保，不适用《公司法》有关上市公司对外担保的规定。

综上所述，一审法院、二审法院在审理时均认定《承诺书》合法有效。

（三）律师分析及建议

1. 实践中，有关上市公司对外担保的限制有哪些

（1）披露要求：上市公司对外担保的所有事项必须进行公开披露，包括担保事项已经董事会或股东大会决议通过的信息。

（2）决议程序：上市公司为他人提供担保，必须经过董事会或股东大会的决议。具体来说，单笔担保额超过最近一期经审计净资产 10% 的担保，或上市公司及其控股子公司对外提供的担保总额超过最近一期经审计净资产 50% 后提供的任何担保，都需要股东大会的审议。

（3）对关联人债务提供担保：除了要经全体非关联董事的过半数审议通过外，还应当经出席董事会会议的非关联董事的 2/3 以上董事审议同意并作出决议，并提交股东大会审议。在股东大会审议关联担保事项时，关联人应当回避表决。

（4）法律责任：如果担保事项已经上市公司董事会决议通过但未公开披露，那么相对人与上市公司订立的担保合同对上市公司不发生效力。此外，如果担保事项未经决议通过但上市公司在公告信息中虚假陈述其已经董事会或股东大会决议通过，该担保对上市公司发生效力。

2. 实践中，在新《公司法》施行后，有限责任公司对外担保的限制有哪些

就有限责任公司为他人债务提供担保的规定，主要有《民法典》第 61 条和第 504 条、《公司法》第 15 条、《民法典担保制度解释》第 7 条至第 10 条、《九民会议纪要》第 17 条至第 22 条等内容。《公司法》第 15 条区分了公司对股东或实控人提供担保以及公司对其他主体债务提供担保的不同要求，

其中公司为公司股东或者实际控制人提供担保的，在没有经过股东会决议获得授权之前，法定代表人就上述担保交易没有代表权；公司为其他主体债务提供担保的，法定代表人在实施交易前必须取得董事会或股东会的决议。但是，该担保行为具体是由董事会还是股东会决议，取决于公司章程的具体规定，且公司章程对担保的数额有限额规定的，不得超过规定的限额。

3. 本文案例中所涉《承诺函》内容，可能违反的监管规定有哪些

本文案例中，被告大连天神公司系上市公司，应接受证监会与公众的监管，案涉《合伙协议》进行了部分披露，但案涉《承诺函》的签订及内容却未经过大连天神公司董事会决议，也没有履行信息披露义务。2020年4月26日，证监会因大连天神公司未及时披露《承诺书》内容，依据《证券法》第193条第1款的规定，对大连天神公司给予警告，并处以40万元罚款；对朱某给予警告，并处以10万元罚款。

除此之外，案涉《承诺书》内容还存在违反以下法律规定的风险，需要在签署类似协议时注意避免相关金融规定对合同效力的影响，具体如下：

（1）应披露未披露文件，可能会违反的证监会《上市公司信息披露管理办法》第30条及第31条的规定。

（2）根据《证券期货经营机构私募资产管理业务运作管理暂行规定》第4条、第5条、第8条的规定，结构化资产管理计划整体产生收益或出现投资亏损时，所有投资者均应当享受收益或承担亏损，不能够出现某一级份额投资者仅享受收益而不承担风险的情况。若《承诺函》内容被定性为是由大连天神公司对恒丰银行进行本金和收益的保底承诺，则会出现违反该规定和影响文件效力的风险。

（3）《中国人民银行、中国银行保险监督管理委员会[①]、中国证券监督管理委员会、国家外汇管理局关于规范金融机构资产管理业务的指导意见》第27条规定实行穿透式监管。本案中，华诚5号将资金投资到凯裔合伙企业，再借由合伙企业投资到无锡游戏公司。若法院认定案涉各方是通过层层嵌套的模式来逃避监管，则可能会认定《承诺函》是对恒丰银行的投资本金及收

[①] 该机关现已撤销。

益提供保底担保，进而存在影响《承诺函》效力的风险。

4. 关于本文案例原告诉讼请求中的投资款差额补足责任，被告应否履行

原告诉讼请求包括：差额补足款之投资本金 6 亿元以及差额补足款按利息计算的预期收益。法院在审理时认为：大连天神公司在《承诺函》中承诺"在任一有限合伙人出资到位之日起满 24 个月后，向优先级合伙人承担补足总投资回报差额的责任"，《承诺函》合法有效，且恒丰银行作为华诚 5 号资管计划的委托人有权向被告大连天神公司主张《承诺函》约定的权益，故原告恒丰银行有权要求大连天神公司履行《承诺函》中约定的差额补足义务，故对于恒丰银行要求大连天神公司承担差额补足义务的请求，法院予以支持。

三、劣后级合伙人承诺差额补足，金额如何认定

《承诺函》第 1.3 条约定，优先级合伙人总投资回报差额 =（优先级合伙人的季度收益 + 投资本金 + 预期收益）− 优先级合伙人已获得的累计分配金额。其中该函亦明确，优先级合伙人的季度收益计算方式见《合伙协议》第 11.1.1（1）款、预期收益计算方式见《合伙协议》第 14.8.2 款以及 17.5 款，投资本金为《合伙协议》下的实缴出资额。大连天神公司应在优先级合伙人书面通知指定的履行期限内向优先级合伙人履行承诺的义务。大连天神公司未在该等履行期限内履行义务的，则应按日息 1‰ 就应付未付金额向优先级合伙人承担逾期付款违约金。

2018 年 11 月 21 日，恒丰银行工作人员向大连天神公司副总裁贺某电子邮箱发送《催收通知函》，要求大连天神公司即日内履行份额回购及差额补足义务，并清偿相关应付款项。

（一）原告与被告的不同主张

原告恒丰银行主张，大连天神公司破产管理人于 2020 年 9 月 10 日对恒丰银行申报债权的初步审查结论为恒丰银行的本金金额 53600 万元，恒丰银行对该金额予以认可。违约金的起算时间，应从大连天神公司收到《催收通

知函》之日即2018年11月21日开始计算，违约金利率应按《承诺函》约定的日息1‰计算。

被告大连天神公司主张，总投资回报中的累计分配金额应当包括恒丰银行以6亿元出资获得的凯裔有限合伙中对应的6亿元份额，因此，恒丰银行已获得的累计分配金额应为69864万元，而不是6400万元。因恒丰银行于2019年4月2日才明确要求大连天神公司履行购买份额义务，故违约金的起算时间为2019年4月2日，且违约金约定过高，应予调减。

被告朱某主张，《承诺函》无效，其不应承担给付责任。

（二）法院观点

根据《合伙协议》第11.1.1条、第14.8.2条的约定，收益及收益分配均采用实缴出资金额×7.3%×当期天数/365进行确定和计算，并不包括各合伙人在凯裔合伙企业中持有的份额，且法院在判决时已明确在大连天神公司补足总投资差额后，恒丰银行依据《合伙协议》所应获得的投资份额及相关权益，应当归于大连天神公司所有，因此，恒丰银行仅收到6400万元本金，应予确认。就恒丰银行请求确认的债权金额，法院支持金额如下。

1. 被告承担差额补足款本金部分，法院予以支持

恒丰银行认可2018年12月26日收到凯裔合伙企业6400万元本金，结合双方提交的款项支付证据，法院确认差额补足款本金应为53600万元。

2. 被告承担差额补足款预期收益，法院予以支持

以本金6亿元为基数，自2018年9月22日起计算至2018年12月26日，以本金53600万元为基数，自2018年12月27日起计算至2020年7月31日，均按照年利率7.3%计算。法院确认差额补足款预期收益应为74017600元。

3. 关于违约金金额的认定，首先应按《承诺函》的约定进行确认，同时结合被告要求调减违约金的请求以及被告已进入破产程序的现实困境，法院酌情调减违约金的计算标准为年化10%

根据《承诺函》中的记载，大连天神公司未在履行期限内履行义务的，则应按日息1‰就应付未付金额承担逾期付款违约金。恒丰银行工作人员于2018年11月21日向大连天神公司副总裁贺某电子邮箱发送了《催收通知

函》，故 2018 年 11 月 21 日应确定为履行义务之日。恒丰银行请求大连天神公司支付违约金具有事实和法律依据。鉴于大连天神公司提出恒丰银行主张的违约金计算标准过高应予以调整，故在法院已支持大连天神公司向恒丰银行支付预期收益，并结合考虑大连天神公司处于破产重整的境况下，法院对此项标准予以调整，降为年利率 10%。

（三）律师分析及建议

1. 实践中，预期收益与违约金能否一并主张

预期收益（又称可得利益）是一种未来利益，必须通过合同的实际履行才能得以实现，并且必须具有一定的确定性。同时，预期收益损失赔偿存在限制条件，不得超过违约一方订立合同时预见到或者应当预见到的因违约可能造成的损失。预期收益损失，应扣除非违约方为订立、履行合同支出的费用等合理成本后，按照非违约方能够获得的生产利润、经营利润或者转售利润等计算损失。而违约金则由合同双方约定产生，具体金额应结合合同约定及实际损失等综合认定。

预期收益损失与违约金两者可以同时主张，如本文案例中，原告恒丰银行既主张被告赔偿预期收益损失，同时主张被告按照《承诺函》约定的违约金比例按照日 1‰ 的比例赔偿原告违约金。

2. 实践中，违约金约定多少属于违约金过高

根据《民法典》第 585 条及《民法典合同通则司法解释》第 65 条的规定，合同可约定违约金，金额应当结合合同的履行情况、当事人的过错程度、根据公平原则和诚信原则予以约定。若约定违约金金额过高，法院可基于违约金酌减规则予以调整。约定的违约金数额不能高于违约损失的 30%，也就是说，违约金不能超过违约造成损失的 1.3 倍。

3. 就投资本金及收益的差额补足承诺，实际是以回购投资份额的方式支付份额对价款。实践中，若债务人在承担差额补足责任后，能否取得相应的投资份额

例如在本文案例中，《大连天神公司重整计划》第 8 条第 11 项载明：并购基金类债权人与公司（指大连天神公司）或公司子公司参与设立并购基

金，公司对该等债权人的回购及差额补足义务通过执行本重整计划将得以全部履行，此后该等债权人所持有的并购基金合伙份额将归公司所有。并购基金类债权人在重整中取得的资本公积转增股票应全额提存至管理人指定的证券账户。2020年11月6日，（2020）辽02破5-2号民事裁定书裁定"批准大连天神公司重整计划"。依据《企业破产法》第92条第1款的规定，经人民法院裁定批准的重整计划，对债务人和全体债权人均有约束力。

因此，在大连天神公司全面履行差额补足义务的情况下，恒丰银行依据《合伙协议》所应获得的投资份额及相关收益应归于大连天神公司所有。

四、能否将劣后级合伙人的实际控制人作为投资保底承诺的责任人

作为大连天神公司的实际控制人，朱某与大连天神公司一同签署《承诺函》，该函载明"朱某在该函中同意对大连天神公司的上述承诺承担连带保证责任"。

（一）原告与被告的不同主张

原告恒丰银行主张，大连天神公司实际控制人朱某就大连天神公司所负债务承担连带责任。

被告大连天神公司主张，《承诺函》应属无效，且即便有效，根据《企业破产法》第18条的规定，大连天神公司自破产申请受理之日起两个月内未通知华诚5号继续履行《承诺函》，应视为该《承诺函》解除。

被告朱某主张，因《承诺函》符合无效情形应属于无效文件，故朱某无须承担连带保证责任。

（二）法院观点

1. 尽管大连天神公司进入破产程序，但作为债务保证人的朱某仍应对债务人应承担的全部债务承担保证责任

（1）《承诺函》已被一审法院认定为有效，朱某应对大连天神公司所作出的承诺承担连带保证责任

虽然依照《企业破产法》第46条的规定，对于债权人的未到期债权，

案例二十四
合伙型私募基金：劣后级合伙人退出保底承诺的效力认定

在破产申请受理时视为到期，附利息的债权自破产申请受理时起停止计息，但此项规定是法律针对破产程序中破产债权作出的特殊规定，即债权人依法可以申报的债权为破产申请受理时对债务人享有的债权。而在民事活动中产生的债权，不仅包括应当清偿的本金，还应当包括自债务发生之日起至债务清偿之日止的利息等。债权人对此亦享有给付请求权。故此项规定是为了在债务人企业破产清算中各个债权人的合法权益能够得到法律平等保护、平等受偿而制定的。且依据《企业破产法》第92条第3款的规定，"债权人对债务人的保证人和其他连带债务人所享有的权利，不受重整计划的影响"。

（2）对于债务人的保证人，根据《民法典》第691条"保证的范围包括主债权及其利息、违约金、损害赔偿金和实现债权的费用"的规定，保证人的担保范围应为债务人的全部债务[1]。

本案中，朱某在《承诺函》中同意对大连天神公司"向优先级合伙人承担补足其总投资回报差额"及"按日息1‰就应付未付金额向优先级合伙人承担逾期付款违约金"的债务承担连带保证责任，故朱某应对大连天神公司的全部债务包括本金及至本金实际付清之日止的预期利益、违约金承担连带清偿责任。

2. 保证人朱某承担的债务

保证人朱某承担的债务与大连天神公司的债务本金金额一致，预期收益及违约金的计算方法一致，但截止时间不一致，朱某承担的预期收益及违约金要计算至实际支付之日止。具体债务金额如下：

（1）差额补足款本金应为53600万元。

（2）差额补足款预期收益，以本金6亿元为基数，自2018年9月22日

---

[1] 因本文案例一审审理时《民法典》并未施行，法院论理仍然适用了原《担保法》的相关规定，为方便读者对事实的理解和现行有效法律规定的适用，故此处直接引用了《民法典》对应的法律条文。然而，法院论理原文存在关于原《担保法》立法目的等论述值得参考，其原文内容如下："对于债务人的保证人，依照《担保法》第一条'为了促进资金融通和商品流通，保障债权的实现，发展社会主义市场经济，制定本法'、第二十一条第一款'保证担保的范围包括主债权及利息、违约金、损害赔偿金和实现债权的费用。保证合同另有约定的，按照约定'的规定，担保法的立法目的是为了有效保障相应债权人全部债权的实现，相对应的保证人的担保范围应为债务人的全部债务。"

起计算至 2018 年 12 月 26 日，以本金 53600 万元为基数，自 2018 年 12 月 27 日起计算至本金实际付清之日止，均按照年利率 7.3% 计算。

（3）违约金，以本金 6 亿元为基数，自 2018 年 11 月 22 日起计算至 2018 年 12 月 26 日，以本金 53600 万元为基数，自 2018 年 12 月 27 日起计算至本金实际付清之日止，均按照年利率 10% 计算。

3. 恒丰银行已经在重整程序中申报了债权，故只能就重整程序中未受清偿的部分请求保证人承担连带责任，朱某也只对恒丰银行在大连天神公司重整程序中未受清偿的部分承担连带清偿责任

《大连天神公司重整计划》对包括恒丰银行在内的普通债权偿付方案为：以资本公积转增的股票抵偿，普通债权清偿率为 100%。对于暂缓确定的债权，按照申报金额预留相应抵债股票，待其债权经审查确定之后，可以按照重整计划规定的同类债权清偿条件受偿。依据该重整计划，法院作出确认恒丰银行对大连天神公司享有的债权判决生效后，恒丰银行可以按照重整计划规定的同类债权清偿条件得到 100% 的受偿。因此，朱某对差额补足款预期收益、违约金承担连带责任的截止时间，亦应为法院确认恒丰银行对大连天神公司享有的债权确定之后，按照重整计划规定的同类债权清偿条件得到受偿之时止。

综上所述，法院判决朱某对于原告恒丰银行在被告大连天神公司重整程序中债权未受清偿的部分承担连带清偿责任。

（三）律师分析及建议

1. 《民法典》施行后，关于担保制度的变化都有哪些

第一，自 2021 年 1 月 1 日《民法典》开始施行后，原《担保法》及原《最高人民法院关于适用〈中华人民共和国担保法〉若干问题的解释》均已被废止，关于原《担保法》及原《最高人民法院关于适用〈中华人民共和国担保法〉若干问题的解释》的规定已有大部分被《民法典》和《民法典担保制度解释》吸收，相应适用条文可直接引用。因此，《民法典》施行后，原《担保法》已被废止，对《民法典》施行后的担保行为引起的担保纠纷案件，原《担保法》、原《最高人民法院关于适用〈中华人民共和国担保法〉若干

问题的解释》的条文不得作为裁判的依据。

第二,关于在《民法典》施行后,担保制度的相关内容发生了变化,与本文案例有关的保证人制度的变化主要有以下情形:

(1)对约定不明时保证方式的认定,从原来认定为连带保证变更为认定一般保证。《民法典》第686条第2款对保证方式的认定相较于原《担保法》第19条发生了重大变化,将合同对保证方式约定不明或未约定的情形推定为一般保证。例如,债权人与保证人仅约定"如果债务人到期不能清偿,由保证人承担责任",即属于约定不明,应当认定为一般保证,而2021年1月1日之前是按照连带责任保证进行认定的。

(2)对未约定或者约定不明时保证期间的认定,相较此前也不再作区分而一律适用保证期间为6个月。《民法典》第692条对未约定和约定不明的情况不再作区分,保证期间一律为6个月。同时,具体起算时间,依照保证形式的不同进行了区分。保证期间届满后,保证责任消灭。在此情形下,尽管主债务依然存在,但债权人只能向主债务人请求清偿债务,而不能请求保证人承担保证责任。

(3)保证债务的消灭,《民法典》删去了保证期间适用诉讼时效中断的规定。不同于原《担保法》第25条,《民法典》第693条删去了保证期间适用诉讼时效中断的规定,债权人在保证期间内不行使权利的,将产生权利消灭的后果。

(4)《民法典》施行后,债权人起诉后又撤诉的可能保证人不再承担保证责任。《民法典担保制度解释》第31条对起诉后撤诉的行为区分一般保证和连带保证作出规定:在保证期间内,一般保证的债权人起诉或申请仲裁后又撤回,若债权人在保证期间届满前未再行提起诉讼或申请仲裁,保证人主张不再承担保证责任的,人民法院应予支持。而连带保证的债权人起诉或申请仲裁后又撤回,如果起诉状或仲裁申请书副本已送达保证人的,应认定已在保证期间内主张了权利。

(5)债权人转让主债权对保证人的效力,债权转让应通知保证人。原《担保法》第22条规定,保证期间内债权人依法转让主债权的,在原保证担保的范围内不影响保证人的责任。而《民法典》第696条的规定对此发生变化，债权的转让应通知保证人，否则对保证人不发生效力，保证人对原债权人的履行构成债的履行。此外，若保证人与债权人约定了禁止债权转让，而债权人未经保证人书面同意进行转让的，保证人对受让人不再承担保证责任。

(6) 债务人转移债务或第三人加入对保证责任的影响也有不同。《民法典》第 697 条将原《担保法》第 23 条中保证人对未经保证人同意转让的债务不再承担保证责任的规定，修改为可通过约定方式排除保证人的该项权利，并增加了保证人的保证责任不受第三人加入债务影响的内容。

2. 破产企业债务利息的计算截止时间是否计算至破产受理之日

根据《企业破产法》第 46 条第 2 款的规定，附利息的债权自破产申请受理时起停止计息。

3. 实践中，债务人企业进入破产程序后，双方未履行完毕的合同，破产管理人是否有权单方解除合同

根据《企业破产法》第 18 条的规定，法院受理破产申请后，管理人对破产申请受理前成立而债务人和对方当事人均未履行完毕的合同有权决定解除或者继续履行，并通知对方当事人。管理人自破产申请受理之日起两个月内未通知对方当事人，或者自收到对方当事人催告之日起 30 日内未答复的，视为解除合同。

例在如本文案例中，被告大连天神公司在一审时主张大连天神公司自破产申请受理之日起两个月内未通知华诚 5 号继续履行《承诺函》，根据《企业破产法》第 18 条的规定，应视为该《承诺函》解除。但本文案例中的《承诺函》仅是被告大连天神公司和朱某单方负有履行义务，而《承诺函》的另一方已经履行完毕，现仅须债务人单方履行义务，故不符合《企业破产法》第 18 条关于破产管理人有权单方解除破产受理后未履行完毕合同的规定。

五、保证人承担责任后，能否向破产重整后的债务人追偿

(一) 原告与被告的不同主张

原告恒丰银行主张，大连天神公司与朱某连带偿还其债权，至于两债务

人之间是否追偿,对于债权人恒丰银行没有直接影响。

被告大连天神公司及被告朱某也并未就双方之间追偿问题进行主张,法院基于法定审查范围,对债务人及保证人清偿债务后是否享有追偿权进行了审查。

(二) 法院观点

《全国法院破产审判工作会议纪要》第31条对"保证人的清偿责任和求偿权的限制"作出了规定:"破产程序终结前,已向债权人承担了保证责任的保证人,可以要求债务人向其转付已申报债权的债权人在破产程序中应得清偿部分。破产程序终结后,债权人就破产程序中未受清偿部分要求保证人承担保证责任的,应在破产程序终结后六个月内提出。保证人承担保证责任后,不得再向和解或重整后的债务人行使求偿权。"因此,朱某承担保证责任后,不得再向大连天神公司行使求偿权。

(三) 律师分析及建议

1. 实践中,保证人在债务人企业进入破产程序后,保证责任应承担的清偿范围如何确定

根据《企业破产法》第46条第2款的规定,附利息的债权自破产申请受理时起停止计息。这意味着,从法院正式受理破产申请之日起,所有附有利息的债权的计息活动都将被暂停。又根据《企业破产法》第124条的规定,保证人在债务人破产程序终结后,对债权人依照破产清算程序未受清偿的债权,依法继续承担清偿责任。据此,在债务人企业进入破产程序后,债权人对于债务人企业的利息计算截至法院裁定受理企业破产之日,但法律规定并未停止保证人承担债务范围的利息计算,保证人按照合同约定承担利息的停止时间为债务实际清偿之日。因此,债权人对于债务人企业的利息计算停止于企业进入破产时,但对于保证人主张权利的利息计算时间并未停止。

例如在本文案例中,债务人大连天神公司实控人朱某作为保证人,其承担的责任范围不仅包括大连天神公司须承担的债务本金及计算至破产受理之日的预期收益和违约金,还包括破产受理日之后逾期付款利息的清偿责任。

2. 债务人破产后，保证责任在承担保证责任后不能追偿部分，应该怎么办

《全国法院破产审判工作会议纪要》第 31 条的内容是关于保证人的清偿责任和求偿权的限制，其中区分了在"破产程序终结"前保证人承担保证责任的法律效果，以及在"破产程序终结"后承担保证责任将无权向债务人追偿。因此，保证人应该在债务人进入破产程序前即催促债务人完成债务清偿；若债务人已进入破产程序，则保证人亦应积极推动债权人完成债权申报，并最大限度帮助债权人 100% 实现债权的清偿。

同时，保证人在债务人进入破产程序后存在以保证人身份申报债权的可能，如《企业破产法》第 51 条规定，保证人已经代替债务人清偿债务的，保证人可以其对债务人的求偿权申报债权。债务人的保证人尚未代替债务人清偿债务的，以其对债务人的将来求偿权申报债权。但是，债权人已经向管理人申报全部债权的除外。在实际操作中，保证人申报债权虽存在不被确认的可能，但从保证人角度出发，依法申报债权会比不作为更有利，至于对债权最终确认与否、以及清偿比例如何等问题，可咨询专业律师以更好地维护自身权益。

3. 《全国法院破产审判工作会议纪要》第 31 条规定了"破产程序终结"前后保证人承担责任的结果不同，实践中，应如何界定和区分符合"破产程序终结"的情形

（1）债务延期或债务清偿完毕

《企业破产法》第 108 条规定，破产宣告前，有下列情形之一的，人民法院应当裁定终结破产程序，并予以公告：①第三人为债务人提供足额担保或者为债务人清偿全部到期债务的；②债务人已清偿全部到期债务的。

（2）和解或重整成功

破产企业经和解方案或重整方案被债权人及破产法院裁定批准，后续破产企业按照和解方案或破产重整计划进行履行，因企业破产程序的事实基础已消失，法院将裁定终结破产程序。

（3）债务人与全体债权人自行达成和解协议

破产和解是类比于破产重整的法定程序，需要法定比例的债权人同意和

解方案，此外，债务人可以自行与全体债权人达成和解协议，根据《企业破产法》第 105 条的规定，人民法院受理破产申请后，债务人与全体债权人就债权债务的处理自行达成协议的，可以请求人民法院裁定认可，并终结破产程序。

（4）破产财产不足以支付破产费用、无财产可供分配或财产已完成分配

若债务人不足以支付破产费用或无财产可供分配，再进行破产程序已毫无意义。这时，应由管理人向人民法院提出申请，宣告终结破产程序，人民法院也可以依职权宣告终结。《企业破产法》第 43 条第 4 款规定，债务人财产不足以清偿破产费用的，管理人应当提请人民法院终结破产程序。人民法院应当自收到请求之日起 15 日内裁定终结破产程序，并予以公告。《企业破产法》第 120 条规定，破产企业无财产可供分配的或管理人在最后分配完成后，均应提请法院裁定终结破产程序。

案例二十五　合伙经营持股平台，退伙协议约定先变现后退款，导致退伙一波三折

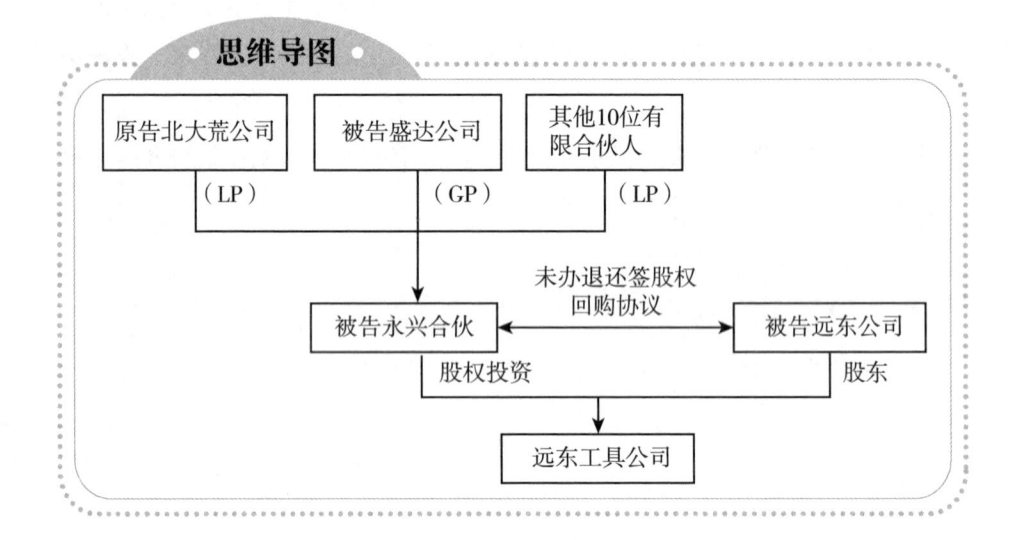

思维导图

```
原告北大荒公司        被告盛达公司        其他10位有限合伙人
    （LP）              （GP）              （LP）
                         │
                         ▼
        ┌──── 被告永兴合伙 ────未办退还签股权回购协议──── 被告远东公司
        │       股权投资                                      股东
        │                                                      │
        └──────────────► 远东工具公司 ◄──────────────────────┘
```

案例来源

（2022）最高法民再234号

案情简介

北大荒公司与盛达公司等共计十二位合伙人，于2014年4月签订《合伙协议》，约定共同出资成立永兴合伙，盛达公司为普通合伙人（GP），代表合伙企业执行事务，北大荒公司及其他合伙人为有限合伙人（LP）。同年5月，上述合伙人签订《入伙协议书》。盛达公司在中国证券投资基金业协会登记备案为私募基金管理人，永兴合伙在该协会登记备案为股权投资基金。

2018年8月，北大荒公司等三位合伙人提出退伙申请。因北大荒公司申请退伙时，永兴合伙的财产全部表现为远东工具公司股权，为办理北大荒公司退伙事宜，永兴合伙与远东公司签署就永兴合伙持有的远东工具公司股权回购协议，拟将股权变现。根据回购协议内容，永兴公司确认退伙金额计算方式及可得利润的收益率年化为15%，并于同年11月，永兴合伙向北大荒公司发出退伙金额确认通知，确认全体合伙人同意北大荒公司退伙及退还金额。

2019年1月，全体合伙人（包括北大荒公司）又签订《退伙协议书》，约定按照退伙时合伙企业的财产状况进行结算，退还退伙人的财产份额。后因永兴合伙未按照约定支付北大荒公司退伙财产，北大荒公司与远东公司、盛达公司、永兴合伙、齐某又于2019年6月签订《五方协议书》，对永兴合伙应付北大荒公司的退伙财产数额、支付方式及支付时间进行约定。其中，退伙财产的确认以北大荒公司投资本金2000万元按固定年化15%利率计算投资收益，退款时间为永兴合伙在收到远东公司股权回购款项后的三个工作日内向北大荒公司支付。

各方因支付退伙财产发生纠纷，北大荒公司以永兴合伙、盛达公司、远东公司、齐某为共同被告提起诉讼，主要诉讼请求如下：（1）永兴合伙、盛达公司向北大荒公司支付退伙财产1880万元及至实际给付期间的投资收益，截至2019年10月16日收益为12783788元，总计31583788元；（2）远东公司、齐某对上述款项承担连带还款责任。

一、合伙企业向合伙人发送退伙金额确认通知并签订退伙协议，合伙人诉讼请求支付退伙款为何未被支持

（一）原告与被告的不同主张

原告北大荒公司主张，退伙金额确认通知已构成有效结算，后《五方协议书》进一步确认。退伙金额确认通知不是沟通性文件，根据其内容，构成有效结算，结算的期间为2014年5月30日至2018年10月31日。《五方协议书》是在退伙金额确认通知的基础上形成的，进一步明确各方权利义务，

根据《五方协议书》的约定，北大荒公司有权要求退还退伙财产及要求相关方承担连带责任。

被告永兴合伙主张，其付款条件未成就。根据2019年6月《五方协议书》的约定，永兴合伙只有在收到远东公司给付的相关股权回购款后才有义务向北大荒公司进行支付。同时，北大荒公司退伙没有依据《合伙企业法》第51条的规定及《合伙协议》的约定履行法定结算程序，没有与其他合伙人一起就退伙时企业的财产状况进行结算，没有结算报告。

（二）法院观点

1. 关于退伙时如何确认退伙结算方式的问题，因本案中《合伙协议》约定内容与《合伙企业法》第51条的规定相一致，故退伙财产应按照退伙时合伙企业的财产状况进行结算

《合伙企业法》第51条规定："合伙人退伙，其他合伙人应当与该退伙人按照退伙时的合伙企业财产状况进行结算，退还退伙人的财产份额。退伙人对给合伙企业造成的损失负有赔偿责任的，相应扣减其应当赔偿的数额。退伙时有未了结的合伙企业事务的，待该事务了结后进行结算。"本案中，《合伙协议》约定："合伙人退伙，其他合伙人应当与该退伙人按照退伙时的合伙企业财产进行结算，退还退伙人的财产份额。退伙人对给合伙企业造成的损失负有赔偿责任的，相应地扣减其应当赔偿的数额。退伙时有未了结的合伙企业事务的，待该事务了结后进行结算。退伙人在合伙企业中财产份额的退还办法，由合伙协议约定或者由全体合伙人决定，可以退还货币，也可以退还实物。"

因此，《合伙协议》就退伙结算方式的约定与《合伙企业法》第51条的规定意旨一致，故北大荒公司退伙，永兴合伙全体合伙人应按照其退伙时合伙企业的财产状况进行结算。

2. 关于永兴合伙向退伙人发出的退伙金额确认通知能否认定为退伙金额的确认文件问题，法院认为该通知文件为沟通性文件不能作为永兴合伙向北大荒公司退还退伙财产的债务承诺

北大荒公司申请退伙时，永兴合伙的财产全部表现为远东工具公司股权。

如向北大荒公司退还货币，须将股权变现。永兴合伙与远东公司签订股权回购协议，根据协议内容向北大荒公司确认退伙金额计算方式，确认可得利润率年化为15%。结合永兴合伙与北大荒公司退伙往来的文件及本案背景，退伙金额确认通知系永兴合伙与回购方确认回购金额后向北大荒公司单方发出的沟通性文件，并不能产生任何债权债务的承诺。

3. 关于永兴合伙向合伙人退还退伙财产的条件是否成就的问题，法院认为支付条件未成就，故不能退还退伙财产

根据《五方协议书》关于退伙财产份额的来源及支付方式的约定，永兴合伙收到远东公司股权回购款后按照约定时间支付给北大荒公司。该约定为永兴合伙金钱给付义务限定的前提条件，即远东公司向永兴合伙给付了回购款，这符合合伙型私募股权投资基金运营的基本规则，即合伙人分配收益的前提是企业运营产生收益，或者说基金投资底层资产产生了收益。现远东公司未能按约给付回购款，股权回购协议未得到全部履行，合伙企业的回购事务未了结，永兴合伙给付的条件也未能成就。假如永兴合伙此时承担以货币退还退伙财产的责任，实质上构成对北大荒公司的投资保本保收益，违背《合伙企业法》第51条的规定，违反私募股权投资基金监管规则，在全体合伙人尚未进行结算、《五方协议书》未经全体合伙人同意的情形下，也势必侵害其他合伙人的权益。据此，北大荒公司要求永兴合伙退还退伙财产的诉讼请求缺乏法律依据，法院不予支持。

（三）律师分析及建议

1. 就合伙关系中合伙协议（或称合伙合同）与《合伙企业法》之间的适用问题，应结合个案中协议约定的具体情况进行分别考量

根据《民法典》合同编关于合伙合同的相关规定主要集中在《民法典》第967~978条的内容中，此处讨论的合伙合同与案件中涉及的合伙协议笔者不作区分比较，统称为合伙合同或协议。《民法典》与此前《民法通则》中有关"个人合伙"以及有关"联营"的相关内容相比，进行了部分承继和修改，并最终汇总形成了典型合同中的"合伙合同"一章。合伙人之间可以通过契约方式明确合作事项、合作各方权利义务关系，不必然要设立公司或合

伙企业，故单就商事行为中除设立"公司""合伙企业"之外，合伙人之间形成了一种更为灵活的合作关系。

合伙人通过合伙合同可以注册合伙企业或公司，无论是成立非法人组织的合伙企业还是法人组织的公司，均能够依法以合伙企业或公司的名义从事民商事活动，故在注册合伙企业或公司后，合伙人的相关权利义务既要接受《合伙企业法》或《公司法》强制性规定的约束，同时在内部各合伙人之间要受合伙合同约定的约束。若合伙人签署合伙合同后未设立合伙企业或公司，则各合伙人之间的权利义务仅受合伙合同的约束，并在此状态下从事相关合伙活动。例如在本文案例中，合伙协议内容与《合伙企业法》内容相一致，故不存在法律和约定适用的难题。

2. 合伙企业与合伙合同形成的合伙关系有何不同

相比于合伙企业形成的合伙关系，合伙合同形成的合伙关系在适用的法律、责任承担以及运营灵活性上有明显的不同，合伙人选择哪种形式取决于具体的业务需求和法律要求，其中两者的不同特点主要集中在以下几点：

（1）合伙合同形成的合伙关系，相对更灵活，不需要合法的名称和生产经营场所。

（2）合伙合同形成的合伙关系，合伙人之间承担连带责任，债权人可以直接要求任一合伙人承担责任。而合伙企业可分为普通合伙企业和有限合伙企业，其中有限合伙企业中的有限合伙人以其认缴的出资额为限承担责任，其他形式的普通合伙人对合伙企业债务承担无限连带责任。

（3）合伙合同形成的合伙关系，双方之间的权利义务关系主要受合伙合同的约束，合伙企业中的合伙人则既要受《合伙企业法》的约束，同时须遵守各方签署的合伙合同的约定内容。

3. 实践中应注意识别沟通性文件与债务承诺性文件的不同，并及时避免双方就同一事项形成不同理解和纠纷

沟通性文件主要用于行政管理和内部协调，而债务承诺文件则是具有法律约束力的法律文件，用于确保债务的履行，债权人可以依据承诺文件追索债务。两者在目的、内容和法律性质上均有着明显的区别，其中沟通性文件一般是以某某函、会议纪要和意见等形式出具，主要用于沟通情况、交流信

息和交换意见,而承诺性文件内容,一般能确认欠款金额、还款期限、还款方式等具体条款,以及违约责任等。

例如在本文案例中,因北大荒公司申请退伙时,永兴合伙的财产全部表现为其持有的远东工具公司的股权。上述股权进行变现,需要远东公司履行其签署的股权回购协议,但在永兴合伙向北大荒公司发出退伙金额确认通知时,相关回购款并未实际支付,合伙资产并未清算和确认,故基于永兴合伙向北大荒公司发出通知函时相关退伙财产无法进行明确确认,再结合双方并未就同一文件形成明确的要约和承诺,无法认定双方就退伙财产达成一致意见,因此,法院认为退伙金额确认通知系永兴合伙与回购方确认回购金额后向北大荒公司单方发出的沟通性文件,并不能产生任何债权债务的承诺。

4. 在合伙关系中,对部分合伙人进行保本保收益的承诺条款通常被禁止,且相关约定可能会被认定为无效条款

根据《民法典》第967条、《合伙企业法》第33条的规定,合伙关系的最基本特征是利益共享、风险共担。在实践中,法院通常会根据合伙协议的实际履行情况和当事人的真实意思对保底或固定收益条款的法律效力进行综合评判,一般会被认定为无效条款。如果保本保收益条款或协议被认定为无效,则合伙协议可能会被重新解释以适应合伙关系的本质,即共同投资、共同经营、共担风险、共享盈利。

因此,对于合伙人而言,在成立合伙关系时,应当避免签订任何形式的保底或固定收益的协议内容,以确保合伙协议的合法性和有效性。同时,合伙人和投资者在进行投资决策时,也应进行充分的尽职调查,以避免因不合规的协议内容而引发的合伙人纠纷和其他法律风险。

二、合伙型私募基金的退伙纠纷应否优先适用《证券投资基金法》

(一)原告与被告的不同主张

原告北大荒公司主张,《合伙企业法》与《证券投资基金法》均系全国

人大常委会发布,效力级别均为法律,故不存在优先适用哪一部法的问题。

被告永兴合伙主张,永兴合伙属于合伙型私募基金,故本案裁判合伙型私募基金的退伙纠纷应优先适用《证券投资基金法》。

(二)法院观点

1. 进行股权投资的合伙企业,其既受《合伙企业法》的规制又受私募股权投资基金相关规范的约束,在两者没有冲突时应同时适用

永兴合伙工商登记为有限合伙企业,同时,中国证券投资基金业协会备案登记为私募股权投资基金。永兴合伙可描述为一支采取有限合伙企业组织形式的私募股权投资基金,也可描述为一个进行股权投资的有限合伙企业。永兴合伙作为合伙企业,属于《合伙企业法》调整的范围;作为基金运营,受私募股权投资基金相关法律法规及规范性文件约束。《合伙企业法》与私募股权投资基金相关规范性文件没有冲突,前者从组织层面规范合伙企业行为,后者从监管角度规范私募基金的募集、运营和管理行为,两者相结合,共同促进合伙型私募股权投资基金合法合规运作。

2. 因《证券投资基金法》的适用对象不包括私募股权投资基金,故本案不存在优先适用《证券投资基金法》的情形

永兴合伙、盛达公司主张本案应优先适用《证券投资基金法》,其逻辑终点是适用该法禁止刚性兑付相关规定认定两者不承担责任。对此,法院认为,《证券投资基金法》与《合伙企业法》在同一效力层级,且《证券投资基金法》的适用对象不涵盖私募股权投资基金,故本案应优先适用《证券投资基金法》的主张不能成立。

3. 私募股权投资基金的相关规范性文件均禁止保本保收益的承诺,同样内容在《合伙企业法》中也有相关规定,故本案不存在优先适用哪部法律的问题

《私募投资基金监督管理暂行办法》《中国人民银行、中国银行保险监督管理委员会[1]、中国证券监督管理委员会、国家外汇管理局关于规范金融机

---

[1] 该机关现已撤销。

构资产管理业务的指导意见》《中国证券监督管理委员会关于加强私募投资基金监管的若干规定》等部门规范性文件均适用于私募股权投资基金。根据上述规范性文件，"私募"和"投资"系私募行业之本源。"私募"强调从"合格投资者"处"非公开募集"资金；"投资"强调利益的分享和风险的承担。因此，向投资者承诺投资本金不受损失或者承诺最低收益为上述文件所禁止。

具体到本案，永兴合伙、盛达公司不得向其有限合伙人保本保收益，既不得在募集阶段直接或间接地向有限合伙人承诺保本保收益，也不得在私募基金产品不能如期兑付或兑付困难时承诺还款。

（三）律师分析及建议

1. 有关保本收益约定的相关法律规定

有关保本保收益约定的相关法律规定，主要集中在如下内容：

（1）《证券法》第135条规定："证券公司不得对客户证券买卖的收益或者赔偿证券买卖的损失作出承诺。"

（2）《证券投资基金法》第20条规定："公开募集基金的基金管理人及其董事、监事、高级管理人员和其他从业人员不得有下列行为：……（四）向基金份额持有人违规承诺收益或者承担损失……"

（3）《私募投资基金监督管理暂行办法》第15条规定："私募基金管理人、私募基金销售机构不得向投资者承诺投资本金不受损失或者承诺最低收益。"

（4）《私募投资基金募集行为管理办法》第24条规定："募集机构及其从业人员推介私募基金时，禁止有以下行为：……（三）以任何方式承诺投资者资金不受损失，或者以任何方式承诺投资者最低收益，包括宣传'预期收益'、'预计收益'、'预测投资业绩'等相关内容……"

（5）《证券期货经营机构私募资产管理业务运作管理暂行规定》第3条规定："证券期货经营机构及相关销售机构不得违规销售资产管理计划，不得存在不适当宣传、误导欺诈投资者以及以任何方式向投资者承诺本金不受损失或者承诺最低收益等行为……"

（6）《中国人民银行、中国银行保险监督管理委员会①、中国证券监督管理委员会、国家外汇管理局关于规范金融机构资产管理业务的指导意见》第19条第1款规定："经金融管理部门认定，存在以下行为的视为刚性兑付：（一）资产管理产品的发行人或者管理人违反真实公允确定净值原则，对产品进行保本保收益。（二）采取滚动发行等方式，使得资产管理产品的本金、收益、风险在不同投资者之间发生转移，实现产品保本保收益。（三）资产管理产品不能如期兑付或者兑付困难时，发行或者管理该产品的金融机构自行筹集资金偿付或者委托其他机构代为偿付……"

2. 实践中，有关保本保收益约定的表现形式

实践中，有关保本保收益约定的表现形式，主要有以下几种：

（1）承诺最低收益。

（2）限定最大损失金额或比例。

（3）承诺本金不受损失或承诺由基金管理人或劣后级投资人承担损失，可表现为合同及推介材料中存在零风险、本金无忧等表述内容。

（4）通过设置增强资金、费用返还等方式调节基金收益或亏损。

（5）以自有资金认购基金份额先行承担亏损。

（6）与投资人私下签订回购协议或承诺函等文件，进行保本保收益操作。

（7）约定或委托其他主体代为偿付相关损失。

3. 实践中，如何判断相关协议中是否有保本保收益的约定内容

保本保收益约定内容的具体约定方式多种多样，但都体现出内容明确的特征，即相关责任人明确承诺愿意承担差额补足、回购、还本付息等义务，以此保证投资人不遭受损失。因此，实务中判断是否有保本保收益约定内容的考量角度，一般从以下类似内容中着手：

（1）有关差额补足或损失承担的约定，如相关责任人承诺基金份额净值跌破一定水平，差额部分由相关责任人向投资人补足，或亏损由相关责任人承担。

---

① 该机关现已撤销。

（2）有关回购的约定，如相关责任人承诺回购投资人持有的基金份额，回购价格不低于投资人的本金和某一特定水平的收益之和。

（3）有关还本付息的约定，如相关责任人承诺向投资人定期付息，基金到期后还本付息。

三、当事人签署多份协议出现不同管辖约定，应如何确定纠纷管辖法院

（一）原告与被告的不同主张

原告北大荒公司主张，本案应按照《五方协议书》中有关管辖的约定，由北大荒公司管辖范围内的黑龙江省农垦中级法院管辖。

被告永兴合伙主张，《合伙协议》明确约定当事人之间争议适用仲裁，应由北京仲裁委员会按照仲裁规则进行仲裁。即使本案应由人民法院管辖，也应由被告住所地或者合同履行地人民法院管辖，应移送被告住所地北京市朝阳区人民法院管辖。

（二）法院观点

1. 本案系合同纠纷案，管辖应按照合同中相关约定确定管辖法院

根据《民事诉讼法》第35条规定："合同或者其他财产权益纠纷的当事人可以书面协议选择被告住所地、合同履行地、合同签订地、原告住所地、标的物所在地等与争议有实际联系的地点的人民法院管辖，但不得违反本法对级别管辖和专属管辖的规定。"盛达公司与各有限合伙人虽在2014年4月签订的《合伙协议》中约定因本合同引起的或与本合同有关的任何争议，均提请北京仲裁委员会按照该会仲裁规则进行仲裁，但2019年6月《五方协议书》第6条对争议解决方式重新进行了约定，约定由北大荒公司管辖范围内的黑龙江省农垦中级法院管辖。黑龙江省农垦中级法院系与争议有实际联系的地点的人民法院，且不违反级别管辖和专属管辖的规定，该约定应为合法有效。

2. 关于级别管辖问题，本案诉讼发生在黑龙江省，起诉时间在新的级别管辖规定①施行前，故由中级法院管辖

本案诉讼标的额为 31583788 元，根据《最高人民法院关于调整高级人民法院和中级人民法院管辖第一审民事案件标准的通知》规定，以及《最高人民法院关于调整高级人民法院和中级人民法院管辖第一审民商事案件标准的通知》（2015 年）的规定，黑龙江省高级人民法院管辖诉讼标的额 2 亿元以上的一审民商事案件，所辖中级人民法院管辖诉讼标的额 1000 万元以上的一审民商事案件，故本案应由黑龙江省农垦中级法院管辖。

（三）律师分析及建议

1. 关于本案案由是合伙合同纠纷还是合同纠纷的问题，因合伙合同纠纷案由属于合同纠纷案由的子级案由，故从案由确定的原则讲应优先适用四级案由的合伙合同纠纷案由

合伙合同是各合伙人为确定各自权利义务达成的一种协议，是调整合伙关系的基本依据。合伙合同虽然也是合同，但不同于一般的合同，合伙合同是全体合伙人共同的意思表示一致的行为。因此，不能简单地将合伙合同纠纷案由认为是合同纠纷案由。

根据《最高人民法院关于修改〈民事案件案由规定〉的决定》（法〔2020〕346 号）的规定，确定个案案由时，应当优先适用第四级案由，没有对应的第四级案由的，适用相应的第三级案由，第三级案由中没有规定的，适用相应的第二级案由，第二级案由没有规定的，适用相应的第一级案由。

本案当事人签署的合伙协议约定，永兴合伙系根据合伙企业法组建的企业，从协议约定的内容上看，本案协议是合伙人之间明确合伙目的、经营范围、合伙期限、出资数额、盈余分配、合伙事务执行、入伙、退伙、解散与清算等事项签订的协议，而本案的纠纷正是合伙人因退伙事项发生的纠纷，

---

① 2021 年 10 月 1 日开始施行的《最高人民法院关于调整中级人民法院管辖第一审民事案件标准的通知》（法发〔2021〕27 号）提高了中级人民法院受理一审案件的诉讼标的额，根据上述通知的第 1 条、第 2 条的规定，当事人住所地均在或者均不在受理法院所处省级行政辖区的，中级人民法院管辖诉讼标的额 5 亿元以上的第一审民事案件；当事人一方住所地不在受理法院所处省级行政辖区的，中级人民法院管辖诉讼标的额 1 亿元以上的第一审民事案件。

因此，法院将本案案由定为合伙合同纠纷。

2. 实践中，多份协议出现不同管辖约定时，最后一份协议中管辖约定视为对在前协议管辖的变更，故在一般情况下适用最后一份协议中的管辖约定

（1）若能确定主从合同关系

在双方签订有多份涉及管辖约定的协议的情况下，如果能够认定多份协议间存在着主从合同关系，则应当依据主合同关于管辖权的约定确定管辖法院。

（2）若不能确定多份涉及管辖约定的协议存在主从合同关系

人民法院在确定管辖法院时，首先，审查多份管辖协议选择的连接点是否与争议有实际联系；其次，审查多份管辖协议是否是在诉讼前通过书面形式形成；最后，审查多份管辖协议之间的关系，根据签订时间先后、内容之间的关系，确定管辖法院。例如本文案例，即是在审查多份协议之间的关系后，以最后签订的协议中的管辖约定，最终确定的管辖法院。

四、普通合伙人应否承担向有限合伙人退还投资款的责任

（一）原告与被告的不同主张

原告北大荒公司主张，盛达公司作为普通合伙人应对永兴合伙债务承担无限连带的共同还款责任，本案中永兴合伙、盛达公司应承担共同支付退伙财产的义务。

被告盛达公司主张，虽然其为永兴合伙的普通合伙人，但退伙财产之债不属于普通合伙人应承担连带责任的合伙企业债务。同时，无论是《合伙企业法》，还是本案合伙协议、退伙金额确认通知、五方协议书等，均无盛达公司负有给付退伙财产义务的规定或约定。因此，向北大荒公司退还退伙财产的责任不应由盛达公司承担。

（二）法院观点

本案中的《五方协议书》未约定盛达公司向北大荒公司支付退伙财产及

投资收益的义务。同时，永兴合伙2014年4月《合伙协议》明确约定普通合伙人不承担返还任何合伙人出资的义务，不对有限合伙人的投资收益保底。因此，本案北大荒公司起诉要求盛达公司与永兴合伙共同承担返还退伙财产的诉讼请求，不具有事实和法律依据，法院予以驳回。

（三）律师分析及建议

1. 普通合伙人应对合伙企业债务承担连带责任，那么普通合伙人应否对退伙合伙人负有支付退伙财产的责任

根据《合伙企业法》第2条的规定，普通合伙人对合伙企业（包括普通合伙企业、有限合伙企业）债务承担无限连带责任。然而，对于合伙企业向退伙合伙人返还退伙财产的，普通合伙人应否承担连带给付责任问题，在实务中存在一定争议。

关于普通合伙人对退还退伙财产应否承担给付责任问题，应从法定和约定两个角度进行考虑：

（1）有明确约定的情况下，例如在本文案例中，合伙人协议中明确约定了普通合伙人不承担返还任何合伙人出资的义务，故本文案例中法院判决普通合伙人盛达公司不承担向退伙合伙人北大荒公司返还出资的责任。

（2）在没有任何约定的情形下，经判决或仲裁确认合伙企业负有向退伙合伙人返还投资本金及投资收益义务的，此种情形下，因普通合伙人对合伙企业债务承担连带责任，则普通合伙人有可能向已退伙合伙人负有返还其退伙财产的责任。

2. 实践中，合伙企业中普通合伙人享有的权利

实践中，在合伙企业中普通合伙人享有的权利主要包括以下几种：

（1）执行合伙事务，即普通合伙人有权执行合伙事务，包括签订合同、管理合伙企业的财产、处理合伙企业的对外事务等。

（2）财产处分权，即普通合伙人有权处分合伙企业的不动产和其他财产权利，包括转让或抵押这些财产。

（3）管理和监督，即普通合伙人可以对合伙企业进行管理和监督，包括聘任或解聘管理人员，以及其他合伙人的加入或退出。

（4）决策权，即在合伙协议规定的范围内，普通合伙人有权决定企业的利润分配、亏损分担等关键事项。

3. 实践中，合伙企业的普通合伙人应承担的责任

实践中，在合伙企业中普通合伙人应承担的责任主要包括以下几种：

（1）对合伙企业债务承担无限连带责任，即普通合伙人不仅以其在合伙企业中的出资为限承担责任，还包括其个人的全部财产。

（2）竞业禁止和限制合伙人同本合伙企业交易，即普通合伙人在管理合伙企业时，不得从事损害合伙企业利益的行为，不得同本合伙企业进行交易。

（3）出资义务，即普通合伙人应按照合伙协议的约定，按时、足额缴纳其承诺的出资。

（4）退出、除名或转为有限合伙人的责任，即普通合伙人如须退出或被除名，须遵循合伙协议的约定或全体合伙人的决定。普通合伙人转变为有限合伙人的，对其作为普通合伙人期间合伙企业发生的债务仍然承担无限连带责任。

4. 有限责任公司与自然人，在担任合伙企业的普通合伙人身份时都各有哪些优劣势

（1）有限责任公司担任普通合伙人

优势：能隔离和阻断普通合伙人承担无限连带责任的风险，如在合伙企业财产不足以清偿债务时，作为普通合伙人（GP）的有限责任公司承担无限连带责任的时候，责任范围以有限责任公司自有财产为限，即便有限责任公司资不抵债，作为有限责任公司的股东也是以出资责任为限承担有限责任，不会追溯到自然人的个人资产，风险相对可控。同时，有限责任公司担任普通合伙人时，变更实际控制人可在有限责任公司的控制人角度变更而无须在合伙企业中变更普通合伙人，不改变合伙企业的合伙人结构也不需要其他合伙人的同意，变更程序相对更方便、高效。

劣势：分红税负的缴纳比例会更高。

（2）自然人担任普通合伙人

优势：相对以有限责任公司担任普通合伙人而言的，主要体现在不需要另行运营或维护一个有限责任公司，运营成本低、分红后税负成本低。

劣势：自然人担任普通合伙人须对合伙企业债务承担无限连带责任，且在合伙企业中变更普通合伙人时须经全体合伙人同意，其责任风险大且变更身份时程序要求更严格。

五、退伙协议约定了退伙款的连带保证人，法院认定合伙企业无退款责任，合伙人能否要求保证人支付退伙款

（一）原告与被告的不同主张

原告北大荒公司主张，根据《五方协议书》的约定北大荒公司有权要求远东公司与齐某对退伙财产本金及至实际给付期间的投资收益承担连带还款责任。

被告远东公司和齐某主张，其承担的是担保责任，如主债务不成立，担保责任也不成立。

（二）法院观点

根据《五方协议书》的约定远东公司和齐某承担连带保证责任，但该保证责任的前提是存在主债务，现认定主债务人永兴合伙不承担责任，则关于远东公司和齐某承担债务连带保证责任的诉讼请求即缺乏事实及法律依据，故法院驳回北大荒公司对远东公司和齐某的诉讼请求。

（三）律师分析及建议

1. 主债务未被认定和支持的情形下，保证人应否承担保证责任

根据《民法典》第682条的规定，保证合同是主债权债务合同的从合同。主债权债务合同无效的，保证合同无效。保证合同的从属性也反映出保证责任的从属性，保证责任的范围不能超过主债务。

例如在本文案例中，因法院最终未认定主债务人永兴合伙的退还投资款的给付责任，故对于北大荒公司要求连带保证人远东公司和齐某承担连带还款责任的诉讼请求亦未予支持。

案例二十五
合伙经营持股平台，退伙协议约定先变现后退款，导致退伙一波三折

2. 实践中，非再审申请人在再审程序中提出的免责请求，再审法院应否一并审理

保证人在原审的一审、二审、再审审查程序中均未参加诉讼，且再审申请人亦未对上述保证人申请再审的，此种情形下，再审法院可以一并审理保证人的责任承担问题。

例如在本文案例中，远东公司和齐某未参加一审、二审诉讼，未申请再审，北大荒公司亦未对远东公司和齐某申请再审。最高人民法院提审后，远东公司和齐某参加诉讼。再审法院认为对再审请求以外的事项，再审法院原则上不予审理，但是远东公司和齐某承担连带保证责任的前提是存在主债务，现再审法院改判主债务人永兴合伙不承担责任，则原判决关于远东公司和齐某的判项即缺乏存在的基础。并且，依据《民事诉讼法》第211条第12项"当事人的申请符合下列情形之一的，人民法院应当再审：……（十二）据以作出原判决、裁定的法律文书被撤销或者变更的……"的规定，据以作出原判决的法律文书被撤销或者变更的，如当事人申请再审，应当进行再审。从主从债务一体化解决角度出发，再审法院一并处理远东公司和齐某在再审中提出的免责请求，驳回北大荒公司对远东公司和齐某的诉讼请求。

案例二十六：执行事务合伙人挪用合伙出资被认定合同诈骗罪，出资人诉讼请求撤销合伙协议不成，4.9亿余元投资款打了水漂

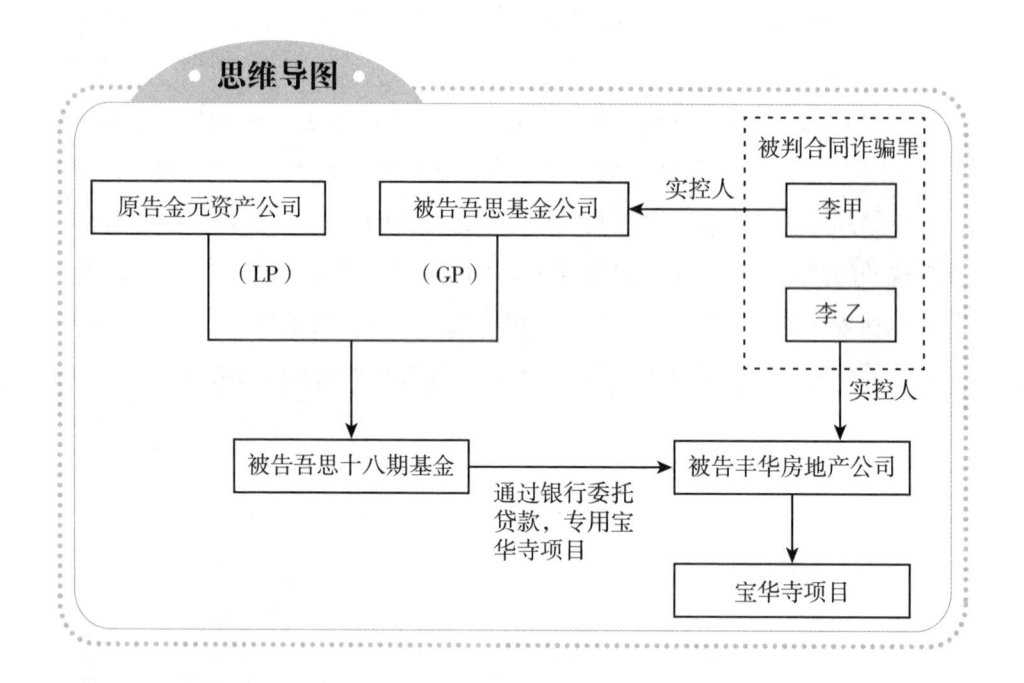

思维导图

```
原告金元资产公司（LP）        被告吾思基金公司（GP）  ←实控人— 李甲  [被判合同诈骗罪]
                                                        李乙
         ↓                              ↓                 ↓实控人
   被告吾思十八期基金  ——通过银行委托贷款，专用宝华寺项目——→ 被告丰华房地产公司
                                                          ↓
                                                      宝华寺项目
```

案例来源

（2018）最高法民终539号、（2017）云民初167号

案情简介

原告金元资产公司与被告吾思基金公司签订《合伙协议》，约定吾思基金公司为普通合伙人，金元资产公司为有限合伙人，二公司成立吾思十八期

· 384 ·

| 案例二十六 |
执行事务合伙人挪用合伙出资被认定合同诈骗罪，
出资人诉讼请求撤销合伙协议不成，4.9亿余元投资款打了水漂

基金有限合伙企业。《合伙协议》约定募集的资金用于丰华房地产公司的宝华寺项目。

《合伙协议》签订后，金元资产公司按约定向吾思十八期基金实缴出资49230万元，款项汇入后，吾思十八期基金通过委托贷款方式，将49230万元转贷给丰华房地产公司。

金元资产公司后以委托贷款纠纷将丰华房地产公司、吾思十八期基金等诉至人民法院，请求返还49230万元本金及利息等，广东省高级人民法院作出（2015）粤高法民二初字第11号民事判决，判令丰华房地产公司向吾思十八期基金偿还借款本金49230万元及利息。

2017年，上海市高级人民法院对吾思十八期基金、吾思基金公司及其实际控制人李甲、丰华房地产公司实际控制人李乙合同诈骗案作出刑事终审判决，认定前述主体以吾思十八期基金向金元资产公司募集4.9亿余元资金后，委托贷款给丰华房地产公司，丰华房地产公司收到贷款后并未将资金用于项目开发，而是主要用于偿还丰华房地产公司前期债务及李甲个人融资顾问费。

原告金元资产公司以吾思基金公司、吾思十八期基金、丰华房地产公司为被告提起本案诉讼，请求：撤销《合伙协议》，三被告共同返还原告出资款49230万元本金并赔偿利息损失。

一、合伙协议签订后，执行事务合伙人因挪用合伙资金被认定合同诈骗罪，合伙协议是否存在欺诈，能否撤销

原告金元资产公司向法院提交一份《尽职调查报告》，用以证明在2013年6月13日、16日吾思基金公司实际控制人李甲向金元资产公司提供的《尽职调查报告》及投资基金方案，吾思基金公司实际控制人李甲通过虚构吾思基金公司的管理水平、投资业绩等情况，隐瞒案涉投资项目以及还款来源的真实情况并虚构相关事实，诱使金元资产公司作出错误的意思表示。法院在审理时对该《尽职调查报告》的证据三性即真实性、合法性、关联性予以认可。

（一）原告与被告的不同主张

原告金元资产公司主张，吾思基金公司在签订案涉《合伙协议》时存在告知原告虚假情况、隐瞒真实情况的欺诈行为，故请求撤销《合伙协议》。

被告吾思十八期基金、吾思基金公司、丰华房地产公司，未出庭应诉、未发表答辩意见。

（二）法院观点

1. 吾思基金公司已按约定将募集的资金投入丰华房地产公司，并未违约和欺骗金元资产公司

吾思基金公司与金元资产公司签订《合伙协议》约定成立有限合伙企业，对外进行股权、债权或组合投资，明确约定了投资目标为丰华房地产公司，企业所募集的资金用于丰华房地产公司的宝华寺项目。金元资产公司向吾思十八期基金缴纳出资49230万元款项后，吾思十八期基金与中国银行深圳上步支行、丰华房地产公司签订了《人民币委托贷款合同》，通过委托贷款方式将49230万元转贷给丰华房地产公司。可见，吾思基金公司已经按照《合伙协议》的约定，将吾思十八期基金募集的资金投入了协议约定的投资目标丰华房地产公司，并无欺诈金元资产公司的行为。

2. 本案证据未能证明在《合伙协议》签订之前，吾思基金公司已与丰华房地产公司实控人李乙达成了挪用基金募集资金的合意

根据上海市高级人民法院（2016）刑沪终42号刑事判决所认定的事实，即吾思基金公司的实际控制人李甲与丰华房地产公司的实际控制人李乙策划由吾思基金公司通过设立吾思十八期基金向李乙实际控制的丰华房地产公司名下的宝华寺项目投资，可以认定该二人在《合伙协议》订立前协商达成的合意与《合伙协议》约定投资丰华房地产公司宝华寺项目的合同目的一致。另外，金元资产公司在二审期间举示的上海市高级人民法院（2016）刑沪终42号刑事案件复印材料中李甲和李乙等人的笔录里亦无该二人在事前合谋的供述。因此，尽管丰华房地产公司实际控制人李乙在收到吾思十八期基金的贷款后将大部分资金挪用，但根据目前查明的事实尚不能证明吾思基金公司在与金元资产公司签订《合伙协议》之前即已与李乙达成了挪用基金款项的

| 案例二十六 |

执行事务合伙人挪用合伙出资被认定合同诈骗罪，
出资人诉讼请求撤销合伙协议不成，4.9亿余元投资款打了水漂

合意。

3. 吾思基金公司在与金元资产公司签订《合伙协议》之前提供的《尽职调查报告》不存在故意虚构事实和隐瞒真相的行为，无法认定吾思基金公司在签订协议时即已明知专项贷款会被挪用

关于《尽职调查报告》系吾思基金公司对其拟开展项目的一个整体介绍而非邀约。该报告宣称"吾思基金公司团队管理资产规模30亿元以及中国银行深圳分行累计为其发行近10亿元私募基金"，无论是否存在对自身实力的不合理夸大，金元资产公司作为专业的基金投资公司，在作出上亿元资金投入前均负有必要的注意义务，应对吾思基金公司的真实实力进行必要的核实。《尽职调查报告》作出了"资金通过委托贷款进入丰华房地产公司账户后，将转入由政府设立的'官渡区宝华寺城中村改造项目指挥部'专用账户并由政府监管使用，专项用于宝华寺项目的征地拆迁，从而保证委托贷款的资金安全"的介绍，但资金在进入丰华房地产公司账户后，丰华房地产公司并未转入政府设立的账户并专项用于宝华寺项目，此为实际履行过程中发生的客观事实，但不能仅凭此认定吾思基金公司在作出《尽职调查报告》时即明知资金进入丰华房地产公司账户后不会进入指挥部专用账户，且不会专款专用。《尽职调查报告》对于还款来源和债务人资产规模的陈述仅是根据当时的情况对未来还款保证所作的预估，不能以此后的实际情况来推定吾思基金公司在作出《尽职调查报告》时即存在故意虚构和隐瞒真实情况的行为。

关于《尽职调查报告》中对丰华房地产公司及其还款保证人的资产规模的陈述，金元资产公司并未提供证据证明吾思基金公司关于债务人资产状况的陈述系故意虚构。就债务人的负债规模而言，从《尽职调查报告》作出的时间和债务人及还款保证人对外债务的发生时间来看，《尽职调查报告》是在2013年6月作出的，而债务人及还款保证人的部分债务是发生在《尽职调查报告》作出及《合伙协议》订立之后，其中包括2013年7月23日丰华房地产公司的实际控制人李乙和法定代表人张某向杨某所借的2.1亿元。因此，金元资产公司主张吾思基金公司在《尽职报告》中故意隐瞒债务人债务规模的事实不成立。

综上所述，金元资产公司主张《合伙协议》系因为受到吾思基金公司的

欺诈陷入错误判断进而在错误判断的基础上违背其真实意愿所订立的，但缺乏足够的证据予以证明。法院认定《合伙协议》并非基于欺诈而订立，判决驳回了金元资产公司关于撤销《合伙协议》的诉讼请求。

（三）律师分析及建议

1. 本文案例中，在已有刑事案件对相关主体的部分行为作出系刑事欺诈的认定后，为何民事审判法院还未支持原告就被告已构成民事欺诈的主张

案例中《合伙协议》签订后，吾思十八期基金已按照协议约定的时间及方式将募集资金全部贷款给丰华房地产公司。

尽管42号刑事判决认定："丰华房地产公司的实际控制人李乙在收到上述委贷款后，将大部分资金用于支付前期经营公司的债务、李某刚的顾问费等，少部分用于润泰置业开发的中央公园项目及丰华房地产公司开发的宝华寺项目。"但生效刑事判决认定的事实发生在《合伙协议》签订之后，仅能证明丰华房地产公司后续使用款项的情况，同《合伙协议》的签订与履行属不同的法律关系，无法证明吾思基金公司在之前签订《合伙协议》时故意告知虚假情况，隐瞒真实情况，诱使金元资产管理公司作出错误意思表示。

因此，以刑事案件判决认定的协议签订后其他方的履行行为倒推协议签订方吾思基金公司在签署协议时即已存在故意欺骗的意思，很难成立，故而最终审判法院未认定案涉《合伙协议》的签订存在合同欺诈行为。

2. 本文案例中，原告向二审法院申请调取刑事案件案卷材料作为证据，二审法院为何未予支持

案例中，原告金元资产公司向二审法院提交了42号刑事案件相关证据材料的复印件，同时申请二审法院依职权调取上述证据原件。经审查上述复印件中李甲与李乙的供述和其他证人的询问笔录，均未发现李甲与李乙在《合伙协议》订立之前有合谋通过成立吾思十八期基金来骗取资金，用于偿还李乙实际控制的丰华房地产公司前期经营债务的证据。

原告金元资产公司申请调取的刑事案件相关材料并无与本案待证事实相关的内容，二审法院根据《民事诉讼法司法解释》第95条"当事人申请调查收集的证据，与待证事实无关联、对待证事实无意义或者无其他调查收集

| 案例二十六 |

执行事务合伙人挪用合伙出资被认定合同诈骗罪，
出资人诉讼请求撤销合伙协议不成，4.9亿余元投资款打了水漂

必要的，人民法院不予准许"的规定，二审法院对原告金元资产公司的调查取证申请未予准许。

3. 本文案例中所涉刑事案件与本案之间是否有关联，能否证明原告也是刑事案件的被害人

首先，本文案例中的原告并非刑事合同诈骗案件的被害人，是因为2012年12月至2013年12月，李甲与李乙成立吾思一、二、三期和吾思十八期基金给李乙实际控制的丰华房地产公司和润泰置业公司融资，后因上述融资款无法偿还，李甲、李乙又设计了景泰一期、景泰二期和接力宝项目骗取万家资产管理公司9.5亿余元的钱款，刑事案件的被害人是万家资产管理公司而非案例中的原告金元资产公司。

其次，案例中所涉42号刑事案件，因润泰置业公司资不抵债、丰华房地产公司有巨额债务不能偿还，李甲、李乙作为基金和实体公司的实际控制经营人，在设计"接力宝"项目之初，即准备以该项目所募集资金归还润泰置业公司向"吾思一、二、三期"的委托贷款3亿余元；在"景泰一期"与云南某银行就"接力宝"项目达成合作协议后，李甲以此为诱饵骗取万家资产管理公司的信任，以"景泰一期"名义与万家资产管理公司签订合伙协议，在明知云南某银行已决定暂停"接力宝"项目的情况下，向万家资产管理公司隐瞒该事实并催促万家资产管理公司投资；在万家资产管理公司将9.699亿元划入"景泰一期"银行账户后的第二天，即以借款的名义将3.36亿余元划入润泰置业公司银行账户，用于归还"吾思一、二、三期"的投资本息，另将5.9亿余元划入李甲实际控制的吾思十八期基金银行账户，准备提前归还吾思十八期基金的投资本息。

综上所述，本文案例中对于原告关于刑事案件案卷材料能够证明原告在签订合同时存在被欺诈的主张，人民法院以原告申请调查取证的案卷材料与案件待证事实无关联、对待证事实无意义为由，驳回了原告的调查取证刑事案卷材料的申请。

4. 本文案例所涉刑事案件，诈骗金额超过9.6亿元，两自然人李甲、李乙被判处多少年有期徒刑

案例中所涉42号刑事案件，判决如下：（1）李甲犯合同诈骗罪，判处

· 389 ·

无期徒刑，剥夺政治权利终身，并处罚金人民币500万元；（2）李乙犯合同诈骗罪，判处有期徒刑十年，剥夺政治权利二年，并处罚金人民币300万元；（3）违法所得依法追缴后发还被害单位；（4）不足之数责令退赔。

5. 实践中，合同可被撤销的情形有哪些

根据《民法典》及相关司法解释的规定，合同可被撤销的相关情形包括以下八种类型。

（1）基于重大误解签订的合同可被撤销

《民法典》第147条规定："基于重大误解实施的民事法律行为，行为人有权请求人民法院或者仲裁机构予以撤销。"

（2）以欺诈手段签订的合同可被撤销

《民法典》第148条规定："一方以欺诈手段，使对方在违背真实意思的情况下实施的民事法律行为，受欺诈方有权请求人民法院或者仲裁机构予以撤销。"

（3）基于第三人欺诈而签订的合同可被撤销

《民法典》第149条规定："第三人实施欺诈行为，使一方在违背真实意思的情况下实施的民事法律行为，对方知道或者应当知道该欺诈行为的，受欺诈方有权请求人民法院或者仲裁机构予以撤销。"

（4）以胁迫手段签订的合同可被撤销

《民法典》第150条规定："一方或者第三人以胁迫手段，使对方在违背真实意思的情况下实施的民事法律行为，受胁迫方有权请求人民法院或者仲裁机构予以撤销。"

（5）显失公平的合同可被撤销

《民法典》第151条规定："一方利用对方处于危困状态、缺乏判断能力等情形，致使民事法律行为成立时显失公平的，受损害方有权请求人民法院或者仲裁机构予以撤销。"

（6）限制民事行为能力人签订的合同善意相对人可撤销合同

《民法典》第145条第2款规定："相对人可以催告法定代理人自收到通知之日起三十日内予以追认。法定代理人未作表示的，视为拒绝追认。民事法律行为被追认前，善意相对人有撤销的权利。撤销应当以通知的方式作出。"

此种限制民事行为能力人签订合同的相对方选择撤销的情形不多见，结合《民法典》第 145 条第 1 款 "限制民事行为能力人实施的纯获利益的民事法律行为或者与其年龄、智力、精神健康状况相适应的民事法律行为有效；实施的其他民事法律行为经法定代理人同意或者追认后有效"的规定，实务中限制民事行为能力人签订的交易性质的合同，相对方在签合同未征得其法定代理人的同意，事后其法定代理人也不追认，已经签订的交易性质的合同未生效，限制民事行为能力人的法定代理人一般会诉讼确认无效。

（7）无权代理人签订的合同可被撤销

《民法典》第 171 条第 2 款规定："相对人可以催告被代理人自收到通知之日起三十日内予以追认。被代理人未作表示的，视为拒绝追认。行为人实施的行为被追认前，善意相对人有撤销的权利。撤销应当以通知的方式作出。"

（8）赠与合同可被撤销

《民法典》第 658 条第 1 款规定："赠与人在赠与财产的权利转移之前可以撤销赠与。"第 663 条第 1 款规定："受赠人有下列情形之一的，赠与人可以撤销赠与：（一）严重侵害赠与人或者赠与人近亲属的合法权益；（二）对赠与人有扶养义务而不履行；（三）不履行赠与合同约定的义务。"第 664 条第 1 款规定："因受赠人的违法行为致使赠与人死亡或者丧失民事行为能力的，赠与人的继承人或者法定代理人可以撤销赠与。"

二、合伙人能否要求其他合伙人返还出资款

原告的第二项诉讼请求是判令吾思十八期基金、吾思基金公司和丰华房地产公司共同返还金元资产公司出资款 49230 万元，并赔偿金元资产公司的损失。其中，原告能否要求同为合伙人的吾思基金公司返还投资款问题，形成争议。

（一）原告与被告的不同主张

原告金元资产公司主张，吾思基金公司作为民事诈骗的行为人，且吾思基金公司实际控制着合伙企业的资产，其负有向原告返还出资款本金及赔偿

利息的责任。

被告吾思十八期基金、吾思基金公司、丰华房地产公司，未出庭应诉、未发表答辩意见。

（二）法院观点

1. 合伙人的出资对象是合伙主体而非其他合伙人，合伙人的出资属于合伙财产而非其他合伙人资产

最高人民法院认为，合伙人的出资对象是合伙企业而非其他合伙人，因此金元资产公司的出资对象是吾思十八期基金而非另一合伙人吾思基金公司。根据《合伙企业法》第20条"合伙人的出资、以合伙企业名义取得的收益和依法取得的其他财产，均为合伙企业的财产"的规定，原告金元资产公司的出资构成吾思十八期基金的财产，被告吾思基金公司并未取得原告金元资产公司的出资款。

2. 合伙中其他合伙人实际占有并控制合伙企业的财产，是以合伙事务执行人的身份代表合伙企业占有和控制合伙资产，因此，合伙人无权要求其他合伙人返还出资款

尽管被告吾思基金公司作为普通合伙人曾实际占有并控制合伙企业的财产，但从性质上看其是以合伙事务执行人的身份代表合伙企业占有和控制合伙资产的，而且吾思基金公司作为合伙事务的执行人已将原告金元资产公司的出资款根据《合伙协议》的安排通过委托贷款借给了丰华房地产公司，吾思基金公司并未取得合伙财产的所有权。

因此，原告金元资产公司要求被告吾思基金公司向其返还出资款及利息的请求没有事实和法律依据，法院不予支持。

（三）律师分析及建议

1. 实践中，合伙财产与合伙人的财产份额如何进行界定和区分

根据《民法典》第968条和第969条的规定，合伙人的出资、因合伙事务依法取得的收益和其他财产，均属于合伙财产。根据《合伙企业法》第20条的规定，合伙人的出资、以合伙企业名义取得的收益和依法取得的其他财产，均为合伙企业的财产。因此，合同型合伙的合伙财产以及合伙企业的财产,均包括合伙人的出资、通过合伙事务获得的收益,以及其他依法属于合伙的财产。

而合伙人的财产份额是指合伙人在合伙企业中所拥有的权益。每个合伙人的财产份额根据其出资比例或其他约定方式确定。这种份额在合伙企业的财务报表中有所体现,每个合伙人按照其份额享受合伙企业的利润分配和承担风险、分担合伙债务。

因此,在司法实践中对于合伙财产的处分和管理,需要结合合伙协议的约定来进行,在合伙企业中,若合伙人擅自处分合伙企业的财产,除非受让人是善意的(受让人不知情、无串通行为),否则该处分行为可能被法院认定为无效。

2. 实践中,合伙企业中普通合伙人(GP)与有限合伙人(LP)有何不同

(1)出资方式不同

普通合伙人(GP):可以用货币、实物、知识产权、土地使用权或者其他财产权利出资,也可以用劳务出资。

有限合伙人(LP):可以用货币、实物、知识产权、土地使用权或者其他财产权利出资,但不得以劳务出资。

(2)合伙人主体范围不同

普通合伙人(GP):国有独资公司、国有企业、上市公司以及公益性的事业单位、社会团体不得成为普通合伙人。

有限合伙人(LP):上述主体可以成为有限合伙人。

(3)对合伙企业债务承担责任的范围不同

普通合伙人(GP):对合伙企业的债务承担无限连带责任,在合伙企业资不抵债时,普通合伙人须以其个人资产偿还企业债务。

有限合伙人(LP):以其认缴的出资额为限对企业债务承担有限责任,在合伙企业资不抵债时,有限合伙人承担合伙企业债务清偿的责任限于其投资的数额,如果有限合伙人已完成实缴出资责任,则一般情况下不能再要求有限合伙人以其个人资产偿还企业债务。

(4) 有限合伙人与普通合伙人身份转换后承担责任的范围不同

普通合伙人转变为有限合伙人的，对其作为普通合伙人期间合伙企业发生的债务承担无限连带责任，也就是说，此种情况下合伙人承担无限连带责任的债务范围仅限于其作为普通合伙人期间合伙企业发生的债务，对于其已经转为有限合伙人期间的债务依然承担有限责任。

有限合伙人转变为普通合伙人的，对其作为有限合伙人期间有限合伙企业发生的债务承担无限连带责任，也就是说，一旦转为普通合伙人，则该合伙人对于其担任合伙人期间的债务，无论有限合伙人期间还是普通合伙人期间的债务，均是无限连带责任。

(5) 参与合伙企业的管理的程度不同

普通合伙人（GP）：合伙协议或全体合伙人决定，可以指定若干普通合伙人执行合伙事务，负责合伙企业的日常管理和决策，通常需要参与企业的运营和管理工作，特定情形下可对外代表合伙企业。

有限合伙人（LP）：主要提供资金支持，不参与企业的日常管理和决策，通常不参与执行合伙事务，不能对外代表合伙企业。

(6) 财产份额的外部转让程序不同

普通合伙人（GP）：向合伙人以外的人转让其在合伙企业中的全部或者部分财产份额，除合伙协议另有约定外，须经其他合伙人一致同意。

有限合伙人（LP）：可以按照合伙协议的约定对外转让合伙份额，须至少提前30天通知其他合伙人，只有在合伙协议没有明确约定的情况下才须经其他合伙人同意。

(7) 对自有的合伙份额财产处置权限制不同

普通合伙人（GP）：普通合伙人以其在合伙企业中的财产份额出质的，须经其他合伙人一致同意。

有限合伙人（LP）：在合伙协议无特殊约定的情况下，有限合伙人可以将其在有限合伙企业中的财产份额出质，而非必须经其他合伙人同意。

(8) 查账权的行使限制不同

普通合伙人（GP）：无论是否执行合伙事务，也无论是否涉及自身利益，均可查阅合伙企业账簿。

有限合伙人（LP）：只有在涉及自身利益时才可查阅合伙企业账簿。

（9）关联交易的限制不同

普通合伙人（GP）：除合伙协议另有约定或者经全体合伙人一致同意外，普通合伙人不得同本合伙企业进行交易。

有限合伙人（LP）：有限合伙人可以同本有限合伙企业进行交易，除非合伙协议另有约定。

（10）同业竞争的限制不同

普通合伙人（GP）：不得自营或者同他人合作经营与本合伙企业相竞争的业务，系绝对禁止事项。

有限合伙人（LP）：可以自营或者同他人合作经营与本合伙企业相竞争的业务，合伙协议另有约定的除外。

（11）合伙人个人丧失偿债能力的处理方式不同

普通合伙人（GP）：当然退伙，属于法定退伙的条件。

有限合伙人（LP）：并不需要退伙，特别在有限合伙人已经履行了出资责任之后，其个人偿债能力是否丧失不影响其合伙人身份。

（12）合伙人丧失民事行为能力的处理方式不同

普通合伙人（GP）：经其他合伙人一致同意，转为有限合伙人，企业转为有限合伙企业。其他合伙人未能一致同意的，只能办理退伙手续。

有限合伙人（LP）：并不需要退伙，其他合伙人也不得以此为由要求其退伙。

（13）合伙份额继承的限制不同

普通合伙人（GP）：继承人须按照合伙协议的约定或者经全体合伙人一致同意，方可取得该合伙企业的合伙人资格。若继承人为无民事行为能力人或限制行为能力人，可经全体合伙人一致同意，将其转为有限合伙人，否则只能退还财产份额而不能成为合伙人。

有限合伙人（LP）：无论其继承人是否为完全民事行为能力人，都可以继承并取得有限合伙人资格，而非必须经全体合伙人一致同意。

综上所述，普通合伙人在合作过程中可以拿最少的钱、办最大的事，同时可以更多地参与合伙事务的管理，甚至掌控合伙项目，但其需要对合伙债务承担无限连带责任。而有限合伙人拿的钱最多，其可以享有合伙收益的分红，但不能过多参与合伙事务的管理，其对合伙项目承担有限风险。

3. 实践中，被告缺席参加诉讼，会有哪些影响

根据《民事诉讼法》第147条的规定，被告经传票传唤，无正当理由拒不到庭的，或者未经法庭许可中途退庭的，人民法院可以作缺席判决。因此，对于被告经法定程序通知后仍拒不参加诉讼的，则被告需要承担以下不利后果。

（1）放弃答辩权

被告无正当理由拒不到庭，首先意味着其放弃了自己的答辩权。答辩权是被告在法庭上针对原告起诉进行抗辩的重要权利，可以对原告的诉讼请求及事实理由进行直接回应和反驳。一旦被告拒不参加诉讼，这一权利便等于自动放弃，被告将无法在庭审过程中为自己发声，人民法院也无法得知被告的主张及其证据和理由。

（2）增加诉讼费用

由于被告缺席，法院需要公告送达开庭传票和判决书等，这些公告费用应当由败诉的被告承担，并且增加了被告承担鉴定费、评估费、律师费等其他诉讼费用的可能性。

（3）丧失法庭和解、调解的机会

在法院审理民事案件过程中，法院会组织当事人进行调解。被告拒不到庭的案件，法院就无法组织调解，因此被告就失去了在调解过程中可能得到原告对于债务金额的减免和偿债期限方面让步的机会。

（4）被告是否缺席庭审程序，对判决的法律效力无影响

缺席判决的法律效力与对席判决完全相同。

综上所述，作为民事案件的被告，无故缺席庭审不仅对判决的法律效力无影响，还会对被告形成一定不利因素。因此，被告应当积极应诉、按时到庭，依法行使自己的诉讼权利，切勿因为"弃权"而丢掉维护自身利益的"盾牌"，避免在收到判决后再追悔莫及。

案例二十六

执行事务合伙人挪用合伙出资被认定合同诈骗罪，
出资人诉讼请求撤销合伙协议不成，4.9亿余元投资款打了水漂

三、合伙人能否要求合伙企业债务人向合伙人履行债务

本案原告金元资产公司曾于2015年以丰华房地产公司被告，以吾思十八期基金为第三人起诉至人民法院，请求返还49230万元本金及利息等，广东省高级人民法院于2017年7月作出（2015）粤高法民二初字第11号民事判决，判令丰华房地产公司向吾思十八期基金偿还借款本金49230万元及利息。

（一）原告与被告的不同主张

原告金元资产公司主张，本案与广东省高级人民法院（2015）粤高法民二初字第11号金元百利公司代表吾思十八期所提之诉讼并不冲突，被告丰华房地产公司应对返还原告出资款49230万元本金并赔偿利息损失承担共同支付责任。

被告吾思十八期基金、吾思基金公司、丰华房地产公司，未出庭应诉、未发表答辩意见。

（二）法院观点

1. 合伙企业的债务人，并不是合伙人的债务人，合伙人与合伙企业债务人之间不存在直接的法律关系

从法律关系上看，丰华房地产公司是吾思十八期基金的债务人，而非合伙人金元资产公司的债务人。尽管丰华房地产公司从吾思十八期基金取得的贷款在事实上源于金元资产公司的出资，但从法律关系上看，其取得贷款资金的依据是其与吾思十八期基金之间的借款合同而非金元资产公司签订的《合伙协议》，因此，金元资产公司与丰华房地产公司之间不存在直接的法律关系。

2. 合伙人无权要求合伙企业债务人向合伙人履行债务

丰华房地产公司与吾思十八期基金之间的债权债务关系已经由金元资产公司代表吾思十八期基金在另案中提起诉讼，生效民事判决已经判令丰华房地产公司向吾思十八期基金偿还借款本金及利息。因此，金元资产公司要求

· 397 ·

丰华房地产公司向其承担出资款及利息的返还义务缺少事实及法律依据，法院不予支持。

(三) 律师分析及建议

1. 委托贷款是什么，在2015年9月1日之后有哪些新变化

委托贷款是指由政府部门、企事业单位及个人等委托人提供资金，由商业银行（受托人）根据委托人确定的贷款对象、用途、金额期限、利率等代为发放、监督使用并协助收回的贷款。在委托贷款法律关系中，商业银行与委托贷款业务相关主体通过合同约定各方权利义务，履行相应职责，收取代理手续费，不承担信用风险。如本文案例中，吾思十八期基金作为委托人，委托商业银行向被告丰华房地产公司提供借款，约定款项用于宝华寺城中村改造项目，属于典型的企业间的委托贷款行为。

企业委托贷款的存在，在一定程度上是因为原法律规定禁止企业之间拆借资金。在2015年9月1日之后，《民间借贷司法解释》将民间借贷的范围调整为"本规定所称的民间借贷，是指自然人、法人、其他组织之间及其相互之间进行资金融通的行为"。据此，对于企业之间的借贷行为也归类为民间借贷之类，此后的司法解释沿用了这一规定。因此，在2015年9月1日之后，企业之间的借贷行为不需要再通过商业银行进行委托贷款，而是可以直接实施借贷行为。

2. 实践中，有限合伙人（LP）能否以其名义起诉合伙企业的债务人

（1）有限合伙人在执行事务合伙人怠于行使权利时有权以自己的名义提起诉讼

根据《合伙企业法》第68条的规定，有限合伙人（LP）在执行事务合伙人怠于行使权利时，有限合伙人可以督促其行使权利或者为了本企业的利益以自己的名义提起诉讼。因此，有限合伙人（LP）有权为了合伙企业利益，以自己的名义提起诉讼，只是有一个前置条件：执行事务合伙人怠于行使权利。同时，上述法律规定并未限制有限合伙人（LP）的出资份额比例，故当执行事务合伙人怠于行使权利时，单个有限合伙人（LP）就有权以自己的名义代表合伙企业提起诉讼。

（2）实践中的难点是如何证明"执行事务合伙人怠于行使权利"

通常认为，只要执行事务合伙人未就合伙企业相关纠纷提起诉讼或仲裁，即可认定为"怠于行使权利"，而在实践中，我们会建议有限合伙人（LP）先向执行事务合伙人以发函的方式督促执行事务合伙人履行职责保障合伙企业利益，以此证明其是否"怠于行使权利"。如本文案例中，在执行事务合伙人吾思基金公司的实际控制人在另案中涉嫌合同诈骗罪被刑事拘留期间，有限合伙人金元资产公司向执行事务合伙人吾思基金公司发函要求其履行起诉职责，无果后，其以自己名义提起诉讼并获得法院的支持。

3. 实践中，超出合同主体范围的起诉，因违反合同相对性原则而可能会被人民法院以诉讼主体身份不适格驳回起诉

根据《民法典》第465条第2款的规定："依法成立的合同，仅对当事人具有法律约束力，但是法律另有规定的除外。"合同的效力仅及于合同的当事人，即合同一旦依法成立，其法律效力仅对合同的当事人产生约束，合同之外的第三人不受合同约束，同样不能享有合同权利。这是合同相对性原则的法律依据，这一原则确保了合同的稳定性和可预测性，明确了合同权利义务的适用范围。

例如在本文案例中，丰华房地产公司与吾思十八期基金之间的债权债务关系是基于借款合同的签订及履行而产生，原告金元资产公司非借款合同签约主体，非借贷关系的当事人，故其无权以合同纠纷案由要求被告丰华房地产公司履行还款责任。

四、合伙企业未经清算，合伙人能否要求合伙企业返还出资

在本案诉讼期间，吾思十八期基金未确认企业解散或进行企业清算，于是围绕合伙人金元资产公司能否要求合伙企业返还出资问题产生争议。

（一）原告与被告的不同主张

原告金元资产公司主张，执行事务合伙人吾思基金公司存在欺诈行为，故要求合伙企业吾思十八期基金返还出资款及赔偿利息损失。

被告吾思十八期基金、吾思基金公司、丰华房地产公司，未出庭应诉、未发表答辩意见。

（二）法院观点

1. 合伙人有权要求合伙企业返还出资款，但需要符合法定情形

最高人民法院认为，吾思十八期基金作为金元资产公司的出资对象，在符合法定条件的情况下，金元资产管理公司可以要求吾思十八期基金向其返还出资款。

2. 本案不符合合伙企业向合伙人返还出资款的条件，故原告要求合伙企业返还出资款的诉讼请求不能被支持

本案中，金元资产公司关于《合伙协议》系另外一名合伙人吾思基金公司以欺诈的手段使其在违背真实意思的情况下订立的主张并不成立。金元资产公司并未提供证据证明吾思十八期基金存在《合伙企业法》第85条规定的解散事由。在合伙企业尚未解散且未完成清算的情况下，金元资产公司无权直接要求吾思十八期基金返还出资。因此，金元资产公司要求吾思十八期基金返还出资款的请求没有事实和法律依据，法院不予支持。

（三）律师分析及建议

1. 实践中，合伙人要求合伙企业返还出资款的可能情形有哪些

（1）以合伙清算方式分割合伙财产，合伙人取回已支付的出资款

根据《合伙企业法》第20条的规定，合伙人的出资、以合伙企业名义取得的收益和依法取得的其他财产，均为合伙企业的财产。因此，在合伙人实施了向合伙企业出资的行为之后，该出资款已不再是合伙人的财产，而是属于合伙企业的财产。此种情况下，合伙人只能要求分割合伙财产，以此取回已支付的款项。

再根据《合伙企业法》第21条的规定，合伙人在合伙企业清算前，不得请求分割合伙企业的财产。因此，合伙人想拿回已支付的出资款，需要满足合伙企业分割合伙财产的前提条件，即完成合伙企业的清算。

（2）合伙人以退伙的方式取回已支付的出资款

根据《合伙企业法》第51条、第52条的规定，合伙人退伙，其他合伙

人应当与该退伙人按照退伙时的合伙企业财产状况进行结算,退还退伙人的财产份额。退伙人在合伙企业中财产份额的退还办法,由合伙协议约定或者由全体合伙人决定,可以退还货币,也可以退还实物。

(3) 合伙人死亡的,合伙企业向合伙人的继承人支付合伙份额对应的结算款

根据《合伙企业法》第 50 条的规定,合伙人死亡或者被依法宣告死亡的,其继承人不愿意成为合伙人的,合伙企业应当向合伙人的继承人退还被继承合伙人的财产份额。

2. 实践中,合伙人是否有权要求合伙企业赔偿出资款的利息损失

合伙人有权要求合伙企业在符合分红条件或结算条件的情况下,向合伙人支付分红款或分割合伙财产,但合伙人无权要求合伙人赔偿出资款的利息损失。

关于赔偿利息损失的前提是违约或侵权,如本文案例中,合伙企业与合伙人之间不存在违约与侵权情形,原告金元资产公司以执行事务合伙人吾思基金公司实施欺诈行为为由要求合伙企业赔偿出资款的利息损失,显然是混淆了责任主体,故法院未予支持。

3. 如果本文案例中原告撤销《合伙协议》的请求被支持,《合伙协议》被撤销后的法律后果是什么

根据《民法典》第 155 条、第 157 条的规定,被撤销的民事法律行为自始没有法律约束力。民事法律行为被撤销后,行为人因该行为取得的财产,应当予以返还,有过错的一方应当赔偿对方由此所受到的损失。

本文案例中,在原告金元资产公司基于《合伙协议》将款项出资吾思十八期基金后,款项已成为合伙企业即吾思十八期基金的资产,由于吾思十八期基金仅有两个合伙人,《合伙协议》一旦被撤销,极可能出现合伙企业解散的后果。根据《合伙企业法》第 86 条的规定,合伙企业解散,应当由清算人进行清算,且清算人应由全体合伙人担任。根据《合伙企业法》第 89 条、第 33 条第 1 款的规定,在合伙企业解散、清算过程中,合伙企业财产在支付清算费用和职工工资、社会保险费用、法定补偿金以及缴纳所欠税款、清偿债务后的剩余财产,按照合伙人的出资比例进行分配或在无法确认出资

比例的情况下进行平均分配。

因此，若原告的撤销合同请求被支持，其可能在完成吾思十八期基金的清算后取得一定的款项，关于合伙人能取得款项的具体金额问题，需要结合合伙企业的盈亏情况，因合伙关系的特点是"共享收益、共担风险"，故合伙人在入伙前需要谨慎审查项目可靠性以及合伙协议中有关各项权利义务的约定内容。

案例二十七 真假签名引发会计师事务所退伙纠纷，历经多次审理法院判决退伙不退款

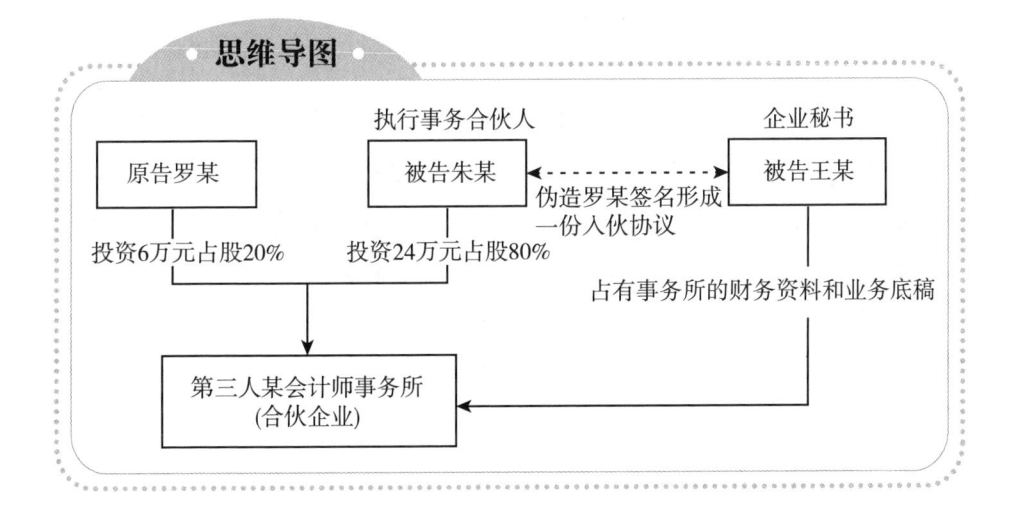

思维导图

```
原告罗某                执行事务合伙人            企业秘书
                       被告朱某  <------------  被告王某
                                伪造罗某签名形成
                                一份入伙协议
投资6万元占股20%    投资24万元占股80%
                                          占有事务所的财务资料和业务底稿
        第三人某会计师事务所
             (合伙企业)
```

案例来源

（2024）京03民再63号、（2020）京03民终11319号、（2018）京0105民初52557号、（2020）京02民终7521号、（2020）京02民终8017号、（2019）京02民终1291号、（2017）京02民终11199号

案情简介

2012年2月20日，罗某与朱某签订《合伙协议》，约定：共同成立某会计师事务所，合伙人为朱某、罗某，出资总额30万元，朱某出资24万元占出资总额的80%，罗某出资6万元占出资总额的20%。合伙期限为20年，新合伙人入伙须经全体合伙人同意，合伙人退伙须出现退伙事由。

· 403 ·

2016年，原告罗某认为朱某与案外人王某串通伪造其签名和伪造入伙协议等文件办理了王某的入伙登记，罗某以朱某、王某为被告，起诉要求确认有关王某的合伙协议、入伙协议无效。法院判决2012年10月22日的合伙人为罗某、王某、朱某的《某会计师事务所合伙协议》及《某会计师事务所入伙协议》无效。

2017年，原告罗某以朱某为被告提起诉讼，要求确认罗某于2016年8月26日向朱某发出的《撤销执行合伙企业事务的委托及除名的决定》有效，法院判决驳回罗某的诉讼请求。

2018年4月17日，罗某以短信形式向朱某发出退伙声明。

2018年，原告罗某以某会计师事务所为被告提起诉讼，要求查阅某会计师事务所自成立起至2018年4月17日的所有财务账册，法院判决某会计师事务所于其经营场所内置备自成立之日至2018年4月17日的财务账簿资料。

2020年，某会计师事务所以王某为被告提起两起返还原物诉讼，分别要求王某返还增值税发票等和要求返还2010年2月22日至2019年11月4日财务账册等财务资料以及业务底稿等文件，两起案件法院均判决支持了某会计师事务所要求返还原物的诉讼请求。

罗某以朱某为被告、某会计师事务所为第三人提起本案诉讼，诉讼请求：(1) 确认罗某自2018年4月17日起解除与朱某的合伙关系退出合伙；(2) 朱某退还罗某自2012年2月22日至2018年4月16日合伙期间的财产份额223.504211万元。

一、非本人签字的入伙协议、合伙协议，效力如何认定

2012年2月，北京市财政局作出财会许可文件：准予设立某会计师事务所（普通合伙），组织形式为合伙企业，合伙人为朱某、罗某，后该会计师事务所在工商局登记成立。在该会计师事务所工商材料中有两份签署于2012年10月的某会计师事务所《某会计师事务所合伙协议》和《某会计师事务所入伙协议》，两份协议全体合伙人签字处均签有罗某、朱某、王某的名字。

案例二十七
真假签名引发会计师事务所退伙纠纷，历经多次审理法院判决退伙不退款

因此，原告罗某以朱某、王某为被告起诉至法院。

（一）原告与被告的不同主张

原告罗某主张，在其不知情的情况下，朱某及企业秘书王某伪造原告签字、伪造入伙协议等文件，于2012年10月违法办理了工商合伙人变更登记，故起诉法院要求确认2012年10月22日的合伙协议、入伙协议无效。

被告朱某主张，2012年10月22日的合伙协议、入伙协议上朱某的签字也不是本人所签，不是本人意愿，在本案诉讼前朱某不知情，不存在与王某合谋的情形。

被告王某主张，原告罗某是挂名股东，被告王某才是实际老板，原告主体不适格；罗某对2012年10月22日的合伙协议、入伙协议是知情的。

（二）法院观点

法院认为，意思表示真实是民事法律行为所应具备的条件，欠缺表示行为的合同不成立更不能发生法律效力。具体到普通合伙企业，合伙协议须经全体合伙人签名盖章后生效。

本案中，诉争协议上的罗某、朱某的签名并非两人本人所签，王某亦未向法庭提交足以认定诉争协议系罗某、朱某的真实意思表示的相关证据。被告王某关于罗某不具有合伙人资格而不能确认合伙协议及入伙协议效力的抗辩意见缺乏事实和法律依据，法院不予采信。最终判决确认2012年10月22日某会计师事务所《某会计师事务所合伙协议》及《某会计师事务所入伙协议》无效。

（三）律师分析及建议

1. 实践中，对于非本人签字的合同效力，应如何认定

实践中常会遇到代签文件的情形，如代理人有权代签或他人伪造签名等情形，以及多方主体达成合同，一部分人的签字非本人签字，一部分人的签字为本人签字等情形。关于非本人签字的合同效力问题，须区分不同情况进行讨论。

（1）合同一方当事人委托他人代为签署合同的情形

根据《民法典》第162条、第171条的规定，代理人在代理权限内，以

被代理人名义实施的民事法律行为；或者无权代理人实施民事法律行为后在法定期限内经过被代理人追认的，对被代理人发生效力。由此可见，如果签名系当事人的代理人所签的，或者无权代理人签字后经过当事人追认的，则即便合同非当事人本人签字，但该合同仍对当事人发生法律效力。

（2）合同中伪造签名可能出现承担民事责任以及触犯刑法承担刑事责任的情形

从民事合同效力的角度来看，根据《民法典》第490条的规定，当事人采用合同书形式订立合同的，自当事人均签名、盖章或者捺指印时合同成立。如果一方伪造另一方的签名，由于欠缺一方的意思表示，并未形成双方合意，因此合同不成立，合同不发生法律效力。从刑事责任的角度来看，伪造签名或印章的，有可能构成伪造、变造、买卖国家机关公文、证件、印章罪或其他相关的刑事犯罪。

（3）合同当事人为多方，其中有一方签名非本人签字的情形

根据《民法典》第140条的规定，若非本人签名的当事人未明示或默示作出认可该合同内容或以实际行动履行该合同内容的，且不存在代理关系的情形，则该合同对于非本人签字当事人不发生法律效力，该当事人不需要受合同内容约束，但该合同中其他当事人仍应受合同内容约束。

2. 实践中经常出现工商登记文件委托代签的情形，如何避免代签后不认账的问题

实践中委托代签字的情形很常见，特别在公司工商登记变更文件中，相关工商变更需要的格式文件均由经办人代股东签字，可一旦发生纠纷，相关文件的真实性及效力问题就会出现争议，会给守约方造成已得利益返还的相关风险。因此，有关股权转让、股东会决议、董事会决议等事宜的工商登记文件，最好是在每个股东均签字后提交给工商部门；次之也须代理人签字并留存授权委托书；再次之可现场录音录像，不在场人员以视频形式签署文件，并保存签署文件的影像视频资料。

3. 实践中，若被告提起上诉后未参加二审程序，会有什么结果

根据《民事诉讼法》第146条、第147条的规定，原告经传票传唤，无

正当理由拒不到庭的，或者未经法庭许可中途退庭的，可以按撤诉处理。被告经传票传唤，无正当理由拒不到庭的，或者未经法庭许可中途退庭的，可以缺席判决。因此，若仅有被告就一审判决提起上诉，其他当事人未上诉的，则在被告提起上诉后又未参加二审程序的，法院可以按照撤回上诉处理，则一审判决即发生法律效力。

例如在本文案例中，被告王某不服一审判决，向上级法院提起上诉。王某经传票传唤无正当理由拒不出庭，二审法院作出民终裁定：按王某撤回上诉处理，一审判决发生法律效力。

4. 实践中，代持合伙份额是否有效、受法律保护

例如在本文案例中，王某主张罗某是挂名股东，王某才是实际老板。实践中股权代持较常见。相对于有限责任公司人合性和资合性兼具的特征，合伙企业更具有人合性的特征。根据《民法典》第 102 条的规定，合伙企业是不具有法人资格，但是能够依法以自己的名义从事民事活动的非法人组织。因合伙企业的人合性特点，合伙份额能代持吗？

一般情况下可以，处理方式可参考法律法规关于公司股权代持的规定；但合伙企业这种业务模式常见于私募基金等具有金融属性经营活动中，因此会存在代持关系的披露问题、代持违反金融监管规定等情形。根据《九民会议纪要》第 31 条有关违反规章的合同效力规定，违反规章一般情况下不影响合同效力，但该规章的内容涉及金融安全、市场秩序、国家宏观政策等公序良俗的，应当认定合同无效。

二、合伙企业中对合伙人的除名如何操作

2016 年 8 月 26 日，罗某以电子邮件的形式向朱某发出《撤销执行合伙企业事务的委托及除名的决定》。罗某以朱某为被告起诉要求确认该除名通知有效。在诉讼中罗某仅提交 2016 年 8 月 26 日向朱某邮箱发送邮件的截屏，但该截屏信息在双方邮箱中现均已无法显示。

（一）原告与被告的不同主张

原告罗某主张，其于 2016 年 8 月 26 日依据《合伙企业法》通过电子邮件向朱某发出了解除委托及除名的决定，朱某未在接到除名通知 30 日内向人民法院起诉，既已承认罗某对其的除名决定，故诉至法院要求确认该除名通知有效。

被告朱某则主张，罗某的诉讼请求不属于《合伙企业法》规定的情形，其也未收到罗某发出的除名通知。

（二）法院观点

1. 合伙企业中对某一合伙人进行除名，须符合法定条件及经法定程序

《合伙企业法》第 49 条规定："合伙人有下列情形之一的，经其他合伙人一致同意，可以决议将其除名：（一）未履行出资义务；（二）因故意或者重大过失给合伙企业造成损失；（三）执行合伙事务时有不正当行为；（四）发生合伙协议约定的事由。对合伙人的除名决议应当书面通知被除名人。被除名人接到除名通知之日，除名生效，被除名人退伙。被除名人对除名决定有异议的，可以自接到除名通知之日起三十日内，向人民法院起诉。"

2. 本案一审期间，原告罗某起诉确认王某伪造其签字的《合伙协议》《入伙协议》无效案件正在二审期间，在无生效判决确认已在工商登记的合伙人王某非合伙人的情形下，合伙企业除名决议应经罗某、王某一致同意

法院认为，《合伙企业法》第 49 条中"经其他合伙一致同意"的适用前提应是三名以上合伙人成立的合伙企业。原告罗某虽已向法院起诉要求确认被告及案外人王某伪造其签字的《某会计师事务所合伙协议》及《某会计师事务所入伙协议》无效，且得到一审法院支持，但该判决在二审理期间尚未生效，故目前合伙企业登记注册的合伙人仍为三人。本案原告向被告发送的除名通知仅为原告一人，不符合"经其他合伙人一致同意"的法律规定。并且，被告不认可收到过原告向其发出的除名决定，原告亦未提供其他有效证据证明确于 2016 年 8 月 26 日向被告发出了该通知，因原告起诉无事实及法律依据，故对其诉讼请求法院不予支持。

3. 本案二审期间，原告罗某提交被告朱某在另案中自述的庭审笔录，二审法院仍认为本案不符合《合伙企业法》第 49 条规定的除名情形

在原告罗某起诉确认王某伪造其签字的《某会计师事务所合伙协议》《某会计师事务所入伙协议》无效案件中，朱某明确表示《某会计师事务所合伙协议》及《某会计师事务所入伙协议》并非本人所签，不是本人的真实意思表示，案外人王某亦明确表示朱某和罗某的签字不是其本人所签。罗某虽主张朱某在变更工商登记过程中为恶意，但并未提交证据证明上述两份协议中的签字为朱某本人所为，不符合《合伙企业法》第 49 条规定的除名情形。因此，罗某关于要求确认 2016 年 8 月 26 日向朱某发出除名通知有效的诉讼请求，二审法院不予支持。

(三) 律师分析及建议

1. 实践中，应如何有效保存网页证据，以备将来法庭上使用

例如在本文案例中，原告罗某因不能提供其通过电子邮箱向被告发送过《撤销执行合伙企业事务的委托及除名的决定》文件的证据，法院以原告承担举证不能的不利后果而驳回原告的诉讼请求。因此，对于网页信息的有效保存对案件最终走向有很重要的影响。

保存网页证据最好的办法是到公证处办理网页证据保全公证，由公证处出具网页证据公证书。若出现不方便公证或认为没必要公证的情形时，则须查询网页网站页面的保存时间，以及开庭时能否登录网页向诉讼相对方及法官展示网页信息。现有部分法院也认可以网络电子证据取证的形式提交证据，即当事人利用具有司法效力的网络取证产品对网络信息进行取证，如权利卫士 App、存证云小程序、公证云小程序等。

2. 实践中，对于合伙企业要除名某个合伙人，法定除名条件有哪些

根据《合伙企业法》第 49 条第 1 款的规定，经其他合伙人一致同意，合伙人存在以下情形的可以将其除名，具体包括以下几种。

(1) 未履行出资义务。

(2) 因故意或者重大过失给合伙企业造成损失。

（3）执行合伙事务时有不正当行为。

（4）发生合伙协议约定的事由。

3. 实践中，合伙企业中除名某一合伙人，须经哪些法定程序

根据《合伙企业法》第49条第2款、第3款的规定，对合伙人的除名决议应当书面通知被除名人。被除名人接到除名通知之日，除名生效，被除名人退伙。被除名人对除名决议有异议的，可以自接到除名通知之日起30日内，向人民法院起诉。被除名人接收除名通知又未提异议的，视为该合伙人已经除名退伙。

三、合伙人要求查阅财务账册，合伙企业能否以未实际出资为由拒绝

原告罗某以某会计师事务所为被告提起诉讼，要求被告某会计师事务所提供自成立起至2018年4月17日的财务账簿（包括总账、明细账、日记账和其他辅助性账簿）、会计凭证（包括原始凭证和记账凭证）、开户银行对账单、税务申报资料、与业务收支相关的合同、财务会计报表、2013年至2017年的年度审计报告、社保及住房公积金申报资料供罗某查阅。

（一）原告与被告的不同主张

原告罗某主张，其是某会计师事务所的合伙人之一，某会计师事务所成立至今未向罗某报告事务执行情况及合伙企业的经营和财务状况，故起诉要求查阅财务账册资料。

被告某会计师事务所则主张，罗某只是某会计师事务所挂名合伙人，其未实际出资，不享有合伙人任何权益。

（二）法院观点

1. 经查明罗某自合伙企业成立至今均是工商登记的合伙人之一，根据法律规定，罗某有权查阅合伙企业会计账簿等财务资料

法院认为，某会计师事务所成立于2012年2月22日，罗某系某会计师

事务所自成立至今于工商登记的合伙人之一。根据《合伙企业法》第 28 条规定："由一个或者数个合伙人执行合伙事务的，执行事务合伙人应当定期向其他合伙人报告事务执行情况以及合伙企业的经营和财务状况，其执行合伙事务所产生的收益归合伙企业，所产生的费用和亏损由合伙企业承担。合伙人为了解合伙企业的经营状况和财务状况，有权查阅合伙企业会计账簿等财务资料。"罗某作为某会计师事务所合伙人，根据上述法律规定，有权查阅该合伙企业会计账簿等财务资料。

2. 又因原告罗某起诉要求查阅的资料均属于与合伙企业经营状况和财务状况相关的财务资料，故原告罗某的请求应予支持

因财务账簿（包括总账、明细账、日记账和其他辅助性账簿）、会计凭证（包括原始凭证和记账凭证）、开户银行对账单、税务申报资料、与业务收支相关的合同、财务会计报表、年度审计报告、社保及住房公积金申报资料均属于与合伙企业经营状况和财务状况相关的财务资料，故罗某提出的诉讼请求具有事实和法律依据，法院予以支持。

（三）律师分析及建议

1. 合伙人查阅合伙企业财务资料的权利依据有哪些

普通合伙企业中，根据《合伙企业法》第 28 条的规定，合伙人为了解合伙企业的经营状况和财务状况，有权查阅合伙企业会计账簿等财务资料。

有限合伙企业中，根据《合伙企业法》第 68 条第 2 款的规定，合伙人有权对涉及自身利益的情况，查阅有限合伙企业财务会计账簿等财务资料。

2. 实践中，合伙人能查阅合伙企业哪些资料

结合实务中法院的通常裁判观点及《合伙企业法》第 28 条的规定内容，普通合伙企业中的合伙人有权查阅合伙企业的资料主要包括以下几种。

（1）会计账簿，这是基本的财务记录，用于反映企业的财务状况。

（2）会计凭证，包括原始凭证和记账凭证，这些是制作会计账簿的依据，有助于合伙人了解企业的实际经营情况。

（3）银行对账单、证券账户对账单，以便确认股票交易情况。

（4）审计报告，合伙人可基于知情权要求查看审计报告。

（5）合伙人会议记录，这些记录可能包含关于企业决策和协议的重要信息。

（6）合伙协议以及合伙企业对外签署的合同，包括与第三方的交易记录，有助于合伙人了解企业的业务往来和合作伙伴。

3. 合伙人能否对其入伙前的财务情况进行查阅

普通合伙企业的合伙人请求查阅的财务情况不限于入伙后的财务情况，还应包括其入伙前的财务情况。根据《合伙企业法》第43条第2款的规定，订立入伙协议时，原合伙人应当向新合伙人如实告知原合伙企业的经营状况和财务状况。因此，新入伙合伙人有权了解合伙企业的原经营状况和财务状况，有权要求了解企业自成立之日起的财务状况和经营状况，查阅相关财务资料。

以上第2点、第3点之所以未涉及有限合伙人的查阅权，是因为普通合伙企业的合伙人对合伙企业的债务承担无限连带责任，故其查阅合伙企业的财务资料一般不会存在故意损害合伙企业的行为，对其查阅权的限制相对较少。然而，实务中对于有限合伙人行使查阅权的范围存在一定争议，有的法院认为因《合伙企业法》并未限制有限合伙人的查阅权范围，故支持有限合伙人查阅权范围与普通合伙人一致。也有一部分法院认为《合伙企业法》第68条的规定已经对有限合伙企业的查阅权范围限制在涉及有限合伙人自身利益的财务会计账簿等财务资料。

四、执行事务合伙人存在严重履职疏漏，其他合伙人能否要求退伙

罗某于2018年4月17日向朱某发出《退伙声明》，告知按约定罗某退伙，朱某应向罗某退还在合伙经营期间的财产份额。罗某以朱某为被告、某会计师事务所为第三人起诉至法院，要求确认罗某自2018年4月17日起解除与朱某的合伙关系退出合伙。

（一）原告与被告的不同主张

原告罗某主张，被告朱某在其不知情的情况下，伪造自己的签名，违法

变更合伙协议、入伙协议及出资确认书，其行为严重违反了双方签订的合伙协议的约定，同时朱某未实际出资、财务造假以及擅自变更合伙经营地点等行为，双方相互信任的基础完全丧失，故要求退伙。

被告朱某则主张，其并未违反合伙协议约定，法院即便判决解除合伙协议也不应依据"其他合伙人严重违反合伙协议约定的义务"情形。同时，法院应判决罗某必须按照工商登记规定配合某会计师事务所进行变更工商登记信息并前去北京市朝阳区市场监督管理局履行变更签字手续，直至按生效的判决结果完成变更工商登记。

第三人某会计师事务所主张，朱某和罗某之间的事情，和某会计师事务所无关，本案中不发表意见。

（二）法院观点

1. 根据《合伙企业法》的规定以及罗某与朱某签订《合伙协议》约定内容，合伙人均有权在合伙企业出现法定或约定事由时选择退伙

《合伙企业法》第45条规定：合伙协议约定合伙期限的，在合伙企业存续期间，有下列情形之一的，合伙人可以退伙：（1）合伙协议约定的退伙事由出现；（2）经全体合伙人一致同意；（3）发生合伙人难以继续参加合伙的事由；（4）其他合伙人严重违反合伙协议约定的义务。可见，合伙企业不同于其他企业，合伙企业往往不单独设立经营管理机构，普通合伙人本身都直接参与合伙企业的生产经营活动。当其他合伙人严重违反合伙协议约定的义务，严重违反合伙企业事务执行规定，使合伙人的合伙利益受到损害时，合伙人可以退伙。

2. 基于法定和《合伙协议》约定，朱某为合伙企业的执行事务合伙人，故其有责任确保某会计师事务所正常经营运转

《合伙企业法》第27条规定，依照合伙协议的约定或者经全体合伙人决定委托一个或者数个合伙人执行合伙事务的，其他合伙人不再执行合伙事务。不执行合伙事务的合伙人有权监督执行事务合伙人执行合伙事务的情况。本案中，罗某与朱某签订的《合伙协议》亦约定，朱某为某会计师事务所执行合伙人对外代表企业，罗某不再执行合伙企业事务，有权监督执行事务的合伙人朱某，检查其执行合伙企业事务的情况，朱某应依照约定向罗某报告某会计师事务所事务执行情况以及经营状况和财务状况等。由此，朱某作为执行事务合伙人应当依照法律规定和《合伙协议》的约定执行合伙事务，确保某会计师事务所的正常经营运转。

3. 原告罗某及某会计师事务所近些年所涉多起诉讼案件记载内容，均证明朱某作为执行事务合伙人存在明显履职疏漏及违反《合伙协议》约定的情形，且某会计师事务所无法继续正常运营，《合伙协议》的继续履行存在现实困难

（1）在罗某起诉确认2012年10月22日的王某、罗某、朱某签署的《某会计师事务所合伙协议》《某会计师事务所入伙协议》无效案件记载内容可见，朱某表示其对某会计师事务所增加王某为合伙人并变更工商登记"不知情"。人民法院未认定朱某与王某存在合谋，但朱某作为执行事务合伙人，对某会计师事务所于2012年发生该重大变故直至数年后的诉讼中方得知情况，其显然存在履职疏漏。

（2）在罗某起诉查阅某会计师事务所财务资料案件记载内容可见，某会计师事务所表示，王某为某会计师事务所实际控制人、股东等。相同内容在某会计师事务所起诉王某要求其返还公司发票、财务资料等两起返还原物案件中也有记载。朱某作为某会计师事务所执行事务合伙人，对于某会计师事务所该诉讼意见应当是明知、同意并负责的。因此，无论是朱某，还是某会计师事务所，均曾确认朱某事实上未实际执行合伙企业事务，故其违反了《合伙协议》中约定的义务。

（3）在罗某行使合伙人监督权要求查阅某会计师事务所财务等资料后，朱某以某会计师事务所为民事诉讼主体，在两起返还原物案件中以王某为被告，要求王某返还增值税发票及营业执照、印章、财务资料等。朱某虽积极执行合伙事务，但某会计师事务所此前已于2019年5月14日登报声明暂停各项业务，其此时诉讼未改变某会计师事务所无法继续正常运营的状况。特别是直至2020年12月22日北京市东城区人民法院裁定终结本次执行程序，王某并未将经营账簿等资料返还某会计师事务所。因此，罗某与朱某之间《合伙协议》的继续履行存在现实困难。

案例二十七
真假签名引发会计师事务所退伙纠纷，历经多次审理法院判决退伙不退款

（4）在北京市财政局于 2017 年 8 月 30 日向罗某出具的答复函中明确表示将向某会计师事务所下达整改通知书，要求其到工商部门办理非注册会计师合伙人退伙手续并办理备案。但是，某会计师事务所至今未完成退伙及工商备案工作。朱某及某会计师事务所在 2021 年提起的股东名册记载纠纷案及合伙合同纠纷案均以申请撤诉结案。朱某作为执行事务合伙人数年间对于某会计师事务所整改工作缺乏落实作为，未切实履行《合伙协议》约定义务。

综上所述，合伙企业的存在和发展须建立在完全的人身依赖基础上。朱某存在上述违反《合伙协议》约定义务的行为，罗某与朱某间已丧失合伙人的信任基础，罗某确难以继续参加合伙，其要求解除合伙关系的诉讼请求，法院予以支持。

（三）律师分析及建议

1. 本文案例中原告就退伙事项经历了多起诉讼案件

本文案例中原告仅就退伙事项，经历了多起诉讼案件，具体包括以下内容。

原告提起退伙纠纷案件，一审法院作出民初 52557 号一审判决。罗某不服，上诉至中级人民法院。中级人民法院作出民终 11319 号二审判决。罗某又向检察机关申请监督。市人民检察院向高级人民法院提出抗诉，高级人民法院作出民抗 69 号民事裁定，提审本案。

高级人民法院作出民再 97 号民事裁定撤销一审、二审判决，将本案发回一审法院重审。一审法院受理后，追加第三人某会计师事务所参加诉讼。后来，一审法院于 2024 年 8 月 29 日作出民再 36 号民事判决，朱某不服，上诉至中级人民法院，北京市第三中级人民法院作出（2024）京 03 民再 63 号民事判决。

2. 实践中，合伙人退伙后对退伙前合伙企业债务承担什么责任

（1）普通合伙人退伙后对合伙企业债务的担责问题

根据《合伙企业法》第 53 条的规定，普通合伙退伙人对基于其退伙前的原因发生的合伙企业债务，承担无限连带责任。

（2）有限合伙人退伙后对合伙企业债务的担责问题

根据《合伙企业法》第 81 条的规定，有限合伙人退伙后，对基于其退

伙前的原因发生的有限合伙企业债务，以其退伙时从有限合伙企业中取回的财产为限承担责任。因此，有限合伙人退伙后对合伙企业债务承担责任须同时符合两个条件：第一，合伙企业的债务是基于有限合伙人退伙以前的原因发生的债务；第二，以有限合伙人退伙时从企业取回的财产为限承担债务清偿责任。

3. 合伙企业中执行事务合伙人有哪些权利及责任

根据《合伙企业法》第 63 条的规定，有关执行事务合伙人的选择条件及程序、执行事务合伙人的权限及违约处理方法、执行事务合伙人的除名条件及更换程序的内容，均须在合伙协议中进行约定，且因执行事务合伙人是基于全体合伙人的授权委托产生。因此，执行事务合伙人的权责基于合伙协议产生。除此之外，《合伙企业法》中规定了执行事务合伙人的一些基本权责，包括以下几个方面。

（1）执行事务合伙人应当定期向其他合伙人报告事务执行情况以及合伙企业的经营和财务状况，其执行合伙事务所产生的收益归合伙企业，所产生的费用和亏损由合伙企业承担。

（2）合伙人分别执行合伙事务的，执行事务合伙人可以对其他合伙人执行的事务提出异议。

（3）受委托执行合伙事务的合伙人不按照合伙协议或者全体合伙人的决定执行事务的，其他合伙人可以决定撤销该委托。

（4）执行事务合伙人可以要求在合伙协议中确定执行事务的报酬及报酬提取方式。

4. 实践中，若被告在一审时未提起反诉，则其在上诉时要求原告履行某一行为的要求，法院是否会审理

例如在本文案例中，被告朱某上诉请求判决罗某必须按照工商登记规定配合某会计师事务所进行变更工商登记信息并前去北京市朝阳区市场监督管理局履行变更签字手续，直至按生效的判决结果完成变更工商登记一节，但因朱某在一审法院审理中一直坚持要求法院驳回罗某退伙的诉讼请求，并未提出反诉。因此，其上诉要求二审法院对此进行审理不符合法律规定，法院对于被告上诉时的要求未予审理。

五、法院判决解除合伙关系，为何不支持退还投资款

罗某以朱某为被告、某会计师事务所为第三人起诉至法院，要求朱某退还罗某自 2012 年 2 月 22 日至 2018 年 4 月 16 日合伙期间的财产份额 2235042.11 元。

诉讼中经原告罗某申请，法院同意对某会计师事务所进行财务鉴定评估，但启动审计程序后原告以因"审计单位违规、高额乱收费"，"朱某未提交鉴定必需的资料"，其撤回鉴定评估申请。经法院释明其将承担举证不能的不利后果后，罗某仍坚持表示撤回申请。

（一）原告与被告的不同主张

原告罗某主张，其于 2018 年 4 月 17 日向朱某发出《退伙声明》，告知按约定罗某退伙，朱某应向罗某退还在合伙经营期间的财产份额。罗某诉至法院，要求朱某退还罗某自 2012 年 2 月 22 日至 2018 年 4 月 16 日合伙期间的财产份额 2235042.11 元。

被告朱某主张，其不应该向原告罗某支付合伙期间的财产份额。

（二）法院观点

1. 合伙人退伙时，应对合伙企业的财产状况进行结算，对合伙企业的利润分配、债务分担等问题进行清理与了结，本案中未就某会计师事务所财产进行结算，故不符合退还或分配合伙财产的条件

《合伙企业法》第 51 条规定，合伙人退伙，其他合伙人应当与该退伙人按照退伙时的合伙企业财产状况进行结算，退还退伙人的财产份额。退伙人对给合伙企业造成的损失负有赔偿责任的，相应扣减其应当赔偿的数额。退伙时有未了结的合伙企业事务的，待该事务了结后进行结算。可见，退伙不仅消灭退伙人的合伙人资格，而且会产生财产清算、债务清偿等后果，这些后果直接影响合伙企业的经营以及合伙成员的损益，并意味着原合伙人已与其他合伙人脱离了由合伙协议所设定的一切权利与义务。对退伙者来说，退

伙使其合伙人的身份归于消失。对合伙企业来说，退伙将导致合伙人部分出资的返还和盈余的分配。对合伙企业的债权人来说，退伙意味着减少了一个债务担保人和一份担保财产，所以必须在合伙人退伙时，对合伙企业的财产状况进行结算，对合伙企业的利润分配、债务分担等问题进行清理与了结。

结算的目的在于合伙人能够对合伙企业的财务状况全面了解，以便确定退伙人应分得的财产份额，同时明确退伙人应当承担的债务。结算的主体为退伙人和其他合伙人。结算的时间为退伙人的退伙日期。结算完毕后，其他合伙人应当退还退伙人的财产份额。本案中，朱某不同意与罗某解除合伙关系，双方未就某会计师事务所财产状况自行结算，故罗某要求朱某主动退还合伙期间财产份额缺乏前提条件。

2. 原告请求分配合伙财产应证明存在合伙财产及财产金额，原告申请财务审计后未预交鉴定费导致未鉴定，经法院释明后仍未交费的，应由原告承担举证不能的败诉结果

《民事诉讼法》第67条规定，当事人对自己提出的主张，有责任提供证据。《最高人民法院关于民事诉讼证据的若干规定》第31条规定，对需要鉴定的待证事实负有举证责任的当事人，在人民法院指定期间内无正当理由不提出鉴定申请或者不预交鉴定费用，或者拒不提供相关材料，致使待证事实无法查明的，应当承担举证不能的法律后果。

本案中，罗某为完成举证责任曾申请对其主张应退还的合伙企业财产份额进行鉴定评估。法院亦依据其申请向北京市财政局、北京市注册会计师协会等单位调取鉴定评估所需材料。但在北京某某会计师事务所启动鉴定评估程序后，虽经法院再次释明相关法律规定，罗某仍以"审计单位违规、高额乱收费""朱某未提交鉴定必需的资料"为由明确表示撤回申请。由此导致有资质的评估机构未能出具"标准意见审计报告"抑或"非标准意见审计报告"量化罗某退伙时财产份额以供人民法院作为审判依据或参考。对此，罗某应当承担举证不能的法律后果，对其该诉讼请求法院不予支持。

3. 原告拒不预交鉴定费的理由是预见到"朱某未提交鉴定必需的资料",但被告朱某是否提交鉴定资料应由法院审查认定,且在启动鉴定后被告拒不提交材料,仍有相关法律法规进行惩治。因此,即使原告以"朱某未提交鉴定必需的资料"撤回申请,仍应有原告承担举证不能的败诉结果

就罗某所述"朱某未提交鉴定必需的资料"的意见,法院认为,《民事证据规定》第48条规定,控制书证的当事人无正当理由拒不提交书证的,人民法院可以认定对方当事人所主张的书证内容为真实。控制书证的当事人存在《民事诉讼法司法解释》第113条规定情形的,人民法院可以认定对方当事人主张以该书证证明的事实为真实。根据另案生效裁判文书,某会计师事务所经营账簿等资料并未由朱某或某会计师事务所实际控制,不存在朱某拒不提交书证的情形。而且,罗某未明确"朱某未提交鉴定必需的资料"的书证内容,故其以此为由撤回评估申请后,仍应由其本人承担举证不能的法律后果。

综上所述,罗某退伙时的合伙企业财产状况不清,亦未能进行鉴定评估,导致暂时不能结算,法院驳回了罗某要求朱某退还合伙期间财产份额的诉讼请求。

(三) 律师分析及建议

1. 实践中,合伙人的退伙是否必须经合伙财产的结算

在合同型合伙关系中,根据《民法典》第969条的规定,在合伙合同终止前,合伙人不得请求分割合伙财产。这意味着合同型合伙关系中的合伙人想要通过退伙取回投资款(分割合伙财产),应待合伙合同终止进行结算后才可以。

在企业型合伙关系中,根据《合伙企业法》第51条的规定,合伙人退伙,其他合伙人应当与该退伙人按照退伙时的合伙企业财产状况进行结算,退还退伙人的财产份额。退伙人对给合伙企业造成的损失负有赔偿责任的,相应扣减其应当赔偿的数额。

因此,合伙人退伙需要经合伙财产的结算,清理合伙财产及债务后再行

办理退伙。

2. 实践中，若当事人申请鉴定后在法定期限内未预交鉴定费的，会有什么后果

第一，鉴定费是预交，根据《民事证据规定》第31条的规定，当事人申请鉴定，应当在人民法院指定期间内提出，并预交鉴定费用，也就是哪一方申请鉴定，由哪一方先预交鉴定费用。

第二，鉴定费用最终由败诉方承担，根据《诉讼费用交纳办法》第6条和第29条的规定，鉴定费用由败诉方负担。部分胜诉、部分败诉的，人民法院根据案件的具体情况决定当事人各自负担的诉讼费用（含鉴定费）数额。

第三，根据《民事证据规定》第31条的规定，当事人申请鉴定，应当在人民法院指定期间内提出，并预交鉴定费用。逾期不提出申请或者不预交鉴定费用的，视为放弃申请。对需要鉴定的待证事实负有举证责任的当事人，在人民法院指定期间内无正当理由不提出鉴定申请或者不预交鉴定费用，或者拒不提供相关材料，致使待证事实无法查明的，应当承担举证不能的法律后果。

因此，对于未交鉴定费的申请人，其可能最终承担举证不能的败诉结果。例如本文案例中，原告罗某主张要求分配取得合伙财产2235042.11元要承担举证证明责任，原告申请财务鉴定后未交鉴定费撤回鉴定申请的，法院按照原告举证不能的结果判决驳回了原告的诉讼请求。

3. 实践中，若鉴定材料的持有人拒不配合提交鉴定材料，会有怎样结果

（1）法院可以责令持有人配合提交

根据《民事诉讼法司法解释》第113条的规定，持有书证的当事人以妨碍对方当事人使用为目的，毁灭有关书证或者实施其他致使书证不能使用行为的，人民法院可以根据情节轻重予以罚款、拘留；构成犯罪的，依法追究刑事责任。

（2）法院可以直接认定对对方有利的主张

根据《民事证据规定》第48条的规定，控制书证的当事人无正当理由拒不提交书证的，人民法院可以认定对方当事人所主张的书证内容为真实。